XUEXIAO TIYU JIAOCAI JIAOFA

学校体育教材教法

张振华
毛振明
/著

北京师范大学出版集团
BEIJING NORMAL UNIVERSITY PUBLISHING GROUP
北京师范大学出版社

图书在版编目（CIP）数据

学校体育教材教法 / 张振华，毛振明著. -- 北京 ：北京师范大学
出版社，2016.8（2025.7重印）-- ISBN 978-7-303-20795-4

Ⅰ．①学⋯　Ⅱ．①张⋯　②毛⋯　Ⅲ．①学校体育－研究
Ⅳ．①G807

中国版本图书馆CIP数据核字（2016）第129647号

XUEXIAO TIYU JIAOCAI JIAOFA

出版发行：北京师范大学出版社 https://www.bnupg.com
　　　　　北京市西城区新街口外大街12-3号
　　　　　邮政编码：100088

印　　刷：北京天泽润科贸有限公司
经　　销：全国新华书店
开　　本：787 mm × 1092 mm　1/16
印　　张：24.25
字　　数：500 千字
版　　次：2016 年 8 月第 1 版
印　　次：2025 年 7 月第 9 次印刷
定　　价：45.00 元

策划编辑：王建虹　　　责任编辑：鲍红玉
美术编辑：李向昕　　　装帧设计：焦　丽
责任校对：陈　民　　　责任印制：马　洁

前　言

　　进入21世纪以来，我国中小学体育课推出了以《普通高中体育与健康课程标准（实验）》以及《义务教育体育与健康课程标准（2011年版）》（以下统一简称《体育与健康课程标准》）为核心的课程改革，广大学者围绕这两个《体育与健康课程标准》进行了一系列的论述，为学校体育教学的完善与发展奠定了理论基础。但当前至关重要的是，学校体育教学既是一个理论问题，更是一个实践问题。随着体育新课程不断发展的需要，广大体育教师渴望获得更多的有关体育方面的教材教法，以利于实践方面的选择和运用的实施，避免理论与实践两张皮。

　　针对这一要求，本书围绕体育课程发展的变化，以近年来国内外的最新研究成果为基础，对其进行收集、归纳和整理，并结合作者40多年的体育教学经验总结，撰写了这本让教师如何上好课的《学校体育教材教法》，希望能为广大体育教师的教学实践运用提供支撑。

　　在编写过程中，本书根据《体育与健康课程标准》与国家体育教师资格证考试大纲，以"三基"（基本理论、基本知识、基本方法）为角度，解析述评了体操、田径、球类、健美操、武术等有关各运动项目学习层级的设计策略、教学步骤、教学方法、动作图解和纠正错误等在体育教学实践中的实施。本书不仅简明地从理论层面对其予以剖析，而且着力于从实践操作层面进行实施导向。每个运动项目的学习层级设计均配有课时教案供参考使用，集理论与实践性为一体。本书图解清晰、方法多样、实用性强，既可为教师教学的再创造提供启发与借鉴，也具有便于学生对学习内容理解与掌握的特点。因而，它是广大体育教师与体育专业学生必备的教学参考用书。

　　本书共有十章，分为两大部分：第一部分为第一至五章，从理论知识方面论述了不同理论对有效教学设计的影响，指出只有遵循理论才能摆脱教学活动中的盲目性与随意性，取得预期的教学效果；第二部分为第六至十章，从体育教学的策略方面，逻辑阐明不同教学方法和手段在各项教学实践中的选择、运用与实施，指明教学活动过程是一个科学选择与运用教学方法和策略的过程。

　　最后，该书在编写过程中吸收和引用了前人的教学成果，在此对他们衷心地表示谢意！并真诚希望广大教师在实践使用过程中对该教材提出宝贵意见，以便我们今后进行修订、完善和提高。

第一部分

第一章 体育教学的基本知识

第二章 体育教学设计

第三章　体育教与学的方法

第四章　体育教学的技能

第五章　体育教学的评价

第二部分

第六章　体操教学的指导

第一部分

体育教学的基本知识

本章概述

教学实践表明，体育教学的基本知识具有普遍应用的共性特点，这是体育教学意义建构的普遍论述。它为体育教学的有效实施提供了科学合理的行动指南，可为引导教学活动取得良好的教学质量和效果提供保证。正确认识与把握这些基本知识，对于科学开展体育教学活动具有重要的作用。鉴于此，本章对《体育与健康课程标准》以及体育教学的规律和原则予以解析和述评。

结构图

a	b	c
正确认识体育与健康课程的性质与特征	正确领会体育课程的基本理念	正确把握学习目标和内容标准的设计与关系

《体育与健康课程标准》
的解读与实施

1

体育教学的
基本知识

2
体育教学规律

3
体育教学原则

a	b
人体生理机能活动能力变化规律	人体机能适应性规律

c
动作技能
形成规律

a	b	c	d
准备性原则	直观性原则	从实际出发的原则	循序渐进的原则

e
身体全面发展
的原则

f
合理的运动
负荷的原则

g
巩固提高
的原则

学习目标

1. 识记《体育与健康课程标准》的规准与教学之间的关系与特点。
2. 理解各种体育教学规律的主要观点或主张，弄清各种体育教学规律在教学中的职能与应用。
3. 联系体育新课程教学的实践，释义体育教学原则在教学实践中的应用与指导。
4. 树立科学、正确的教育观，有效指导教学实践。

关键词

体育与健康课程标准；体育教学规律；体育教学原则；策略与运用；建设与发展

　　体育教学是根据课程标准与教材内容，对教学目标、学习层级、教学过程、方式与方法等施以组织与构建。教学方案的设计也是以体育规律和原则为客观准绳来获得实现的。由此，对体育课程标准的理解与掌握可帮助我们在教学上取得更高的成就，保障体育课程的实施，为广大教师开辟"教学智慧""减少教学障碍、增加教学良机"，避免低效、无效甚至负效的教学行为。

第一节
《体育与健康课程标准》的解读与实施

　　《体育与健康课程标准》是评价、检验学校体育学科的课程水平及课程结构的纲领性文件。它以目标统领内容安排，一是确立某一学段学生体育学业的标准（水平1~6），为衡量学习者的能力提供判断；二是为体育课程的教学规定课程目标、课程内容、教学建议、评价建议、教材编写建议、教学资源利用与开发等具体实施的要求。它以"增强学生健康"作为课程理念，以形成学生的"终身运动能力"作为课程设计和实施的出发点和落脚点，是一份体现国家保障中小学生在接受体育教育期间身心健康方面的基本标准与具有法规性和强制性的指导性文件。为帮助读者理解与运用《体育与健康课程标准》，适应未来的体育教育教学工作，以下就《体育与健康课程标准》的有关实施予以解读。

一、正确认识体育与健康课程的性质与特征

（一）正确认识课程性质

　　《体育与健康课程标准》指出，体育与健康课程是一门以身体练习为主要手段，以科学合理的运动负荷和密度为载体，以体育与健康知识、技能和方法为主要学习内容，以增进学生健康、改善生活方式和提高生活质量为重要目的的必修课程。它具有鲜明的基础性、实践性和综合性，是学校课程体系的重要组成部分，是实施素质教育和培养德、智、体、美全面发展人才不可缺少的重要途径。

（二）正确认识课程特征

1. 基础性

《体育与健康课程标准》指出，体育与健康课程所强调的基础性，不仅仅是强调继承传统的体育基础知识、基本技能和方法，还要重视吸纳现代的新的体育基础知识、基本技能和方法，以保证进一步提高学生的体育与健康素养，为学生终身锻炼身体和保持健康奠定基础。

2. 实践性

《体育与健康课程标准》指出，体育与健康课程的教学以学生的实践活动为主要安排，学生只有通过更多地参与体育实践活动，才能实现体育与健康课程的运动参与、运动技能、身体健康、心理健康和社会适应五个学习领域方面的具体目标。（《义务教育体育与健康课程标准（2011年版）》将心理健康与社会适应合并为一个领域。）

3. 综合性

《体育与健康课程标准》指出，体育与健康课程强调发挥体育课程的多种功能和多种价值，强调健康是"体"、精神是"用"的健身与育人的统一，重视通过体育与健康课程教学的多样性，提高学生身体健康和心理健康以及社会适应能力，以人文关怀的视野教会学生做人、做事，使其具备应有的科学素养。

二、正确领会体育课程的基本理念

（一）坚持健康第一的指导思想，培养学生健康的意识和体魄

《体育与健康课程标准》指出，体育与健康课程以促进学生身体、心理和社会适应能力的整体健康水平为目标，强调全面构建技能、认知、情感、行为等有机融合的课程结构，重视课内外活动负荷与密度有效性的科学设计，关注学生身体活动态度的形成和对健康价值的理解，明确在学生运动项目的学习、教学方法的采用、评价方法的实施上都应紧紧围绕"健康第一"的指导思想来进行。

（二）改革课程内容和教学方式，努力体现课程的时代性

《体育与健康课程标准》要求，体育与健康课程要在继承优良传统的基础上，大胆改革、开拓创新，体现课程的时代性。在课程内容方面，精选适应时代要求的、有利于为学生终身发展奠定基础的体育与健康基础知识、基本技能和方法作为学习内容，重视改造传统运动项目和引入新兴运动项目。在教学方式方面，力求改变过于强调讲解、示范的单一的灌输式教学模式，努力创设有利于学生主动参与、乐于探究、勇于实践的分层教学及多样学习的良好教学氛围。

（三）强调以学生发展为中心，帮助学生学会学习

《体育与健康课程标准》要求，应根据学生生理、心理日趋成熟的特点，关注学生学习方法的改变，倡导多样化的学习形式，内化学生自主学习、探究学习与合作学习的能力。它要求从课程设计到实施的各个环节，在注重发挥教师主导作用的同时，尊重学生的情感和需求，让学生自愿选择学习内容和学习方法，调动学生的学习兴趣和积极性，把学生的学习过程变成主动构建体育与健康知识和技能、提高发散性思维以及分析和解决问题能力的过程。这一理念折射出奠基于内化基础上的学习能力显然比单纯依靠条件反射形成的学习能力更重要。

（四）注重学生运动爱好和专长的形成，奠定学生终身体育的基础

《体育与健康课程标准》指出，课程应将激发和保持学生的运动兴趣，发展学生个性，培养学生的运动爱好和专长放在中心的位置。它要求学生掌握一至几项运动项目，促进学生自觉、积极地进行体育锻炼，以全面发展体能和提高所学的运动技能水平，为终身体育奠定良好的基础。

三、正确把握学习目标和内容标准的设计与关系

（一）正确认识学习目标与学习内容之间的关系

《体育与健康课程标准》的学习目标采用综合取向模式描述内容标准，并将学习目标分为结果性目标和体验性目标两大类。前者指向学习活动预期应达到的标准，用于"运动技能"和"身体健康"学习领域；后者指向学生心理感受、体验和情感教学的表现描述，用于"运动参与""心理健康"和"社会适应"学习领域。课程强调以"目标统领学习内容"，强调实施同一学习内容具有实现多个学习目标和多元价值的功能；指出同一目标可以选择不同内容与方法，并不机械规定具体的实施步骤，而是依据目标统领学习内容的要求，灵活地、具有创造性地选择和运用适当的内容与方法。这有利于提高体育与健康课程的弹性，克服以往学习中一些学生"吃不了"和另一些学生"吃不饱"的现象。《体育与健康课程标准》明晰了以下关系。

第一，界定了课程的内容和范围，为具体教学内容和教学方法的选择和设计指明了方向。

第二，认识了教与学的方法与策略，为确定课程的性质和类型、为课程内容结构方式的具体实施和教学组织活动的形式安排提供了支持依据。

第三，为课程评价和教学评价的构成提供支持指向，建立了对课程内容和教学活动进行价值判断的基本标准。

（二）正确理解内容标准，科学设计、正确选择教学方式方法

《体育与健康课程标准》为具体学习内容的选择和设计指明了方向。它要求教师在认真研究课程总目标、具体目标、水平目标的基础上，根据学校、学生、场地器材的具体情况来科学设计具体的教学方式、学习方式。它将教师从固定的"教教材"转变到"用教材"的轨道上，为教师创新性地设计与选择教学方式方法提供了空间。

（三）理解领域目标，科学化教学设计，做好课程实施

体育与健康课程结构的构建从运动参与、运动技能、身体健康、心理健康和社会适应等领域目标出发，要求将这一指导思想的实施贯穿于整个课程结构的目标制订、内容选择、标准拟订、活动安排、方案设计和教学评价体系的构建之中，将学生体育课程学习应达到的目标表示为层级结构，以学生的外显结果和内显行为的融合作为课程特征。这对于体育与健康课程结构的描述是一种全新的尝试。其目的是为了使学生的预期学习结果，特别是比较难处理的在情感态度等方面的变化尽可能层级化、清晰化，以促进体育与健康课程目标的全面实现。

1. 运动参与领域目标

"运动参与"是《体育与健康课程标准》"五个方面"的第一个目标，其设置目的是实现学生的"自觉参与和科学锻炼"。将"运动参与"作为首要目标提出是因为只有学生积极参与体育学习与锻炼，才能发展体能、增强体质，实现终身体育能力。因而，教学中如何引导学生树立正确的体育认识、根据实际情况指导学生在日常生活中自觉参与体育锻炼、教会学生科学锻炼的方法与手段、学会找到适合自己的锻炼模式和计划，就成为教师必须思考的问题。

"运动参与"的指导思想是把教推向学，支援学习者基于自身意义发现而展开学习，尽力在教学中建立自由学习的度，达到自主学习力量的释放，着眼于形成个性"知识传递"的教学环境，展开关注学习者"潜能"存在的多样化、多类别、多层次的"选项"教学、分层教学等个人理解的自主建构。体育学习不是标准化的统一，体育学习不存在差生，每个学生都有自己的学习领域，有自己的学习类型和认知风格。教师只要根据学生的喜爱去教学，有意义的学习就能发生，学生终身体育的行为就可能养成。正如苏霍姆林斯基所说："建立学习跟知识之间的和谐，是学校面临的最重要的实际和理论问题之一。"[1]

2. 运动技能领域目标

"运动技能"是《体育与健康课程标准》"五个方面"的第二个目标，其设置目的是实现学生"形成运动技能、提高运动水平"。"体育不是你思考的东西，而是你练习的东西。"体育学习主要是通过一系列身体技能练习的经历，去理解知识，体验学习的成功与曲折，感受

1　［苏］巴班斯基. 中学教学方法的选择[M]. 张定璋，高文，译. 北京：教育科学出版社，2001：扉页，46.

运动技能建构过程中获得的喜悦，实现意识的培养、意志的锤炼、品质的塑造。也就是说，学生正确观念的形成是在体育技能练习中产生的，其最后的落脚点是练习的实践性。学生心理、生理的变化与终身体育能力的生成归根结底依附于学生运动技能的行为养成。

由于体育是一种习得性、重练习、重形态、重经验的课程，所以初始的学习易于枯燥。围绕这一特点，"帮助学生学会学习、科学掌握运动技能"成为体育教学的核心价值观，"快乐学习、成功学习"就成为体育教学内容选择的主导。"为学习而设计、为理解而掌握"成为体育教学的思想，"分层教学、多元教学"成为衡量体育教学方法的根本标准。

3. 身体健康领域目标

"身体健康"是《体育与健康课程标准》"五个方面"的第三个目标。其设置目的是建立学生"健康的生活方式"，引导学生了解正确生活方式对健康的作用，实现身体健康。它要求学生明白膳食营养与健康的关系、健康与运动的关系、疾病的发生机理、环境对健康的影响等，掌握养生的理论与保健方法。而教学中要实现这一目标，课程资源的建设、开发就成为教师必须完成的任务。为此，建议其课程资源的构建从以下三个方面着手：一是围绕运动、健康及娱乐三者的属性去实施构建；二是围绕健康生活的知识和方法的范畴去实施构建；三是围绕健康的精神状态去实施构建。

4. 心理健康领域目标

"心理健康"是《体育与健康课程标准》"五个方面"的第四个目标。其设置目的是让学生树立健康意识，掌握心理健康科学保健的方法。为此，该领域把"积极培养自我价值感""提高调控情绪的能力""形成坚强的意志品质""具有预防心理障碍和保持心理健康的能力"列为学生经过体育与健康课程学习之后应达到的学习目标。

5. 社会适应领域目标

"社会适应"是《体育与健康课程标准》"五个方面"的第五个目标。其设置目的是让学生"学会人际交往"，即学会合作、学会生活、学会做事、学会生存，通过体育活动让学生养成正确的责任感与义务感，形成良好的道德品质和公共行为，处理好人与人、人与社会的关系。"独学而无友，则孤陋而寡闻"，缺少交往，学习很难实现合作能力的养成。合作学习是提高社会适应目标的机制和重要手段。它能有效地解决学生社会能力与品质发展的养成等有关问题，使学生学会分工与协作、增强团队意识、合作与分享、密切人际关系。因而，教师要通过教学流程和各种课程资源的支持，创设情境，实现"知识在对话中生成，在交流中重组，在共享中倍增"的目标。这也就成为教师必须完成的任务。

（四）理解课程结构、把握教学层次

《普通高中体育与健康课程标准（实验）》规定，体育与健康课程结构分为三个层次，即以目标统领学习内容，包括学习领域、学习科目和学习模块（见图1-1）。

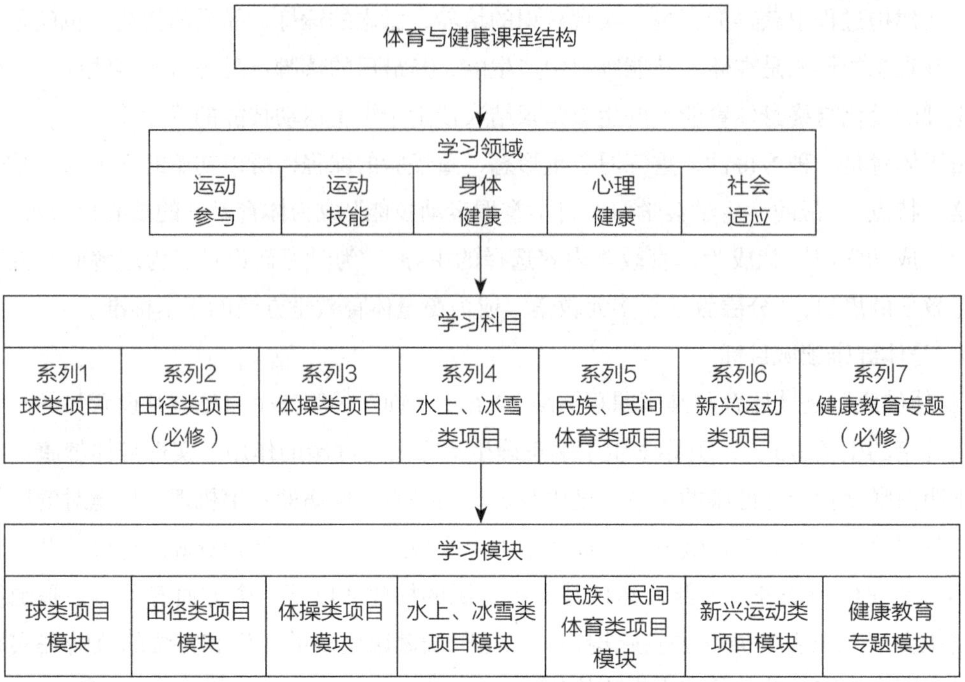

图1-1　体育与健康课程结构示意图

《普通高中体育与健康课程标准（实验）》以目标统领学习内容的说明

1．图1-1中的学习领域是以“运动参与、运动技能、身体健康、心理健康和社会适应”五个方面的具体目标统领六个运动技能系列和一个健康教育专题系列组成教学实施。

2．图1-1中的学习科目由六个运动技能系列和一个健康教育专题系列构成。

3．图1-1中的学习模块是指六个运动技能系列和一个健康教育专题系列要按学时要求具体构建教学模块。

1. 学习领域

体育与健康课程设置为六级学习水平（水平1～6）和七个系列（见图1-1），与小学、初中、高中的体育与健康课程的学习水平相衔接，分为必修和选修课程。必修课程总共占11学分，包括必须选修和任意选修。其中，必须选修占2个学分，由田径项目系列修得1学分（18学时），健康教育专题系列修得1学分（18学时）；任意选修占9个学分，内容从六个运动技能系列中选修9学分。在六级学习水平中，水平1是小学一、二年级学习目标内容，水平2是小学三、四年级学习目标内容，水平3是小学五、六年级学习目标内容，水平4是初中学习目标内容，水平5是高中学习目标内容，水平6是高中特长生学习目标内容。水平1～5具体规定了每一位学生通过自己的努力都应达到的学习目标。

（1）必修课程。学生修满11个必修学分（含田径项目系列必修1学分和健康教育专题系列必修1学分），方可达到体育与健康课程的毕业要求。小学与初中体育与健康课程通常每周安排3学时，高中体育与健康课程通常每周安排2学时。各年级教学应严肃教学秩序，保证学生必要的体育课程时间和体育课外活动时间，不得随意占用以致学生健康水平下降。

（2）选修课程。学校应鼓励有体育兴趣和爱好的学生在完成11个必修学分的基础上修得更多学分，建议有志于向体育运动及相关专业发展的学生至少再选择5个学分以上的课程内容进行学习。学生可以将水平6作为选修的学习内容，也可以选学水平5其他运动项目中的模块。在运动技能的学习中，教师应建议学生选择在水平5已学过的同一运动项目中进行继续学习，以进一步提高学生在该项目中的运动技能水平。

2. 学习科目

体育与健康课程学习科目内容由"球类项目""田径类项目""体操类项目""水上、冰雪类项目""民族、民间体育类项目""新兴运动类项目"和"健康教育专题"七个系列组成。《体育与健康课程标准》不明确规定具体年级或学段的学习内容，学校和教师应根据本校具体条件、学生兴趣爱好以及体能和运动基础等方面的情况，科学设计、精心选择和补充，把教学目标与内容合理地安排在不同年级的教学之中。这种鲜明的特点为地方、学校和教师因地制宜、因人制宜地安排教学内容留下选择的余地和创造空间。各校应深入研究，积极开发和利用，科学合理地进行安排。在教学方面，不同学习阶段在运动技能的教学方面存在着明显的差异性：在义务教育阶段，应注重学生基本运动知识、运动技能的掌握和应用，不过分强调运动技能传授的系统和完整，不苛求技术动作的细节；在高中阶段，应着重引导他们根据自己的具体情况，选择一至几种运动项目进行系统的学习，发展运动能力，形成爱好和专长。

3. 学习模块

所谓学习模块，是为了实现明确的教育目标，围绕某一运动技能系列，通过整合相关内容而设计的相对完整、独立的学习单元。即体育与健康课程学习模块是由某一运动项目（如篮球、有氧操、短距离跑、投掷、太极拳、轮滑等）中相对完整的若干内容组成，一般为15～18学时，以便学生对所选的内容进行系统的学习。学习模块的提出与运用，是为了有利于学生按照自己的水平分层选择课程（如初级班、中级班、高级班），实现有效学习，而不再像传统的高中课程那样固定地统一推进。学习模块有利于学生形成个性化的学习方案。

学习模块在水平计划与课时计划之间起承上启下的单元计划的桥梁作用。它一方面是水平教学计划的分解与细化，另一方面则是课时计划的主要依据。由于各地各校的教师、学生、教学条件的不同，同一学习模块可以存有一定的差异和伸缩性，其学习时间规定并不是绝对固定的，如田径模块可由跑、跳跃、投掷三个方面组成。《普通高中体育与健康课程标准（实验）》在学习科目中设立的七个系列，每个系列包含若干模块（如篮球模块一、模块二……），学生每完成一个模块且成绩合格即可获得1个学分。在小学、初中与高中三个学段的学习过程中，学生修满11个必修学分（含田径系列必修1学分和健康教育专题系列必修1学分），即可达到体育与健康课程的毕业要求。

（五）科学安排教学内容

1. 领会教学内容与划分

《体育与健康课程标准》改变了过去按运动项目划分课程内容和教学时数的框架，将不同性质的学习目标与内容划分为"运动参与、运动技能、身体健康、心理健康和社会适应"五个方面。它由两条主线构成：一条是运动主线，包括运动参与和运动技能，也是其他方面目标和内容的基础；另一条主线是健康主线，包括身体健康、心理健康和社会适应。前者是后者得以实现的载体，后者是前者得以体现的保证。它改变了过去运动技能教学只传授技术，不能完成其他多种学习目标功能的弊病。

2. 把握必修与选修标准，体现课程差异与多样化的特点

《体育与健康课程标准》将课程分为"必修"与"选修"两部分。必修把田径和健康教育作为教学的必选内容，体现了课程的基础性。选修教学为不同兴趣、不同爱好、不同能力、不同特长的学生提供了选择适合自己发展的学习内容的机会，体现了课程关注学生个体差异与多样化的特点。

3. 转变学习方式，指导学生学会学习

《体育与健康课程标准》强调科学安排学生的学习，指导学生转变学习方式，从以单一性和被动性为特征的传统学习方式转向以多样性和主动性为特征的现代学习方式，力求改变长期教师讲解与示范、学生模仿与练习的被动教学方式，开发和利用探究、合作、自主、网络等各种适合学生心理发展特点的现代学习方式和手段，帮助学生形成会学习的意识和能力。它要求从学习自我的存在、社会的存在和精神的存在三个层面来实施，促进学生建立以"主动参与、乐于探究、交流合作"为特征的学习品质，以达成社会对人的发展的要求，促进学生全面和谐地发展。

4. 理解隐性学习目标，发挥健康教育功能

《体育与健康课程标准》要求采用行为目标与表现目标相结合的方式进行教学，引导教师将学生的隐性学习目标与课程学习过程有机结合起来。教师要掌握与运用"展示、完成、达到、进步、发展"等相关行为词，调动学生运动参与的积极性，落实心理健康与社会适应行为目标在"情感、意志、合作、交往"方面的内容标准。它能为教师评价学生心理品质和社会行为的表现与进步提供可观测性，从而有效地保证学生在身体、行为、态度、情感、价值观等方面多元目标的实现，真正实现课程目标、内容、过程、评价的统一。

5. 因地制宜开发与利用课程资源，做好课程实施

《体育与健康课程标准》不明确规定学习内容与方法，而通过选修教学、学习模块等教

学策略，引导教师、学校因地制宜地开发与利用课程资源。具体来说，学校可以结合自身与学生的实际，审视、改造、选择适合学生活动的项目，充实、更新课程内容和改革教学方式。通过简化规则，降低运动项目的难度、强度，避免竞技化、成人化的内容，使运动技能教学变得形式化、趣味化。同时，学校和教师要切实做好按学生实际的兴趣和要求实行分班教学，引导学生采用有效的学习方式，有效提高自身的体育学习能力和水平，培养自身自主锻炼的习惯及终身体育的意识。

（六）转变思想观念，做好教学评价实施

《体育与健康课程标准》以"过程性、多样性、多元性、发展性"评价为指向，强调改变传统课程评价过分强调甄别和选拔的功能，转向以"促进学生和教师发展"为基本价值取向的评价。

学校应根据目标多元、方式多元、注重过程的评价原则，综合运用参与、交流、测验、技能操作、心理与社会行为的展示与观察、自评与互评等多种方式，为学生建立综合的、动态的成长记录手册，全面反映学生的成长历程。学生课程档案的建立，建议由以下几个方面内容组成。

（1）体能评价——各校可参照《学生体质健康标准》进行设计安排。

（2）知识与技能评价——由体育与健康知识和方法的掌握与运用、专项运动技能和方法的掌握与运用组成。

（3）学习态度评价——主要指学生的课堂行为与表现，如运动参与态度，学习行为表现，自主、探究与合作的能力，人际交往的态度与行为，公共社会责任感的表现等。

（4）健康行为的评价——包括个人卫生习惯（如是否吸烟、酗酒）、饮食习惯、作息习惯、运动习惯和对公共卫生的习惯与态度等。

（5）评价记录——包括学生自我评价、学生相互评价、教师评价、家长评价等。

第二节
体育教学规律

辩证法告诉我们，"规律是事物本质的关系或本质之间的关系"。规律是对一定条件下事物运动的认识，并且决定了事物必然的发展方向。因而，教学规律所回答的问题是"是什么""是怎样的"，而不是"要做什么""应当做什么"。对其借用可帮助我们加深对教学的

理解与把握，达到对教学现象与本质的真理性认识，实现知其然还知其所以然的辩证。正如富兰所说："只有提高我们对教育变革整体的意识和洞察力，我们才能有所作为。"[1]

一、人体生理机能活动能力变化规律

人体生理机能活动能力变化规律是解释身体活动力从开始激活状态到结束状态的一种理论。它指出了机体存有的生理性的"上升—稳定—下降"的三个有机联系的工作时相（见图1-2）。即机体存有生理的惰性，机体机能各器官系统的活动能力是从较低水平逐渐上升集中到稳定水平，保持一段时间后，机体工作能力下降。这告诫我们在运动前要做好热身活动，防止机体在后续的学习或训练中因不适应出现损伤；要把主要的学习内容或训练任务放在稳定阶段才可取得良好的效果；在工作能力下降结束时，要做好积极性恢复，为新的学习或训练做好准备（见表1-1）。为此，我们把体育课的结构分为准备、基本、结束三个部分，如果不能根据这一运动能力变化的规律去科学安排动作技能的学习或训练，机体就会难以适应，产生病理或损伤。

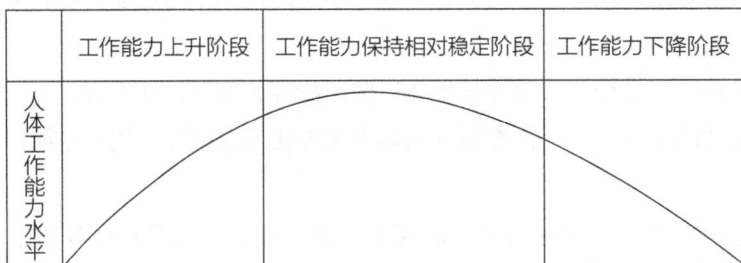

工作能力上升阶段	工作能力保持相对稳定阶段	工作能力下降阶段
人体工作能力水平		

图1-2　人体生理机能活动能力变化规律

表1-1　体育课各部分的划分与生理机能活动能力变化规律的关系表

课部分	生理机能变化	各部分机体工作能力特点	各部分教学目标	课的内容和组织教法特点	各部分时间
准备部分	上升阶段	主要是进行生理上和心理上的准备，逐步提高大脑皮层的兴奋性，使机体进入工作状态	（1）使学生明确课的任务，有组织地开始一节课（2）培养身体的正确姿势，促进身体的全面发展（3）为学习基本部分教材做好准备活动	（1）课的内容主要是课程标准中的基本体操教材（队列、队形）（2）准备活动的性质分为：一般性准备活动、专项准备活动（3）为学习基本部分教材内容做好准备活动	占总时间的15%~20%，7~9min

---

1　[加拿大]迈克·富兰. 变革的力量——透视教育改革[M]. 中央教育科学研究所，加拿大多伦多国际学院，译. 北京：教育科学出版社，2000：3.

（续表）

课部分	生理机能变化	各部分机体工作能力特点	各部分教学目标	课的内容和组织教法特点	各部分时间
基本部分	稳定阶段	使机体工作能力处于最佳状态，让大脑皮质具有最适宜的兴奋性	（1）使学生学习和掌握体育的基本知识、基本技术和技能及锻炼身体的方法手段（2）发展学生的身体素质，增强体质（3）培养良好的思想道德品质	（1）教学内容根据课程标准并结合学校实际情况进行安排（2）组织教法特点：①合理安排主要教材内容的学习顺序；安排辅助练习、诱导练习和教法步骤；②确定各项教材内容练习的次数和时间，合理安排课的密度和运动负荷；③安排分组练习和分组形式	占总时间的65%~70%，29~32min
结束部分	下降阶段	机体出现疲劳，大脑皮层兴奋下降，工作能力逐步下降	有组织地结束教学活动，使机体逐渐恢复到相对安静的状态，对本课作简要的总结	（1）轻松自然的走步，徒手放松练习，简单的舞蹈，平静的活动性游戏等（2）扼要小结本课教学，布置课外体育锻炼的作业（一般采取全班集体进行的教学组织形式）	约占总时间的10%，约5min

（一）准备部分人体生理机能活动能力变化规律分析

准备部分的任务：迅速地将学生组织起来，即集中学生的精神和注意力；组织全体学生充分做好准备活动，使身体各主要肌肉群、关节、韧带得到充分活动，使各器官系统迅速地进入工作状态，帮助学生以饱满的精神和适宜的身体状态去参加一节课的学习；为课的基本内容做好教学所必需的辅助性或诱导性练习活动。

准备部分的具体内容：整队、检查人数、宣布本节课的任务与要求，布置见习生活动内容，队列练习、集中注意力的练习、一般性准备练习、专门性准备练习游戏以及讲解示范和队伍调动等。其中，一般性准备活动是指促进学生身体全面发展的活动，通常有各种走、跑、跳、投练习，各种徒手操或持轻器械练习，传统项目基本动作、游戏、舞蹈等。专门性准备活动是指其动作的性质和结构与基本教材有关或相近似的练习，主要有模仿练习、诱导练习或辅助练习、基本功以及掌握该项教材内容所需发展的身体素质练习等。

准备部分的时间：教师要在7~9min内完成各项活动，所以必须预先认真设计好每一项活动的具体次数、时间。如教师讲解示范占多少时间，学生准备活动占多少时间，各项活动的前后顺序与联系等，都要一一计划安排好，这样才能确保课的顺利进行。

准备部分的组织教法：练习方式可采用集体或分组形式进行，既可定位练习，也可以行进间练习。队形应根据具体情况加以变化，以提高学生学习的兴趣。

（二）基本部分人体生理机能活动能力变化规律分析

基本部分的任务：学习、复习教学计划规定的教材内容，使学生掌握科学锻炼身体的知识、技能和方法，发展体能，增强体质，增进健康，培养学生良好的道德品质和行为习惯。

基本部分的具体内容：教师讲解示范、专门性练习、新旧教材内容、教和学的步骤、正误对比、教学比赛、游戏、身体体能练习、学生练习与休息、队伍调动等。在教学实践中，教师除注意各项目前后顺序及联系的安排外，更应注意各项的分组练习次数与时间的分配，以及新授教材与复习教材的结合。

基本部分的时间：时间安排取决于教材内容的性质、负荷和学生特点等。以45～50min的课为例，基本部分的时间一般约占30min。

基本部分的组织教法：一般可采用分组轮换与分组不轮换的形式进行。基本部分的教学是完成本节课教学目标的主要部分，关键在于组织好教学，提高教学质量和效果。在组织和抓好基本部分的教学时，教师应认真处理好以下四方面的问题。

第一，应将新的、较复杂或难度较大的、发展速度和灵敏性较大的教材内容放在基本部分的开始阶段，使学生具有饱满的精力去完成较复杂、较难的学习任务；一般将易引起高度兴奋的教材内容或消耗体力较大的教材内容放在后面，如教学比赛、竞赛游戏、力量和耐力、强度与量大的练习等。

第二，应根据课的目标和主要教材内容的性质与学生的特点，正确地选择和安排一些必要的辅助练习、诱导练习、转移性练习和体能练习。如在进行难度大或强度大的练习前应做一些相应的专门性准备练习和辅助性练习。

第三，根据本节课的教学目标、教材内容性质、学生特点和场地器材设备等具体条件，设计和安排好练习密度、生理负荷与心理负荷。教师采用相应、有效的组织教法措施，调控练习的次数、强度与休息时间，使之合理地交替进行，使基本部分的练习密度、生理与心理负荷达到适宜的程度。

第四，根据学生人数、场地、器材条件和身体练习的需要，选定全班、分组或个人的形式进行练习。根据本班学生人数多、场地器材少的情况，一般多采用分组轮换的形式进行。采用分组轮换形式时，教师应注意照顾体质弱和有女生的小组，保证让他（她）们按较合理的顺序进行练习。

（三）结束部分人体生理机能活动能力变化规律分析

结束部分的任务：这阶段主要是有组织地结束本节课的教学活动，使学生身体逐渐地恢复到相对安静的状态；对本节课的教学情况进行小结，布置课外作业，预告下次课的内容等。

结束部分的具体内容：结束部分的教学设计应根据基本部分最后一个教材的性质和运动

负荷大小的情况，选择一些动作结构简单、节奏缓和、轻快的放松身体练习，如活动性游戏、徒手操、舞蹈、慢跑等。

结束部分的时间：结束部分的时间一般为5min左右。

结束部分的组织教法：结束部分一般采用全班集体的形式进行，也可分组进行整理放松活动，然后集中全班小结。在实际教学中，教师不能挤掉结束部分的内容与时间，否则会影响课的效果及学生的身心健康。

总之，体育实践课三个部分的划分是依据人体生理机能活动能力变化规律建构的，它们互相衔接、紧密联系、和谐统一地构成课的整体。为此，教师应根据学生的身心发展规律，对课的结构予以认识和实施。例如，小学低年级的体育课是以发展基本活动能力为主，在组织教学方面，如锻炼课的结构可根据锻炼的内容与身体素质发展的要求，按循序的活动性予以安排，这样较为符合实际。

二、人体机能适应性规律

运动生理学指出，机体运动时，由于受运动时负荷的量与度的刺激，机体在负荷的应激后会随之产生一系列的能量代谢变化。它一般可划分为：能量消耗的下降阶段、相对恢复阶段、超量恢复阶段与复原阶段四个有机联系、相互作用的工作时相。在这个过程中，如果连续的体育学习或运动的负荷都能安排在前一次负荷超量恢复的基础之上，就会使机能水平持续地提高。反之，多次在机体还没有恢复就安排练习，就会产生过度疲劳，这一过程俗称为"超量恢复规律"（见图1-3）。

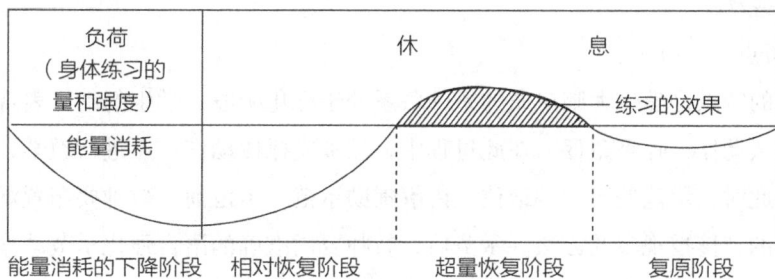

图1-3　人体机能适应性规律

这告诫我们，一是，在教学或训练时，教师应根据学生身体运动能力的水平，合理安排各种动作技能的练习，逐步地、有节奏地增加训练负荷，形成"提高—适应—再提高—再适应"的渐进过程。通过一系列体育课的运动负荷效应的累积，达成增强学生体质、提高机能的功能水平的目的。二是，如果课或休息的间隔太长，机体工作能力就会重新降到原来的水平。即如果不能在超量恢复阶段的峰区进行下次的运动，就会丧失超量恢复取得的效果。例如，在2个月紧张的力量训练以后完全停止练习，经过1.5~2周，所获得的力量素质就会明显下降；停止练习后经过2~3个月，力量素质消退到原来的水平。又如在2个月的耐力训练后停止练习，所获得的耐力素质经过1.5个月就消退到原有水平。

三、动作技能形成规律

动作技能形成规律是解释体育动作技能学习的一种理论，起源于行为主义心理学。它通过把动作技能的形成过程划分为泛化、分化和自动化三个阶段，力图说明体育动作技能学习不同程度联结之间对应的行为性和易变性。该理论认为，每一个阶段都存在着特定的学习行为现象和认知状态，只有按照这些特点去设计教学方可取得效果（见图1-4）。

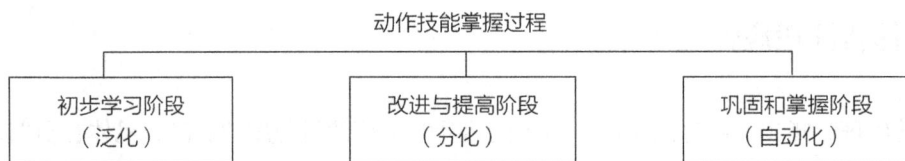

图1-4 动作技能掌握过程示意图

（一）泛化阶段动作的教学运用

1. 教学任务

使学生熟悉运动技能的运动特点，克服胆怯的心理，对动作有初步的了解，取得感性认识，粗略地掌握动作。

2. 教学特点

这一阶段的特点是学生大脑皮质的条件联系处于泛化阶段，学生的动作表现出紧张、不协调，出现多余动作，呼吸急促。在此过程中，教师应抓住动作重点进行教学，不应过多强调动作细节。此时，示范处于主导地位，讲解辅助示范。示范前，教师要布置观察的程序，强调观察的目的，传授观察的方法。示范后，教师要用准确的语言强化示范动作，巩固、明确其轮廓，防止学生获得模糊、不定形的视觉表象。

（二）分化阶段动作的教学运用

1. 教学任务

掌握正确的动作，提高动作的协调性和质量，消除各种错误动作。通过学生视觉和知觉的活动，稳定、明确所学动作，为练习提供清楚而又正确的动作痕迹。

2. 教学特点

这一阶段的特点是学生大脑皮质的条件联系由泛化进入分化阶段。在教学中，教师应抓住学生存在的主要问题，注意对动作的纠正，可采用比较、对照和综合分析的方法，帮助学生体会动作细节，促进分化的进一步发展，使动作更趋准确。这时，示范应降到次要地位，讲解配合示范，由粗大动作要领进入精细动作要领讲解，加深学生对动作内在联系和细节的理解。

（三）自动化阶段动作的教学运用

1. 教学任务

教师要进一步启发学生的积极思维，提高其分析问题和解决问题的能力。教师要以抓动作技术细节为主要安排，同时用完整法做重复练习去强化动作的各环节，防止割裂完整技术。在此基础上进一步加大运动负荷，提高学生身体素质和技能水平，形成学生的运动能力。

2. 教学特点

学生进一步反复练习，动作达到自动化程度，能轻松自如地完成整个动作，可以把注意力放到身体姿势、速度和技术上。同时，学生在不同条件下都能保持良好的技术。教师示范应是"补充""校正"。

综上所述，一个中学生，从不熟悉运动技能到学会动作，一般要经过三个阶段。每学一个新动作或一种新姿势，也都要经历这三个阶段。在运动技能教学的三个阶段，动作示范各有其特点、侧重，它们是有机联系在一起的。教师每次示范都要根据所在阶段的教学任务、要求、特点"有的放矢"，这样才能收到事半功倍的效果。

第三节
体育教学原则

体育教学规律回答的问题是"是什么""怎么样"，而体育教学原则是有目的、有秩序活动的方式，主要回答"要做什么""应当做什么"。体育教学原则一般包括准备性原则、直观性原则、从实际出发的原则、循序渐进的原则、身体全面发展的原则、合理的运动负荷的原则和巩固提高的原则。没有体育教学规律，教学就会混乱一团；没有体育教学原则，教学就会错配与失偏。因而，体育教学原则是体育教学必须遵守的规则。

一、准备性原则

准备性原则是指，要提前做好或准备好体育课的有关工作与事项，保证教学的顺利进行。如准备好教学任务、教学内容、教学的组织形式、教学的方法、练习的时间与次数、场地与器材等各项工作，使之符合学生的实际和教学的需要。

基于此，准备性教学原则的基本要求和做法主要体现在以下一些方面。

第一，根据学生年龄特征、认识事物的规律和心理特点选择教材。

第二，教学顺序要符合由易到难、由简到繁、循序渐进、系统连贯的体育教学规律，保证课的练习密度，以使学生的身体得到全面的锻炼和发展。

第三，制订好教案，注意教材横向和纵向的联系，掌握教材学习的重难点，有针对性地选择教学手段予以解决。

第四，上课前提前到场检查和安排场地器材，以免影响课的进行和发生伤害事故。

第五，上课前要提前做好了解所教学的班级和学生学习的实际情况，并将课的教学内容和场地通知体育班委和学生，保证课的顺利进行。

第六，教师应提前检查和整理好自己的服装仪表，提前到达教学地点准备上课。

二、直观性原则

直观性原则是指，利用学生的各种感觉器官和已有的经验，使学生获得生动的形象和正确的动作概念，进而掌握教学的内容。体育教学的经验告诉我们，通过直观观察可获得对学习对象的整体而深刻的印象，良性大脑皮层也容易建立神经联系形成动作技能的表象，可起到抽象思维难以达到的效果。借助此原则，可使学生学习的内容更直观，缩短学习时间。恰如夸美纽斯在《大教学论》中对直观性原则的概括：没有它，教学是混乱的，学习是混乱的。[1]

根据体育活动是身体活动和思维活动紧密结合的特点，对其的运用和要求有以下三个方面。

第一，利用生动形象的语言、优美的动作示范，图表、模型演示和多媒体等现代化教学手段，借助学生多种感官来加深学生对动作的感知。这种联结的力量有利于增强学生对知识的牢固掌握。

第二，研究表明，有趣形象的材料比无意义的材料保持的时间长，遗忘得慢。按照认知的这一逻辑，多介质安排教学，学习方能产生好的效果。

1　吴文侃. 当代国外教学论流派[M]. 福州：福建教育出版社，1990：241.

第三，运用外界环境的阻力和助力等条件，唤醒学生对动作的感知，增大肌肉触觉和感受器的感觉，建立学习的联结，同化学生对知识学习的获得、问题的解决。

三、从实际出发的原则

从实际出发的原则是指，教学的任务、内容、组织教法、运动负荷、场地器材等，要符合学生的具体情况，以便学生更好地完成学习的任务。即依据学生的年龄特征和认知规律、生理和心理生长规律，选择教学方法，为优化教学设计提供参考。

为此，从实际出发的原则主要包括以下四方面的内容。

第一，对学生知识、技能基础的分析，即学习内容应与学生所具备的相关知识、技能和能力相符合，如果不符合将会出现无效学习行为的发生。

第二，对学生认知心理特点及认知发展水平的分析，即分析学生的思维方式与学习习惯对学习该内容的适应性，如对学生学习兴趣、情感、动机、意志等心理因素的分析和对学生学习能力、智力的发展水平的评估。

第三，学生的生理特征对学习该内容的可接受性，如健康状况、身体发展的水平、个体之间的差异等对学生学习的影响。

第四，个性发展和群体提高，即分析学生群体中因学习基础不同而对接纳该内容可能产生的差异性等，如对学生的学习经历、班级的班风对教学可能产生影响的分析等。

四、循序渐进的原则

循序渐进的原则是指，体育课堂教学内容不仅是实施计划，也是一个怎样选择与组织教与学内容的活动。教师要按照学习层级的步骤和顺序，科学安排学习内容之间及其各组成部分的相互联系，明确知识类型与认知分配、把握教学重难点，使学生更快、更好地掌握动作要领，达成教学目标。

基于上述目的，循序渐进原则的运用体现在以下四个方面。

第一，教学内容的选择与编排要按照知识主次、从属与并列的各组成关系展开教学程序。

第二，要按照学习层级逐渐分化的逻辑性，由简到繁、由易到难地安排教学结构。

第三，要按照知识的迁移性和全面性，科学设置教学方式与学习策略，解决"怎么学"的问题。

第四，运动负荷的安排要遵循人体生理机能变化规律和人体机能适应性规律，正确处理好教材和学习的组织与身体素质之间相互联系、相互作用、共同发展的关系。

五、身体全面发展的原则

身体全面发展的原则是指，体育教学的设计与安排要使学生身体的各个部位、器官系统的机能、各种身体素质与基本活动能力得到全面均衡的发展。反之，违背这一原则，将会造成身体发展失衡，影响学生的生长发育。

根据这一原则，对其的运用和要求有以下方面。

第一，教学内容的安排不仅要注意知识技能各部分内容的纵向递进性与横向层次性之间的联系，还要关注教材之间锻炼属性的迁移性，这才是科学的。注意教材的合理搭配要能促进人身体各项素质的全面发展。如果课堂教学仅围绕某一素质的发展去实施教学内容，就会造成身体素质发展的失衡，就会影响身体发展的和谐。

第二，这一原则体现在教学内容的组织上就是，同一节课的教学内容不能全部安排上肢练习或都是下肢的练习，如安排投掷练习后不能再去安排单杠的练习、安排短跑练习后不能再去安排耐力跑练习、安排双杠练习后不能再去安排单杠练习。

六、合理的运动负荷的原则

合理的运动负荷的原则是指，在体育教学过程中，教师要合理安排运动负荷，科学规划学生在动作学习中承受的负荷量和强度，使学生身体既产生疲劳，又能提高身体机能、掌握运动技术技能、有效地完成教学任务。

根据这一原则，合理的运动负荷要体现出由低到高、逐渐上升递进的要求。

第一，课的准备活动安排要针对教材的特点，选择相应适合的热身活动。

第二，在教学阶段的组织上，应由准备部分到基本部分至结束部分；在学习方式的组织上，要由单一性练习到综合性练习；在教学方式的组织上，由个人练习到分组练习，使之既符合人的心理机能活动变化规律，又符合人的生理机能活动变化规律。

七、巩固提高的原则

巩固提高的原则是指，要根据感知、理解、巩固和提高的教学流程实施教学安排，研究和改进教学设计，提高教学效果和质量。这一原则的目的是促使学习者实现：一是主动接受，二是自主发现，三是意义建构，助力学生由学习的必然王国走向自由王国。

巩固提高的教学原则的运用和方法，有以下方面的要求供参考借鉴。

第一，提高学习的元认知，正确理解所学概念的名称和术语，归纳发现知识和技能应用的关系和特点，以利于实现巩固与提高。从学习策略上讲，这一种学习技巧是内化学习者学会学习的基础。

第二，建立学习策略。学习指导经验证明，根据学习内容的特点正确选择和使用学习方法，建立学习策略至关重要。如果学习方法不能与学习内容和个体学习的心理特点相匹配，实现学习的目的就会很困难。正如美国学者B. J. 日耳曼所说，如果学习者能够学会评价和监控自己的学习进程，那么他就可以成为一个"聪明的学习者"。[1]

第三，相关研究指出，建立学习策略是低水平的认知策略，只有学会对自己学习的活动进行评价和监控、主动调节影响与制约自我学习活动的相关因素才是真正的学会学习。因而，学会比较总结即学会评价学习策略，就能知道成功在哪里、失败在哪里，逐步提高自己的学习能力和水平，实现学会学习。如通过与他人进行学习方法的交流取长补短，做到有自知之明；提高自主学习的自觉性，形成适合于自己的学习方法等。

本章小结

教学规律和原则是体育教学形象与样式的反映与表现，是标识体育教学意义建构的普遍论述。工欲善其事，必先利其器，对体育教学规律和原则的掌握可帮助我们更清楚地认识体育教学方式与方法的选择与运用，改变我们体育教育教学上存在的不协调的现象，建立学习与知识之间的和谐，从而指导自我走向体育教育教学的崇高境界。

练习与思考

1. 如何理解《体育与健康课程标准》的基本理念？
2. 举例说明课程结构中"学习领域""学习科目""学习模块"和教学内容的关系。
3. 举例说明不同体育教学规律在教学活动中的指导作用。
4. 举例说明不同体育教学原则在教学活动中的指导作用。

1 刘丽群. 课堂讲授策略[M]. 北京：北京师范大学出版社，2012：1.

第二章
体育教学设计

本章概述

　　体育教学设计是体育教学理论的一个重要范畴，也一直是提升体育教学质量和效益的关注热点。为此，本章对体育教学设计的理论与应用做一梳理探讨。一是释义体育教学设计是把教学原理转化为教学内容和教学活动的计划。二是指出体育教学设计是根据教学对象和教学目标，确定合适的教学起点与终点，将教学诸要素有序、优化地安排形成教学方案的过程。三是揭示教学应以向学生传授知识、技能为主，还是以发展学生的能力为主，这涉及教师对有关教育教学理论问题的思考，反映着教师对传统与现代教学设计的不同取舍。本章力求从对这三个方面的阐释，为体育新课程教学目标的构建、教学任务的完成以及教学过程的顺利实施提供前提和保障。

结构图

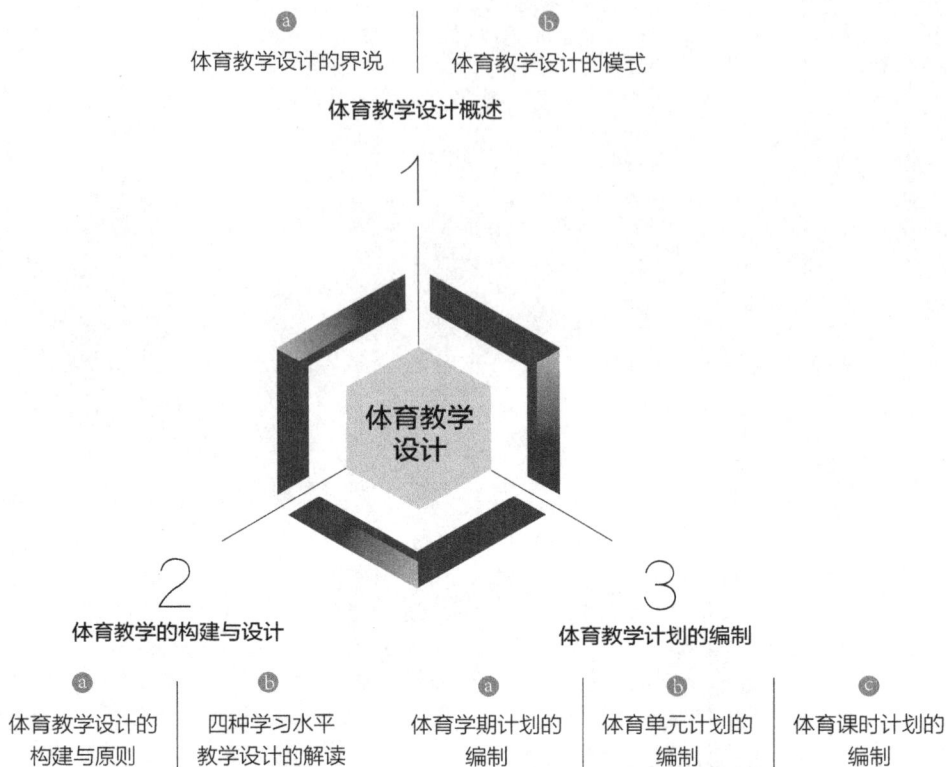

学习
目标

1. 识记体育教学设计的规准、目的与教学之间的关系与特点。
2. 联系各种教育理论在体育新课程教学中的实施与运用，思考如何科学地将其运用于体育教学设计的建构中。

关键
词

体育教学设计；理论与模式；类型与分析；策略与运用；建设与发展

　　教学实践表明，教学设计是指为实施教学活动提供最佳的方案和措施。可以说，没有好的教学设计，就不可能有好的教学活动。通过教学设计，教师能清楚地知道学习者要学的内容、学习者将会产生哪些学习行为，同时，也有利于确定教学目标、形成最佳的教学方案等，从而保障教学活动有效地开展。因而，对其研究是必要的，也是十分重要的。

第一节
体育教学设计概述

　　体育教学设计即是把课程转化为教学——"怎么教""如何教"的科学设计。简言之，体育教学设计即系统化备课，就是按照教学理念、教学规律、学习者学情等将体育课程转化为教学实践活动的"具体形式"。它包含教学理论、教学策略、教学应用等。

一、体育教学设计的界说

　　国内外教育家认为，教学设计是通过系统化分析学习的各项条件来解决教学问题的过程，即预期教学最优化的途径和方法，以及预期这些方法能使学生的学习实现的变化。教学设计主要是运用系统的方法，将学习理论与教学理论的原理转化为对教学目标、教学内容、教学方法、教学策略和教学评价等环节的具体计划，其目的是促进学生更好地学习。

　　综合国内外学者的教学设计理念与观点，教学设计不仅要做好从"教什么"入手，对学习需要、学习内容、学习者进行分析，还要做好从"怎么学"入手。一个良好的教学设计应包括：教学内容顺序的安排、教学中学习成分的描述、教学时学习者如何练习的组织说明以及为传递教学而做出的媒体选择，然后按照分化递进不断综合贯通。

　　从活动指向来看，教学设计的任务就是在教学之前回答"我要带领学生去哪里、怎样去那里"的问题。因而，教学设计的任务应具有以下特征。

　　第一，教学设计是把课程标准转化为教学材料和教学活动的计划。为此，教学设计要有逻辑性、有组织要素的指向属性，能明确教师将做些什么、学生能做些什么，以解决教什么的问题。

　　第二，教学设计要以"减负增效、避免无效"为指导。从学习层级论观点出发，把全部教学内容按上下等级排列，使之成为一种具有操作性的程序，然后按照这些层级之间的关系，分析教学问题和需求，确立解决的程序与策略，以解决学什么的问题。当代认知分类学习论已经阐明，每类习得素质有自己独特的学习的内外条件，只有根据这些特点去教学方可取得教学效果。

第三，教学设计要植根于对学习者经验的关注，即重视对学习者不同特征的分析、挖掘学习者内部的潜能、着眼于学生的不同学习需要和不同学习条件，推行"为学习而设计""为理解时刻而教""学习要有个性自由度"的追求，实现由寻求普遍性的知识教育转向寻求个人情境化学习建构的"教育范式"的转换。

二、体育教学设计的模式

从教学设计的领域看，教学模式为教学设计提供了相对应的认知结构和认知过程，可为教学设计的假定提供学习情境的解释与说明。它很大程度上决定了教学设计的方向和结果，因此，对教学模式的理解与掌握就成为必须的研究主题之一。下面对其予以解析，供参考借鉴。

（一）成功体育教学模式的设计与实施

成功体育教学模式是以教学手段和组织措施为强化要素，引导每一个学生不断超越，完成个体学习目标，实现教学任务。"低、小、多、快"是成功教学的基本方法，它为学生的学习成功提供了具体保证（见图2-1）。

1. "低"即"低起点"

摸清学生的相关基础知识、基本能力和心理准备的实际，把起点放在学生努力一下就可以达到的水平上，使学生的新旧知识产生联结，形成网络。教师可以通过问卷、谈话、诊断性测试、预习检查、口头或书面提问等方式了解学生的水平，确定适当的教学起点。

2. "小"即"小步子"

根据学生实际，确定学生能达到的实际程度。教学的步子要小，即把教学内容按由易到难、由简到繁的原则分解成合理的层次，然后分层渐进，把产生挫折事件的频率减至最低程度，使学生层层有进展、处处有成功，处于积极学习的状态，感到自己有能力进行学习，从而不断增强学习的自信心和动力。

3. "多"即"多活动"

针对学习困难学生注意时间短、记忆容量小、概括能力差的特点，教师要改变大段讲解的倾向，使师生活动交替进行。这样不仅调节了学生的注意力，更重要的是学生大量参与教学活动，自我表现的机会多了，能力的发展也通过逐步积累而得以实现。这种良性的循环，又大大促进了学生各方面的发展。

4. "快"即"快反馈"

在每一层次的教学过程中，既有教师的"讲"，也有学生的"练"，还有教师的"查"。这种快速的反馈，既可以把学生取得的进步变成有形的事实，使之受到鼓励，乐于接受下一个任务，又可以及时发现学生存在的问题，及时矫正乃至调节教学的进度，从而有效地提高课堂教学的效益，避免课后大面积补课。

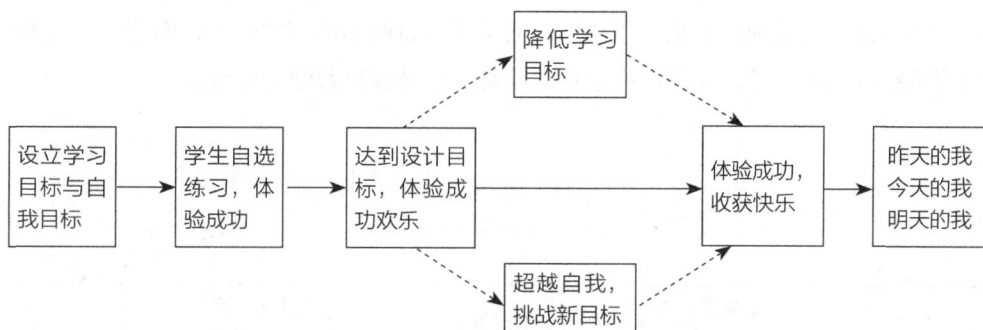

图2-1　成功体育教学模式操作程序

（二）快乐体育教学模式的设计与实施

快乐体育教学模式把追求快乐的学习过程作为体育教学的保证原则，把快乐的学习"始终摆在学习过程的中心位置"。它通过挖掘教材内容的情趣美，诱发学生学习的乐趣，改变其"不爱上体育课"的不正常现象。这对于改进目前的体育学习只注重体育技能，只要求学生"懂、会"，不关注学生"乐"的教学现状有比较大的意义（见图2-2）。

1. 注重挖掘教材内容的情趣美，重视学习过程快乐性的设计

体育教学犹如一个平台，它承载着认知与方法、运动技能、情感与态度，如果体育教学偏袒了哪一边，它都将失去平衡，影响教学的效果和质量。而大多数教师在实践时，对运动技能的准备较为充分，也开始注重学生的兴趣和体验，但很容易忽视学生的学习方法和运动过程中"懂、会、乐"的收获。对此，教师要予以注意。

2. 灵活运用多种教学方法营造课堂和谐、合作的教学气氛

在指导方法上，教师不应强调把实现运动的外在价值作为形式方法，而是要把体验运动的内在价值，即运动的特性和快乐作为形式方法，提倡达到运动技能与体验乐趣的双赢效果。对此，教师要注重以教材内容的情趣美优化教学环境，营造和谐、合作的教学氛围，让学生充分享受到运动的乐趣。

3. 利用自身力量，开发和改造教学条件和环境

为了始终聚焦于快乐体育的学习方向性，给予学生进行体育活动的欲望、鼓励与援助，

重要的是教师要能够自如运用自己的力量把快乐装满学习内容，能丰富地获得和熟悉教材，研究和构想出具体相关的教授行为的意图和手段，并以此为出发点构筑技术指导体系，不仅让学生"会"，还要让学生"乐"，从而实现"会"与"乐"的统一。而这正是快乐体育教学模式中，教师必备的能力。

4. 快乐体育强调学习目的和内容的"懂、会、乐"

快乐体育教学模式主要是以追求体育的内在价值为目标，以进行运动中的快乐教育为特征。由于快乐体育论强调的不是手段快乐，而是学习目的和内容的快乐，因此，对现有的体育教材要重新认识和分类，找出不同教材的乐趣，这是体育教学的设计点。

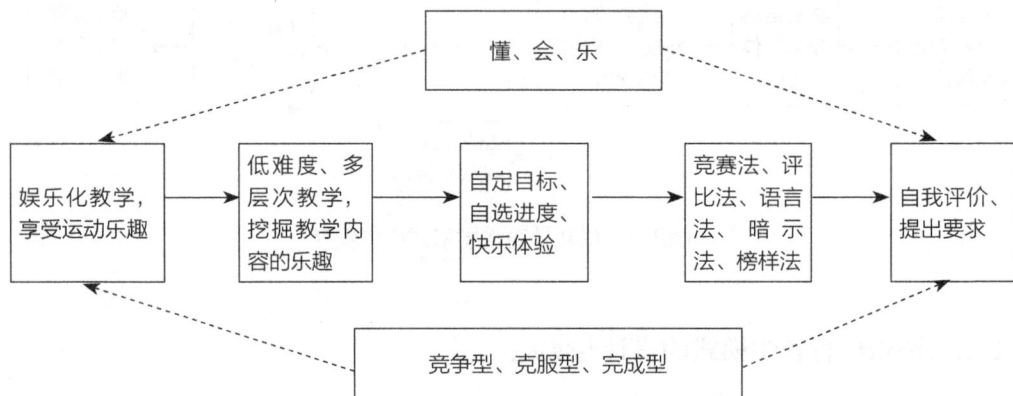

图2-2　快乐体育教学模式操作程序

（三）情境体育教学模式的设计与实施

情境体育教学模式设计利用情感是学习形成的基础和前提，创设情境加深学习者对教材的体验，促使学生的学习积极性大大地提高，使教学效果得到明显改善。该模式要求尽量培育与制造有助于大脑支持体育学习形成的条件，使学生产生适宜的兴奋性，从而在良性心理状态下学习技术，促进学生积极学习、掌握技术技能。它由我国学者李吉林老师总结提出，是具有中国特色的教学理论（见图2-3）。

1. 从教学内容和方法着手设计

（1）依据教学内容创设情境。

（2）依据教学方法创设情境。

（3）以实物演示情境。

（4）以音乐渲染情境。

（5）以表演体会情境。

2. 从"懂、会、乐"寻找学习配对条件

（1）从求知需要的满足中求乐。

（2）从成功需要的满足中求乐。

（3）从建树需要的满足中求乐。

（4）从娱乐需要的满足中求乐。

（5）从审美需要的满足中求乐。

情境导入 → 激发学生兴趣 → 竞赛、合作、竞争为教学主题 → 渲染、鼓动师生同乐 → 教师评比小结 → 师生再次体验

图2-3 情境体育教学模式操作程序

（四）发现体育教学模式的设计与实施

发现体育教学模式是指在教师的启发诱导下，学生通过对一些学习事实（事例）和问题的独立探究、积极思考，从"做中学"中发现并掌握相应的原理和结论的一种教学模式。其特点在于它不是把现成的结论提供给学习者，而是在教师引导下，让学习者自己去发现问题、回答和解决问题，使他们成为知识的发现者，而不是消极的接受者。这有利于改变体育教学中只有直观思维的低级记忆，没有发散思维的高级记忆的弊端（见图2-4）。

1. 重视学习活动中准备状态的设计

学习的效果不仅取决于外部刺激和个体的主观努力，还取决于一个人已有的知识水平、认知结构、非认知因素等。教师要配合学生的经验，适当组织教材。教材的难度与逻辑上的先后顺序必须针对学生的心智发展水平及认知表征方式做适当的安排，以使学生的知识经验能前后衔接，从而产生正向学习迁移。

2. 运用先行组织者策略

学习新知识前，教师可以提供一个材料帮助学生的学习认知与原有图式发生联结。这个材料以学生既有的知识为基础，并能与新知识发生联结，能够突出新知识的具体框架，从而为学习新知识做准备。

3. 注意将分化后的知识前后连接

教师要促进学生形成一个有组织的、贯通的知识体系，以便学生能够融会贯通。即引导学习者以划分层次或列图表的方式，寻找发现动作练习内在的姿势、速率、轨迹、节奏、力量等技术要素或其他方面的认知线索。同时，认知学习理论强调以整体的方式呈现教学材料，以培养学生的宏观能力和分析能力。

4. 遵循发现学习理论，重视启迪精神

不束缚学生的思维和手脚，教师要抓大放小，给学生留有自我学习的空间，鼓励和启发

学生去相互引导、相互帮助，提高他们的建构能力。

模式1

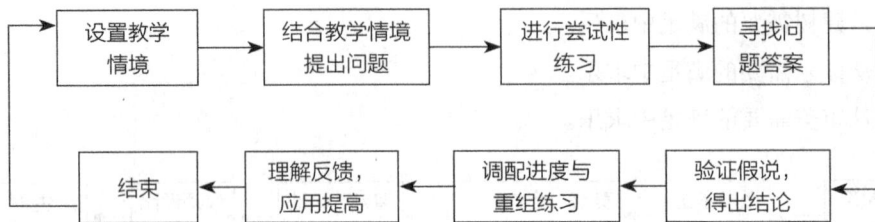

模式2

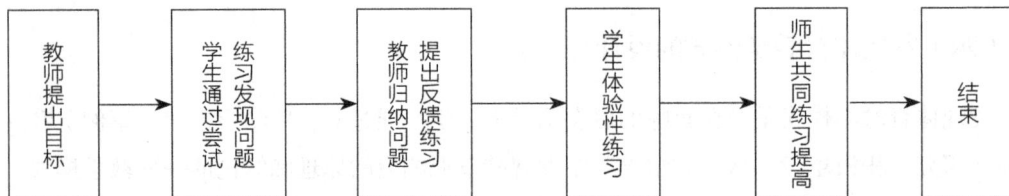

图2-4　发现体育教学模式操作程序

（五）小群体体育教学模式的设计与实施

体育教学中的小群体教学模式的基本思想是试图通过体育教学中的集体因素和学生间交流的社会性作用，不仅促进学生互帮互学提高学习的质量，还要实现对学生社会性培养的作用。正如学者周志俊指出："良好的学风一旦形成将对学习产生深刻、持久的效应。"如图2-5所示。

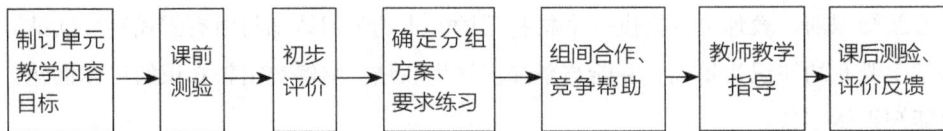

图2-5　小群体体育教学模式操作程序

1. 立足小群体特点去设计教学

俄罗斯著名教育家季亚琴科指出："教学这是以特殊的方式有组织地交往，或教学是交往的特殊变体。"学者易言指出，生生互动是保证小群体学习关系的重要前提，只有在学生双方相互互动理解、相互配合的合作状态下，有效学习才能发生。这一论说表明，交往是保证小群体学习的前提和条件，没有交往就没有教学。为此，体育小群体教学的设计与实施要立足于体育教学的集体形成和人际交流的规律性来设计教学过程，这才是可为的。

2. 正确选择教学方法

心理学研究表明，学习不仅是一种个体获得知识和发展能力的认知过程，同时也是人与人之间的交往过程。采用该模式有以下方法可供参考借鉴。

（1）课前预习法。教学经验证明，让学生事先了解学习历程，引导学生根据学习内容拟订学习策略、制订学习步骤、提出注意事项，可促进有效学习。

（2）学习成果分享法。 相关研究指出，指导学生相互交流学习心得，彼此分享学习成果可转化为有效的学习策略认知模式，促进学生共同提高与成长。

（3）同伴合作辅导法。心理学指出，学生在学习历程中的反应影响着同伴的学习行为。同伴的学习经验与策略可为学习提供参考，解决学习困难，提升同伴的学习能力，有效增进学习成效，对有效学习有正面的效用。

第二节
体育教学的构建与设计

有效教学是体育教学设计的标识，是体育教学必须遵循的法则。诚如未来学家阿尔温·托夫勒认为，工业社会的（教学）特点是标准化，而知识社会的（教学）特点是个性化、多样化、创造性、自主性。[1]

一、体育教学设计的构建与原则

国际著名学者D. H. 乔纳森在《学习环境的理论基础》一书中指出，首先，学习环境设计应关注知识的建构；其次，应创设有意义、真实的学习情境，激起学习者运用他们已建构的知识；最后，教师应该知道学习者的以下信息：① 行为起点；② 在学习领域内的已有知识；③ 对教学内容和将采用的传输系统的态度；④ 学习动机；⑤ 受教育的能力水平；⑥ 一般性的学习偏好；⑦ 对提供教学的组织的态度；⑧ 群体特征。[2]

---

1 桑新民. 科教兴国的教育使命——实现人类学习方式的历史性变革[J]. 人民教育，1999（1）：35.
2 盛群力，李自强. 现代教学设计引论[M]. 杭州：浙江教育出版社，1998：45，101.

（一）体育教学设计的构建

1. 体育教学目标的设计

体育教学目标的设计是课堂教学设计的核心，它决定着整个课堂教学设计的方向、过程及结果评估，直接关系到课堂教学的效果和学生的发展。因此，确定有效的教学目标是教学设计首要考虑的问题。

第一，要理解课程标准理念对教学内容的要求，即通过研讨课程标准、分析教材，做到从整体上把握课程的基本结构，厘清该教材在知识体系中的位置。教材是量化课程目标的具体化标识，教学目标的制订必须找出目标与知识存在的取向和结果期望，从而选择制订教学目标的认知层级要达到的程度。

第二，找出学生的最近发展区，确定合理目标。不同年龄学生的认知能力和原来的知识水平是不一样的，因此在制订课堂教学目标时，在兼顾全班学生的同时，也要考虑学生的个体差异，使学生都能得到充分发展。这也就是我们所说的分层教学目标。

第三，教学目标要分类，即区分达成目标（知识技能）、体验目标（情感养成）、发展目标（素质）、增强目标（体质），避免以往教学目标设计中存在用一些抽象、笼统的话语表达教学目标的缺陷。

2. 体育教学过程的设计

影响体育教学设计的要素一般包括：学习任务的类型，学生特点，学习运动负荷的选择，实施条件、地点、时间、环境等，实施的限制因素，教学方法，教学管理等（见图2-6）。针对不同阶段的学生具有不同的认知形式和认知模式，教学设计要从学习者的认知结构特点去思考知识学习的结构安排，根据学生认知水平的特征和认知发展的可能机制组织教学，即体现教学内容由低到高的递进、教学组织由低到高的递进、教学负荷由低到高的递进。

第一，研究分析学情。备学情的目的是为了做到根据学生的实际水平，有的放矢地进行教学，从而高质量地完成教学任务。备学情一是了解学习者学习的能力；二是分析学习易产生问题的原因，以确定在教学设计时解决该问题的方法和途径；三是分析现有的教学资源及约束条件，以论证解决该问题的可能性。

第二，选择教学方法和教学组织。选择教学方法与教学组织的目的是寻找一种教学的方法，使得教师因此可以少教，但学生可以多学；促使学习者达到学习的三种层次和水平：一是主动接受，二是自主发现，三是意义创造。为此，教师要思考以下问题。

① 通过什么方法吸引学习者对学习产生兴趣？

② 选择什么教学方法和手段最能有效传递教学信息？

③ 运用什么样的教学组织策略能使每个学习者都能有效地完成所要求的内容？

④针对准备部分、基本部分、结束部分，选择哪些教学方法和组织？

⑤学习掌握新的知识技能要运用哪些方法与组织？

⑥复习旧知识与技能运用哪些方法与组织？

⑦针对学习的重点与难点选择哪些教学方法与组织？

⑧学习中是否需要进行分组？学习活动是个人学习为主还是分组学习或大班活动为主？

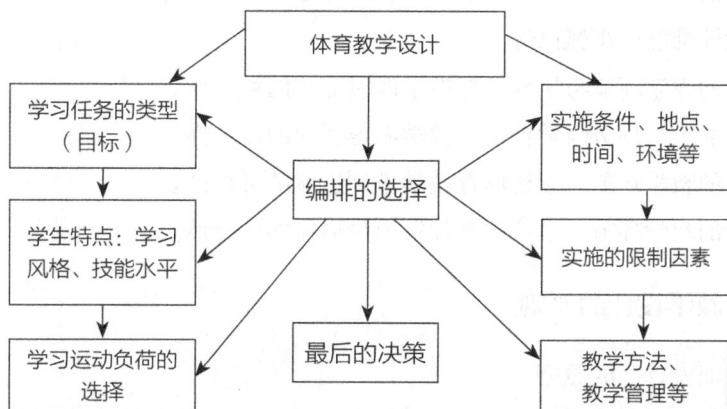

图2-6 体育教学设计的影响因素

3. 体育教学设计的评价

体育教学设计评价是评定体育教学设计的"裁判"，可对体育教学设计的选用与实施是否具有科学性予以评断。基于上，提出以下体育教学设计评价标准，供参考借鉴。

（1）教学内容维度的实施评价。

——所选用的教学内容是否符合体育课程标准的要求。

——所选用的教学内容是否体现体育课程知识的基础性和应用性。

——所选用的教学内容是否符合体育课程发展的要求。

——所选用的教学内容是否能与体育知识与技能融通、联结与渗透。

——所选用的教学内容是否符合体育直观学习与运动练习的要求。

（2）教学方式方法维度的实施评价。

——所选用的教学方式方法是否符合学生的心理特点和规律。

——所选用的教学方式方法是否符合学习者的运动能力水平。

——所选用的教学方式方法是否能激起学习者学习的兴趣与求知欲。

——所选用的教学方式方法是否能促进学习者体育知识和能力迁移的发生。

——所选用的教学方式方法是否能灵活多样地组织，从多方面促进学习者对体育知识的内化。

（3）教学目标维度的实施评价。

——所制订的教学目标是否能引导学习者树立热爱体育文化的正确观念。

——所制订的教学目标是否能引发对学习者态度、情感、价值观的培养。

——所制订的教学目标是否能提供开放的，如合作、探究等学习的空间。

——所制订的教学目标是否符合学生体育运动能力的发展。

——所制订的教学目标是否能丰富学习者体育学习的经验与体验。

（4）教学设计维度的实施评价。

——所设计的教学环节与学校体育教学课时适应的可行性。

——所设计的教学环节与学校体育教学内容适应的可行性。

——所设计的教学环节与学校体育教学条件适应的可行性。

——所设计的教学环节与学校体育师资力量适应的可行性。

（二）体育教学设计的原则

1. "为学习而设计"的原则

该原则要求教师在教学设计中把教推向学，努力把更多乐学的因素带到学习活动中去。教学不是设计教师如何教，而是着眼于如何为学习者学会本课的教学内容提供更多的联合因素；着眼于在集体学习的基础上，尽量为每一个学生提供适合自己学习的体育运动方式。衡量体育教学设计的标准不是看教师的教学内容有没有完成，而是看学生有没有学会，有没有实现汗水加笑声的"懂会乐"；有没有鼓励个性学习，让每个孩子的运动潜能都能得到充分发展，从而达到养成他们终身体育的观念、能力与终身享受体育运动的乐趣。这就要求教师改变传统体育教学设计中统一进度、统一模式、统一方法和统一要求的不足，如可运用快乐教学模式、成功教学模式、领会教学模式等，通过挖掘教材内容和教学组织的情趣美完成这一设计，调动学生主动学习的积极性，提高学习的效率，使教师为掌握而教、学生为掌握而学，让学生真正享受和体验到体育运动的乐趣和体育学习的意义。恰如巴班斯基曾经指出："教学方法的本质实际上取决于学生的学习认识活动（学）和教师相应的活动（教）的逻辑——程序方面和心理方面。教学方法由学的方式和教的方式协调一致的效果来决定。"[1]

2. "为理解而教"的原则

该原则意指有效教学发生在为理解而教的时刻。它规定教师在教学设计中要减少学生的学习障碍和增加学生学习理解的机会，具体可在两个方面着手：一是变化教学环境，衔接学生的原有认知经验，引起学习应答发生；二是变化教学策略使之与学生认知的层级变量适配，如根据学习者的认知能力和"同化—平衡—顺应"等认知规律，从已有的教学条件出

1　巴班斯基. 中学教学方法的选择[M]. 北京：教育科学出版社，1985：7，38.

发，科学选择适合学习者理解能力的教与学策略，消除学习者认知存在的障碍。如学习者原有的知识与经验不能"同化"新知识，教学的知识意义建构就会发生困难，则会引起"顺应"过程的发生，即对原有认知结构进行改造与重组，这样学习的时间就会延长，教学效果就会降低。这告诫我们，必须把教学结构改造成适合学习者该阶段能普遍接受和理解的形式，使其范围、深度、速度能同教学对象的实际水平相适应，这样良好的学习行为才可发生。例如，下次课学习"网球"，学生头脑中如果没有这一图式，不能建立"同化"效应，就会产生"顺应"干扰（认知负载量大，难以记忆，学习慢、错误多，不灵活、呆板），引发认知的改造与重组而延误教学时间。所以教学前就需要教师进行"先行者组织策略"的学习安排，[1]让学生了解这部分知识，提前形成图式感知。这样在教学时就会出现"学习的意义建构"，从而把教师主导的教学方式变成师生互动的领会学习方式，缩短新授知识所需要的认知时间，提高教学效果。

3. "学习自由度"的原则

该原则规定教师在教学设计中要着眼于形成个性"知识传递"的教学环境，创设符合学习者需要的教学形式，给予学习者适合自己个性学习自由度的组织安排，展开多样化、多类别、多层次的"选学"教学、分层教学等个人理解的自主建构，让学习者根据自己的认知能力去自由选择学习内容、教学组织形式、教学负荷，改变传统体育教学流水线式的千篇一律的标准，避免有的学生吃不了、有的学生吃不饱。如学习"跳高"时可采用《风车转转》的教学设计，围绕跳高杆放置三块垫子，设置"高、中、低"三种不同的高度，让学生根据自己的水平自由选择练习的高度。"学习自由度"原则可激发各层次学生的学习积极性，使他们在第一高度练习中能瞄准下一个高度，在完成第二个高度的练习后接着向下一个高度冲刺，给学生创造体验成功的机会。

总之，上述三大教学原则的理论假设可给教师提供在不同认知阶段的行为规范，使教师精确教学设计，有助于控制和排除影响有效教学的因素。体育学习不存在差生，每个学生都有自己的学习领域、有自己的学习类型和认知风格，教师只要根据学生的爱好去教学，有意义的学习就能发生，体育教学的目标才有可能有效地完成。

二、四种学习水平教学设计的解读

（一）学习水平一教学设计的解读

水平一学段任务：发展学生基本活动能力，以实现构建课程内容的目的。该学段选取三

---

1 先行者组织策略是认知学习理论的经典方法，即学习新知识前，提供一个材料帮助学生的学习认知与原有图式发生联结。这个材料以学生既有的知识为基础，并能与新知识发生联结，能够突出新知识的具体框架，为学习新知识做准备。

个课例——小篮球、跳跃、投掷进行解读。为便于对学习目标的理解，现把四个目标领域予以不同标识：A=运动参与目标、B=运动技能目标、C=身体健康目标、D=心理健康目标与社会适应目标（见表2-1）。

表2-1　水平一课例目标解读

学段水平	课例主题	主要完成目标	附属完成目标
水平一	小篮球	A、C	B、D
	跳跃	A、C、D	B
	投掷	A、C、D	B

课例1——小篮球

设计思路

依据《义务教育体育与健康课程标准（2011年版）》发展学生基本活动能力、增强体质的目标要求，与小学生活泼好动、模仿能力强的生理和心理特点，选择小篮球的耍球游戏、地滚球游戏、拍球游戏、传接球游戏和投击、掷准游戏等为教学内容。

目的

1．让学生学会更多玩耍篮球、亲密接触篮球的方法，促进学生形成参与运动的兴趣。通过小篮球的各种活动发展学生的基本活动能力，增强学生体质。

2．在练习中诱导学生团结互助、合作探究，学会观察与分享伙伴们的学习经验，在交流中展示自我，培养互帮互学的优良品质。

3．建立小学生课堂学习规范，体验体育课学习的愉悦性，为学生喜欢体育课、爱上体育课、未来上好体育课奠定基础。

学习内容

1．耍球游戏：按顺时针或逆时针方向转动地面上的球。双手托球，按顺时针或逆时针方向转动球。双手或单手托、持球置于身体的多个体位。单手体侧挟夹球。双手抛、接不同高度的球，双手抛旋转球，抛球多次击掌接球。

2．地滚球游戏：将球滚动到固定位置（一定距离），单、双手拨动并控制球在身体周围做前后左右滚动，移动中沿直线或曲线拨动并控制球（单人练习或小组比赛）。

3．拍球游戏：①单人拍球：原地拍球，左、右手拍球，左、右手交替拍球，走动拍球，拍球转圈，用站、蹲、跪地、坐地等姿势拍球。②两人拍球：对面交替拍球，站、蹲、跪地、坐地等姿势的对面交替拍球，交替换位拍球。③拍球比赛：拍球比多（左、右手），拍球比高、拍球比低，拍球转圈比赛，拍球接力赛。

4．传接球游戏（含递与抛）：①单人传接球：体前两手交替托递球，双手抛球蹲起交替接球。②多人传接球：头上、体侧、跨下传递球，原地迎面传接球，三角传接球。③传（抛）接比赛：传接球比快，传球过"障碍"比赛。

5．投击、掷准游戏：单、双手持球"打靶"比赛，"保龄球"比赛。

学习目标

1．运动参与：通过篮球游戏多样化的学习，培养学生对篮球这项运动的学习兴趣，为以后体育学习奠定基础。

2．运动技能：掌握篮球拍、接、抛、传、滚等的基本动作要领和技巧。

3．身体健康：通过篮球练习发展学生的体能和基本活动能力。

4．心理健康与社会适应：体验体育课学习的愉悦性，促进学生形成参与运动的兴趣和互帮互学的合作品质，培养学生的组织纪律性、认真学习的态度及相互帮助、善于与他人合作的优良品质。

5．引领学生学会模拟、观察、比较的学习方法，逐渐引导学生学会学习。

学习设计

1．情境游戏法。通过看谁拍的最多、看谁拍球的方法最多与拍球比赛等情境设置，将篮球活动与体能发展组合成游戏。教师通过各种示范不断提高技术难度，激发学生学习兴趣，使学生"动起来"，并渲染增进合作学习的意识，诱导学生合作探究、互帮互学，增强学练的有效性，同时让学生在游戏中多接触球，增进球感。

2．竞赛学练法。将基本技术技能的学练与游戏化的竞赛融为一体是小学篮球教学的主要方法之一。教师要变篮球教学为亦游戏亦竞赛的活动形式，把基本技能的学练与各种竞赛结合起来，营造有趣的、竞争的学练氛围，让学生在竞赛活动或教学比赛中应用篮球技术技能，享受玩耍篮球的乐趣。

3．运动负荷以多活动、高密度、低负荷为运动组织形式。

教材重难点处理

重点：建立球感、习得拍接传递球的技能，为未来篮球爱好的养成奠定基础。

难点：拍球的部位、球落地的部位、手部吸球的感觉。

教学建议

1．运用趣味引入、鼓励法、榜样示范法渲染鼓动，激发学生的学习兴趣，形成有趣学习的课堂情境。

2．根据学生学习的能力与本校教学的环境和条件，科学选取教学内容。

3．运用个人成果展示、小组成果展示、拍球比赛等，培养学生展示自我、评价交流与互帮互学的学习能力。

4．课中教师要以积极参与者的身份营造师生同乐、对话的民主气氛。

【该学习内容的游戏摘自：邵荣，袁志欢．篮球游戏化教学探讨[J]．体育教学，2008．】

课例2——跳跃

设计思路

跳跃是发展小学生基本能力的有效手段与方法。为此，教师要预设教学情境，以游戏的形式进行跳跃练习。通过各种跳跃的游戏活动让学生在"乐中练、趣中练、玩中练"，消除练习的枯燥。

学习内容

1．小学生在扮演小兔跳、袋鼠跳、青蛙跳等各种跳跃动作中发展自己的跳跃素质并增强体能。

2．学练立定跳远、向上跳、团身跳、单双腿交换跳、助跑跳跃等动作与方法。

3．体验体育课学习的愉悦性，促进学生形成参与运动的兴趣和互帮互学的合作品质。

学习目标

1．运动参与：通过本课学习达成积极参与体育学习和锻炼的目标。

2．运动技能：通过跳跃游戏，逐渐让学生学会跳跃的基本技能。

3．身体健康：通过跳跃学练过程提高学生的体能和运动能力。

4．心理健康和社会适应：在学习中，引领学生努力展示自我，体验在活动中成功的心理感受，推进学生形成参与运动的兴趣和互帮互学的合作品质。

学习设计

1．创设小兔跳、袋鼠跳、青蛙跳游戏情境，趣味引入，尝试踏跳。

2．感知动作，体验单脚、双脚、左右跳、跨步跳、上步跳、连续跳的跳跃技能与落地动作的技巧。

3．运用各种跳跃的组合练习，发展跳跃能力和力量。

（1）妙用角色，发展学生跳跃技巧和力量。老师示范引导学生模仿几种动物和鸟类的跳跃动作和落地的方法，如单双腿交换跳、团身跳等。

（2）跑几步跳越"小河"，学习体验向前跳。

（3）迎面跳远比赛。甲乙两人迎面站，甲跳向乙，乙跳向甲，看谁跳得远。

（4）前跳三次顶球。学生连续向前跳三次，最后跳起头顶球。

（5）跑几步跳越"A型"小垫子，发展跳远的能力。

（6）连续跳越"A型"小垫子，发展向上跳跃的能力。

（7）方格踢瓦（木块）比赛。

（8）编花篮（学生腿搭腿）游戏（适于二年级学生）。

（9）开火车（适于二年级学生）。

（10）学生手拉手做换位跳越（适于二年级学生）。

（11）学生左右跳越小垫子。

（12）学生接龙左右连续跳越小垫子（适于二年级学生）。

（13）学生助跑跳越"A型"小垫子，落地踢球（适于二年级学生）。

（14）兔跳接力10m（适于二年级学生）。

（15）跳绳跑接力（适于二年级学生）。

（16）跳五边形橡皮筋。

（17）跳跃"流星"，即学生快速跳跃脚下抡起的竹竿或长绳。

（18）跳跃低、中、高等不同高度的橡皮筋。

（19）跳跃十字星、多边形等不同形状的橡皮筋。

（20）跳过去、钻出来的游戏，即从一根橡皮筋跳过去，再从另一根橡皮筋钻出来，高低视学生身体条件而定。

（21）跳竹竿。节奏为：开开合合开开合、开合开合开开合、开合开合开合合等。

（22）垫上跪跳起。

（23）侧面上跳绳、正面上跳绳。

（24）夹沙包跳比赛。

教材重难点处理

重点：掌握跳跃的蹬—摆—展—收—落的技能，为未来运动能力的形成奠定基础。

难点："两快、三直"，即摆臂快、蹬地快，髋、膝、踝三关节快速伸直的感觉建立。

教学建议

1. 课的设计既要提高学生练习的积极性，又要使学生体验到成功的乐趣；既要让学生掌握技能，又要有促进学生体能发展的强度；集体教学和兼顾个体差异相结合。

2. 运用鼓励法、榜样示范法渲染鼓动，激发学生的学习兴趣，形成有趣学习的课堂氛围。

3. 根据学生学习的能力与本校教学的环境和条件，科学选取教学内容。

4. 运用个人成果展示、小组成果展示、跳跃比赛等，培养学生展示自我、评价交流与互帮互学的学习能力。

5. 课中教师要以积极参与者的角色营造师生同乐、对话的民主气氛。

课例3——投掷

设计思路

投掷是发展小学生基本能力的有效手段与方法。为此，教师要以情境教学法为手段，通过各种投掷的游戏活动增进学生的身体力量、协调性和爆发力。以"乐中练、趣中练、玩中练"营造课堂气氛，消除练习的枯燥。

学习内容

1. 运用各种投掷游戏组合，发展学生的力量素质并增强体能。

2. 学练正面投掷、侧面投掷、助跑投掷等动作与方法。

3. 体验体育课学习的愉悦性，促进学生形成参与运动的兴趣和互帮互学的合作品质。

学习目标

1. 运动参与：通过本课学习达成积极参与体育学习和锻炼的目标。

2. 运动技能：通过学习提高学生投掷的基本技能。

3. 身体健康：通过投掷基本技能的学练，发展学生的基本活动能力。

4. 心理健康和社会适应：通过本课教学，培养学生良好的协作、互帮互学的意识。

5. 引领学生掌握模拟、观察、比较的学习方法，逐渐引导学生学会学习。

学习设计

1. 抛接球。随着动作的熟练，逐渐拉开距离并加大球的重量。

2. 打靶得分。距离若干米放若干小筐，学生投掷进筐得分。

3. 打靶得分。用粉笔把墙壁划分成若干分数区域，学生投掷击中该区则得分。

4. 投掷纸飞机比远。

5. 正面原地推球过一定高度横杆。

6. 侧面原地推球过一定高度横杆。

7. 上步推球。

8. 对墙投球，并接住反弹球。

9. 击打冲过"封锁线"的跑动中的队员。

10. 双手前抛球。

11. 双手后抛球。

12. 保龄球比赛。低手木棍击打目标球或木柱。

13. 打碉堡。圆圈外面的进攻者用沙包向圆圈内的保卫者投掷进攻，里面的保卫者躲闪，被击中者出圈。

14. 看谁得分多。将沙包投向远处地面标有数子的表格，看谁得分多。

15. 击打悬吊的排球。

16. 正面或侧面坐推实心球。

17．背面转体投掷。

18．推轮胎跑。

19．不同方向与角度掷飞盘。

教材重难点处理

重点：培养学生投掷的技能，为未来运动能力的形成奠定基础。

难点：转体、挥臂、上下肢全身协调用力。

教学建议

1．投掷注意事项：先让学生练习掷准，然后根据学生的掌握情况再练习掷远，防止学生受伤。

2．运用鼓励法、榜样示范法渲染鼓动，激发学生的学习兴趣，形成有趣学习的课堂氛围。

3．根据学生学习的能力与本校教学的环境和条件，科学选取教学内容。

4．运用个人成果展示、小组成果展示、投掷比赛等，培养学生展示自我、评价交流与互帮互学的学习能力。

5．课中教师要以积极参与者的角色营造师生同乐、对话的民主气氛。

（二）学习水平二教学设计的解读

水平二学段任务：达成提高基本身体活动的能力，初步掌握几项体育活动并形成安全意识与防范的能力，以实现构建课程内容的目的。该学段选取三个课例——前滚翻、跳绳与障碍跑进行解读。为便于对学习目标的理解，现把四个目标领域予以不同标识：A=运动参与目标、B=运动技能目标、C=身体健康目标、D=心理健康与社会适应目标（见表2-2）。

表2-2　水平二课例目标解读

学段水平	课例主题	主要完成目标	附属完成目标
水平二	前滚翻	A、B	C、D
	跳绳	A、C、D	B
	障碍跑	A、C、D	B

课例1——前滚翻

设计思路

前滚翻是学校体育教学的基本内容之一，通过学习前滚翻，可以发展学生的平衡、协调、灵敏、柔韧素质，提高学生的基本活动能力。同时，它能引导学生在学习过程中形成互帮互学、共同进步、团结合作、积极进取的优良品质。

学习内容

1．学习前滚翻。

2．学习连续滚翻。

3．学习前滚翻接转体180°后做跪跳起。

学习目标

1．运动参与：通过多种滚翻的游戏，激发学生积极参与体育学习与锻炼的兴趣。

2．运动技能：掌握不同滚翻的动作要领和技巧。

3．身体健康：通过滚翻练习发展学生灵敏、协调、柔韧和平衡的素质。

4．心理健康与社会适应：通过本课教学，培养学生坚强的意志品质和团结合作的意识。

学习设计

1．在游戏中强化学生滚翻的基本动作。

（1）垫上自由滚直木，体验怎样滚得远。

（2）低头抱脚滚翻练习。

（3）夹沙包滚翻练习。

（4）蹲撑前滚翻练习。

（5）前滚翻成坐撑。

（6）前滚翻成蹲撑。

（7）一人滚翻，一人推臀部，助其滚翻。

2．在斜面上增强学生对滚翻要领和技巧的领会。

（1）自我练习由高垫一端滚向低垫一端。

（2）两人各抬起垫子一端成弧形，帮助练习者来回做滚动练习。

（3）在斜垫上连续做滚翻练习。

（4）在斜垫上做蹲撑前滚翻练习。

（5）在斜垫上前滚翻成坐撑。

（6）在斜垫上前滚翻成蹲撑。

3．在平面上进一步提高学生的滚翻技能。

（1）自我练习做蹲撑前滚翻练习。

（2）两人一组相互帮助做蹲撑前滚翻练习。

（3）设置标志线让学生向远端做滚翻练习。

（4）前滚翻成坐撑。

（5）前滚翻成蹲撑。

（6）学习蹲跳起。可先由一人拉手帮助，然后再过渡到自我完成。

（7）前滚翻成蹲撑转体180°接前滚翻后做跪跳起。

教材重难点处理

重点：低头团身、滚得远。

难点：蹬地有力、翻得快。

教学建议

1．检查清理学生随身物品，防止意外伤害事故发生。

2．充分做好颈部活动。

3．指导学生相互帮助。

4．运用口诀和图示加大学生对动作要领的理解。

5．运用情境法、榜样示范法等激发学生学习的兴趣与积极性。

课例2——跳绳

设计思路

依据《义务教育体育与健康课程标准（2011年版）》水平二的目标，教师要充分挖掘并运用多种资源、多种方式全面发展学生基本活动的能力。为此，结合小学三、四年级学生求知欲、模仿能力强的特征和心理生理发育的规律，教师可以跳绳游戏为媒介寓教于乐，充分发挥跳绳简单易学、器械制作方便、生活性强、能有效全面锻炼学生的手、臂、腰、腿、足的功能，调动学生学习的热情，增强学生体能和运动能力。

学习内容

1．学习集体跳绳。

2．学习单人跳绳。

3．学习单人、多人反摇长短跳绳。

学习目标

1．运动参与：通过跳绳游戏寓教于乐，激发学生积极参与体育学习与锻炼的兴趣。

2．运动技能：掌握三种跳绳的动作要领和技巧。

3．身体健康：通过跳绳练习发展学生身体素质，增强体能，提高下肢肌肉、关节、韧带的功能与协调性。

4．心理健康与社会适应：在学习过程中培养学生之间相互协作、互帮互学的团结合作精神。

学习设计

1．原地站立跳长绳练习。

2．侧面上跳长绳练习。

3．正面上跳长绳练习。

4．背面上跳长绳练习。

5．跳长绳换位跳练习。

6．跳反摇绳。

7．闯两关游戏，学生连续跳过两条长绳。

8．闯三关游戏，学生连续跳过三条长绳。

9．单人跳绳练习。

10．单人反摇跳绳练习。

11．双人跳绳练习。

12．双人反摇跳绳练习。

13．跳绳接力。

14．向前跳绳接向后反摇跳绳。

15．向后反摇"8"字跳绳练习。

16．单人跳绳"穿越城门"游戏，单人跳绳穿越长绳。

17．绳中绳游戏，在长绳中跳短绳。

18．各种方式的跳绳比赛。

教材重难点处理

重点：跳绳中上下肢协调用力。

难点：人绳之间跳起的时机配合。

教学建议

1．课的设计既要提高学生练习的积极性，又要使学生体验到成功的乐趣；既要让学生掌握技能，又要促进学生体能的发展；集体教学和兼顾个体差异相结合。

2．运用鼓励法、榜样示范法等渲染鼓动，激发学生的学习兴趣，形成有趣学习的课堂情境。

3．根据学生学习的能力与本校教学的环境和条件，科学选取教学内容。

4．运用个人成果展示、小组成果展示、跳绳比赛等，培养学生展示自我、评价交流与互帮互学的学习能力。

5．课中教师要以积极参与者的角色营造师生同乐、对话的民主气氛。

课例3 —— 障碍跑

设计思路

跑是我们生活情境中必需的能力，是构成身体素质的必要组成部分，也是中小学教材中不可缺少的主要学习内容和体质健康测试的内容之一。为此，依据《义务教育体育与健康课程标准（2011年版）》水平二的目标要求，教师应运用多种方式提高学生跑的基本活动能力，选编跑、钻、跳、爬、跨、绕等多种跑的游戏方式，同时，采用层层递进的组合，对其进行教学架构和设计，以全面发展学生的基本活动能力。

学习内容

1．学习障碍跑。

2．发展学生走跑跳跃、悬垂摆动等基本活动能力。

学习目标

1．运动参与：通过多种障碍跑的游戏，调动学生积极参与体育学习与锻炼的兴趣。

2．运动技能：掌握越过障碍的不同动作要领和技巧。

3．身体健康：通过障碍跑练习发展学生灵敏、协调、柔韧和平衡的素质。

4．心理健康与社会适应：培养学生团结合作、积极进取、克服困难的精神。

学习设计

1．喊数追拍游戏练习。

2．喊数抢位游戏练习。

3．喊数接球游戏练习。

4．三角扶杆游戏练习。

5．长江追黄河游戏练习。

6．穿越大森林游戏练习，练习中跨过各种不同的障碍物。

7．跨过独木桥游戏练习。

8．迎面障碍跑游戏练习，通过翻过小垫子、钻越栏架、跳越小垫子等多种方式进行。

9．贴烧饼追逐跑游戏练习。

10．"8"字追逐跑游戏练习。

11．两蛇相争游戏练习。

12．蛇头追蛇尾游戏练习。

13．接龙跑游戏练习。

14．体操棒拼图接力游戏练习。

15．扶杆赛跑接力游戏练习。

16．猫捉老鼠钻洞游戏练习。

17．老鹰捉小鸡游戏练习。

18．拉网捕鱼游戏练习。

19．打鸭子游戏练习。

20．开火车游戏练习。

21．穿城门接龙游戏练习，不断接龙穿越两名学生搭起的城门。

22．三钻山洞游戏练习，钻过栏架、假山洞、圆圈门。

23．过天桥游戏练习，可借用双杠、单杠等器材设置游戏。

24．手拉手合作接力跑。

25．肘挎肘合作接力跑。

教材重难点处理

重点：障碍跑游戏情境的选择与设计。

难点：在快乐的体验中，达成本课发展学生基本活动能力的目标。

教学建议

1．课的设计既要提高学生练习的积极性，又要使学生体验到成功的乐趣；既要让学生掌握技能，又要促进学生体能的发展；集体教学和兼顾个体差异相结合，达成本课目标。

2．运用鼓励法、榜样示范法等渲染鼓动，调动学生的学习兴趣，形成有趣学习的课堂情境。

3．根据学生学习的能力与本校教学的环境和条件，科学选取教学内容。

4．运用个人成果展示、小组成果展示、障碍跑比赛等，培养学生展示自我、评价交流与互帮互学的学习能力。

5．课中教师要以积极参与者的角色营造师生同乐、对话的民主气氛。

（三）学习水平三教学设计的解读

水平三学段任务：掌握和运用基本体育运动知识与技能、卫生和保健知识锻炼身体，以实现构建课程内容的目的。该学段选取三个课例——韵律操、小排球与跨越式跳高进行解读。为便于对学习目标的理解，现把四个目标领域予以不同标识：A=运动参与目标、B=运动技能目标、C=身体健康目标、D=心理健康与社会适应目标（见表2-3）。

表2-3　水平三课例目标解读

学段水平	课例主题	主要完成目标	附属完成目标
水平三	韵律操	C、D	A、B
	小排球	A、B	C、D
	跨越式跳高	C、D	A、B

课例1——韵律操

设计思路

韵律操是学校体育教学的基本内容之一。韵律操不仅对健美小学生良好的身体姿态、伸展全身关节活动范围、促使肌肉得到均衡的发展、提高身体灵敏性、协调性等基本活动能力具有重要的作用，它还是陶冶情操、加强美育培养的良好手段。为此，以下组合选编一些学习内容供教学设计参考。

学习内容

1．学习手臂的摆动和绕环。

2．学习腿的摆动和绕环。

3．学习五种基本步法。

学习目标

1．通过韵律操的学练，提高体能适应和运动能力。

2．运用游戏等情境化的预设，提高学生的学习兴趣。

3．借用韵律操的学习，加强学生互帮互学、团结合作的品质。

学习设计

1．手臂摆动。以肩为轴，借惯力的作用向前、向侧、向后进行钟摆式摆动。摆动时肩部放松，肘关节领先带动手腕、手指、臂成弧形摆。

预备姿势：自然站立，两手一位。

1～2拍　两臂弧形前摆，掌心向下；

3～4拍　两臂经下弧形摆至侧举，掌心向下；

5～6拍　两臂经下摆至左侧举，掌心向下；

7～8拍　同5～6拍，方向相反。

2．手臂绕环。以肩为轴绕环（前、后、内、外），两臂可以同时做，也可以依次做。

预备姿势：自然站立，两手一位。

1～2拍　两臂经下体前交叉绕至侧举；

3～4拍　同1～2拍，但方向相反；

5～6拍　两臂经下摆至左侧举，掌心向下；

7～8拍　两臂经一位成左臂前上举，右臂后下举，抬头挺胸，眼看左手方向。

3．"8"字绕。两臂在体侧做一个水平中绕环，接着在头上做一个水平大绕环。可进行单臂练习，也可做双臂绕环。

4．腿的摆动和绕环。

（1）摆动。一脚站立，另一腿以髋关节为轴，膝踝关节伸直做钟摆式动作。可以前后或左右做。

（2）绕环。腰部绕环，髋膝踝为轴做环形练习。

5．跑跳步（一拍完成）。

预备姿势：自然站立，两手叉腰。

第一拍，拍掌右脚蹬地跳起，同时左膝弯曲上抬起，上体随之右摆动，手臂上下自然挥摆。

第二拍，反之重复。拍掌左脚蹬地跳起，同时右膝弯曲上抬起，上体随之左摆动配合，手臂上下自然挥摆。

要求：练习时，要求活泼欢快，可变换方向做。

6．踏跳步（两拍完成）。

预备姿势：自然站立，两手叉腰。

第一拍，左脚向前一步，蹬地跳起，同时右腿直（或屈）膝后（或前）举，绷脚面。

第二拍，右脚开始，动作与第一拍相反。

要求：跳起时，重心向前，挺胸、立腰，协调放松，手臂自然摆动。

7．跳点步（两拍完成）。

预备姿势：自然站立，两手叉腰。

第一拍，左脚向左跳起，然后右脚在左脚旁边点地。

第二拍反之，右脚向右跳起，然后左脚在右脚旁边点地。

要求：动作欢快活泼，注意上体、头与动作配合，还可以前后左右四个方向一起做。

8．踢踏步（两拍完成）。

预备姿势：自然站立，两手叉腰。

第一拍，左脚向侧一步，右脚擦地绷脚向左前方踢出，身体略向左转，上体向右倾斜。

第二拍，与第一拍动作相反。

要求：踢出去的腿膝伸直，有一定的高度；左右轮换踢时，中间可加走步或舞步。

9．快踏步（两拍完成）。

预备姿势：自然站立，两手叉腰。

第一拍，左腿屈膝上抬，同时右脚蹬地随之屈膝上摆，左脚落地，接着右脚落地，同时左腿屈膝上抬。

第二拍，左脚落地换右脚做。

要求：动作轻快，节奏清楚，可在原地做，也可以在移动中做。

教材重难点处理

重点：提高各个关节的活动范围和灵活性。

难点：各动作的幅度与动作表现控制力。

教学建议

1．根据学生心理生理特点，科学选编学习内容。

2．选编内容的变化应简单、分明、快慢适度、欢快流畅。

3．动作编排要符合学生的实际水平。

4．伴奏的乐曲要欢快、动听、优美、富有节奏感。

课例2——小排球

设计思路

排球是学校体育教学的基本内容之一。排球具有跑动、跳跃、移动、急停等身体运动形式及发球、垫球、传球、扣球等技术动作，还有沙滩排球、软式排球等多种比赛形式，可谓老少皆宜。而经常参加排球运动可培养人们团结协作、顽强拼搏的优良品质，同时对提高力量、弹跳、速度、耐力、灵敏等运动素质具有极其重要的作用。为此，以下组合选编排球的一些学习内容供教学设计参考。

学习内容

1．学习移动排球的步法。

2．学习排球垫球的基本技术与要领。

学习目标

1．使学生形成对排球的正确技术概念，并通过学习初步掌握排球垫球的基本技术。

2．通过排球的学习提高学生的运动素质。

3．在学习过程中培养学生集体配合的意识及团结互助的优良品质。

学习设计

1．做无球的步法移动练习。准备姿势站立，听哨音或手势做滑步、跨步、交叉步、上步、后退步等步法移动练习。

2．做有球的步法移动练习。准备姿势站立，根据来球方向判断落点，做滑步、跨步、交叉步、上步、后退步等移动接球练习。

3．自抛自接球移动练习。

4．三人一组做移动接球练习。

5．徒手模仿垫球练习，体会手臂夹、提、迎、送的动作感觉。

6．垫固定球练习，了解手臂正确击球的部位。

7．个人对墙自垫球练习，加大练习密度，体会垫球的用力顺序和肢体的配合。

8．个人水平连续自垫球练习，强化夹、提、迎、送的垫球感觉。

9．个人水平连续高垫球练习，提高难度，强化接住高球的感觉。

10．两人一抛一垫球练习，强化接移动球的感觉。

11．两人互垫球练习，强化接移动球的感觉。

12．两人、三人隔网垫球练习。

13．两人、三人隔网垫球比赛。

14．四人、六人隔网垫球比赛。

教材重难点处理

重点：手臂的夹、提、迎、送垫球的用力顺序。

难点：垫球的角度与步法移动的配合。

教学建议

1．运用鼓励法、榜样示范法渲染鼓动，激发学生的学习兴趣，形成有趣学习的课堂情境。

2．教师既要抓好学生对动作技能的学习，也要挖掘教材的情趣美，让学生获得懂会乐的体验。教师可先运用游戏让学生感知教材，然后再让学生练习简单的运、传、投的基本技能，最后再展开复杂的各种变式练习或比赛。

3．根据学生学习的能力与本校教学的环境和条件，科学选取教学内容。

4．运用个人成果展示、小组成果展示、小排球比赛等，培养学生展示自我、评价交流与互帮互学的学习能力。

5．课中教师要以积极参与者的角色营造师生同乐的欢快气氛。

课例3——跨越式跳高

设计思路

跳高是学校体育教学的基本内容之一。它不仅能增强关节、韧带的弹性和柔韧性，有效发展下肢力量和肌肉的爆发力；它还具有让学生体验不断超越高度挑战性任务的乐趣，对促进学生身体健康和良好的发育有着重要的作用。为此，以下组合选编跳高的一些学习内容供教学设计参考。

学习内容

1．学习"跳高"的基本技术和要领。

2．通过练习，培养学生跨越式跳高的能力，促进学生身体素质的提高。

3．通过跳高练习，培养学生自我评价和相互评价、互帮互学的合作品质。

学习目标

1．使学生建立"跨越式跳高"的正确技术概念，并初步掌握跨越式跳高的基本技术。

2．通过对跳高的学习，提高学生的运动素质。

3．在学习过程中培养学生战胜自我、勇于挑战的意识及品质。

学习设计

1．连续跳过间隔1m的A型小垫子。

2．集体起跳头触高绳练习。高绳设置为斜线，让不同身高的学生都能找到适合自己的练习高度。

3．跨越式起跳摆腿的模仿练习。

4．自选择练习高度，做起跳摆腿踢球的模仿练习。一条高绳悬吊不同高度的6~7根绳子（为防止绳子漂移，建议每根绳子底端系一个小球），让不同身高的学生都能找到适合自己练习的高度。

5．三人一组，两人拉一根绳子，做起跳练习。

6．两三步助跑起跳，跳过橡皮筋练习。

7．斜线放置几块小垫子，做连续起跳跨越练习。

8．起跳跨越斜形橡皮筋练习。

9．拉"米"字橡皮筋，设置高中低不同高度，让学生自选高度练习跳跃，注意安全，及时放置好小垫子。

10．个人跳高成果展示。

11．小组跳高成果展示。

12．分组或不分组的跳高比赛。

教材重难点处理

重点：助跑步法与起跳点的衔接。

难点：起跳后起跳腿空中的内转下压。

教学建议

1．运用鼓励法、榜样示范法渲染鼓动，激发学生的学习兴趣，形成有趣学习的课堂情境。

2．教师既要抓好学生对动作技能的学习，也要挖掘教材的情趣美，让学生获得懂会乐的体验。教师可先运用游戏让学生感知教材，然后再让学生练习简单的技能，最后再展开复杂的各种变式的练习或比赛。

3．根据学生学习的能力与本校教学的环境和条件，科学选取教学内容。

4．运用个人成果展示、小组成果展示、跨越式跳高比赛等，培养学生展示自我、评价交流与互帮互学的学习能力。

5．课中教师要以积极参与者的角色营造师生同乐、对话的民主气氛。

（四）学习水平四教学设计的解读

水平四学段任务：简要运用体育运动知识分析体育现象，掌握并运用运动技术、卫生和保健知识锻炼身体，增强安全意识和防范能力，以实现构建课程内容的目的。该学段选取四个课例——棍术、合作跑、秧歌舞和羽毛球进行解读。为便于对学习目标的理解，现把四个目标领域予以不同标识：A=运动参与目标、B=运动技能目标、C=身体健康目标、D=心理健康与社会适应目标（见表2-4）。

表2-4　水平四课例目标解读

学段水平	课例主题	主要完成目标	附属完成目标
水平四	棍术	A、B	C、D
	合作跑	A、B	C、D
	秧歌舞	C、D	A、B
	羽毛球	A、B	C、D

课例1——棍术

设计思路

武术是学校体育教学的基本内容之一。武术是民族的瑰宝，发扬和传承着保家卫国的民族精神和爱国主义精神。其注重内外兼修，是以套路、格斗、功法为运动形式的中国传统体育项目。它既可让锻炼者疏通经络、调和气血、扶正祛邪，增强身体对疾病的抵抗力和免疫力，还具有修身养性、怡情的功能，因此深受人们的喜爱。基于此，以下选编棍术的一些套路供教学设计时参考。

学习内容

1．学习棍术组合套路。

2．通过棍术的练习，提高学生的身体素质和运动能力。

学习目标

1．学习棍术组合套路，传承武术文化。

2．通过棍术练习，提高学生的身体素质和运动能力。

3．能利用棍术的动作与方法进行体育锻炼。

4．培养学生团结合作、互相帮助的优良品质。

学习设计

1．棍术游戏。

（1）手指立棍平衡练习。

（2）两手水平持棍向左手向右侧用力推棍，右手换握棍端。

（3）两手水平持棍向右手向左侧用力推棍，左手换握棍端。

（4）棍与手臂呈直线，空中抛棍旋转换握棍端。

（5）右手空中抛棍接棍。

（6）左手空中抛棍接棍。

（7）体前交叉顺时针花棍。

（8）体前交叉逆时针花棍。

（9）体侧左右交舞花棍。

（10）单手抡棍接背棍。

2．棍术套路组合。

（1）仆步击棍。

（2）提身起立换握棍端。

（3）单手云棍。

（4）弓步背棍击掌。

（5）弓步扫棍。

（6）上步弹踢戳棍。

（7）金鸡独立提膝盖打。

（8）弓步戳棍。

（9）转身180° 劈棍。

（10）并步背棍。

（11）单手抡棍接背棍。

（12）上步花棍。

（13）并步背棍。

教材重难点处理

重点：动作组合的连贯性与力度。

难点：对棍术"形神兼备"的领会。

教学建议

1．练习时注意拉开学生之间的距离，以免发生伤害事故。

2．根据武术教学的有效性，应以集体教学、互帮互学为主，以个人练习为辅。

3．根据武术教学的有效性，应以单字口诀指导为宜。

4．在进行套路教学时，教师应注意贯穿武德的教育。

【本课选编自全国第二届体育课观摩大赛——王建伟】

课例2——合作跑

设计思路

1．借助合作跑的过程，让学生加深理解接力跑的技术，掌握"上挑式""下压式"传接棒的技术动作。

2．提高快速跑的能力，发展学生协调、反应快速等身体素质。

3．以游戏形式激发学生参与学练的主动性，改变教材练习的枯燥性。

4．提高学生合作探究、互帮互学的能力，明确团结是人优秀的品质及1+1＞2的道理。

学习内容

1．借助游戏合作跑，使学生学习体验"上挑式"与"下压式"两种接力的基本技术，并初步了解接力赛的规则。

2．通过合作跑的练习，提高学生的身体素质及身体协调能力。

学习目标

1．通过学习，使学生学习体验"上挑式"与"下压式"两种接力的基本技术，并初步了解接力赛的规则。

2．调动学生参与合作跑学习的积极性、主动性。

3．培养学生团结合作的品质与能力。

学习设计

1．通过接力跑传话游戏，助力学生领会团结合作的意义。老师向每队第一个同学传话，然后该同学跑回本队将话传递给下一名同学，依次传话。要求耳语传话，不得大声说话。最后看哪队不但最快，而且传话正确。

2．通过多种合作跑游戏改变教材枯燥性，培养学生积极进取的团队精神。

（1）分组火车快跑。每组纵队后面的同学双手搭扶在前面同学的肩上，听哨音开始比赛。

（2）分组手拉手跑。平行站立相互拉手，听哨音开始比赛。

（3）分组抱腰跑。平行站立相互抱腰，听哨音开始比赛。

（4）分组挎肘跑。平行站立相互挎肘，听哨音开始比赛。

规则：松开的队为输，距离20~25m，让同学们不疲劳又意犹未尽。

教学提示：在每种形式跑比赛前，让同学们自己尝试组织、体会总结，然后再比赛。

3．借助不同游戏专项练习，保持学生学习的热情。

（1）每组8人，左斜线45°接力拉手跑比赛。每组同学前后斜线45°站立，相互距离8~10m，听哨音开始比赛。第一个同学跑向第二个同学，然后用左手去拉第二个同学的右手；第二个同学跑向第三个同学，用左手去拉第三个同学的右手；第三个同学去拉第四个同学的右手；第四个同学去拉第五个同学的右手，前跑转弯越过标志物，依次进行，拉第六、

七、八个同学的右手，最后所有同学手拉手一起冲过终点线，看哪队最快。

（2）每组8人，右斜线45°接力拉手跑比赛。其他相同，拉手相反。

规则：松开的队为输。

教学提示：在每种形式跑比赛前，让同学们自己尝试组织、体会总结，然后再比赛。

4．学习"上挑式""下压式"传接棒技术动作。

（1）分组慢走学习"上挑式""下压式"传接棒技术动作。

（2）分组慢跑学习"上挑式""下压式"传接棒技术动作。

（3）接力比赛体会2次。

教学提示：接力跑比赛前，让同学们自己尝试组织、体会总结，然后再比赛。

教材重难点处理

重点：体验合作的乐趣，跑出快乐。

难点："上挑式""下压式"传接棒动作技术的掌握。

教学建议

1．教学设计不仅要让学生享受到学习的欢乐，还要完成教学任务。

2．采用竞赛学练法，把基本动作技能技巧的学练同游戏相结合，激发学生学练的兴趣和探究的欲望。

3．采用领会学习法，组织学生带着问题参与学习活动，特别是在基本技能的学练阶段或在游戏竞赛过程中，教师更要指导学生分析基本动作技能的结构，讨论运用时机，让学生领会教学内容的本质。

4．课中教师要以积极参与者的角色营造师生同学、同乐的欢快气氛。

【本课选编自全国第二届体育课观摩大赛——甄广军】

课例3——秧歌舞

设计思路

秧歌舞是民族的瑰宝，是反映中国社会生活的一种艺术形式，内化着民族的心态、气质和精神，具有极高的审美价值。其扭转、跳跃、舞摆、缠逗等体态与音乐的律动和热情火辣、幽默风趣的表演风格深受人们的喜爱。它不仅让人们感受生活，还能增强体质、抵抗疾病、提高免疫力。由此，以下选编秧歌舞的一些内容为教学设计时提供参考。

学习内容

1．使学生掌握秧歌舞的五种基本步法。

2．学跳"大秧歌"。

学习目标

1．以串联、组合等多种形式发展学生的姿态美和身体素质。

2．通过互助学习、点评，促进学生合作、交流、探究品质的养成。

3．建立自我锻炼机制，提高学生参与锻炼的主动性。

4．通过分组成果展示的队形创编，培养学生合作创新的能力。

学习设计

1．复习"校园青春圆舞曲"。

2．听音乐做跑跳步、踢踏步等练习。

3．学习"秧歌舞"。

（1）学习秧歌步（四拍完成）。

① 三步一退。左脚开始向前走三步，双膝稍有屈伸，两臂胸前"8"字绕；第四拍右脚后退一步，左脚在前稍离地。

② 后踢顿跳步。第一、二拍同前；第三拍双脚并步落地，两臂体前交叉；第四拍两脚跳起，右脚落地，左腿后踢，同时两臂经体侧成左手托掌，右臂山膀位。

③ 十字步。第一拍左脚向右前方一步；第二拍右脚向前方一步；第三拍左脚向左后一步，第四拍右脚向后一步，回原位，两臂随身体做"8"字摆动。

④ 十字后踢步。第一、二拍同前；第三拍左脚向左一步跳起，右腿后踢，两手头上左摆；第四拍同第三拍，但方向相反。

要求：第一拍至第四拍秧歌步动作流畅、欢快、热情。

⑤ 三步一跳。自然站立，两手叉腰。左脚开始，向左走三步；第四拍左脚蹬地跳起，同时右脚向左踢，左脚落地。然后换右脚做。

要求：动作轻松自如，可向前后左右各方位做，可直踢腿，也可屈膝上抬，两臂随动作自然摆动，第四拍左手托掌，右臂山膀位。

（2）大秧歌。

预备姿势：面向逆时针方向、成双圈，自然站立。

组合一：

1～4拍　左脚开始做一次三步一退，两臂体前"8"字绕；第四拍身体稍右转，右臂后摆，左臂前上摆。

5～8拍　同1～4拍。

组合二：

1～8拍　做两次三步一跳。

组合三：

1～8拍　两人相对，做十字步两次。

组合四：

1～8拍　面向逆时针方向，做两次后踢顿跳步。

教材重难点处理

重点：注意发挥秧歌舞的特点。

难点：动作与旋律节奏的配合。

教学建议

1．根据学生心理生理特点，由简到繁科学组织好教学流程。

2．运用鼓励法、榜样示范法渲染鼓动，激发学生的学习兴趣，形成有趣学习的课堂情境。

3．教师既要抓好学生对秧歌舞动作技能的学习，也要挖掘教材的情趣美，让学生获得懂会乐的体验。

4．要选择学生熟悉的曲调。

5．运用个人成果展示、小组成果展示等，培养学生展示自我、评价交流与互帮互学的学习能力。

6．课中教师要以积极参与者的角色营造师生同学、同乐的欢快气氛。

课例4 —— 羽毛球

设计思路

羽毛球是学校体育教学的基本内容之一，是中小学生喜爱的运动项目，具有落点多变、速度快、跑动、跳跃、移动、急停等身体运动形式及发、扣、搓、勾、挑、扑球等技术动作。因而，经常参加羽毛球运动可培养人们团结协作、顽强拼搏的优良品质，同时对提高力量、弹跳、速度、耐力、灵敏等运动素质具有极其重要的作用。为此，针对水平三学段，以下组合选编一些羽毛球学习内容供教学设计参考。

学习内容

1．羽毛球的球性练习

2．羽毛球的步法练习。

3．羽毛球发接的基本技术与要领。

学习目标

1．通过球性游戏使学生建立对羽毛球学习的兴趣，使学生初步掌握发接球的基本技术。

2．通过羽毛球的学习提高学生的运动素质。

3．在学习过程中培养学生互帮互学、团结互助的优良品质。

学习设计

1．羽毛球的步法练习。

（1）做无球的步法移动练习。准备姿势站立，听哨音或手势做滑步、跨步、交叉步、上步、后退步等步法移动练习。

（2）做有球的步法移动练习。准备姿势站立，根据来球方向判断落点，做滑步、跨步、交叉步、上步、后退步等移动接球练习。

2．羽毛球的颠球练习。

（1）原地正拍面、反拍面、斜拍面颠球练习。

（2）原地正拍面、反拍面、斜拍面颠球组合交替练习。

（3）行进间正拍面、反拍面、斜拍面颠球练习。

3．羽毛球的捡球练习。

（1）自抛自接练习。

（2）用羽毛球拍捡地上的羽毛球。

（3）捡球比赛，看谁捡得最多。

4．羽毛球的发球练习。

（1）对墙发球练习。

（2）把球发到指定的场地位置。

（3）高发球练习。

（4）发球击筐练习，把球发到摆放不同的筐里。

（5）用球拍捡起地上的球并高抛起，用正反手挥拍打出。

5．羽毛球的接球练习。

（1）一人发高远球一人接球。

（2）网前两人对搓接球。

（3）一人网前投不同方向的小球，一人接球。

（4）发高远球与网前球结合。

教材重难点处理

重点：手臂发球的用力顺序。

难点：发球时身体的协调配合。

教学建议

1．运用鼓励法、榜样示范法渲染鼓动，激发学生的学习兴趣，形成有趣学习的课堂情境。

2．教师既要抓好学生动作技能的学习，也要挖掘教材的情趣美，让学生获得懂会乐的体验。教师先运用游戏让学生感知教材，然后再让学生练习简单的运、传、投的基本技能，最后再展开复杂的各种变式练习或比赛。

3．根据学生学习的能力与本校教学的环境和条件，科学选取教学内容。

4．运用个人成果展示与比赛等，培养学生展示自我、评价交流与互帮互学的学习能力。

5. 课中教师要以积极参与者的角色营造师生同学、同乐的欢快气氛。

第三节
体育教学计划的编制

一、体育学期计划的编制

学校体育课程学期教学计划的设计与制订，不仅是实现体育课程教学的一个重要组成部分，也是衡量学校体育课程转化为教学的一个标志。学校体育课程学期教学计划是本学期体育课程工作计划的指导性文件，是指导、制订与分配下一级单元计划和课时计划的重要依据。它可使学校体育课程的教学工作有明确的方向和目标，让教师按组织、按计划、有步骤地进行教学，从而保证课程得以具体落实，避免上下层次关系颠倒、内容错乱，防止日程相互矛盾。

安徽师范大学学者周志俊认为，体育学期计划的评定标准有以下几方面。

第一，方向性。一份好的体育学期教学计划在方向上要符合教育的指导思想和实际情况。

第二，科学性。计划安排层次清楚、实事求是、切实可行，上下学期阶段内容衔接契合，体现出课程的一种自然的递进与提升。

第三，艺术性。计划既要完整周密，又要具有适当的灵活性、选择性和余地。

第四，可行性。计划措施和方法不应是空洞的条文和抽象的口号，而是切实可行的方法与步骤，能表现出原则性和灵活性的刚性和弹性的统一。

第五，可检性。计划要"定人、定时、定量、定任务"，并对应做到何种程度、什么时候做以及何时完成等若干明确规定，以便执行中能对照实施结果一一进行检查。

××学校2004—2005学年度第一学期体育教学计划

教师：张振华　2004年9月

教学目标：
1. 以健康第一的理念为指导，使学生正确认识终身体育的目的和作用，明白体育对于个体全面发展的意义。
2. 使学生能够熟练掌握本学期所学（排球、乒乓球）的基本技术和知识，形成运动能力。
3. 进行纪律教育，使学生能认真执行课堂常规、遵守纪律，积极主动地上好每一堂课。
4. 全面发展学生的身体素质，培养学生的合作学习意识以及自练、自评的能力。

授课班级：

编号	教材内容	课时	上课次数	九月3周	九月4周	十月1周	十月2周	十月3周	十月4周	十一月1周	十一月2周	十一月3周	十一月4周	十二月1周	十二月2周	十二月3周	十二月4周	一月1周	一月2周	一月3周	一月4周	二月1周	二月2周
1	体育卫生保健知识	2	1		①																复习 考试		
2	课堂常规队列练习			开学报到、军训		国庆节	△	△	△	△	△	△	△	△	△	△	△	△	△				
3	排球 基本技、战术	12	6				①	②	③	④	⑤	⑥	⑦										
	排球 基本知识	1	0.5																				
4	乒乓球 基本技、战术	12	6											①	②	③	④	⑤	⑥				
	乒乓球 基本知识	1	0.5																				
5	田径综合课	1	0.5										①										
6	冬季越野跑	1	0.5														①						
7	身体素质练习						①	②	③	④	⑤	⑥	⑦	⑧	⑨	⑩	⑪	⑫		☆			
8	考核	2	1																		复习 考试		

说明：
1. 本表"○"中的数字代表该教材内容的课次。
2. 本表"△"代表此为考核课次。
3. 本表"☆"代表在每次课的准备部分做的练习。

本学期计划授课14～15周，教学内容有可能根据天气等客观因素稍做调整。

教务处审批

××学校2004—2005学年度第二学期体育教学计划

教师：张振华　2004年2月

教学目标：
1. 认知目标：以健康第一的理念为指导，使学生正确认识学校体育的目的和作用，理解体育对于个体全面发展的意义。
2. 技能目标：使学生能够熟练掌握本学期所教授（曲棍球、乒乓球）的基本技术和知识。
3. 情感目标：进行纪律教育，使学生能认真执行课堂常规，遵守纪律，积极主动地上好每一堂课。
4. 教养目标：全面发展学生的身体素质，培养学生良好的个性及学习意识，提高学生自学、自练、自评的能力。

编号	教材内容		课时	上课次数	二月1周	二月2周	三月1周	三月2周	三月3周	三月4周	四月1周	四月2周	四月3周	四月4周	五月1周	五月2周	五月3周	五月4周	六月1周	六月2周	六月3周	暑假
1	体育卫生保健知识		2	1	寒假	①									五一假							暑假
2	课堂常规队列练习				寒假		△	△	△	△	△	△	△	△	五一假	△	△	△	△	△		暑假
3	曲棍球	基本技术	12	6	寒假		①	②	③	④	⑤	⑥			五一假							暑假
		基本知识	2	1	寒假										五一假							暑假
4	乒乓球	基本技术	12	6	寒假									①	五一假	②	③	④	⑤	⑥		暑假
		基本知识	2	1	寒假										五一假							暑假
5	课外活动项目	排球			寒假		※	※	※	※	※	※			五一假	※	※	※	※	※		暑假
		篮球			寒假				※	※	※	※			五一假	※	※	※	※	※		暑假
		乒乓球			寒假		※	※	※	※	※	※			五一假	※	※	※	※	※		暑假
		曲棍球			寒假										五一假							暑假
		羽毛球			寒假		※	※	※	※	※	※		※	五一假	※	※	※	※	※		暑假
		田径			寒假		※	※	※	※	※	※			五一假		※	※	※			暑假
		棋牌			寒假				※					※	五一假	※			※			暑假
6	考核		2	1	寒假										五一假						☆	暑假

授课班级

科室审批意见

说明：
1. 本表"○"中的数字代表该教材内容的课次。
2. 本表"△"代表在每节课次的准备部分做的练习。
3. 本表"☆"代表此为考核课次。
4. 本表"※"代表每次课中为发展学生素质及个性所开设的学生自主练习项目。
5. 本学期计划授课14～15周，教学内容有可能根据天气等客观因素稍做调整。

二、体育单元计划的编制

单元教学计划也称单项教学计划，它是根据学期计划将每项教学进度具体化的结果。其步骤和方法包括以下几个方面。

第一，根据教材的任务和要求、教材难易程度和时数，安排每次课的教学顺序和步骤，并提出各次课的教学任务和要求。

第二，确定教材以及各次课中的教学重点和难点，并根据学生的具体情况和教学条件，确定和选择教学方法。

第三，按照《体育与健康课程标准》的要求，制订考核方案和评分标准，并说明考核目的。

第四，单元教学计划要根据学习者学习的不同程度制订出初级、中级和高级的不同学习进度计划，以满足学习者的学习需要。

篮球模块：中级班单元教学计划

制订人：张振华

教学目的		1. 使学生基本了解篮球运动的产生、发展、特点及对身体的锻炼价值。 2. 初步掌握篮球这项运动的基本技术（运、传、接球及投篮）及最简单的战术配合。 3. 掌握篮球这项运动的基本规则，并能够运用于指导比赛，提高欣赏高水平比赛的能力。 4. 全面培养学生对这项运动的兴趣及学习积极性，并在此基础上提高运动水平。 5. 通过学习，培养学生良好的合作精神，建立和谐的人际关系，教育学生懂得关心帮助别人。		
		课时内容	重点、难点	教学方法
课时计划	一	1. 学习原地及行进间的运球。 2. 学习原地及行进间的传接球。 3. 学习原地的单手肩上投篮。	1. 行进间的传接球练习。 2. 原地的单手肩上投篮。	讲解法、示范法、练习法、纠错法。
	二	1. 各种移动步法的练习。 2. 复习行进间的传接球及单手肩上投篮。 3. 学习行进间运球（低、高手）上篮。	1. 形成正确的投篮动作。 2. 掌握行进间运球上篮。	讲解法、示范法、游戏法、练习法、纠错法。
	三	1. 复习各种移动步法。 2. 巩固提高单手肩上投篮及运球上篮技术。 3. 学习原地的持球突破技术动作。	1. 熟练掌握单手肩上投篮及运球上篮。 2. 正确理解持球突破技术。	讲解法、示范法、游戏法、练习法、纠错法。
	四	1. 复习原地的持球突破技术动作。 2. 复习行进间接球上篮。 3. 学习接球跳起投篮。	1. 掌握行进间接球上篮。 2. 掌握接球跳起投篮。	讲解法、示范法、游戏法、练习法、纠错法、比赛法。
	五	1. 复习持球突破技术、行进间接球上篮及接球跳起投篮。 2. 学习掩护（突分）的基础配合。	1. 持球突破技术、行进间接球上篮及跳起投篮。 2. 正确理解基础配合的含义。	讲解法、示范法、游戏法、练习法、纠错法、比赛法。
	六	1. 复习运、传、接、突、投等基本技术。 2. 复习掩护（突分）的基础配合。 3. 学习传切（策应）的基础配合。	1. 掌握掩护、突分、传切、策应的基础配合。 2. 掌握基本技术。	讲解法、示范法、游戏法、练习法、纠错法、比赛法。
	七	1. 复习运、传、接、突、投等基本技术教学比赛。 2. 电化教学，进行篮球规则的教学。	1. 复习基本技术。 2. 进行篮球规则的教学。	多媒体教学法、比赛法。

（续表）

		课时内容	示意图	
考试内容	一	运球上篮：10×4=40分，见图A。		
	二	定点投篮：10×4=40分，见图B。		
	三	理论考核：10×2=20分。	图A	图B

排球模块：中级班单元教学计划

制订人：于晓红等

课时	学习内容	目标	重点与难点	教学策略
1	排球游戏：球性、准备姿势及移动。	认识排球，懂得排球运动的一些基本常识、准备姿势及移动。	重点：移动时重心过渡。 难点：学习兴趣的培养。	1. 认知。 2. 球性游戏。 3. 准备姿势及移动。
2	垫球。	1. 60%以上学生基本掌握双手垫球的方法。 2. 学会一至两种排球游戏方法，知道排球具有健身、娱乐作用。	重点：双手垫球的动作要领为一插、二夹、三抬、四送。 难点：垫球手型和击球部位。	1. 教师讲解、示范双手垫球的动作要领：一插、二夹、三抬、四送。 2. 讲解、示范垫球手型和击球部位。 3. 垫固定球。 4. 自垫球练习。 5. 一抛一垫练习。 6. 对垫球练习。
3	复习垫球、学习上手传球。	1. 巩固提高垫球技术动作。 2. 60%以上学生掌握传球的基本技术动作及与垫球组合运用。	重点：传球时手型、击球点。 难点：迎球时全身协调用力。	1. 复习双手垫球。 2. 学习传球。 3. 自传练习。 4. 一抛一传。 5. 一垫一传练习。
4	下手发球。	1. 70%以上学生初步掌握下手发球的方法。 2. 能结合已学动作进行组合练习，达到健身、娱乐效果。	重点：动作方法和用力顺序。 难点：击球部位与身体重心移动。	1. 自主尝试发球。 2. 两人对发或一发一垫练习。 3. 发球过网练习。 4. 发球比远练习。 5. 趣味运球比赛。
5	跳起扣球。	1. 基本掌握跳起扣球动作，80%以上的学生能在高1.80~1.90m的网前跳起扣球。 2. 有30%以上的学生能通过与他人配合完成扣球。 3. 培养学生自信、进取的精神和合作、交往能力。	重点：扣球的手法和部位。 要领：抬臂、上抛、提肩、抬肘、快速抽甩。 难点：动作连贯、协调。	1. 讲解要领：抬臂、上抛、提肩、抬肘、快速抽甩。 2. 扣固定球（一持一扣）： 　A. 原地击球（球不离手）。 　B. 原地击球（球离手）。 3. 原地或助跑扣球（一托一扣）。 4. 一抛一扣。 5. 自抛自扣等。

（续表）

课时	学习内容	目标	重点与难点	教学策略
6	综合应用。	1. 进一步提高各项基本技术。 2. 懂得运用各项技术处理球，进行简单的比赛。 3. 练习中学会自评、互评。	重点：各项技术的运用。 难点：什么情况下用什么技术。	1. 复习垫球、传球、下手发球。 2. 分组进行组合练习。 3. 小场地比赛。

田径模块：接力跑单元教学计划

制订人：于晓红等

单元目标	1. 了解接力跑的技术要领，形成跑动中传接棒与接力区的概念，明确1+1＞2的道理。 2. 掌握"上挑式""下压式"传接棒技术和基本练习手段。 3. 改进弯道跑技术，发展灵敏、柔韧等身体素质，提高快速奔跑能力。 4. 提高学生学习兴趣，让学生形成积极参与的意识，培养学生相互合作的意识。
学习重点	了解接力跑的基本概念，掌握传接棒技术，发展快速奔跑能力，尝试合作式学习，建立团队奋斗目标，形成良好的团队精神。

课时	教学内容	教学目标	学法和教法（策略）	技术重点、难点	辅助内容
1	学习"上挑式"传接棒技术。	1. 建立接力跑的概念，学习"上挑式"传接棒技术。 2. 建立学习小组，尝试合作学习。	1. 教师讲解、示范小步跑、高抬腿跑、后蹬跑、车轮跑和后踢腿跑等辅助性练习手段，学生学习技术。 2. 握持棒和传接棒的肌肉感觉练习。 3. 学生4~5人一组，原地进行"上挑式"传接棒练习。 4. 一路纵队慢跑中进行"上挑式"传接棒练习。	传棒人由下往上挑送接力棒，接棒人手虎口张开向下。	跑的辅助练习手段。
2	学习"下压式"传接棒技术。	1. 学习"下压式"传接技术。 2. 进行合作学习。	1. 教师讲解、示范弯道跑要领，学生学习技术。 2. 握持棒和传接棒的肌肉感觉练习。 3. 学生分成4~5人一组，原地进行"下压式"传接棒练习。 4. 在一路纵队慢跑中进行"下压式"传接棒练习。	传棒人由上往下压送接力棒，接棒人手腕上翻虎口张开。	学习与改进弯道跑技术。
3	1. 改进传接棒技术。 2. 速度测试。	1. 小组人员各棒次的先后顺序与传接棒的方式。 2. 建立引跑和跑动中传接棒的配合意识。	1. 根据前二节课技术练习的体会，确定本小组人员各棒次的先后顺序与传接棒的方式。 2. 40~60m的传接棒练习。 3. 速度测试：100m。	形成引跑和跑动中传接棒的配合意识。	掌握速度测试的程序与方法。
4	1. 熟练传接棒技术。 2. 了解规则。	1. 提高传接棒技术的正确性与熟练性。 2. 增强同伴间配合的默契感。	1. 不同距离与速度的传接棒练习。 2. 根据传接棒人员之间的速度特点，确定引跑距离。 3. 小组内相互交流，提高配合的默契感。	建立接力区的概念与相关规则，确定引跑的距离。	规则学习。

（续表）

课时	教学内容	教学目标	学法和教法（策略）	技术重点、难点	辅助内容
5	1. 进一步改进传接棒技术。 2. 了解比赛组织方法，开展教学比赛。	1. 改进传接棒技术，提高实战的应用能力。 2. 确定教学比赛小组的奋斗目标，增强必胜的信心。	1. 不同距离与速度的传接棒练习。 2. 接力跑教学比赛。 3. 单元小结，各小组交流学习心得。	了解比赛规则。	裁判实习。

三、体育课时计划的编制

课时计划又称教案，内容包括：教学任务、教学内容、教学组织形式、教学方法、练习的时间、次数、场地和器材等。它的具体要求是：课的任务明确，教学要求具体，教材符合实际，教学重点突出，课的组织严密，方法多种多样，运动负荷适当，落实安全措施，场地器材布置合理等。

（一）备课与教案的关系

教案是备课的展示与体现，是与课程标准、教科书、课程内容的对话，是根据学生实际选择、优化教学策略和方法的过程。教案是教师把备课中内容展示在教案本上，要求格式规范、设计科学、图文并茂、一目了然。总结优秀教师教案的特征可以发现，一份好的教案必须符合教学实际，必须符合学生的认知规律，必须做到前后衔接、逻辑严密，必须做到重点突出、难点突破，必须做到层次分明、过渡自然。

（二）备课的基本内容

1. 研究课程标准
明确课堂教学的目的要求。

2. 研究教材
特别是要认真钻研教科书，厘清知识技能、过程方法、情感态度价值观各维目标在教科书中的具体体现，准确理解重点、难点，确定教学的关键，制订切实可行的三维目标。

3. 研究学生
深入了解不同层次学生的学习基础和思想状况，选准本课的起点和基点，使分层教学渗透到教学的每一个环节。

4. 精心选择
精心选择教学内容、手段、方法，设计好教学组织顺序。教师不仅要设计教学效果检测的基本方法与内容，而且要紧扣课程标准、教科书和学生实际，要兼顾深度、广度，体现层次性、体现因材施教，分层教学，确保教学的效果与覆盖面。

5. 研究教学的教育素材

要找出教学内容的教育渗透点，特别是要关注每名学生的积极参与以及终身可持续发展能力与意识的培养。

6. 研究教法和指导学法

教师要根据自身的优势和特长、学生现有的基础，选择恰当的教法，并指导学法。

7. 制订教案

教案应有明确具体的三维目标要求、教学内容分析（即重点、难点、关键）、教学过程（包括目标要求、重难点处理方法、教学手段、教育因素、教学小结等），保证一定数量和质量的练习作业、活动设计等。

8. 授课后及时反思自己的教学行为

尤其是针对课堂教学或学生作业中出现的问题进行具体剖析，以提高教师自己的教学能力。教学反思占用的时间一般不少于总课时的1/3。

（三）备课的基本要求

1. 教学目标制订要准确

一节课的教学目标是根据本门课程的总体目标和本节课的教学内容确定的，切忌以学段目标、单元目标取代本节课的教学目标。

2. 内容选择要合理

在选择一节课的教学内容时，要具体情况具体对待，以能顺利完成一节课的教学任务和所授知识有利于学生理解和掌握为准，既不要多选也不能少选，因为多选了不利于学生理解和掌握所学知识，少选了会造成课堂教学松散，浪费课堂教学时间。

3. 做好教学内容分析，突出重点、击破难点、抓住关键

一般说来，一节课中学生需要掌握的主要内容（包括知识、方法、经验、思想）就是本节课的教学重点，而学生理解存在困难的地方、教学难于实施的地方就是教学难点。

4. 要全面了解学生水平

备课时，我们要根据所教内容，找出新旧内容之间的关联，寻找学生的现实水平，明确未来要达到的水平，以便确定学生的"最近发展区"。这就是我们常说的"备学生"。只有这样，我们在备课、上课时才能有的放矢。

5. 学法制订要恰当，切合学生实际

学生的学习方法是课堂教学的一个重要方面，它既能反映教师的教学理念，又能影响学生的课堂学习效果和新课程目标的实现。在教学中，教师要根据教学内容、教学目标和学生

的实际情况来选择相应的学习方法。

6. 练习设计要精当

课堂练习设计要体现出教学内容、教学组织、教学负荷三者由低到高的不断递进。

7. 教具和课件准备要充分

在教学中，教师特别要根据教学的需要合理选择媒体课件、教具等辅助教学手段，注重实效，关注信息技术与课程内容的实质性整合。

××学校体育课时计划

授课教师：赵武

教材内容	1. 排球：正面双手垫球。 2. 素质：立定跳远。		课型	新授课	时间	100min
教学目标	1. 理解正面双手垫球技术与动作要领，感悟排球运动特点，体会垫球动作方法；熟悉跳跃练习的方法和锻炼价值。 2. 初步学会正面双手垫球的正确手型和原地垫球技术；掌握立定跳远动作要领，学会跳跃练习的方法；发展学生灵敏性、协调性和弹跳力等身体素质，增进健康。 3. 激发学生学习的积极性，体验排球运动的乐趣；培养学生互帮互助的合作意识和合作能力。					
重点	正面双手垫球动作的摆臂与蹬送的协调配合。		难点		对准确的击球点和合理的击球时机的把握。	

课部分	课的内容	组织教法和学练法		练习时间	练习次数
		教师活动	学生活动		
准备部分 15min	一、课堂常规（4min） 1. 集合整队，师生问好。 2. 宣布课的内容和任务，安排见习生。 3. 值日生借领器材。	一、课堂常规 1. 课前填写器材清单，检查场地，排除安全隐患。 2. 安排见习学生，安排值日生借领器材。 3. 做好热身活动，保持良好精神状态。	一、课堂常规 1. 检查着装，精神饱满地进入课堂。 2. 按要求到指定地点集合。 3. 值日生借领器材。 4. 队形（见图A）。 图A		
	二、准备活动 1. 跑动游戏（4min）： （1）中速慢跑（沿场地线）。 （2）后踢腿跑（边线1）。 （3）高抬腿跑（端线1）。 （4）侧滑步（边线2）。 （5）外摆腿跑（端线2）。	二、教法提示 1. 教师示范各种跑动的变换要点、方法和注意事项。 2. 师生同乐，激活课堂气氛。	二、学法提示 听老师口令，快速反应做好跑的变换（见图B）。 图B		

（续表）

| 课部分 | 课的内容 | 组织教法和学练法 | | 练习时间 | 练习次数 |
		教师活动	学生活动		
准备部分 15 min	2. 徒手操六节（7min）： （1）头颈部运动。 （2）肩部运动。 （3）腹背运动。 （4）上肢运动。 （5）弓步压腿。 （6）髋、膝、腕、踝关节运动。	三、教法提示 1. 教师领做。 2. 每节操2个8拍。	要求： 1. 按要求认真练习徒手操。 2. 练习队形（见图C）。 ☺ ☺ ☺ ☺ ☺ ☺ ☺ ☺ ☺ ☺ ☺ ☺ ☺ ☺ ☺ 图C		
基本部分 75min	一、排球 （一）简述排球运动的特点和锻炼价值（3min） （二）学习排球正面双手垫球技术（52min） 1. 动作结构（见图D）： 准备姿势，手型，击球动作。击球点，击球后动作。 图D 2. 练习方法： （1）手型练习。 （2）模仿练习。 （3）抛垫练习。	一、排球的教法 （一）讲解排球运动的特点和锻炼价值 （二）示范（见图E） 1. 完整示范讲解，使学生初步建立动作概念。 抱拳式　　叠掌式 图E 2. 分解示范讲解，强调动作步骤：一插、二夹、三抬、四送。 （1）一抛一垫球模仿练习。 ①自抛自垫。 ②一抛一垫。 （2）垫击地反弹球练习。 ①自行击地反弹球。 ②同伴击地反弹球。 （三）教法提示 1. 手型练习时，同学互相辅导。 2. 分散练习时，教师跟进辅导。 （四）成果展示法 1. 个人成果展示。 2. 小组成果展示。	一、学练法 （一）手型练习与模仿练习 要求：认真听讲解、看示范，观察教师示范及同伴练习，理解动作要领，建立正确的动作概念。 （二）有球练习（见图E） 1. 有球模仿练习。 2. 垫击地反弹球练习。 （1）自行击地反弹球练习。 （2）同伴击地反弹球练习。 （三）抛垫练习 1. 自抛自垫。 2. 一抛一垫。 注：两人一组组合练习。 （四）成果展示（见图F） 积极参与展示活动，注意观察、相互学习、参与评价。 图F		

（续表）

课部分	课的内容	组织教法和学练法		练习时间	练习次数
		教师活动	学生活动		
基本部分 75min	二、立定跳远（20min） （一）跳远方法 两脚开立与肩同宽立于线后，两臂前后预摆，配合两脚屈膝蹬伸，向前上方跳出，空中挺身收腹抬腿向前落地，屈膝缓冲。 （二）多种跳跃练习方法 1. 单腿跳。 2. 游戏法："火车接龙"。 3. 连续蛙跳——限制手臂（双手抱头或背后反扣）。 4. 立定跳远练习。	二、立定跳远的教法 （一）单腿跳 组织学生分组，一排一组，分成两组，按口令轮流练习。 1. 双脚交换跳，6m往返轮流练习。 2. 单脚跳6m，练习后依次站队。 （二）游戏——"火车接龙" 1. 讲解游戏方法、规则要求。 2. 组织游戏练习。 （三）跳跃练习 方法：双手抱头或背后反扣，双脚连续跳跃。 注：6m单程连续跳。 （四）立定跳远完整练习 采用三级蛙跳练习，同组中看谁跳得最远。	（一）单腿跳 按照要求一排为一组，轮流进行练习。 要求：理解练习要点，练习队形见图G。 图G （二）火车接龙 1. 听清游戏方法和要求。 2. 协助老师，演练游戏。 3. 分成4组进行游戏，练习队形见图H。 图H （三）跳跃练习×10 （四）完整立定跳远练习×10		
结束部分 10min	放松活动： 1. 放松游戏：吹气球。 2. 课堂小结。 3. 值日生还器材。	1. 师生同乐追逐吹气球。 2. 表扬先进，鼓励后进。 3. 提出要求，布置课后练习。 4. 值日生收还器材。	听清老师总结与课后练习的内容和要求。		

预计生理负荷与练习密度			课后小节
脉搏曲线	课的负荷：马鞍形	全课平均心率 / 135次/min左右	
		课中最高心率 / 145次/min左右	
		全课练习密度 / 60%左右	
		基本练习密度 / 65%左右	
		场地器材	
		排球45个、排球场1块	

××学校体育课时计划

教材内容	篮球（一）：掌握篮球传、接、运球技术和单手肩上投篮技术。		课型	新授课	时间	100min
教学目标	1. 学习篮球传、接、运球技术和单手肩上投篮技术，纠正学生以前固有的错误动作。 2. 发展学生协调性、力量、速度、灵敏性等多项身体素质，全面提高学生的健康水平。 3. 培养学生的学习兴趣，提高学生学习动机，锻炼学生的创造能力。 4. 建立和谐的人际关系，教育学生懂得关心帮助别人，培养良好的合作精神。					
重点	正确掌握单手肩上投篮技术动作。		难点		改进固有的错误动作、培养对篮球的学习兴趣。	

课部分	课的内容	组织教法和学练法		练习时间	练习次数
		教师活动	学生活动		
准备部分 15 min	一、课堂常规 1. 集合、整理队形、师生问候。 2. 宣布课的任务，安排见习同学。 3. 值日生借体育器材。 二、准备活动 1. 跑的练习：各种移动步法： （1）起动快跑。 （2）急停后快跑。 （3）变向侧身跑。 （4）急停后转身。 （5）侧滑步。 （6）前转身。 （7）后退跑。 （8）变速跑。 2. 徒手操五节： （1）头颈部运动。 （2）上肢运动。 （3）腹背运动。 （4）弓步压腿。 （5）各关节运动。	一、课堂常规 1. 课前认真检查场地，消除不安全的隐患。 2. 安排见习同学，指导值日生借领体育器材。 3. 做好热身活动，以饱满的精神带领学生做好准备活动。 二、准备活动 1. 带领同学慢跑热身。 2. 讲解各种移动的方法、要求和注意的要点。 3. 示范各种移动方法。 4. 带领学生进行各种步法练习。 5. 纠正学生练习过程中出现的错误动作。 6. 学生练习形式见图A。 7. 组织学生进行徒手操的练习。	一、课堂常规 1. 认真检查服装，以饱满的精神状态进入课堂。 2. 根据要求站好队形。 3. 值日生借体育器材。 二、准备活动 1. 学生认真听教师讲解、示范各种步法的练习方法。 2. 学生在教师带领下按照要求进行练习，见图A。 图A 要求： 1. 练习时要认真，动作规范。 2. 启动加速时要突然、有力，变向要迅速。		
基本部分 75 min	一、简述篮球运动的特点和锻炼价值（25min） 二、学习篮球技术运球、传接球、接球 （一）运球 1. 动作结构。 2. 身体姿势。 3. 手的动作：拍球的动作、部位及用力。	一、组织教法 1. 讲解篮球运动的特点和锻炼价值。 2. 讲解运球技术的动作结构、身体姿势、手的动作、控制球的落地、落点及脚步动作。 3. 示范运球技术的动作方法。 4. 指导学生进行练习。 5. 纠正学生练习过程中出现的错误动作。	一、学练法 1. 认真听讲解、看示范。 2. 根据要求进行练习，练习内容如下： （1）原地的高运球。 （2）原地的低运球。 （3）原地左、右体前换手运球。 （4）原地的体侧前后推拉球。 （5）向前慢跑运球。 （6）向前快跑运球。 （7）听信号急起、急停的运球练习。		

（续表）

课部分	课的内容	组织教法和学练法		练习时间	练习次数
		教师活动	学生活动		
基本部分 75 min	4. 球的落点。 5. 脚步动作。 （二）传接球 1. 传球的动作结构： （1）持球方法。 （2）传球出手动作。 （3）传球后的身体姿势。 2. 动作要点： 蹬（地）→伸（臂）→抖（腕）→拨（指），动作协调连贯，双手用力均匀。 3. 传球的动作方法： （1）双手胸前传球。 （2）单手肩上传球。 （3）双手头上传球。 （4）单、双手击地传反弹球。 （三）接球 动作方法： 1. 判断调整位置。 2. 上步迎球。 3. 接球后引。 三、学习原地的单手肩上投篮（25min） （一）动作结构 1. 持球动作。	运球要求： 1. 原地运球时要养成抬头观察的良好习惯。 2. 变速、变线运球应该加速突然、有力，变向迅速。 二、组织教法 1. 讲解传接球的动作结构、动作要点及各种传球的动作方法。 2. 示范各种传球的动作方法。 3. 强调动作要点： 蹬（地）→伸（臂）→抖（腕）→拨（指），动作协调连贯，双手用力均匀。 4. 指导学生进行练习。 5. 观察学生练习，纠正练习过程中出现的错误。 6. 双手胸前传球的动作方法： 两脚前后站，重心落在两脚间。双手持球于胸前，肘部下垂要自然。蹬地伸臂要抖腕，平传到对方胸前。 7. 单手肩上传球动作要领： 两脚前后站，重心落在两脚间。单手持球于肩上，蹬地扭腰把肩转，甩臂扣腕将球传出。 三、组织教法 1. 讲解、示范，使学生初步建立动作概念；分解示范，强调动作的重点。	练习的组织方法见图B。 图B 二、学练法 1. 认真听讲解、看示范。 2. 根据要求进行练习，练习内容如下： （1）原地的各种传接球练习，组织形式图见图C。 图C （2）传接球结合的移动练习包括： ① 三角传球跑动见图D。 图D ② 跑动换位传接球练习见图E。 图E ③ 传球结合运球练习见图F。 图F 跑动路线：——→ 传球线路：- - - → 运球线路：〜〜〜→		

（续表）

课部分	课的内容	组织教法和学练法		练习时间	练习次数
		教师活动	学生活动		
基本部分 75min	2. 瞄篮方法。 3. 出手用力。 4. 投篮弧线与旋转。 5. 身体平衡。 （二）原地单手肩上投篮的动作方法 1. 动作方法：略。 2. 动作要点：单手持球于后下方，利用蹬地扭腰、转肩动作，向前甩臂、扣腕将球传出。 四、投篮比赛 目的：通过投篮比赛能够及时发现和纠正学生在技术上存在的错误，提高学生学习的积极性。 五、学生自由选项活动（25min） 目的： 1. 充分发挥学生学习的主体作用。 2. 展示个性风采。	2. 带领学生做投篮的模仿练习。 3. 纠正学生在模仿练习中出现的错误动作。 4. 组织学生分组练习。 四、组织教法 1. 组织学生分组。 2. 观察学生比赛，及时发现和纠正学生在技术上存在的错误。 3. 对比赛的结果进行总结。 组织方法： 1. 教师分组并选定体育小组长。 2. 教师在练习的场地进行指导。 3. 进行安全教育。 教法提示： 教师全课渲染鼓动，激发课堂氛围并及时注意因材施教。	三、学练法 1. 认真听讲解、看示范。 2. 根据要求进行练习。讲解、示范组织形式见图G。 图G 四、学练法 1. 徒手做原地的模仿练习，体会全身协调配合及出球时的手指感觉。 2. 面对墙、篮板或两人对面相距2~3m，持球做投篮动作练习。 3. 站在篮筐下面，举球到投篮出手部位投篮，体会投篮出手时指腕的动作。 4. 在上述基础上提高投篮准确性。学生两人一组，规定投篮点，一人连投，一人传球，规定次数，两人互换。 投篮比赛方法：略。		
结束部分 10min	一、放松活动 1. 自由慢跑。 2. 相互放松手臂。 二、课堂小结 三、值日生还器材	1. 组织同学做放松活动。 2. 进行课堂小结，总结问题，提出希望，布置课后练习。 3. 技术动作掌握较差的同学与好的同学结合配对，在课后相互帮助，共同提高。 4. 督促值日生还器材。	1. 学生在教师的带领下认真做放松活动。 2. 体育委员督促值日生还器材。		

预计生理负荷与练习密度			场地器材	课后小节
脉搏曲线	全课平均心率	135次/min左右	篮球若干个、篮球场3块	
	课中最高心率	145次/min左右		
	全课练习密度	60%左右		
	基本部分练习密度	65%左右		

本章小结

教学是踏着科学的节奏走向艺术境界的，课堂教学设计对有效教与学起着决定性的作用。教师应根据不同的学习内容选择不同的练习策略，因为任何一种因素作用的发挥只能收到局部的效果，而不能取得教学的整体效果。要想取得最优化的整体效果，必须探究、挖掘学习方法的组合与运用，区分、比较学习方法的异同，建立整体观、选择有效的最佳策略、有针对性地加以情境适配方可成功。

✎ 练习与思考

1. 举例说明我国的教育理论在体育教学中的运用。
2. 如何编写体育学期计划？
3. 如何编写体育单元计划？
4. 如何编写体育课时计划？

第三章

体育教与学的方法

本章概述

　　教法与学法是体育教学理论的一个重要范畴，长期以来一直受到中外教育家的共同关注，特别是从新课程实施以来，对其的探讨更是讨论中的热点。基于此，本章从方法论的角度论述体育教与学方法体系的结构和分类，梳理体育教与学方法体系的层次构成、层次特征，并分别梳理各结构教学方法的态度、意向（技术）和程序（操作），明确其在教育实践领域与学科内容之间的关系和影响，助力理解、应用和科学有效地实施体育教学方法。

结构图

| a 体育教学方法的历史变革 | b 当前体育教学方法存在的问题 | a 体育教学方法的结构和分类 | b 常用的体育教学方法 |

c 学校体育教学方法改革的趋势

c 发展体能的教学方法

体育教学方法的问题与变革 1

体育教学方法 2

体育教与学的方法

3 **体育教法的组织与运用**

4 **体育学法的结构与运用**

a 体育教法的实施基础与制约因素　b 体育教法的选择与运用　a 体育学法的结构和分类　b 体育学法的组织和运用

学习目标

1. 识记体育教与学方法体系的实施理念和范畴，树立新教育观思想的科学建构与优化指导的方式。
2. 理解体育教学方法各意义建构行为与机制各要素的匹配和迁移、方法和手段的选择与运用。
3. 形成教育实践的新视阈，指导课堂教学，把教学技能推向教与学艺术。

关键词

体育教学方法；选择与构建；类型与分析；策略与运用；建设与发展

　　教法与学法是体育教学理论的一个重要范畴，也一直是体育教学研究者和实践者极为关注的一个重要课题，特别是从新课程实施以来，它更是讨论中的热点。本章从方法论的角度对当前体育教与学方法的选择与应用进行一番历史审视与分析，为的是让人们更清楚地了解教法和学法的历史特性及教学方法运用中存在的问题，以便更好、更科学、更合理地去实施与运用。

第一节
体育教学方法的问题与变革

　　教育学的研究表明，教师有什么教育价值观就会采用什么样的教学方法。教师持有传统教育价值观就会采用"以教为主"的教学方法，相反，具有现代教育理念的教师就会采用"以学为主"的教学方法。

一、体育教学方法的历史变革

　　受历史的影响，过去我们只对教师教的方法进行研究，缺少对学生学法的研究。当今时代的发展把教推向了学，指出：没有教法的转变就没有学生的转变；没有学法的发展就没有学生的发展。恰如学者王道俊所言，教学方法是为完成教学任务而采用的办法，它包括"教师教的方法和学生学的方法"。学者易言指出，教学方法由教法和学法两方面组成。它不仅直接影响学生学习行为的有效性，而且还关系着教学效率与学习效果的高低和好坏。

　　当人类社会由低级文明不断前进迈向21世纪的新知识经济时代文明时，时代要求教育要由寻求普遍性的教育规律走向寻求个人情境化的教育意义，为个人知识的理解与建构提供支持，满足新知识时代生产力发展的需求。于是个性解放的、新的知识教育形态日益凸显，并成为不可阻挡的世界潮流。它拉开了人类社会由知识取向的教学理解（侧重于知识性的积累）、能力取向的教学理解（侧重于对知识的把握与创造）迈向解放取向的教学理解（以发展人的完整性和能动性为核心）的帷幕。它显示出个性的发展是社会进步的核心，只有实现个性解放的教育才是时代的追求。为此，解放人潜在能力、挖掘人的创造力、促进人的全面发展就成为今天和未来教育的首要任务。也正因为如此，建立以个人为本的新的教学观和教育观，实现教育的本质是解放人的一种个性化的学习活动，就成为当今世界各国教育改革的目标和发展的普遍趋势。在这一思潮下，传统的教育观念被彻底颠覆，对此美国未来学家阿尔文·托夫勒指出："未来的文盲不再是不识字的人，而是没有学会学习的人。"显然，再用传统"接受式"的教学方法就难以实现教育不仅要完成传授知识的任务，还要实现让学习者创造新知识的任务的目标。为此，转变教育观念，改革教学方法，探索合作学习、探究性学习、自主学习等丰富知识，提高对学习能力的间接学习方式的理解与使用就成为当务之急。学者刘丽群认为："教师不是简单的传声筒，他们如何选择教学方法……是教师整体认识与能力的直接反映。"

为此，教师要教好学生，提高教学效率，就必须按时代教育的目的选择教学方法。即教师要会教和善教就必须懂得教法和学法的优化是推进体育新课程的一个重要组成部分。只有这样，新课程才会由目标走向现实。

二、当前体育教学方法存在的问题

教育历史的发展证明，传统体育教学观是根据教的内容来预先设定教学方法，教师只考虑完成教的任务，较少考虑学生学的方法的使用与发生、效率和限制在哪里。因此，我国以往对体育教学方法的研究往往较多地侧重在教法的研究方面，对学法的研究则比较薄弱、不够深入。即使接触到了，也只限于对一些具体学习方法的总结，即对学法的专门研究还很缺乏，缺少系统的学法理论指导。因而，在实际体育教学中出现了教师只关注"教法"的设计与运用，对学生如何学的"学法"的思考没有重视，导致出现用教法取代学法实践的问题。在指导思想上，教师不是关注体育教法促进学习对象懂了没有、方法会了没会、体验过程快乐不快乐，而是力图使学习对象去适应教法、使学法去迁就教法，以统一进度、统一模式、统一方法和统一要求为教法的原则，其结果是学生变成了客体而不是主体。它把有趣的体育教学变成呆板的技能传授与刻苦的标准训练，把体育学习变成了"只认技能不认人"的灌输和规训，失去了体育学习懂会乐的因果性和目的性的统一。这种"统一同质"的教法造成享有不同运动优势的学生无从得到个体的发展和满足，也影响了一些运动弱势学生的自信、学习动机和态度，使得他们产生失败感、厌弃体育学习、讨厌体育运动，给他们未来终身体育可循环的建立增添了危机。正如苏联教学论专家斯卡特金所说："我们建立了很合理、很有逻辑性的教学过程，但它给积极情感的食粮很少，因而引起很多学生苦恼、恐惧和别的消极感，阻止他们全力以赴地去学习。"

那么，怎样才能有效地发挥教法和学法这一复合体的整体功能呢？近几年来，教育研究者们通过对新课程实施的调研总结，深深体会到要使体育新课程逐步推进实施，必须把教推向学。如果不注意加强对学生学法的指导，就不可能使新课程终身体育教学的目标有效地实现。为此，当前应将重点放在"为学习发现更多的联合因素"，体现出"教学为学习而设计""为理解时刻而教学""学习要有自由度（选择性）"的学法指导研究上，实现教法和学法联姻才是可为的。正如我国著名教育家陶行知先生在1919年《教学合一》一书中所说的："先生的责任不在于教，而在教学生的学。教的法子必须根据学的法子，怎么学就怎么教。"对此，联合国教科文组织21世纪教育委员会在《教育——财富蕴藏其中》的报告中指出："教育应该较少地致力于传递和储存知识，而应该更努力地寻求获得知识的方法。"这一思想深刻地揭示了教育需要以教会学生学会学习为重要目标。传统教学法与现代教学法两者之间的区别在于：传统"学习"是接受知识、积累知识、注重智力的提高；现代"学习"不仅要求学生掌握知识与运用知识，更着眼于知识方法能力的形成。犹如我国古代教育家墨子在《公孟篇》一文中提出的，在教法上要"量力施教"，在学法上要"察类明故"，才能使不同的学生在不同的基础上做到"深者深求""浅者浅求""教者诚其心""学者尽其材"。

三、学校体育教学方法改革的趋势

从致思取向的维度分析，我们可以发现从20世纪80年代以来，我国学校体育教学的趋势在教学指导思想、教学结构特征和教学方法三个方面发生着根本性的转变。

（一）在教学指导思想上由教会知识转向教会学习

1972年雅克·德洛尔主席向联合国教科文组织提交的《教育——财富蕴藏其中》的报告明确提出，21世纪教育发展的理念应是围绕学会认知、学会做事、学会生活、学会发展的四种学习方式进行安排。他还进一步指出："这种学习不是获得经过分类的系统化知识，更多的是为了掌握认知的手段。"在这一背景下，"学会学习"就成为新世纪课程教学的宗旨、核心理念与教学指导思想的追求。

（二）在教学结构特征上由以教为主转向以学为主

"以学生学会学习为中心"的新教学特点已成为当代体育教学理念的凝结与教学的支撑。这一特点要求教学由以教为主转向以学为主的意义建构，在教学内容上要给学习者提供多样化的选择，尊重学习者对不同体育内容学习的需求；在教学组织上要建立适应学习者个别差异的条件与学习情境，让学习者根据自己的运动能力、技能水平和兴趣风格选择相应学习的层次与学习领域；在学习考核与评价上，要体现出学会学习的意义建构的发生，既要重视成绩考核的结果，也要关注学习过程进步的发生；既要重视技能学习，也要养成学习者对体育学习的领会。恰如梁漱溟所语："以文化育人的方式聚集起有价值的东西，有助于正德、有助于知识的享受、有助于精神的提升。"

（三）在教学方法运用上由统一教学转向多元教学

在教学方法设计与选用上，教师要把体育学习纳入促进人发展的视野，正确看待不同学习者体育学习的不同方式，给予学习者更多的学习机会，发现更多增大学习的联合因素，扬长补短、因材施教，让学习者的主体性得到充分发挥。教师应采用集体教学与差异教学相结合的方式，实施学习程度分层、学习内容分层、学习方式分层、学习作业分层、学习评价分层等多元化构建，防止有的学习者吃不饱，有的吃不了的问题，让尖子生能释放出运动能力、放飞体育天赋；让中等生能提高赶优，增强兴趣爱好、养成运动习惯；对运动差生解惑补救，激发其学习热情，使其不因为运动能力不足而放弃体育学习，从而达成学习者全部实现终身体育的运动目标。正如巴班斯基的一个著名主张："教学即必须把教的最优化与学的最优化融合在一起。"

第二节
体育教学方法

什么是教学方法?《教育词典》的解释是：教学方法是教师和学生为了实现共同的教学目标，完成共同的教学任务，在教学过程中运用的方式与手段的总称。那么什么是"体育教学方法"？从广义上来讲，体育教学方法是指在体育教学过程中，教师指导学生为达到一定的教学目标所进行的一系列活动方式、途径和手段的总和。从狭义上来讲，体育教学方法是体育教学中教师按照明确的教学目的选择的、以循序渐进地掌握体育教材为主而采用的某种方法。（见图3-1）如狭义上的体育教学方法可分为"传授体育知识与技能的方法、发展体能的方法、思想品德教育与发展个性的方法"。

一、体育教学方法的结构和分类

由于教学方法的选用受教学任务、教材特点、学生学情的实际、教学的条件等具体情况的制约，因而，任何一种教学方法的选择与运用必须结合一定的客观条件，方可产生教学效果。根据体育教学任务的指向性，我国体育教学常用的方法由以下几个方面组成（见表3-1、表3-2、表3-3和表3-4）。

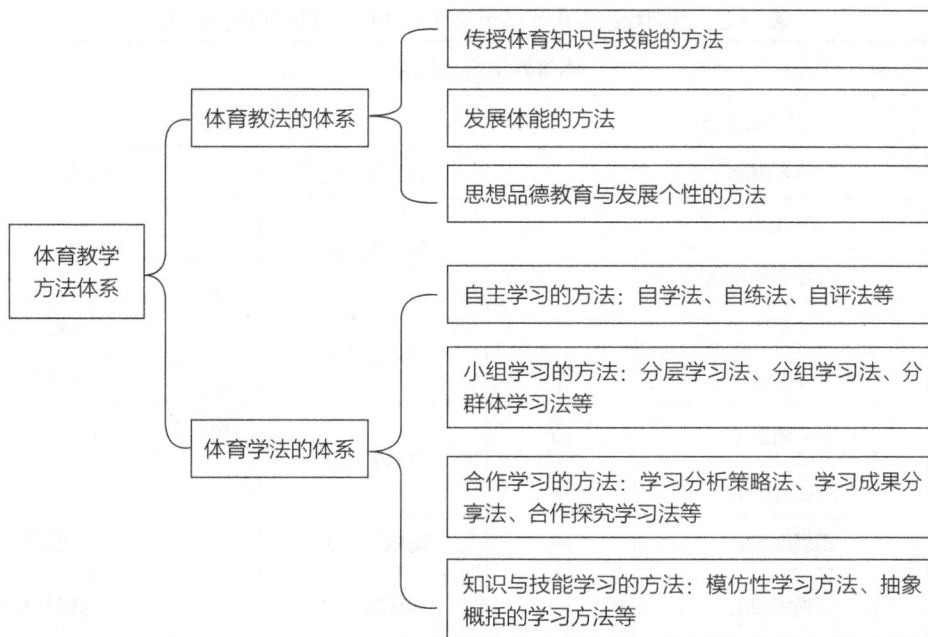

图3-1　体育教学方法体系示意图

表3-1　目前我国中小学普遍采用的体育教学方法的分类法

体育教学方法体系一

体育教学方法	传授知识的方法	讲授法	●重复练习法：可分为重复练习法和间歇重复练习法
		谈话法	
		演示法	
	掌握动作技能的方法	讲解与示范法	●变换练习法：可分为连续变换练习法和间歇变换练习法
		练习法	
		预防和纠正错误法	
	锻炼身体的方法	重复练习法	
		变换练习法	
		综合练习法	●综合练习法：可分为循环练习法、流水作业法、比赛法、综合练习法、游戏法
	发展个性和品德的方法	说服法	
		评比法	
		奖惩法	

表3-2　目前我国中小学普遍采用的体育教学方法的分类法

体育教学方法体系二

教师的教法			学生的学法		
语言法	口令与指示	防止与纠正错误法	自我暗示法	观察法	
	口头评定		降低难度法	比较法	
	默念与自我暗示				
直观法	动作示范法		负重锻炼法	自练	自我锻炼法
	教具模型演示法				自我评定法
	条件诱导法		持续锻炼法		自我控制
练习法	完整分解法		间歇锻炼法		自我调整
	重复练习法		循环锻炼法	成果展示	个人成果展示
	交换练习法		综合锻炼法		分组成果展示
	游戏法				
	比赛法				

表3-3　新体育教学观的教学方法结构与分类法[1]

（一）以语言传递为主的体育教学方法	（二）以直接感知为主的体育教学方法	（三）以技能练习为主的体育教学方法	（四）以情境活动为主的体育教学方法	（五）以探究性活动为主的体育教学方法	（六）以品德教育与发展个性为主的教学方法
讲解法、问答法、讨论法、反馈法	示范法、演示法、模仿法、保护与帮助法	分解练习法、完整练习法、动作反馈法、循环练习法	游戏法、比赛法、情景法	发现法、问题探究法、合作法、评价法、个人成果展示法、分组成果展示法	说服法、榜样法、评比法、表扬法、批评法

表3-4　传统体育教学观的教学方法结构与分类

1. 传授体育知识与技能的方法	语言法、直观教学法、完整法、分解法、矫正法
2. 发展体能的方法	重复练习法、变换练习法、持续法、间歇法、游戏法、循环练习法、比赛法、保护与纠错法
3. 思想品德教育与发展个性的方法	说服法、榜样法、表扬法、评比法、批评法

1　改编于毛振明、周志俊等的教学理论。

从表3-3和表3-4可以发现，新的教学方法观从知识的结构性入手，注重教学环节的具体应用与认知的目的指向性，着力体现了"教与学做合一"的知行统一观，既反映教师如何教，也体现了学生如何学，释义了教学是教师与学生相互结合、双边共同完成的活动。过去我们只发挥了教师的主导作用和教师的教学智慧，没有发挥学习者学习的主动性和学习智慧层面的力量，导致教学实践中"管教不管学"，因而它是不完善的。

二、常用的体育教学方法

体育教学方法要根据教学任务、教材的特点、学生的实际、教学的具体条件来确定。在体育教学中常用的教学方法有：语言法、直观法、完整法、分解法、保护帮助与纠错法、游戏法、竞赛法等。

（一）语言法

语言法俗称讲解法，是体育教学方法之一。在体育教学中，教师运用各种形式的语言指导学生掌握学习内容和进行练习。讲解法可以分为直陈式、分段式、概要式、侧重式、对比式、比喻式讲解法等。在体育教学中，教师运用讲解法时应注意以下两个方面。

1. 讲解

（1）要明确讲解的目的。

（2）讲解内容要正确，符合学生的接受能力。

（3）讲解要生动形象，精简扼要。

（4）讲解要具有启发性。

（5）讲解要注意时机与效果。

2. 口令与指示

口令、口头指示、默念与自我暗示等是语言法的组成部分，对其的运用应做到准确、清晰、及时，并注意根据人数、队形、内容、对象等特点控制声音的大小和节奏的快慢。另外，教师也可以运用口哨、击掌、默念与自我暗示等来发布与传达教学信息。

口头指示一是在组织教学中运用，如布置场地、收拾器材；二是在学生练习时，对学生未能意识到的、关键的动作用简洁的语言提示出来。口头指示应准确、及时、简洁，尽量用正面词。

（1）口头评价。在运用口头评价时应注意：坚持以正面鼓励评价为主；否定的评价要注意分寸与口气；要能指明努力方向，提供改进提高的方法。

（2）口头汇报。口头汇报是教师要求学生根据教学目标和学习体验，简明扼要地说明自己见解的语言方式。它是教师了解把握学生学习、掌握教学内容的方法。

（3）默念与自我暗示。它是学生通过默念形式重现学习的方法，是提高练习效果的方式。自我暗示是学生在实际练习过程中默念某些指令性的词句，自我调控练习过程的语言方式。

（二）直观法

直观法指在体育教学中，教师通过实际的演示或外力帮助，借助学生的视觉、听觉、触觉、肌肉等本体感觉器官来直接感知动作的方法。直观法的具体方式有：动作示范、直观教具与模型演示、多媒体（电影、幻灯、投影、电视、录像）、助力与阻力、定向与领先等。

1. 动作示范

（1）要有明确的目的。

（2）示范要正确。

（3）正确选择动作示范的位置与方向。

2. 运用直观教具与模型演示

直观教具与模型演示是利用挂图、照片、模型等直观手段，显示练习动作的结构、过程、关键、时空特征，帮助学生正确感知练习、动作的方法。

3. 应用多媒体

电影、幻灯、投影、电视、录像是电化教学中使用的视听手段，它们能显示练习、动作过程、时空特征，帮助学生更好地感知理解练习、动作。

4. 借助助力与阻力

它是指借外力的帮助使学生通过触觉和肌肉的本体感觉，体验用力的时机、大小、方向、时空特征，从而增强学生掌握动作的一种直观方法。

5. 设置定向与领先

定向是以相对静态的具体视觉标志，如标志物、标志线、标志点，给学生指示动作方向、幅度、轨迹、用力点等的直观方式。领先是以相对动态的、超前的视觉信号，给学生以刺激与激励，以利于他们完成动作的直观方式。在运用定向与领先方法时，教师要根据教学内容、对象特点合理设置视觉标志。

（三）完整法

完整法是指从动作开始到结束，不分部分与段落，完整地传授某种运动动作的方法。

完整法的优点是保持动作的完整结构和环节的内在联系，有利于学生建立完整的动作概念，从而完整地掌握动作；不足之处是学习难度较大，不利于学生掌握完整动作中较为困难的环节。运用完整法的几种常用方式如下。

1. 直接运用

在教授一些简单、易于掌握的动作时，教师讲解示范后，学生直接进行完整动作的练习。

2. 注意动作难点

在运用完整法教授时，遇到一些较为复杂的动作时，教师要注意针对动作学习的难点，将该动作难点中的某一环节单独施以分解学习和练习。

3. 降低难度

为保证完整练习的有效性，教师可降低难度，如减轻投掷器械的重量、跳高横竿的高度、跑的距离与速度或徒手完成一些本来需要持器械完成的完整动作等。

4. 改变练习的外部条件

如女生在练习单肩后滚翻时，教师可安排其先在借用外力的条件下，由高处向低处完成动作练习，然后再让学生独立完成完整动作。

（四）分解法

分解法是将一个完整的动作技术合理地分解成几个部分与段落，然后逐个进行教授，最后完整教授动作技术的方法。

分解法的优点是降低难度、简化教授过程，有利于提高学生的学习信心，让学生掌握动作的困难环节；不足之处是动作易割裂，破坏动作的完整结构，影响正确动作技能的形成。分解法有以下几种常用方式。

1. 分段法

即将一个动作按技术结构成分进行分解学习。

2. 递进分段法

即将一个完整动作按时间的先后分成若干段落，再分别予以教授；然后把若干个段落组合起来进行巩固。依此类推，直至最后完整教授（如动作结构相对独立的球类教学内容）。

3. 顺进分段法

即将一个完整动作按路线的先后分成若干段落，在教授第一段落的基础上，将若干段落组合起来进行教授。依此类推，最后完整教授（如周期性的、动作多的田径教学内容）。

4. 逆进分段法

即将一个完整的动作按重难点的技术特点分成若干段落进行教授（如体操教学内容的前后滚翻、肩肘倒立等）。

具体运用分解法时应注意以下问题：一是根据动作技术的特点，采取合理的分解方式。二是掌握动作技术段落与部分之间的有机联系，不破坏动作结构。三是明确各部分与段落在完整动作中的组合关系。四是在建立完整动作概念的基础上进行分解。

（五）保护帮助与纠错法

保护帮助与纠错法是在动作技能教授过程中，教师针对学生形成与掌握运动动作中产生的错误动作及其原因，预先在教授中采取有效的手段措施，防止出现和及时纠正学生错误动作的方法。

1. 产生动作错误的原因

（1）运动生物力学方面的原因：学生在完成动作时，动作概念不正确，完成动作的方法不符合运动生物力学的基本原理。

（2）生理方面的原因：身体素质与运动能力未达到完成动作所要求的水平；肌体疲劳，生理功能下降；无意识的本能动作。

（3）教育心理方面的原因：师生关系紧张；教学内容安排不符合学生的实际，缺乏系统性，方法失当；学生学习目的不明确，怕苦畏难，或过分激动兴奋，或自卑忧郁，缺乏勇气与毅力。

（4）外部客观条件方面的原因：场地、器材、设备不符合学生的实际；外界气候条件干扰；卫生安全条件不好等。

2. 预防与纠正错误的方法

（1）强化概念法。在动作教学初期，学生对动作概念不清楚，未能建立正确的动作表象是形成动作错误的重要原因。为此，教师要强化学生正确的动作概念，促进学生正确动作表象的形成。

（2）转移法。采用一些诱导性、辅助性练习，将学生从已经形成的动作错误中转移出来，并在此基础上正确完成新的动作。

（3）降低难度法。教师应运用改变练习条件、降低作业难度、分解完成动作等方法，以便学生在相对比较简单的条件下完成动作。

（4）信号提示法。当学生在练习中由于对用力时间或空间方向不清楚而出现动作错误时，教师可以用听觉信号，口头提示学生的发力时间、用力节奏等。同时，教师还可以用标志线、标志点、标志物来标明动作方向、幅度等。

（5）外力帮助法。在学生对用力的部位、大小、方向、幅度不清楚而出现动作错误时，教师可以运用推、顶、送、托、拉、挡、拨等外力，帮助学生建立正确动作的本体感觉，纠正学生的动作错误。

3. 预防与纠正错误的过程

预防与纠正动作错误贯穿于整个动作教学的全过程，按时间的先后可以分成练习前、练习中、练习后的预测错误—纠正错误—总结经验，即发现动作错误—分析动作错误产生的原因—采取相应的措施及时纠正—检查与评定纠正效果。

（六）游戏法

游戏法是利用游戏寓教于乐的特点完成预定任务的方法。它有以下运用要求。

第一，根据教学目标选择合适的活动内容与形式，采取相应的规则与要求。

第二，在教育学生遵守规则的同时，鼓励学生充分发挥主动性、创造性。

第三，认真做好游戏的评判工作，教师要客观公正地评价游戏的结果，包括胜负以及学生在游戏中的表现。

（七）竞赛法

竞赛法是指在比赛的条件下组织学生进行练习的方法。竞赛法的特点是：对抗性、竞争性；学生要承受很大的运动负荷；能促进学生最大限度发挥机体的功能能力，有利于培养学生良好的思想意志道德品质。运用竞赛法时应注意以下三方面。

第一，明确运用竞赛法的目的。

第二，合理配对、分组。

第三，适时运用。

三、发展体能的教学方法

根据体育教学体能训练的专门性质和明显的特征，常用的体能训练方法有：重复训练法、变换训练法、间歇训练法、持续训练法、循环训练法、竞赛训练法等（见表3-5）。

表3-5　六种发展体能的教学方法的功能特点

方法	功能
重复训练法	动作技能形成原理、 条件反射形成原理
变换训练法	强化动作结构变异、 强化机体机能变异
间歇训练法	强化心血管功能、 强化能量代谢
持续训练法	强化缺氧补偿
循环训练法	利用形式变化、负荷交替刺激神经兴奋
竞赛训练法	提高训练强度、模拟实践比赛

（一）重复训练法

重复训练法是发展体能的训练方法之一。它指在相对固定的条件下，重复进行某一动作的方法，如反复进行同一高度的跳高过竿练习，乒乓球的挥拍动作练习，距离、速度不变的反复跑等。重复训练法多在改进运动技术、提升战术水平、提高身体素质时使用。

重复训练的生物学效应包括：肌肉增长、提高肌肉代谢、血乳酸产生最大活性。

当重复训练法作为短跑最大强度训练手段时，它可以提高最大力量、速度力量、最大速度、加速能力，并作为最大无氧能力的训练手段。

作为长距离跑的训练效益，重复训练法对生理和肌肉的效益并不是很大，且不能确定有氧和无氧能力的提高量。

（二）变换训练法

变换训练法是发展体能的训练方法之一。它指在改变训练的环境与条件或改变练习的速度、速率、时间、力量以及动作组合的情况下进行训练的方法，如各种类型的变速跑、在不同的篮球场地进行投篮训练等。它的目的在于提高运动员训练和比赛的适应能力，提高训练的兴趣和推迟疲劳的出现。

变换训练法的生物学效应包括：提高机体承担负荷的适应度、提高心血管功系统和呼吸系统功能代谢、血乳酸产生最大活性。

根据变换的内容可将变换训练法分为三种模式，即负荷变换训练法、内容变换训练法和形式变换训练法。

（三）间歇训练法

间歇训练法是发展体能的训练方法之一。它指两次练习之间有一个严格规定的间歇时间，使运动员在尚未完全恢复的情况下接着做下一次练习的方法。

它可分为发展有氧耐力及局部肌肉耐力中小强度的慢速间歇训练法和发展无氧耐力和速度耐力大强度的快速间歇训练法。此法对提高呼吸和心血管系统的机能有显著作用。

间歇训练法的生物效应包括提高心血管系统和呼吸系统功能代谢、发展速度能力和速度耐力及冲刺能力。

按照训练性质，间歇训练法一般分为发展有氧耐力的间歇跑训练和发展无氧耐力的间歇跑训练。

（四）持续训练法

持续训练法是发展体能的训练方法之一。它指以较为恒定的强度，长时间持续进行训练的方法。其作用是发展一般耐力，提高心血管系统和呼吸系统的功能，使动作出现节省化。

持续训练法的生物效应包括：低速度的运动可促进血液循环，提高组织的代谢率，把聚集在肌肉内的乳酸等代谢物氧化还原；有利于增大毛细血管网，让毛细血管更多地打开，提高物质供能系统的功能。

（五）循环训练法

循环训练法是发展体能的训练方法之一。它是根据"渐进负荷"或"递增负荷"的原则，按照训练内容设置若干点，规定每个点的练习负荷量、强度，按先后顺序进行身体不同部位、不同素质的综合练习的方法。其作用在于全面发展身体综合素质，促进素质平衡，提高机体能力。

循环训练法的生物效应包括：有利于多种运动素质的发展；防止单一训练的抑制作用，有利于训练负荷的提高。

按照各组练习之间间歇的负荷特征，我们又可以将循环训练法分为三种基本类型：循环重复训练法、循环间歇训练法和循环持续训练法。

（六）竞赛训练法

竞赛训练法是运动训练的方法之一。它是指用竞赛作为训练手段的方法，包括教学比赛、测验赛、对抗赛和正规的大型比赛等。竞赛训练法可提高实战能力和检查运动员的训练效果及身体素质。

竞赛训练法的生物效应包括：从生理学角度看，有利于促进运动员机体"节省化"，形成参赛能力，适应比赛强度；有利于技战术的融合，提高整个队伍的竞技能力。

第三节
体育教法的组织与运用

教学实践证明，教学方法的选择与运用受人们思想认识的影响与制约。教师选择与运用什么样的教法，反映了教师对教育教学观念的不同取舍。例如，教师以教为标准确定选择教学方法和以学为标准确定选择教学方法，前者反映出教师仍然是传统"教"的本位思想，后者体现教师现代教育理念"学"的本位思想。两者反映出教学应以向学生传授知识、技能为主，还是以发展学生的能力为主。教师没有正确教学思想行为的立准，教法的选择与学法的运用就难以达成新时代对教学的要求。诚如教育家陶行知所说："要想让学生自动，必先有教学生学的先生先动。"[1]

一、体育教法的实施基础与制约因素

（一）教师职业品质是教法科学实施的基础

有学者提出，教师良好的职业品质或思想行为是教学方法科学实施的基础。它一般由两个方面组成：① 教师的职业思想品质主要是指教师的职业道德、教师的责任感及对学生的情感态度、价值取向等，它对教法系统的运转起着指向的作用。② 教师的业务水平主要是指教师的专业知识水平和教育教学能力等，它决定着教师对教学方法的选择与策略调配的优化水平。[2]

（二）课堂教学类别是制约教法科学选择的因素

有学者研究认为，教师要想建构一个有利于学习的教法，就必须分清课堂教法与学法的表层结构和学习过程的深层结构（见表3-6和表3-7）。研究表明，在课堂教学实践中，教师若能有意识地按照不同课程结构教学，便可构建出一张稳定的"教学质量网"。正如古人所云：事必有法，然后可成，师舍是则无以教，弟子舍是则无以学。

表3-6　体育课堂教学类别与教法选用

教学类别	教学特点	教学指向	教学方法	行为要求
理论陈述	教师为中心	传递信息	讲解法、问答法、讨论法	清晰的语言表达
学习组织	学生为中心	促进实践	分解练习法、完整练习法、循环练习法	恰当、有效
技能展示	教师为中心	加强感知	示范法、演示法、模仿法、保护与帮助法	多种感观媒介支持
讨论提问	师生互动	启发思维	发现法、探究法、合作法	恰当设计问题
学习管理	学生为中心	提供信息	个人成果展示法、分组成果展示法	合作、共享、共进

1　陶行知. 教学做合一讨论集（第三版）[M]. 上海：上海儿童书局，1934.
2　姚利民. 有效教学论：理论与策略[M]. 长沙：湖南大学出版社，2005：91.

（续表）

教学类别	教学特点	教学指向	教学方法	行为要求
教学管理	教师为中心	生发教学	说服法、榜样法、评比法、表扬法、批评法	讲究方式技巧
观察指导	教师为中心	促进教学	反馈法、保护与帮助法、榜样法、评比法、表扬法	准确、客观、鼓励
教学组织	学生为中心	激发渲染	游戏法、比赛法、情境法	多样化、多层次
反思行为	教师为中心	改进教学	评价法	及时、客观
评价行为	学生为中心	促进学习	评价法、榜样法、评比法、表扬法	全面、客观

表3-7 体育学习过程深层结构的变化与影响

动作过程	学习内部过程	教学外部过程及其影响
泛化 ↓ 分化 ↓ 自动化	注意（接受）、选择性知觉、编码、提取、反应组织、控制过程、预期。	1. 刺激（强度）变化引起注意（注意强弱）、影响吸收，捕捉学习有关信息进入感觉登记器。 2. 物体特征的增强和差异（对比、区分学习材料），可促进选择性知觉进行加工编码；巡回辅导、渲染鼓动可促进编码形成，又影响学习者对编码的认知策略。 3. 针对练习的生成，及时提供或呈现各种学习线索方式，可帮助学习者搜索提取，进一步完善学习目标。 4. 为学习者提供正确反馈，告知所要进行的学习行为要求，可避免错误发生，提高质量。 5. 在多种情境下呈现练习，并及时地激励、反馈，可促进学习者认知策略的生成与提高。 6. 评价学习优点与完成的情况，提出预期目标，激励学习行为进入学会自我学习的阶段。

二、体育教法的选择与运用

国内学者皮连生和国外学者加涅等认为，教学策略的指导适配性影响和制约着、支持和促进着学习量度的集合，测量着学习过程若干不同学习层级的变量发生和有效性的差异。[1]

1 改编自皮连生. 学与教的心理学[M]. 上海：华东师范大学出版社，2006；加涅. 学习的条件和教学论. 上海：华东师范大学出版社，2007.

即教学行为要符合学习者认知科学的记忆性，教学认知量要与学习者的短中长记忆的编码科学结合，要能引起注意—应答记忆—行为反馈。解决这一命题可从两个方面着手：一是变化教学情境以与学生的能力和学习技能相适应；二是变化教学方法，发展学生的能力和学习技能（见表3-8、表3-9、表3-10）。

研究表明，传统教学方法设计以教为主，新教学方法设计以学为主。解决这一命题可从三方面着手。

为理解而教——有效教学发生在为理解而教的时刻，要为不同学生的学习程度设计不同的变量。

为理解而授——要运用启发性、领会性等教学行为引发学生的学习兴趣，提升学生的参与程度。

为学习而设计——把教推向学，使教学策略符合学生的认知图式，以学习为中心设计教学流程与策略。

表3-8　不同体育教学方法与情境运用

方法	语言性教学方法	感知性教学方法	练习性教学方法	情境活动性教学方法	探究活动性教学方法	品德教育与发展个性方法
解决哪些任务效果最好	引起学习注意，唤起兴趣和动机，聚焦学习任务，激活记忆联结	调动多种感官的识记，促进形象思维表象与抽象思维表象结合	组块学习编码，促进表象加工，强化动作技能形成，提高技能质量	复现知识多维面貌，贯穿学习的懂会乐体验，检验知识技能，促进学习迁移与应用	推动直觉思维的低级记忆，生长发散性思维的高级记忆	运用榜样力量，采用渲染激励技巧，营造积极参与情境，渗品德教育与个性发展于各个教学环节
理论来源	联结性学习理论、运算性学习理论	认知记忆规律、试误学习理论、生理机能活动变化规律	动作技能形成规律、心理机能活动变化规律、生理机能活动变化规律	快乐体育教学理念、成功体育教学理念	发现学习理论、素质教育理念	教养的外化规律、内化规律
适用学习者类型	中、高年级	低、中、高年级	低、中、高年级	低、中、高年级	中、高年级	低、中、高年级
教学服务指向	教学初期过程	教学初中期过程	全部教学过程	全部教学过程	教学中后期过程	全部教学过程
局限性	过多的运用影响动作技能的练习密度，减少练习的次数	物体特征的刺激（强度）制约信息的唤醒度	频繁的练习易产生枯燥，让学生丧失学习兴趣	不可不分教学内容盲目运用，只有符合学习目标的运用才是有效的	过多的运用影响动作技能的形成与掌握	过多运用，真理反而会让人反感

表3-9　运动技能形成四个阶段教学方法运用的分析

教学阶段	初步学习阶段	改进与提高阶段	掌握与完善阶段	运动技巧阶段
教师教学主导性	强——以教为主	辅助——指导释疑	弱——学习总结	很弱——点拨领悟
学生学习主体性	接受	主体学习生发	意义学习建构	自学自悟
教学方式	感性描述与形象描绘，使学习者理解学习内容	组合归纳、利用已有经验、新旧知识感知、产生意义学习建构	学习经验交流、内外反馈结合、自我总结	点评感悟、经验总结
教学方法	讲解与直观教学法、分解与完整教学法、情境教学法、口诀强化法	正误比较法、重复练习法、增大与降低条件法、游戏法、竞赛法	迁移法、个别指导法、成果展示法、扩展/变式练习法	情境应用法、竞赛法、自主学习法

表3-10　高中一年级篮球动作技能教学方法选用举例

（1）引起注意，唤起兴趣和动机：聚焦任务。选用什么方法？

可通过语言法。运用听觉媒体时，可以通过停顿、口音、语音高低、快慢等变化来引起学生注意。可借用图示法，运用图像的动静、图表、模型、多媒体等的变化来引起学生注意。运用两者多样变化的学习情境条件，引起注意、引发动机，激活感受器。

（2）提出教学目标，新课概览明确要学习什么样的技能，说明将要学习的程序和应用范围。选用什么方法？

如通过示范讲解法，对所学内容进行感性描述与形象描绘，使学习者理解学习内容。运用演示法，比较、重现技能特征、抽象结构要点，构成正确的学习逻辑思维。如运用图示法把所学内容程序用线性组块的方式预览，可帮助学习者对学习什么和如何学有一个大体的了解。

（3）回忆相关旧知并提取到工作记忆，复习相关概念、原理让学习者知道做什么，指明掌握新技能将用到哪些旧技能，促进学习者重组知识。选用什么方法？

如可运用问答法、讨论法、反馈法、迁移法帮助学习者回忆先前学到的旧知或相似任务，帮助学习者用恰当的方式重组知识。

（4）聚焦注意力，指导释疑、解决错误、提供要点、解决重难点的学习途径。运用什么方法？

一是可通过图示法的直观形象与类比，加深理解、诱发行为、促进记忆和迁移。二是利用层级学习图式提纲挈领、一目了然、易于理解掌握的特点，突出关键特征，从而省略一些无关特征，帮助理解。三是通过正面、侧面、镜面的不同示范，对关键点、要点等予以提示。

（5）保持动机维持学习气氛，让每一个学生都参与进来。选用什么方法？

如运用情境教学法的新异刺激，点燃学生各种情感潜势；运用榜样示范法的力量，采用渲染鼓动的技巧，营造积极参与的情境。评比法、表扬法、批评法等都可以适时运用。

（6）练习：分散练习和集中练习、整体练习和部分练习等的设计与安排。选用什么方法？

有模仿练习法、分解练习法、完整练习法、合作练习法、循环练习法等，但运用时需要考虑各方法实现学习的程度，明确在哪一种情境或任务下运用什么样的策略才是恰当的。

（7）反馈与补救：确定学生是否有共同的错误和误解，让学生知道自己的技能掌握程度如何以及应该怎么做。选用什么方法？

如外部反馈法提供解决问题的信息，以提供建议和讲评帮助学习者认知；内部反馈法是用来自肌体练习的感受和感知觉帮助学习者认知。如学生同伴中的互教互学法，监控调整、指导释疑，促进问题图式的形成，促进学习过程的主动形成。

（续表）

（8）复习与改进。选用什么方法？ 　　如运用互帮互学法、个人成果展示法、分组成果展示法等。一是通过学习者之间的点评和交流，指出主要步骤与原理之间的特征与结构以及应用情境之间的恰当性。二是通过同伴评价、群体反馈示范恰当的应用，检查运用的成果。
（9）知识迁移：逐渐从分离的提示过渡到集合的提示，最后综合。选用什么方法？ 　　如首先运用先行组织者策略，帮助学习者建立由顺应走向同化图式。再运用游戏法、比赛法、情境法等扩展变式练习，强化技能保持、技能运用及如何运用技能的能力。
（10）评估学习业绩、确定反馈与补救：让学生知道自己的技能掌握程度如何以及应该怎么做。 　　如通过合作法、探究法观察同伴技能表现，深化对技能过程的理解。帮助学习者自我建立改进的步骤和完整性，识别教学是否完整得当。这一对认知过程和行为的回顾与情感激励可增大学习者知道做了什么和怎么做的感受。

第四节
体育学法的结构与运用

　　美国著名未来学家阿尔温·托夫勒针对21世纪知识时代的来临，深刻地指出："未来的文盲不再是目不识丁的人，而是那些没有学会怎样学习的人。"基于此，对学法的发掘探析，无疑是重要的，也是十分必要的。

一、体育学法的结构和分类

　　什么是"学法"？学法是学生完成学习任务的手段或途径。现代教学理论认为，学法是在教师引导下学生主动参与、独立思考、自主发现和不断创新的过程，而不是简单、被动地接受教师和教材提供的现成观点与结论。因而，在课堂教学中，体育学法是推动"学会学习"的方法，是实现"学会学习""学会认知""学会做事"的根本方法，能促使学习者实现：一是主动接受；二是自主发现；三是有意义地建构知识（见表3-11）。为此，体育学法的结构可由学习过程的指导、学习方法的指导两部分构成。前者可由知识认知和学习意义建构等组成，后者可分为定向引导阶段、理解应用阶段、领会创新阶段。

表3-11 体育学法的分类及其特点

（一）自主学习的方法	（二）小组学习的方法	（三）合作学习的方法	（四）知识与技能学习的方法
自学法、 自练法、 自评法	分组学习法、 分层学习法、 分群体学习法	学习分析策略法、 学习成果分享法、 同伴合作辅导法、 合作探究学习法、 差异学习法	模仿性学习方法、 抽象概括的学习方法、 解决问题的学习方法、 逻辑推理的学习方法、 总结提高的学习方法

二、体育学法的组织和运用

根据加涅的学习内部条件与外部条件的分类特征，我们认为体育学法的组织与运用可从以下方面着手：一是能够突出"教学的目的性，使学习者掌握体育知识与技能"，即教师指导教授的艺术性；二是能够体现出"教学的主体性，使学习者领悟学会学习的方法"，即学习者学练的艺术。

（一）体育学法的意义建构与设计

心理学研究证明，学习主动性来自学习环境的情境适配与知识意义的建构。这一命题指出，学习过程是学习者与学习内容策略设计、学习环境策略设计的有机匹配问题。对此，建构主义认为，情境、协作、对话和意义建构是构成有效学习的四大支柱。这一观点指出，有效学法的实施取决于学习程序的设计和知识意义的发生。基于这一理解，我们认为指导学习内容的体育学法设计应在以下方面下功夫（见表3-12）。

1. 体育学习的意义设计

教学论指出，教学应根据学习活动的不同而不同，应根据学习对象的变化而变化。这一命题指出，体育学习具有个性化的特点，只有适应学习者特点的学习才是好的教学。它包括以下四个方面的内容。

第一，学习内容的深度、难度与学习活动的适配性是什么，指向完成什么学习任务，达成什么教学目标。

第二，学习活动内容的顺序性和进度性的安排。场地、时间、器材等能否符合学习者的学习要求，实现有效学习。

第三，学习活动的差异性设计是否具有多元性、多样性、多层性等知识意义建构的发生，是否符合不同学习者的能力、条件、性格，达成有效学习的展开。

第四，学习活动的行动和效果的设计能否引起生生互动、师生互动等合作学习的发生，能否为参与的学生提供成绩考查和奖励，即达成懂、会、乐。因为这些能够感染、引发、激励学习者的情感，并让学生产生良好的自主学习行为，保障学习活动持续的深入与保持。

综上所述，究其学习的设计的折射功能来说，一个完整的学习设计应达成以下的目标。

第一，从求知需要的满足中求乐。布鲁纳认为："学习的最好刺激乃是对所学材料的兴趣。"[1]因此，增强教学内容的趣味性，满足学生求知的需要，以产生快乐情绪，便是必修课体育教学模式首先要重视的。

第二，从成功需要的满足中求乐。苏霍姆林斯基曾这样告诫教师："请记住：成功的欢乐是一种巨大的情绪力量，它可以促进儿童时时学习的愿望。请你记住无论如何都不要使这种内在的力量消失。缺少这种力量，教育上的任何措施都是无济于事的。"[2]因而，教师在这方面所采取措施的关键在于，为学生尽可能创设获得成功体验的机会，改变传统教学方法，把学习与创设成功相联系。

第三，从建树需要的满足中求乐。所谓建树需要，就是学生把所学习的体育知识和技能灵活运用到实际环境中去。因而，教师要积极开展各种各样的活动，为学生尽可能地参与创造必要的外部刺激和条件，让学生积极投身运动获得运动的满足。同时，教师要注重学生的情感体验，积极挖掘教学内容的快乐性、方法和手段的艺术性，寓教于乐是必修课体育教学模式不可忽视的一个途径。诚如赞可夫指出："要以知识本身吸引学生学习。"[3]

第四，从活动的形式中求乐。体育游戏法、竞赛法等由于其内容丰富、形式灵活，又赋有一定的情节性、竞赛性和趣味性等特点，长期以来，它不仅是我国学校体育教学的重要内容，同时也是体育教学的一种形式、方法和手段。有学者指出，"体育游戏对于当前的体育教学改革至关重要"，"有了它，一个枯燥的练习可以变得津津有味，一个沉闷的教学可以生机盎然"。因而，教师要在体育教学中科学运用体育游戏、竞赛法等扩展练习变式来提高学生的兴奋性，使学生在良性心理状态下学习技术，使学生中枢神经系统不断得到新的信息刺激，产生适宜的兴奋性，诱发学生的兴趣和学习的主动性、积极性，促进学生积极自愿地参加体育游戏活动，掌握自己所喜爱的运动项目的技术技能。

表3-12　体育学法的教学设计

方法/活动	全班	小组	个人
教学方式	接受式教学/活动式教学相结合、知识教学/能力教学相结合	统一指导法/多元指导法相结合、统一学习法/合作学习法相结合	统一任务学习/学习策略相结合、统一作业/个别作业相结合
学习活动	统一进度学习/分层学习相结合	教为中心/学为中心相结合	统一技能练习/差异练习辅导相结合、集体练习过程/个性练习过程相结合

1　布鲁纳. 教育过程[M]. 北京：教育科学出版社，1980：114.
2　苏霍姆林斯基. 给教师的建议[M]. 北京：教育科学出版社，1984：40.
3　赞可夫. 教学与发展[M]. 北京：文化教育出版社，1980：106.

2. 指导学习过程的学法方式

教育心理学研究表明：① 学习需要、动机、兴趣、毅力、情绪等非智力因素的指导，主要是解决学习目的和学习动力问题。② 学习过程各环节及其方法的指导，主要解决学习方法问题。③ 学习能力的指导，主要解决学习能力问题。由此，我们认为指导学习过程的学法运用方式有以下方面。

第一，解决学习目的和学习动力的学法方式有以下几个方面。学习策略在一定程度上讲是一种学习技巧、学习习惯和学习情感的体验养成。它是内化学习者学会学习的基础。为此提高学习的元认识，了解学会学习的意义、特点与策略，才能建立学会学习的认知与方法。因而，正如心理学研究证明，行为是意识的反映。

第二，解决学习方法的选择与运用有以下方式。学习指导经验证明，根据学习内容的特点正确选择和使用学习方法，建立学习策略至关重要。相关研究指出，如果学习者能够学会评价和监控自己的学习进程，那么他就可以成为一个"聪明的学习者"。

第三，解决学习能力的运用方式有以下两种方式。第一，学会总结。学习者通过对自己学习经验的总结，就能知道成功在哪里、失败在哪里，从而逐步提高自己的学习能力和水平，学会学习，形成学习策略。第二，比较总结。通过与他人进行学习方法的交流，取长补短，做到有自知之明，提高自主学习的自觉性，形成适合于自己的学习特点。

（二）常用的体育学习方法

根据体育教学的实践总结，代表性大的、概括性强的、能体现学习规律的大体有五类基本的学习方法：① 模仿的学习方法；② 抽象概括的学习方法；③ 解决问题的学习方法；④ 逻辑推理的学习方法；⑤ 总结提高的学习方法。

1. 模仿的学习方法

由于体育技能外显特征强，以直观为主的模仿性学习方法易使学生理解体育动作的学习过程和要领。因而，体育模仿性学习方法学习成功的关键有以下方面的教学安排可供参考。

（1）在动作学习初期，先讲解粗大的动作要领，后讲解精细的动作要领；在运动技能示范的过程中，每一练习阶段都应有该阶段的示范要点，而不是无目的地示范。教师对动作技能关键、要点的详细分析，应在学生初步掌握动作技能后进行，而不是在初学阶段。这样才能对学习者自我实施体育模仿性学习方法产生积极的影响。

（2）就整体讲解与分解讲解而论，教师应考虑动作的难度和结构。对于难度不太大但结构复杂的运动技能，采用整体讲解比分解讲解的效果要好。学习复杂运动技能不能单纯地采用各种形式的分解讲解，同时还要注意与多种辅导或诱导练习结合起来，这样效果才好，才能对学习者自我实施体育模仿性学习方法产生积极的影响。

2. 抽象概括的学习方法

体育学习是经验、体验的积累，遵循从形象思维逐步过渡到抽象思维的这一基本认识规律。该法对提高课堂时间比率和学习质量具有极为重要的作用。对抽象概括学习方法的教学安排，如果教师注意到下列因素，学习就可能产生良好的效果。

（1）抽象概括学习受已掌握相关动作的练习程度、练习方法及迁移意图的影响。所以为了更好地助力学生完成动作，教师应帮助学生对现在的学习状况和过去的学习经历加以分析总结，这样才能对学习者自我实施抽象概括学习方法产生积极的影响。

（2）迁移从一个难的动作到一个容易的动作比从一个容易的动作到一个难的动作更容易产生。假如一个适宜的应答动作需要不断变化、刺激的形式又不可预测，那么学习应该从简单的状态过渡到复杂的状态。这样才能对学习者自我实施抽象概括学习方法产生积极的影响。

3. 解决问题的学习方法

从方法论来说，体育学习是学习怎样解决问题的过程，因此该法对体育实践有着重要的指导意义。有以下具体的实施方法可供参考。

（1）课前预习法。教学经验证明，让学生事先了解学习历程，引导学生根据学习内容拟订学习策略、制订学习步骤、提出注意事项，可促进有效学习。

（2）学习成果分享法。相关研究指出，指导学生相互交流学习心得、彼此分享学习成果可转化为有效的学习策略认知模式，促进学生的学习与成长。

（3）同伴合作辅导法。心理学指出，学生在学习历程中的反应影响着同伴的学习行为。同伴的学习经验与策略可为学习实施提供参考，解决学习困难，提升同伴的学习能力，有效增进学习成效，对有效学习有正面的效用。

4. 逻辑推理的学习方法

逻辑推理的学习方法在体育学习中的应用，就是培养学生抓住动作学习的关键特征，形成学生"去粗取精"的抽象概括习惯。有下列注意因素，可助力逻辑推理的学习方法产生良好的效果。

（1）要教会学习者充分利用学习经验、体验，对新运动技能的学习进行概括与总结，这样才能有助于学习者产生逻辑推理学习的积极性。

（2）课前提供切合教学目标的"先行组织者材料"，促进学习者将其运用到运动技能的学习中去是逻辑学习发生的重要先决条件。

5. 总结提高的学习方法

从方法论来看，可以说，总结提高的学习方法属于元认知活动，而元认知是认知活动的最高水平。这一学习方法在体育学习中的应用大体有两个途径。

（1）应用知识。要真正掌握好体育知识和技能，就需要用总结提高的学习方法来解决各种作业和实际问题，使初步理解的体育知识范围和技能不断扩大加深，使不太熟练的技能趋于熟练。

（2）促进知识结构化回顾反馈。学习了一个阶段之后，反馈回顾一下学习活动是怎样展开的、取得了哪些经验、今后应该怎样继续开展学习，可帮助学习者学会学习。

本章小结

学法是联结教法有效性的载体，是引导学生从原有知识经验中"生长"出新知识的最具能动性的部分，不仅直接影响着学生学习行为的有效性，而且还关系着教学效率与学习效果的高低和好坏。这一命题梳理揭示出，教法与学法不仅引导和规划着学生学习的活动，也展现着教师的教学理念和艺术。对其进行认识和理解有助于教学目标的达成、减少无效行为的干扰，使抽象的教学内容得以在学会学习的策略中展开和具体化。

练习与思考

1. 举例说明不同体育教法的选择与运用。
2. 举例说明不同体育学法的选择与运用。
3. 说明体育教与学方法在新体育课程与传统体育课程运用中的区别。
4. 举例说明新体育课程在教学方法实施方面的理念。

第四章
体育教学的技能

本章概述

　　体育教学技能是学校组织体育教与学活动的手段，是实施和完成教学任务的重要载体。为此，本章对体育教学的讲解技能与示范技能、组织技能与调控技能和体育说课技能的理论与应用做一梳理探讨。一是释义三种体育教学技能在不同教学内容和教学活动中的功能和作用。二是指出有效的体育教学技能有序、优化的实施方法。三是理论揭示说课的设计与实施，它涉及教师对教育教学理论的领会与把握，反映着教师对传统与现代教学设计的不同取舍。本章力求从这三个方面进行阐释，为体育教学技能的科学运用提供保障。

结构图

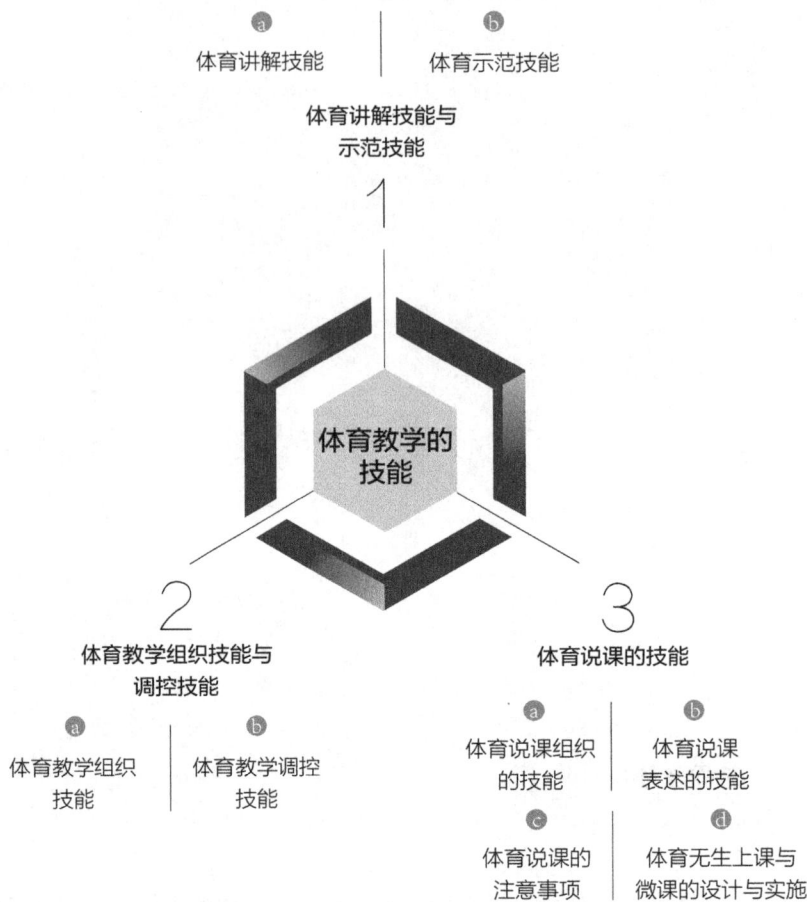

体育讲解技能 ⓐ　体育示范技能 ⓑ

体育讲解技能与
示范技能

1

体育教学的
技能

2
体育教学组织技能与
调控技能

体育教学组织
技能 ⓐ　体育教学调控
技能 ⓑ

3
体育说课的技能

体育说课组织
的技能 ⓐ　体育说课
表述的技能 ⓑ

体育说课的
注意事项 ⓒ　体育无生上课与
微课的设计与实施 ⓓ

学习目标

1. 识记体育教学技能的规准、目的与教学之间的关系与特点。
2. 把握两种体育教学技能在体育新课程教学中的实施与运用，思考如何科学地将其运用于体育教学的实施中。

关键词

体育教学的技能；讲解、示范技能；教学组织技能；教学调控技能；
说课技能；策略与运用

第一节
体育讲解技能与示范技能

体育教学过程是教师和学生相互作用的双边活动。就教师而言，要想有效传递体育教学信息，使学生更好更快地掌握体育知识与技能，教师讲解与示范的技能水平无疑是最重要的。因此，以下围绕如何将这两种技能恰如其分地运用到课堂教学中去进行解析。

一、体育讲解技能

（一）讲解技能的表达

讲解技能是课堂教学中运用最广泛的一种技能，虽然现代教育技术手段越来越多地进入课堂，但是，讲解技能是一位体育教师应具备的基本条件，教学在任何情况下都离不开教师讲解技能的应用。基于此我们认为，一个好的讲解技能运用要达成以下方面才是有效的。

1. 讲解表达方面

（1）讲学习的兴趣"点"，要能唤起学生学习的高涨心情。

（2）讲学习的疑"点"，要能激发认知、举一隅以三隅反。

（3）讲学习的障碍"点"，要能善喻、善诱、学思结合。

（4）讲知识的"点"，要能启发诱导、藏息相辅。

2. 体态表达方面

（1）动作姿势自然优美，能诱发学生的学习向往。

（2）随着说话音调的高低而变化面部的表情。

（3）保持与学生的目光接触。

3. 声音表达方面

（1）说话声调稳定、清晰。

（2）变化音调，以强调说话的重点。

（3）说话的音量能使学生听清楚。

（4）每一个字都能正确发音。

4. 语言表达方面

（1）使用精确的词语表达意思。

（2）避免不必要的重述。

（3）用完整的语句表达思想。

（4）表达的信息有逻辑性。

（5）表达不同要点时能简明扼要地把握重点。

（二）讲解技能的运用

1. 准备部分教学

从准备部分的教学活动来看，与讲解和示范技能相匹配的教学事件（活动）有三个处理过程，分别是：① 引起学习者注意，打开认知门户。② 交代学习目标，激发学习动机。③ 回忆相关旧知提取到工作记忆，建立意义学习 。

（1）引起学习者注意，打开认知门户。

这一过程对讲解技能的教学要求是引起学习者的注意，让学习者产生警觉，使学习者的大脑保持一定的兴奋水平以接受信息刺激。注意是学习的门户，假如学习者未能注意到信息，那么，不管教师采取什么样的教学媒体或教学活动，新信息都不可能进入学生的感觉登记器和工作记忆之中。相应地，与长时记忆中的旧知识相融合达到基本的理解就无从谈起。

基于此，对其的运用一般有以下六个策略。

一是运用多样变化的学习情境条件，引起注意、引发动机、激活感受器。如运用视觉媒体，通过图像的动静、图表、模型、多媒体等的变化来引起注意；运用听觉媒体时，可以通过停顿、口音、语音高低、快慢等变化来引起注意。

二是运用幽默支持注意。 研究认为，在教学中适时运用幽默讲解可以对学生的注意力和兴趣产生积极的影响，如语言幽默、动作幽默。但无论何种形式，都必须尽可能做到结合教学实际。如教师夸张地模仿错误的动作就会产生负面效果，而幽默地模仿与表扬学生刚才投球像乔丹一样有魅力就会收到正面的效果。

三是借助亲身体验支持注意。提供具体感受、亲身体验感受信息，使学习活动更有意义。如比一比谁跑得最快、投得最准、谁能回答得最准确等，都会引发学习者个人意义的产生。

四是运用认知冲突支持注意。认知冲突又称认知失调，学习者在遭遇两种观点或两个事件之间互相矛盾时，会出现智力上暂时不平衡的状态。人的天性具有追求解决认知冲突的倾向，当认知冲突时，人的注意力将大大集中。例如，提问直道跑和弯道跑有什么区别、怎样才能跑得快等问题时，人的注意力都会被集中起来。

五是运用探究方式支持注意。 运用探究方式支持注意的一个附加好处就是它能帮助学习者重构或打破原有的认知图式。通过提出假设、搜寻信息、检验假设和得出结论，使学习者积极投入到与自己个人的兴趣密切相关的探究活动中，学生的注意力也就自然高涨。如提问物理学告诉我们直线最快，那为什么背越式跳高弧线助跑比俯卧式直线助跑效果好？

六是运用积极参与支持注意。被动的学习容易导致学习者注意力不集中，而游戏引入、角色扮演、展示模拟或互动等都是调动学生注意力的好方法。

（2）交代学习目标，激发学习动机。

该过程对讲解技能的教学要求是交代学习目标，唤醒学习认知，使学习者明确学习任务；而激发动机则是增大学生学习的参与度，调动学生学习的积极性和自觉性。有三个策略可在课堂上应用。

一是突出针对性。其目的在于帮助学习者理解新学习任务与个人之间的关系。针对性越强的学习任务，学习者的学习动机就越高昂。建议采用以下五种措施。

① 了解基础。让学习者知道新学习任务同自己原有知识技能基础或过去的经验之间有什么联系。

② 明确价值。使学习者了解新知识有什么用途，能给未来学习与生活带来什么好处。

③ 情境适配。安排好各项教学活动以满足学习者的学习需求。

④ 榜样示范。运用各种榜样人物（包括教师自身）展示要学习的本领和对学习的热忱。

⑤ 多样选择。给予学生一定的选择权，鼓励他们自主运用。

二是提高自信心。研究表明，学生付出努力之后得到成功的机会，这样学生参与活动的动机就会高昂。自我效能同高动机、高学习成就是密切相关的，教师可采用以下三种措施。

① 明确要求。让学习者了解学习目标和评估标准，循序渐进、从易到难地学习。

② 归因引导。鼓励学生将学习的努力与成功挂钩。

③ 树立自信。不断提供机会让学生完成有实际用途的、富有挑战性的任务，以增强学生自主学习的能力。

三是增强满意感。增强学习者对学习活动的满意感，深化学生的学习动机。不同的学习者需要有不同的激励措施，教师可采取以下四条措施。

① 提供支持。提供机会让学生自然而然地运用学习结果。

② 给予奖励。提供一些外部的强化激励措施。

③ 积极鼓励。提供表扬，对学生的努力和成绩给予肯定；要竭力避免对学习者产生不良影响的言行，如嘲笑贬低、体罚训斥等。

④ 自由空间。从扶到放，营造一些学生自由学习活动的空间，教师不要事事都管。

（3）回忆相关旧知提取到工作记忆，建立意义学习。

研究证明，这一过程依赖于学习者是否能从长时记忆库中"回忆相关旧知"。针对这一思路，为了做好这一点，讲解技能在该活动过程中的运用方法有以下方面。

一是言语提示。说明哪些相关的知识必须被提取到工作记忆中。例如，在辨析短跑和跳远有什么关系时，教师可以激发学生回忆短跑的若干特征。

二是问题引导。如再展开问短跑和跳远的关系和特征，鼓励学习者采取类比的方式，比较新旧知识之间的内在联系。

三是提供预习。教师在讲授新课前应向学习者提供学习纲要、图表等，助力学习者做好课前预习。

四是自主复习。鼓励学习者在学习新课前展开自主复习，可采用小组讨论、合作交流等方法。

五是善作比较。教会学生类比、归纳等方式，让学生把握新旧知识之间的差异和内在联系。

六是先导组织。课前提供各种指导帮助学习者理解新知识。一般而言，"先行组织者策略"的学习方式有助于学习者有效地进行学习。

2. 基本部分教学

基本部分教学旨在帮助学习者积极介入认知加工过程，对陈述性知识、程序性知识和情感性知识进行意义表征。从信息加工的观点来看，与讲解技能相匹配的教学事件（活动）有：① 呈现教学内容；② 提供学习指导编码；③ 引发行为表现反应；④ 提供信息反馈。

（1）呈现教学内容：聚焦新旧知识的意义，减轻加工负荷，支持选择性知觉。

心理学研究表明，在呈现教学内容的过程中，教师需要为学习者聚焦新旧知识，减轻认知加工负荷，提供知觉支持。这是因为学习记忆的认知负荷难以容纳所有通过感觉渠道已经接收的信息。心理学研究证明认为，一次认知负荷的量度为7.5个词汇。鉴于此，支持选择性知觉，聚焦新旧知识的意义学习的建构，可以采取以下措施。

一是言语交流。用口头或书面方式告诉学生应该特别关注什么。

二是要点提示。通过图片、标记色彩、大小等手段对关键点、要点等予以提示。例如，我们要学习跳高，但是仅给出动作要领，这未免太抽象了，那我们就可以通过图片让学习者理解跳高的全部过程。从这个实例可见，学习者学习的教学目标内容并没有改变，改变的只是其表征方式，而这种表征方式适应了学习者的理解水平，学习内容的潜在意义也增强了。

三是把握节奏。对每一个教学知识点一次呈现的信息数量予以控制，以减少学习者工作记忆的负担。如纠正错误是先示范错误动作后讲解错误原因。

四是形成组块。将相对零散的信息组成具有意义的组块或范式，可以减少学习者工作记忆的负担。如运球上篮可分解为"一大二小，三高跳"，这就比较容易记忆。

五是适当重复。它要求学习者对那些至关重要的特征适当重复感知或将几种感知的方式结合起来运用。如镜面示范、侧面示范、背面示范相互结合效果就较好。

六是简化表征。尽量借助图表等方式突出关键特征，从而省略一些无关特征，突出特点。如层级学习图式提纲挈领、一目了然，易于为学生理解掌握。

七是给予信号。让学习者预先知道应该有选择地关注什么样的内容。如一个眼神、一个手势、声音的变化或者特定标记的出现，都可以发出相应的信号，提示学习者关注有关的信息内容。

（2）提供学习指导编码：促进信息加工。

新旧知识在工作记忆中凑在一起并不一定能产生学习，学习者必须在新旧知识之间主动地生成意义，而这一关键的学习过程就是"编码"。编码之关键在于促使学习者用有意义的方式对新信息进行加工。因而，教会学习者运用学习策略往往效果较好，有助于学习者更加主动积极地进行信息加工。有以下方法可供选用。

一是可通过精细加工和组织整理来促进编码。精细加工策略有：言语精加工、类比、绘示意图、记忆技巧、小结、自我设问和笔记等。组织整理策略有：列提纲、分类、概念匹配语义图示等。编码还可以通过体现社会互动性质的学习策略，如同伴讨论提问、彼此示范和双向反馈等来实现。

二是提供一个有系列的组织练习。形成连锁条件，把一系列局部动作有机地连接成一个完整的动作系统。

三是对比分析法。明晰正误，突破难点。

四是辨析分析法。区别联系，厘清重点。

（3）引发行为表现反应：构建工作记忆。

对学习者编码质量的真正检验在于提取过程。"提取"是将长时记忆中的信息返回到工作记忆，用以生成一定的外显行为或反应的过程。一般来说，我们将这类教学活动称之为"练习"。不同的学习结果需要有不同的练习。为有效提取提供支持的练习策略有如下几个方面的内容。

一是重在外显。练习可采用多种形式，这取决于学习结果、学生特点、可用的学习资源等情况。不管是哪一种练习方式，都要求做到尽量使得内部的认知过程外显化和具有可观察性，确定将已经编码的知识技能提取到工作记忆中。例如，在学习了一组新的动作后，教师就应该立刻为学习者提供练习的情境，予以应用巩固。

二是从扶到放。新认知的练习很难做到得心应手、运用自如，尤其是内容较为复杂时更是如此。研究表明，有效的教学在学习者开展练习时应由易到难、循序渐进、精心指导、合理监控，从扶到放，走向熟练。这样做的理由在于：减少学习者无谓的出错。因为，正确的东西和错误的东西夹杂在一起，一旦定型，纠正起来就很困难。同时，无效易错的练习会导致学习者体验到受挫、紧张、担忧等消极情绪，削弱学生继续练习的愿望。

三是变式操练。变式操练要求学习者练习的情境尽可能的多样化，让学习者在多变的情境中解决有意义的真实问题，帮助学生在长时记忆中将各种不同的动作用图示联系起来，提升他们将已经学到的东西进行多样化展示的热忱。

（4）提供信息反馈：改进学习效果。

按照教育学的观点，在课堂上，提供反馈可以帮助学习者了解自己的学业行为表现质量，帮助改进学习的效果。针对这一特点，有以下方式供选用。

一是内反馈。通过内部神经反射（如动觉、触觉）获取内部肌肉信息，改进学习。

二是外反馈。通过外部媒介（如节拍、口令）达到对学生学习的改进。

三是自我反馈与外部反馈相结合。即内部反馈和外部条件反馈相结合。

四是即时反馈和延后反馈相结合。即当时反馈和课后反馈相结合。

需要强调，反馈要支持学习者独立思考，不宜只告知对错，即对学习具有显著促进作用的反馈往往不仅要说明理由，同时还要提供建议对策。

3. 结束部分教学

与结束部分教学讲解技能相匹配的教学事件（活动）是复习知识、总结要点、归纳结构、反馈信息、传授方法、拓展应用等。有以下运用的方法。

（1）评估行为表现，检验知识技能。

明确要学习的技能，即说明将要学习的程序和应用范围，帮助学生判断学习掌握程度，评估学习行为。

（2）强化保持与迁移，促进理解与应用。

布置课外作业加强理解应用；提供动作操练，强化技能保持；扩展知识，促使学习迁移。

二、体育示范技能

根据动作技能的形成规律，在运动教学中，教师动作示范的直观方式可助力学生了解动作形象、结构和顺序，促进学生形成正确的动作概念，进而快速掌握动作技能。下面介绍一些动作示范在体育课各教学阶段中的运用，以提高示范动作的质量，从而提高教学效果。

（一）泛化阶段动作示范的运用

教学任务：使学生熟悉运动技能的运动特点，克服胆怯的心理，对动作有初步的了解，粗略地掌握动作。

教学特点：这一阶段学生的特点是大脑皮质的条件联系处于泛化阶段，动作表现紧张、不协调，出现多余动作，呼吸急促。在此过程中，教师应抓住动作重点进行教学，不应过多强调动作细节。此时，示范处于主导地位，讲解辅助示范，示范应注意以下几方面的结合。

1. 完整动作示范与分解动作示范相结合

完整示范可使学生建立整体的形象、结构和动作概念。泛化阶段学生的注意范围狭窄，学生对动作全过程只能有个粗略的视觉表象。例如，学习"单杠骑撑后倒挂膝上"时，教师先做一次优美的完整技术示范，随后有目的地进行分解动作示范，使学生对所学的动作部分建立起较为清晰的动作概念。

2. 常速与慢速示范相结合

示范速度直接影响学生建立正确的动作概念。因此在动作示范中，教师只能采用正常速度和慢速示范，不可采用快速示范。一般情况先采用正常速度示范，让学生建立一个完整的动作表象后，再采用慢速示范，使学生的思维由浅入深、由表及里，加深对所学技术的理解。

3. 关键性示范和难点示范相结合

关键性技术是技术动作中最重要的，是直接影响动作质量的技术。它从动作过程中抽出来，用以显示动作的因果关系，便于学生抓住动作规律，并形成对该动作的关键表象。其难点亦是学生在学习过程中掌握的较为困难的动作技术，如不予以重点示范，必然造成学生概念模糊、掌握困难。例如，做"双杠支撑后摆转体180°成分腿坐"的示范后，教师应突出支撑后摆超越杠面后再转体180°时的肘关节一定要伸直，髋关节一定要展开，两腿并拢，脚尖绷直。

4. 启发、鼓励与示范相结合

在器械体操教学中，一些胆子小、身体素质差的学生容易产生怕从器械上摔下的心理，对掌握技术、提高运动水平失去信心。这时，教师可以在学生中挑选身体素质条件和这些学生类似，但进取心强、勇敢、动作掌握较快、较好的学生做示范，为信心不足的学生树立榜样，鼓励他们的学习信心及积极性。如果某个学生在技术上有所提高或突破，也可让他做示范，让同学们给予评价，对提高方面给予肯定，鼓励大家进一步提高学习的积极性。

5. 示范与讲解相结合

示范前，教师要布置观察的程序，强调观察的目的，传授观察的方法。示范后，教师要用准确的语言强化示范动作，巩固、明确其轮廓，防止学生获得模糊、不定形的视觉表象。

（二）分化阶段动作示范的运用

教学任务：掌握正确的动作，提高动作的协调性和质量，消除各种错误动作。通过视觉和知觉的活动，让学生稳定、明确所学动作，教师为练习提供清楚而又正确的动作痕迹。

教学特点：这一阶段的特点是大脑皮质的条件联系由泛化进入分化阶段。在教学中，教师应抓住学生存在的主要问题，对动作的纠正可采用比较、对照和综合分析的方法，帮助学生体会动作细节，促进分化抑制进一步发展，使动作日趋准确。这时示范应降到次要地位，示范配合讲解，加深学生对动作内在联系和细节的理解。

1. 突出重点示范

进行示范前，教师应提示学生明确观看的重点和次序。教师可在完整示范后，再进行重点技术环节分解动作示范或重点动作示范，使学生明确具体的技术结构、技术环节和技术细节。

2. 纠误示范与讲解相结合

通过纠误示范与讲解二者的结合使学生进一步理解把握技术的结构练习要素（动作姿势—练习轨迹—练习时间—练习速率—练习速度—练习力量—练习节奏），再以讲解补充、阐释示范动作的特点、细节、要领，促进学生进一步领会掌握。

3. 纠误示范与辅助练习或诱导练习相结合

在示范完正确动作后，教师可对学生的错误动作进行模仿性"示范"。因为学生虽然明确了正确技术的概念，但不知道自己的动作怎样、错在哪里以及如何去克服错误，达到改进技术、巩固正确技术的目的。模仿性示范有利于学生正确掌握动作，形成动力定型，从而使练习协调、省力并提高练习者的兴趣，促进学生进一步领会掌握。

（三）自动化阶段动作示范的运用

教学任务：教师要进一步启发学生的积极思维，提高其分析问题和解决问题的能力；以抓动作技术细节为主要安排，同时用完整法做重复练习去强化动作的各环节，防止割裂完整技术；在此基础上进一步加大运动负荷，提高学生身体素质和技能水平，形成运动能力。

教学特点：学生进一步反复练习，动作达到自动化程度；能轻松自如地完成整个动作，可以把注意力放到身体姿势、速度和技术上；在不同条件下都能保持良好的技术水平，示范应是"补充""校正"。

1. "补充""校正"的示范

按运动技能、技术结构本身具有的特点进行示范，让学生明确完成技术的节奏及动作幅度与速度，以使学生在原有技术的基础上更进一步。

2. 对比示范

经过一阶段学习后分化抑制已形成，学生的分析鉴别能力有所提高。这时在进行特色技术动作的比较示范后，教师可对学生的动作学习实行模仿性"示范"，以让学生进一步理解、明确技术的细节概念，达到改进技术、巩固提高技能的目的。

3. 强化示范

手势是强化示范中的一种特殊形式，是教学动作示范形式的升华。教师运用手势既可表现技术动作，又可使学生明确教师的意图。尤其是在此阶段中，学生认知水平提高、对动作理解深化，为手势的运用创造了良好的条件，故应加强对手势的强化示范的正确运用。

综上所述，一个中学生从不熟悉运动技能到学会动作一般要经过三个阶段，每学一个新动作或一种新姿势也都要经历这三个阶段。运动技能教学的三个阶段动作示范各有其特点、侧重，它们是有机联系在一起的。教师每次示范都要根据所在阶段的教学任务、要求、特点"有的放矢"，才能收到事半功倍的效果。

第二节
体育教学组织技能与调控技能

一、体育教学组织技能

　　根据体育课教学活动的性质，与教学组织技能相匹配的教学事件（活动）一般有两个方面：一是教学认识活动的组织，包括传授和感知教材，如讲解与示范技能的组织形式；二是教材练习活动的组织，包括不分组教学和分组教学两类。前者上文已分析，以下关注教材练习活动组织的分析与运用。

　　"分组教学"是体育课的组织形式之一。即按学生的年龄、性别、身体发育、健康状况和体育基础等条件，把全班学生分成若干小组进行教学。它有分组不轮换和分组轮换两种形式。分组的方法是先按不同性别分组，再根据分组的其他条件分成若干小组。实行同年级组男女生分班上体育课的学校，可直接按分组的其他条件分组。各组学生均应相对固定。分组教学可以使教学更符合学生的实际，做到区别对待，充分地利用场地、器材，增大课的密度和运动负荷，以及培养和加强学生的组织纪律性，有利于顺利完成课的任务。

（一）分组不轮换教学组织技能

　　"分组不轮换"指把学生分成若干组，在教师的统一指导下，按教材顺序依次进行学习。其优点是便于教师统一领导，全面照顾学生，合理地安排教材的顺序和运动负荷，相对地增大课的练习密度和运动负荷。其实施条件是需要有足够数量的场地和器材设备。

（二）分组轮换教学组织技能

　　"分组轮换"指把学生分成若干组，在教师的指导和体育小组长的协助下，各组学生分别学习不同性质的教材，并按预定的时间和顺序轮换学习的内容。

　　它的形式一般有：① 两组一次轮换；② 三组两次等时轮换；③ 四组三次不等时轮换；④ 分组轮换与不轮换的混合形式（先合后分组、先分后合组）等。

　　进行分组轮换教学，教师应注意：① 把主要精力放在学习新教材的小组上，适当照顾复习旧教材的小组；② 安排教材的轮换顺序时，应照顾体弱组和女生组，使他们获得较好的学习条件；③ 培养体育骨干在课中的助手作用；④ 做好分组及轮换的组织工作。在场地器材不足的情况下，分组轮换教学可以使学生获得较多的练习机会，但教师不易全面指导学生、不易合理安排教材顺序和使各组运动负荷都符合逐步上升的原则。但研究分组轮换教学对不断提高体育课的教学质量具有重要的现实意义。

1. 两组一次轮换

它是指将学生分成两组，课中等时轮换一次练习内容。通常在学生人数不多、新教材难度较大、复习教材也比较复杂的情况下采用。它可使学生获得较多的练习机会，也便于教师对两组学生分别给予指导。其轮换方式见图4-1。

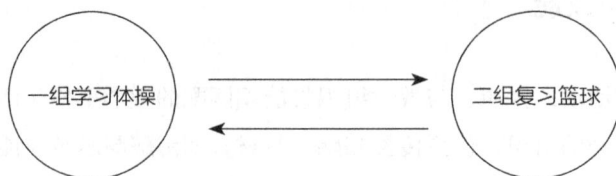

图4-1　两组一次轮换示意图

2. 三组两次等时轮换

它是指将学生分成三组，课中两次等时轮换练习内容。通常在学生人数较多、器材较少、新授教材难度不大或较简单的复习课上采用。其轮换方式见图4-2。

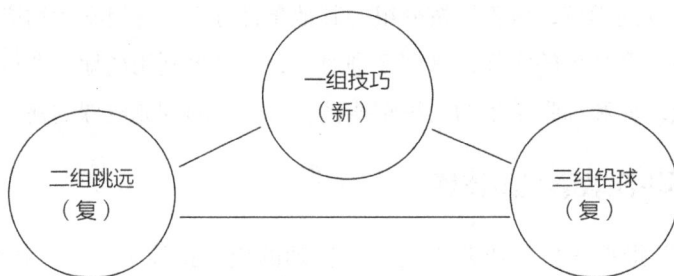

图4-2　三组两次等时轮换示意图

3. 四组三次不等时轮换

它是分组轮换教学的形式之一，指将学生分成四组，课中三次不等时轮换练习内容。通常在新教材难度较大而复习教材比较容易、学生又已基本掌握时采用。其轮换方式见图4-3。

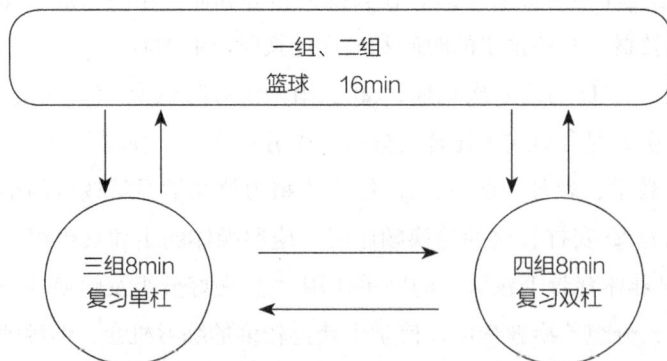

图4-3　四组三次不等时轮换示意图

4. 分组轮换与不轮换的混合形式

它是指将学生分成若干组，课中先集体（或分组）后分组（或集体）进行练习。通常在教材的运动负荷差别较大，教材受场地器材限制的程度悬殊时采用。该形式有利于克服场地器材不足的问题或较合理地安排运动负荷，其方式为：先合后分组、先分后合组。其轮换方式见图4-4。

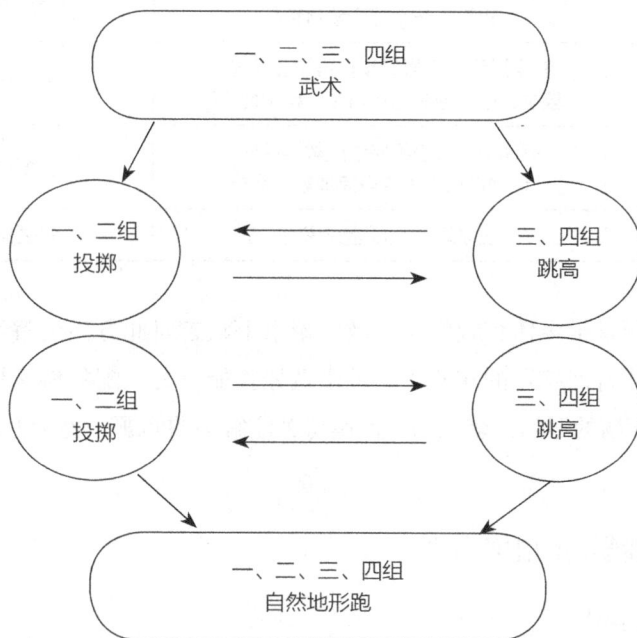

图4-4　分组轮换与不轮换的混合形式示意图

二、体育教学调控技能

教学调控是一个特定的概念，是指在某一特定情境下，学习者学习方面的"目前状况与所期望达到的状况之间产生的偏差或差距"（见表4-1）。体育教学同其他教学一样都是教师与学生的双边活动，存有很多难以确定的因素，在教学过程中会出现与预计的教学不一样的情况。而为了保证体育教学目标与学习任务的完成，教师需要依据反馈进行把握和调控。正如奥苏伯尔所说："课堂学习不是零散的、孤立的，而是一个经过周密加工和组织的知识体系。"[1]

---

1 刘丽群，石鸥. 课堂教学讲授策略[M]. 北京：北京师范大学出版社，2012：13.

表4-1 教学调控行为

课前教学预设	教学调控的问题	教学过程调控
教学目标	教学目标偏高，学习无法完成； 教学目标偏低，学习无动力	需要施以教学调控
教学组织	教学组织单一，丧失学习兴趣； 教学组织没有针对性，学习任务无法完成	需要施以教学调控
教学方法	教学方法不符合学生特点、 教学方法不符合教材特征	需要施以教学调控
教学过程	教学过程学习层级步骤科学性不强、 教学过程学习策略针对性、科学性不强	需要施以教学调控
运动负荷	运动负荷太小不能达成教学目标、 运动负荷太大难以完成教学目标	需要施以教学调控
学习反应	学生学习兴趣低迷或情绪亢奋	需要施以教学调控

目前主要的问题是很多体育教学法、教学论书上缺乏对此方面的解答，甚至还存在误答，致使在中小学体育课练习的实施中，教学调控技能行为匹配的科学性仅仅停留在口头上。因此，对这一问题的叩问，就成为当前亟待关注解决的问题。鉴于上，现将其分析组编如下，供参考借鉴。

（一）运动技能学习的组织调控

1. 运动技能的学习

运动技能的学习是指运动技能的表现或运动行为潜能在练习和经验积累条件下产生的一种相对稳定的改变。运动技能的学习追求有效而准确地达到一定目标的稳定的成功率。运动技能由一定条件下的特殊指示和特定应答行动构成。运动技能的应答行为是输入（接收和分析信息）、中间过程（控制和决定）和输出（运动）的生理过程。运动技能要达到较高的水平需要各种因素，包括遗传、幼年时代的经验、特殊技能的学习、与之相关的知识、训练程度、动机和指导因素等。只有按照信息传递规律对其科学地组织与调控方可取得理想的教学效果。

2. 运动技能学习的曲线

运动技能学习的曲线是对运动技能表现变化的一种图像描述，它反映了在一定练习条件下的运动技能变化情况。不同的人或不同的任务所得到的曲线是有很大差异的。但就一般情况而言，运动技能学习曲线可分为四大类：负加速、直线、S形和正加速。运动技能学习曲线受下列因素的影响：个人的经验、完成动作情况、个人的身心条件（疲劳、动机等）、动作的难易程度、练习的次数、测验方法的选择、每次练习的计分方法等。这告诉我们，只有针对学生的学习特点有的放矢地去组织与调控方可取得理想的教学效果。

3. 学习高原

学习高原指学习快速进步后出现的一段停滞时期，它出现在下一次进步期之前。实践证明该种现象的确存在，其原因：一是，学习可能与失去兴趣、失去新鲜感、动机因素消失、疲劳、情绪变化、身体状态不佳、学习干劲不足有关。二是，与技术动作的练习陈旧、身体素质不够、缺乏动作组合及对新动作的适应能力有关。针对此问题，科学组织调控方可取得理想的教学效果。

4. 对运动技能学习和实践的认识

对运动技能的学习和实践的认识应包括三方面：学生及学生的个别差异；学习过程及学习的类似点；外在条件、不同条件、同一条件的学习和训练对一般学生和特殊学生的影响不同。除了先天的生理缺陷和后天的损伤外，人体的结构和生理机制基本上是一样的，问题在于人们在学习和运动时怎样根据自己的情况合理地运用人体结构和生理机制。针对此问题，如何实施因材施教的组织与调控就成为必须关注的要点。

5. 学习关键期

在学习过程中，人的生长发育存在素质快速增长期与掌握技术动作的最佳时期。如男生在青春期运动能力加速增长，而女生运动能力却保持不变或有所下降。娴熟运动技能的获得不在于过早地训练，而在于适时地训练。不在学习动作技能的最佳期学习技术动作，对今后一生中的技术动作学习都有不利的影响。所以，体育教师提供给学生直接的、符合规律需要的学习安排，可将遗传的运动因素发挥到最大程度。

6. 根据学生特点进行教学

少年儿童处理信息的能力是有限的，他们集中注意力的时间不长，他们掌握精细动作的能力不强，但有许多值得考虑的因素能富有成效地提高他们学习和掌握运动技能的效果。

（1）在教学中，对动作的讲解应该简明、适量、突出重点。过多的讲解、要求会使儿童感到无所适从。

（2）应该在他们能够完成某一动作的基础上逐步增加动作难度，对不能完成的动作应降低难度，同时应采用特殊的讲解形式帮助他们，即从感知动作、注意力集中点的选择到刺激物的形式、强化动作的应答及反馈，直到他们能够完成为止。

（3）少年儿童具有很明显的好胜心理，失败容易使他们心理受挫，学习积极性下降，使其不愿意继续进行练习。教师的责任在于选择一个最适宜的刺激形式，使练习成为一个愉快、具有成就感的过程。

7. 注意情感因素对学生学习的影响

运动技能的学习即练习始终伴随着情感因素，这些情感起着促进或阻碍运动技能学习的作用。如在完成复杂动作时，焦虑水平低的学生比焦虑水平高的学生完成动作的成功率高，特别是运动开始阶段对运动情感有特殊的要求。

（二）运动技能教学的组织调控

1. 对完成学习动作有困难学生的调控

（1）增加他们的练习次数是非常重要和有益的。

（2）教师应在选择教材和练习方法上给予考虑，采用特殊的与之相适应的教学程序。

2. 针对不同练习的调控

就练习本身而言，它不能促进学生完美无缺地掌握运动技术动作，因为错误的动作在练习中也得到了强化，且将永久存在于技术动作中。同时，多次反复的练习容易使学生产生厌倦情绪而失去对练习的兴趣。如果教师注意到下列因素，练习就可能产生良好的效果。

（1）在技能中期练习时，教师应将注意力集中到能够提高技术动作的指导中，应在尽可能的情况下，通过不断的指导和提供适宜的反馈信息来引导学生练习。

（2）在技术动作有所提高的情况下，教师应随之提高指导策略和水平。如技能学习初期阶段讲授粗大动作要领，动作中期提供反馈指导精细动作要领。教师对动作技能关键、要点的详细分析，应在学生初步掌握动作技能后进行，而不是在初学阶段。

（3）简单动作的练习应尽可能地接近要完成的技术动作，而不是对技术动作施以人为的影响。如为了使动作完成得准确而降低动作的速度；练习过程应在模仿完整动作或测验的条件下进行。

（4）根据记忆规律，过度学习达150%，保持效果最佳。技能学习后期阶段应采取密集练习，保持良好的质量和持续的时间，以便于技术动作的提高。

3. 针对备课的调控

教师教学的设计应与学生上课前的准备状况相一致。显然，对学生的学习预先安排得越周到细致，学生在上课中表现出来的接受能力就越理想，取得优异成绩的可能性就越大。

（1）课前提供切合教学目标的"先行者组织者材料"是有效学习的先决条件。特别是被学生认为是符合其身心发展水平的教材，可以成为激发他们动机的源泉。

（2）教师课前的准备及课上处理问题的策略必须与要完成的任务程序相适应。

（3）学生的心理准备是完成学习任务的前提条件，学生的情感必须与完成该任务的要求一致，理想的情感状态是学习和完成技术动作的重要因素。

4. 运用多种方法加速学生对学习材料的理解和掌握

（1）在教学中，语言和直观教具的应用要能促进学生技能的获得。它们能使学习过程和动作要求变得简单，而且有助于学生获得大量的要学习什么和怎样学习的信息。

（2）不是所有的直观演示都对学生的学习有积极的促进作用。特定的、明确的、近似要完成的动作的直观演示比笼统的、模糊的、不近似动作的直观演示更容易使学生领会。直观演示作为一种感觉指导，多用于学习的初级阶段，它对许多运动技能的掌握都起着非常重要的作用。动觉指导在运动技能掌握初期到运动技能掌握的高级阶段均表现出良好的效用。

（3）充分理解和领会理论知识并将其运用到运动技能的学习中去，这将有助于学生对运动技能的掌握。我们应当切记，如果学生在学习技术原理上多花时间，那么练习时间就会相应减少。学习的基本原理转化为运动技能的掌握是一种可能性，而不是必然结果。

（4）学习一个新的技术动作时，特别是在学习的初级阶段应使学生尽可能地在失败前有更多的成功体验。

（5）记忆实验证明，多种类型、多种感官的协同记忆比单一类型感官的识记效果好。为此，教学中教师要运用多种媒介进行教学。

5. 对合理安排练习形式的调控

练习时间的安排通常有集中练习与分散练习两种形式。长时间不间断地进行练习，称为集中练习。如果在练习期间插入休息，则称为分散练习。

动作研究表明，在练习的开始阶段进行集中练习，然后改用分散练习，要比单纯进行分散练习更好。因此，较好的练习时间安排应当是在开始阶段进行比较频繁而集中的练习，然后逐渐向间距较大的分散练习过渡，这对运动技能的掌握效果较好。[1]

6. 针对不同运动技能水平的调控

（1）特别是对初学者，教师应该将他们的注意力引导到对完成任务的目的的理解上。

（2）对已初步掌握技术动作的学生进行精细的讲解，比对初学者进行精细讲解的效果要好。

（3）因为初步掌握动作技能的学生所表现的动作技能水平有所提高，所以他们产生了较高的学习动机和学习热情，他们比初学者更能长时间集中注意力地进行练习。

7. 对强化学习动机的调控

动机对任务的选择、练习的持续性、努力的程度以及成绩的取得具有影响。因此，动机也是解释是否能够完成任务的因素之一。

（1）动机是由内外在因素的作用而产生的。内因和外因所引起的两种不同类型的动机都能提高学习效果，但是由内因而产生的动机效果更好、更持续。

（2）动机不是机械地随着成功而增加、随着失败而减弱，它在很大程度上取决于所完成任务的难易程度和学生对完成任务的价值判断。

（3）奖励比惩罚更能稳定地、强烈地影响学生成功地完成动作。学生在正确地完成动作后对其进行奖励或进行积极的肯定，更易于他们再次成功地完成动作。

1 董奇. 动作与心理发展[M]. 北京：北京师范大学出版社，2004：120.

（4）在运动技能学习的过程中，有四方面因素会对动机产生影响：动作的复杂程度、对体能的要求、动作技能本身的吸引力和学生对动作技能学习意义的理解。学生完成较复杂的动作比完成简单的动作需要的兴奋水平低，反之亦然。而学生在完成发展身体运动素质的练习时需要高水平的兴奋性。

（5）教师可以应用以下手段来影响学生的动机：奖励和强化、惩罚、完成动作的信息反馈、使学生明确学习目标、激发学生对完成动作的渴望、教学目标的设定、竞赛、合作、教师的热情、有效的教学方法、学生间的交流、富有情趣和意义的练习手段、学生自我控制和对运动结果的情感控制、学生自我意象的发展、信心和自我价值、运用动作反馈信息、学生成功的学习体验、增强学生对学习和自身健康的责任感。

8. 针对练习过程的调控

（1）在运动技能的学习过程中，每一练习阶段都应有该阶段的练习要点，而不是集中全面地练习，这样才能对正确地掌握运动技能产生积极的影响。

（2）就整体讲解与分解讲解而论，学习简单运动技能应采用整体讲解，学习复杂运动技能应采用各种形式的分解讲解。

（3）应考虑动作的难度和结构。对于难度不太大但结构复杂的运动技能，采用整体讲解比分解讲解的效果要好。

9. 针对教学反馈的调控

在教学过程中，反馈的时机将影响学生对运动技能的掌握及学生的学习效果。反馈有自我反馈与外部反馈、即时反馈与延后反馈四种。

（1）在动作学习的初级阶段，学习者主要依靠外部反馈信息来改进自己的动作。这些外部反馈信息既有学生自己对动作的直接观察所得，也有教师和同伴提供的信息。

（2）在动作学习的中期阶段，教师应在学生练习中或练习后立即提供一些补充的反馈信息。它不仅可以指导学生以后的练习，而且也能起到激发学生学习动机的作用。

（3）在动作学习的后期阶段，学习者主要依靠内部反馈信息来改进自己的动作。这时动作学习的目的是为了培养动作的协调性、连贯性、流畅性和熟练性，而这些更多地属于内部反馈的范畴。因此，缺乏内部反馈，动作技能不可能掌握。

（4）连续任务的指导宜采用即时反馈，对不连续任务的指导可采用延后反馈。如对外在行为的结果，可将比赛中出现的错误动作录下来，过几天再告诉他仍然有效。

10. 针对学习迁移的调控

新授内容应建立在学生已掌握内容的基础之上，因为任何技能的学习都存在技能迁移的可能。迁移是评定学习效益的主要指标。迁移对将要学习的技能将会产生极大影响。

迁移有动作迁移与语言动作迁移、（肢体）两侧性迁移与部分整体迁移四种。

迁移有四种理论：① 共同要素论。这一理论认为，之所以出现迁移是因为在不同的动作技能之间存在着共同的因素；② 类化理论。在类化理论看来，造成迁移的原因在于不同的动作技能包含了共同的原理；③ 关系顿悟理论。格式塔心理学家认为，对学习情境中关系的顿悟是获得迁移的真正原因，发生了迁移是因为领悟了某种关系的缘故，它可以将不同的经验迁移到大量的不同情境中去；④ 双因素理论。双因素理论是共同要素论与类化理论的结合。在这一理论看来，迁移是一般因素"类化的原理"和特殊因素、"共同因素"作用的结果。学习者不仅可以在概括化经验的基础上迁移一般的工作方式，而且还可以通过掌握刺激与反应模式来学习各项特殊的任务。

迁移的教学方法安排有以下方面。

（1）学生完成动作的形式及结果受以往经验的影响。在一定条件下，学生已掌握的运动技能对将要学习的运动技能会产生正迁移、负迁移或没有影响的作用。为了更好地推断学生将要完成动作的情况，教师应该对学生现在的学习状况和过去的学习经历加以分析研究。

（2）在教学过程中，要充分利用正迁移就应当教会学生如何促使运动技能的正迁移。在运动技能的学习过程中，教师如果给学生演示两个技术动作的联系、相似之处及区别，迁移就很可能发生。

（3）两个运动技能的动作要素，其刺激方式及应答动作越相似，引起的正迁移越多；当新动作与已掌握的动作包含着相似的刺激因素，但它们的应答动作不同时，容易产生动作技能的负迁移。

（4）迁移还受已掌握相关动作的练习程度、练习方法及迁移意图的影响。

（5）已掌握的动作比将要学习的动作难的话，它们之间的影响是不一定的。当学习只涉及应答动作本身，迁移从一个难的动作到一个容易的动作比从一个容易的动作到一个难的动作更容易产生。假如一个适宜的应答动作需要不断变化、刺激的形式又不可预测，那么学习应该从简单的状态过渡到复杂的状态。

（6）当学生对以前掌握的动作和将要学习的动作之间的关系有了很深的理解时，已掌握的动作及知识容易迁移。教师应该努力给学生讲清新旧动作的相似点，以便学生能更快地学习和掌握新动作。

11. 针对巩固复习的调控

（1）学生在学习新动作之前应复习与之相关的旧动作，以便帮助学生适应新动作的要求及动作的变换。

（2）为了便于学生学习，教师应该很好地组织教材，以达到便于学生学习、记忆和灵活应用的目的。

（3）学生对富有意义的内容保持学习的时间较长，所以，教师应该确认每一项新授内容被学生真正地理解了，而且对学生有意义。

（4）运动技能的反复练习能有效地促进运动技能的保持；连续的动作比分解的动作更便

于记忆。

（5）动作的遗忘不仅仅是由于时间的流逝，而主要是由于动作练习后会受到其他动作的干扰，而这种干扰因素越少，动作的保持时间就越长。

（6）对于套路的学习来说，最开始学习的动作保持的时间最长，其次是最后学习的动作，中间学习的动作保持的时间最短。

上述内容告诉我们，学习活动不管是短暂的还是持续的，都由一系列阶段构成。学习从感受器接受刺激开始，到学习者反应之后的反馈结束。在这些教与学过程中是若干外部促进与内部累积的相互依存的联结。教学组织调控的适配性影响和制约着、支持和促进着学习量度的集合，测量着学习过程若干不同学习层级的变量发生和有效性的差异，传达着学习的态度和学习的性质，产生着向积极方向的确立还是向消极方向的改变，决定着学习可建立一种学习者以前没有出现过的态度，或者说，它可以把消极改变为积极或是把积极改变为消极。其教育的含义提示了教学调控技能行为的匹配在体育教学中的价值和意义，这应引起关注和精心研究，切切不可忽视。

第三节
体育说课的技能

一、体育说课组织的技能

（一）开头的技能

说课有多种开头，或以情入，或以理入，或以艺入等。但不论哪种开头都要注意融科学、艺术、审美于一体。它的要求是简洁、严密、科学求实。

（二）中间的技能

说课不同于上课，面对的是专家同行。说课者要考虑到如中间有突然的提问等，一是要沉着冷静分析，及时回答，转入正题；二是随机应变，改变说课程序，回答后继续保持正常程序，别乱了不知该如何讲下去，中断了说课。

（三）结束的技能

好的说课要有精美的小结，与开头相互呼应；要有礼貌的告别，表现出自己的仪表风貌，给评委留下好的印象。

二、体育说课表述的技能

（一）教具表述

可利用图表等教具帮助充实板书及设计。具体要求：用字规范，术语准确，层次布局合理，板书位置正确。

（二）动作表述

在说课时要根据动作特点辅以肢体语言示范说明；充分体现自己的意图，以表现出自己对动作的把握与理解；渲染课的感染力和自己驾驭教学的能力。

（三）情意表述

语言主要表现为语音清晰、生动形象、关键的地方要重音突出；表情是一种无声的语言，主要由教态、姿势、眼神、手势和着装等因素构成。要求：教师举手投足得体，表情自然大方，行为举止规范。

（四）理论表述

主要包括：一是"8说"，说标准、说教材、说教法学法、说学生、说技术、说教学程序设计、说负荷、说理论依据；二是说"5大"体育教学规律，认知规律、运动技能形成规律、人体心理机能变化规律、人体机能适应性规律及注意、情绪等认知规律，以达到通过理论来论证说课的科学性的目的。

三、体育说课的注意事项

（一）说课教学应做必要的准备

1. 学习课程标准

学习课程标准（大纲），把它作为确定教学目标、教学重点难点、教学结构以及教法、学法的依据。

2. 钻研教材

钻研教材，对说课的内容烂熟于心，各种资料、数据、图片等可制成卡片，以便随时取用。

（二）说课教师不能只按照自己备好的教案上课

把上课的内容从头至尾讲一遍，显得洋洋洒洒、滔滔不绝；或者只把上课的几个环节做简单的概述，显得毫无生气，这都有悖于说课的目的。

（三）说课教师对所说课内容的把握区分

应做"轻""重"取舍，切不可平均使用力量、面面俱到、拖泥带水。若不分"轻""重"、不分主次，会使听课者听不出所以然。

（四）说课前应自我设疑

说课者应不断设问"为什么"，而且自己应该做出令人满意的解说。倘若对某些问题还未吃透，说课者应在说课前认真钻研教材，切不可在说课时存有"有待请教""有待探讨"之类的疑问。

总之，说课的质量和水平取决于教师的教学理论水平和实践经验以及对教材的把握程度。说课虽然有一般的环节要求，但无固定的模式，教师可根据自己的需要，对说课的环节做必要的调整。

综上所述，说课的教学细节与教学理念有着千丝万缕、密不可分的联系。教学理念的先进与落后，决定着教学细节的精彩与平庸，也决定着教师教学水准的高与低，正可谓是"种瓜得瓜，种豆得豆"。有些精彩的细节看似"随心所欲"，得来全不费工夫，其实却是教师先进理念和灵性处理的综合效果；如果心中空空，是说不好课的。可以这么说，对细节的处理，既是衡量教师专业素养的"标杆"，更是测定好课的"天平"。因而，说课是教师必须具备的基本功。

四、体育无生上课与微课的设计与实施

（一）无生上课与微课的含义

无生上课与微课都是近年来在原有说课基础上研发燃新的一种新方式，它们与说课考察的侧重点不同。说课是由教师阐述自己的教学设想以及理论依据，侧重于考察教师作为一名专业人员的专业理论素养，以及在理论指导下的教学设计的实践能力。在说课中，教师教学的基本技能一般显现不出来。无生说课是教师在没有学生的情况下，将该课完整的技能教学流程与组织过程通过语言与肢体动作演示出来。同理，微课不讲准备部分与结束部分，而只讲基本部分中的某一教学内容。微课也是教师在没有学生的情况下，将课的某一项技能教学流程与组织过程通过语言与肢体动作演示出来。教师对其上课过程的预演，无须阐述设计的

理论依据，侧重于考查教师的教学实践能力与教学基本技能等，这是无生上课和微课与说课之间的区别。

（二）如何做好无生上课与微课

1. 抓好基本功

动作要领的讲解、动作示范面的选择、动作技能的演示、错误动作的纠正与辅导、教学的组织与调动等都是无生上课重点考查评价的基本内容，教师应予以关注。

2. 清楚交代上课的程序

无生上课一般按平时上课的流程进行，但省去学生的活动过程，或者说学生活动过程用点评方式一语带过，但无生不代表忽略学生。比如说：练习1的程序说完后，即要顺带说出本环节对学生的作用，但不能停留过长时间便要进入下一个环节。

3. 上课内容要明了

上课内容要说明白、说清楚，但不能太啰唆，不要过多解释"为什么"。要知道评委都是行家，而且讲多了，势必耽误时间。

4. 眼里有学生

许多教师上这种课，由于没有学生而显得无所适从，眼光不知往哪儿放，让人找不到上课的韵味与感觉。因而，在无生上课中，教师的眼光要时时处处让人感觉到有学生在。

5. 教态要规范、不可随意

教态是衡量是否是合格教师的具体表现，所以无生上课过程中肢体语言的展示要清晰优美，口令的下达要规范准确、洪亮有力，切切不可带有随意性，给人不是"正规军"而是"游击队"的感觉。

6. 注意控制时间

无生上课一般给的时间是20min，但实际上你最多用15min即可上完课。若超过20min，一是说明你有满堂灌的问题；再就是你语言不精练，说白了就是水平还达不到要求。低于10min，感觉容量不够，除非你非常优秀、组织得很流畅。大家都知道，教学专家授课时废话很少，语言准确精练。

7. 组织调动要适当

组织调动是课的密度的具体反映，如果组织调动不准确、拖泥带水，即意味着学生练习的次数减少，教学内容的学习就难以有效保证。

8. 无生上课的内容与步骤

面向专家、评委问好，告知今天的无生上课内容；课前常规，体育委员整队、检查人数、着装等，向老师报告人数，师生问好等；教师宣布本节课的学习内容及目标，并提出课中要求；依次展开准备部分活动、基本部分活动、结束部分活动的教学；向评委或专家致谢。

总之，你要在20min内采用情意表述、动作表述的方式去上课，说出你对课程、教学的理解，说出学生的需要，这样你就能事半功倍。

🔍 【案例】无生上课（45min）：排球垫球（水平四）第一次课

各位评委老师大家上午好！我是×号选手，我今天上课的内容是《排球垫球》的第一次课，现在我开始上课。

同学们面向老师集合，我们开始上课，各队排头把队伍站好。稍息、立正、向右看齐、向前看。同学们好、老师好，请见习生出列。

1. **准备部分**（10min）（安排2项学习形式）

练习一：游戏"拉网捕鱼"。

前两排女生原地不动，后两排男生到对面排球场做游戏"拉网捕鱼"。男同学注意听口令，全体都有向后转，目标向排球场，齐步走，立定，向后转。女生李莉、男生李虎开始先做"拉网捕鱼"，全体同学散开。老师问，同学们准备好了没有。学生回答准备好了。游戏开始。同学们热火朝天地做游戏，老师巡回辅导，渲染鼓动，保护安全。

练习二：游戏结束，徒手操五节。

同学们面向老师集合，立正，向右看齐，向前看。以××同学为基准成广播体操队形散开。第一排同学两手侧平举，二、三、四排同学前平举，前后对齐，手放下。徒手操第一节，双臂绕环运动1、2……8……（教师领做）；第二节，扩胸运动（展示不做）；第三节，体转运动（展示不做）。第四节，弓步压腿（展示不做）。第五节，头、手、踝关节整理运动（展示不做）。准备部分结束。

2. **基本部分**（30min）（安排4项学习形式）

练习一：教师讲解示范。

排球是同学们非常喜爱的体育活动，锻炼身体效果非常好，下面我们开始学习排球垫球的基本技术。教师运用口诀讲解示范（正面、侧面示范）垫球基本动作技术，学生模仿练习。

练习二：学生自我水平垫球，建立动作感觉。

教法任务：老师巡回辅导，渲染鼓动，保护安全。教师巡回进行纠正示范与辅导。先讲粗大的动作要领，再讲精细的动作要领，引导同学们不断地加深对动作要领的领会。"李虎同学刚才完成得不错，如果能把臂加紧就更好了"。

练习三：学生自我水平高低垫球，强化动作技能。

教师讲解示范，把球高高垫起，再轻轻接住。

教法任务：老师巡回辅导，渲染鼓动，保护安全。

练习四：学生两人一组网前做隔网垫起练习与比赛。

教师讲解示范，提出要求。

教法任务：老师巡回辅导，渲染鼓动，保护安全。

3. 结束部分（5min）（安排3项学习形式）

练习一，放松活动。

教法任务：老师讲解示范，提出要求，鼓励同学们做好放松活动。

练习二：课堂小结，表扬先进，鼓励后进。

练习三：值日生收拾器材，布置课外作业，教师宣布下课。

老师：立正，同学们再见！学生：老师再见！老师：下课。

各位评委老师，我的课上完了，谢谢！请评委老师批评指正！

要求：老师要用肢体与语言真正展示出"无生上课是教师在没有学生的情况下，将该课完整的技能教学与流程组织过程通过语言与肢体动作演示出来"的特点与要求，突出无生上课的特点——牢牢把握住无生上课的性质、教师用语言与肢体动作演示、展示出技能教学流程与组织过程以及与说课之间的不同特征。

🔍 【案例】微课（15min）：足球脚背内侧踢球（水平四）

1. 教学组织过程

（1）练习一：教师讲解示范足球脚背内侧踢球。

分解练习：原地踏点踢球。上一步，踏点踢球，指出支撑脚与摆动踢球脚的关系。

（2）练习二：学生模仿练习，做原地踢球与上一步踢球。（教师点评与学习反馈）

（3）练习三：两人一组，踏点踢球。（教师点评与学习反馈）

（4）练习四：两人一组，结合助跑做脚背内侧踢球。（教师点评与学习反馈）

（5）练习五：两人一组，行进间做脚背内侧踢球射门。（教师点评与学习反馈）

以上练习采用先分解，再完整，先易后难的学习方式，设计安排要符合水平四学习者的生理与心理的认知特点。

2. 教学重点与难点的教学组织

重点：脚背内侧踢球的部位。课中采用原地反复踢球的练习，提高脚背内侧击球部位的准确性，强化动作建立。

难点：传球的准确性。课中采用踢球射门的练习，提高脚背内侧传球的准确性，强化动作建立。

3. 纠正错误的教学组织

（1）课前采用"先行组织者策略"布置预习，建立感知。

（2）课中让同学们观看教学展板，对照动作纠正错误。

（3）运用口诀的形象化，加深学生对动作要领的理解，消除错误。

4. 教学注意事项

（1）注意动作要领的讲解、动作示范面的选择、动作技能的演示、错误动作的纠正、教学的组织与调动等基本操作的展示。

（2）清楚交代教学的程序、组织层次。

（3）注意控制准备部分活动、基本部分活动、结束部分活动的教学分配与展开次序。

5. 说课评价量化表（见表4-2）

表4-2　说课评价量化表

项目	评价内容	等级分数			得分
		好	中	差	
讲解技能（15%）	语言表达清晰、用词准确	15	11	8	
动作表达技能（15%）	动作准确、形象优美	15	11	8	
教材分析（15%）	教学内容的地位和作用明晰	10	8	6	
	重点、难点有分析和有解决方法	5	4	3	
目的分析（15%）	能围绕技能认知、学习能力、情感养成三维确定目标	10	8	6	
	能针对学生认知结构、心理特征、学情状态确定目标	5	4	3	
过程指导（40%）	学习开始，能聚焦新旧知识的意义，减轻认知加工负荷	10	8	5	
	学习初期，能提供学习指导编码，促进信息加工	10	8	5	
	学习中期，能提供信息反馈，改进学习效果	10	8	5	
	学习后期，能评估行为表现，检验知识技能	10	8	5	

结语：

🔍 **说课案例**

健美操说课稿

各位领导、老师好：

我叫王栋梅，来自安徽工业大学。今天我的说课内容是：第三套大众健美操一级套路组合。下面我将从以下七个方面来述说。

一、指导思想

本课以"健康第一""终身体育"为指导思想，以快乐体育为教学模式的情趣美将给学生带来情感体验，引发学生积极的运动参与。本节课通过合作学习、分层教学、成果展示等，充分体现为学习而设计、教师的主导、学生的主体地位的教学原则，能使学生身心得到全面发展，为终身体育奠定良好的基础。

二、教材分析

本次课教材选自国家体育总局体操中心出版的《全国大众锻炼标准（3）》。《全国大众锻炼标准（3）》一共有六套健美操套路，我们学习的是一级套路。一级为健美操大众锻炼标准的初级套路，练习的目的是进行中等强度的有氧练习和低难度的腰腹及上肢力量练习。每个组合均由3~4个基本步伐组成。所有的动作和变化都是有氧操练习中常见的动作和典型动作，因此这级操很适合我校初级班学生的学习水平及身心发展的认知水平与生理规律。

本课是健美操选修课的第五次课，起着承上启下的作用，是学习其他动作技术的基础，可发展学生的健美能力和全面发展学生的身体素质。

（一）教学的重、难点

重点：上下肢的协调配合及动作的规范性。

难点：能够理解掌握音乐内在节奏，跳出操的律动节奏。

（二）拟解决办法

1. 条件变换法、反馈法。

2. 分解练习与完整练习相结合。

三、学情分析

本课的教学对象是大一健美操班的40名女生，这些学生身心发展日趋成熟，已具备了独立思考、判断、概括等能力，在身体锻炼中也具备了较高的基本运动能力。具备了美的特点的健美操又是她们所喜爱的一项运动，这为成功教学奠定了基础。存在的问题是：多数学生以前从未接触过健美操。因此我将通过合作学习、互帮互助、多活动、快反馈、多鼓励、细辅导等活动，帮助她们掌握动作技能。通过师生互动、生生互动，激发学习兴趣，活跃课堂氛围，达成学习目标。

四、教学目标

（一）运动参与目标

通过学习使90%~100%的学生能够感知健美操所具有的美感和运动价值，引发锻炼兴趣。

（二）技能目标

通过学习使80%~90%的学生能完成本课动作组合，提高协调性和节律性。

（三）社会适应目标

通过小团体协作学习使70%~80%的学生完成造型创编，培养她们团队协作和美的意识。

五、教法安排与学法指导

（一）教法

1. 讲解示范法

通过形象的口诀法和优美的示范帮助学生建立动作概念，理解动作要领。

2. 循序渐进法

采用递加法、并联法由浅入深，使学生逐步建立完整的动作概念。

3. 反馈法

通过手势、语言等提示反馈，增强学生有意注意，激发兴趣，加深学生动作建立。

4. 观察纠错法

在学生练习过程中，通过观察及时纠正学生的错误动作，引导学生学习规范优美的动作。

5. 合作法

通过师生互动活动，营造良好的学习氛围。

（二）学法

1. 模仿练习法

学生能在老师的带领下模仿教师动作，体会健美操所带来的快乐。

2. 分层练习法

通过友情分组活动，帮助学生树立成功感受，提高学生的自信心，体验学习和成功带来的乐趣。

3. 互帮互学法

在互学互练中，提高学生的合作能力，看到自己的不足，学习别人的优点。

（三）成果展示法

通过分组成果展示、个人成果展示，促进同学们积极参与，注意观察、相互学习、互动评价、共同提高。

六、教学流程

教学流程分为三个部分：准备部分、基本部分、结束部分（见图4-5）。

```
┌─────────────┐  ┌────────────────────────┐  ┌──────────────────────┐
│   准备部分    │  │       基本部分          │  │      结束部分          │
│ 1. 课堂常规   │  │ 练习1  复习             │  │ 1. 放松               │
│ 2. 音乐游戏   │  │ 练习2  讲解示范         │  │ 2. 小结               │
│ 3. 热身运动   │  │ 练习3  分解与完整教学   │  │ 3. 布置作业，宣布下次课 │
│             │  │ 练习4  学生分组练习     │  │    内容               │
│             │  │ 练习5  成果展示         │  │                      │
│             │  │ 练习6  组合、造型创编   │  │                      │
└─────────────┘  └────────────────────────┘  └──────────────────────┘
```

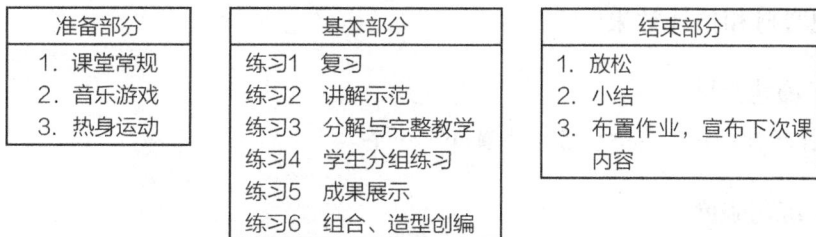

图4-5 教学流程

（一）准备部分

1. 课堂常规

体育委员整队，师生问好，教师检查出勤状况，宣布本课内容，安排见习生。

2. 音乐游戏

听音乐打节拍，身体配合摆动。让学生围成一个圈，跟随音乐打节拍；跟随音乐做有冲击力的动作（弹动、半蹲等原地动作）。这样的音乐游戏能够使学生感受音乐强弱和节拍，激发学生兴趣，发展其内在节奏感。

3. 热身运动

基本步伐重复练习，徒手操由手臂变换动作和脚步变换动作组成，使学生由静止状态进入学习状态。

（二）基本部分

练习1：教师提问，领做，复习上节课内容；学生复习，教师观察动作，点评纠正；再集体练习一次。

练习2：教师讲解示范新授动作。正面、侧面、镜面完整示范动作，让学生建立完整的动作概念。

练习3：分解与完整教学，上肢—下肢—组合—原地—动向展开。

练习4：学生分组练习，相互帮助，教师观察巡视，渲染指导。

练习5：个人成果展示、分组成果展示。

练习6：组合、造型创编。

课前我采用"先行组织者策略"将打印好的各种组合造型图片展示给学生看，强化学生的造型概念，然后让学生根据所学动作组合改编、创编，提升学生团结合作和创新的能力。

（三）结束部分

1. 听音乐，师生做伸展、拉伸练习，缓解疲劳。

2. 教师小结，表扬先进，鼓励后进。

3. 布置课后作业，宣布下次课内容。

七、场地器材和预计效果

（一）场地器材

健美操场地一块、音响设备（小蜜蜂）一个。

（二）练习强度

本课教学预计平均心率为135次/min左右，最高心率为145次/min左右，运动密度为65%左右，运动负荷中等，符合人体生理机能活动规律。

（三）教学设计特色

1. 以快乐体育为教学模式，以挖掘教材情趣美为导向，促使学生更加形象地理解动作。

2. 课前采用"先行组织者策略"上传音乐与视频，同化学生，建立认知，加深理解，提高教学效果。

3. 通过多层次、多方法因材施教提高学生学习能力，通过情感体验学习欢乐。

我的说课到此结束，谢谢！

本章小结

教师要把教学内容、教学技能与课堂学习的情境予以设计适配，根据不同教学的阶段将三者有机地结合起来，这样才能实现教学技能与教学内容、教学方法的有机统一，才能产生学习的意义建构。为此要做好以下方面：一是，围绕认知发生的顺序性和逻辑性进行"同化、顺应与平衡"的构建，准确把握学生学习的"教学适配"。二是，立足于教为学的策略构建，在方法和手段的选择上体现"为学习而设计""为理解时刻而教""学习自由度"的教学策略，改变输入—输出（产出）的传统工学模式。三是，教学方法的选择既要体现教学的内容性、组织性和负荷性的螺旋上升过程，又要掌握好学习发展由量变到质变飞跃的规律。

练习与思考

1. 举例说明成果展示讲解技能与示范技能的运用。

2. 举例说明教学组织技能在体育教学中的应用。

3. 举例说明教学调控技能在体育教学中的应用。

4. 如何编写与评价体育说课稿？

第五章
体育教学的评价

本章概述

　　体育教学评价是体育教学理论研究的一个重要领域。它不仅"支配"与"领导"着教学的质量、效率和管理，也影响与制约着教学取向的发展。本章从体育教学评价的变量与方法逐一梳理与评述，提出有效体育教学评价的模式与标准，为教师正确认识与运用体育教学评价提供方法支撑，促进体育教学评价的实施由浅表"开采"走向纵深"发掘"，为体育新课程教学增效减负提供新启示。

结构图

ⓐ	ⓑ	ⓒ	ⓓ	ⓔ	ⓕ	ⓖ
教育理念	教学内容结构的选择与编排	教学内容的学习层级	教学内容的迁移性和全面性	学生的主动参与	学生的学习方式	学生学习的成功与欢乐

体育教学内容的评价

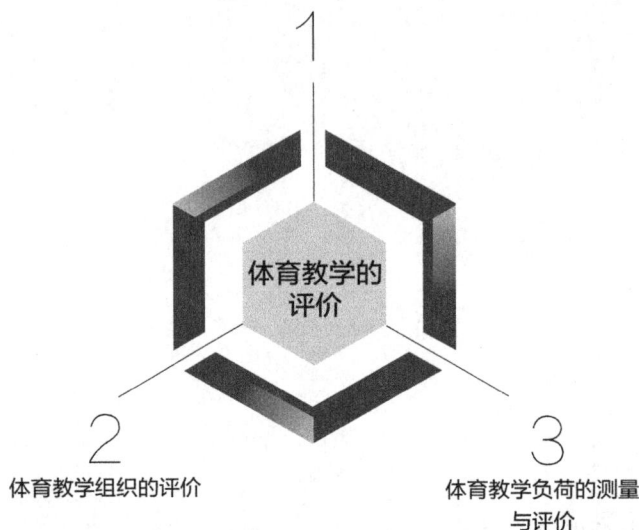

1

体育教学的评价

2

体育教学组织的评价

3

体育教学负荷的测量与评价

ⓐ	ⓑ	ⓒ	ⓓ
准备部分的组织评价	基本部分的组织评价	结束部分的组织评价	教师教学组织能力的评价

ⓐ	ⓑ	ⓒ
体育教学运动负荷的测量方法	体育教学生理负荷的测量与评价	体育教学心理负荷的测量与评价

学习目标

1. 理解体育教学评价对体育教学的影响与启示。
2. 思考各种评价方法在体育教学评价中的运用。
3. 科学运用各种评价标准与方法。
4. 分析我国传统评价中存在的问题与局限，思考我国体育新课程教学评价的发展与变革取向。

关键词

体育教学评价；类型与分析；方法与运用；建设与发展

学生体质连续二十多年持续下降的残酷事实追问我们学校体育教学。小学6年、初中3年、高中3年，我们体育教学给了学生什么？人生接受教育最宝贵的时间我们学校体育实现了什么教育目标？这一深刻的质疑叩问学校体育教学有没有"放羊"？引申出需要对其教学质量进行评估。深化分析能让广大教师明白，其教学效果在哪些方面是低效的、在哪些方面是无效的、在哪些方面是有效的。因而，体育教学评价是教学的重要组成部分，不仅为体育课程的科学化提供规准，也为消除教学设计的偏差，保证教学按给定的方式向目标结果落实提供了支撑。可以说，它是保障体育新课程实施的重要手段和基本途径。基于此，下面就相关问题对其逐一进行梳理与释义。

第一节
体育教学内容的评价

课堂评价是指引教与学走向成功的行动指南，是避免错误的基石。它形塑和改变着课的结构与教学模式。它是优化体育课堂教学，实现教学目标的重要保障；是检核教学效果，查明不利于学习的因素，确定教学目标的实现程度的价值判断活动。简单地说，通过评价体育课堂教与学实施结果，可以反映预想状态与现在状态的差距，以判断什么地方错了及如何改进。通过教与学评价可帮助教师反思教学行为，改正教学设计的偏差，形成正确的课堂教学行为。鉴于其评价的作用，本节对其进行解析，以让课堂教学变成有目的、有效率、有魅力的动态活动安排，为体育新课程的科学实施提供支撑。学者王逢贤在《学与教的原理》一书中指出："学与教的原理为教授者和学习者的艺术性创造留有更多的空间。"[1]

体育课堂教学内容是指，按照教学目标要求学习者学习的知识、技能和行为经验的总和。它是既涉及认知与情感、知识与技能的教，也是含有学生的学的一个双向组成部分。沿着这一认知逻辑，体育教学内容不仅是一种意向性（有目标）的行为活动，也是分析教学内容类别与性质、提供学习程序与指导的策略活动。它明示，体育课堂教学内容不只是一个实施计划，也是一个怎样选择与组织教与学内容的活动。通过对体育课堂

1　王逢贤. 学与教的原理[M]. 北京：高等教育出版社，2005：前言.

教学内容的评价，可以帮助我们认清学习内容之间以及各组成部分之间的相互联系，明确知识类型与认知分配、把握教学的重难点，从而针砭取舍、补偏救弊、顺其所易、矫其所难，较好地实现课程对教学内容编制的辩证要求。诚如我国古代思想家墨子在《墨子·大取》一书所说："子深其深，浅其浅；益增其益，尊其尊。"对此，教学论专家布鲁纳也曾明确强调："学习的最好刺激乃是对所学材料的兴趣。"[1]基于此我认为，体育课堂教学内容的评价可从教学内容设计的有效性、学生学习的有效性两方面展开，这才是可为的。

所谓体育课堂教学内容的评价，即对教师教学内容绩效性的评价，而实现教学内容的组织与编排既是一门科学，又是一门艺术。说其是一门科学是因为，教学内容的组织受教育理念的统摄、课程原则的框定以及学习程序性等的预设。说其是一门艺术是指，教学内容的选择与安排不是凝固不变的，而应根据教材特点的变化而变化、根据教学情境的变化而变化、根据教学对象的差异而变化。由于对其的选择与实施需要教师的智慧与策略，因而其又是教师教学技巧的一种体现。

根据这一理解，体育教学内容的评价可从理论和实践两个层面展开。在理论层面，评价的指向是判断教学内容的设定是以传授知识为导向，还是以让学习者领会方法的运用为导向。在实践层面，评价的指向是判断教学内容的组织与编排是以教师的教为设计，还是以学生的学为设计。

具体来说，教学内容理论层面评价解决的是教学是以向学生传授知识、技能为主，还是以发展学生的能力为主。这是教师对教学意义的不同认识的反映。对两者的不同选择是区分教师持传统教学观还是现代教学观的分水岭。因为不同的观点不但影响着教师对教学内容的选择，还影响着教师对教学内容组织方法的选择。因而，评价的标准不是看教师的教学内容有没有完成，而是看学生有没有学会、有没有实现汗水+领会+笑声的"懂会乐"。

教学内容实践层面评价解决的是教学内容的选择与编排有没有按照知识主次、从属与并列的各组成关系展开教学程序；有没有按照学习层级逐渐分化的逻辑性以及由简到繁、由易到难的准则编制教学内容；有没有按照知识向量的迁移性和全面性、科学设置教学方式与学习策略解决"怎么学"的问题。

一、教育理念

从方法论来看，体育教学内容的问题是对教育的理解问题、认识问题、知识储备的问题。从认识论来看，"一种理念首先意味着一种眼光"，"一种眼光意味着一种教学智慧"。

1　布鲁纳. 教育过程[M]. 北京：教育科学出版社，1980：114.

诚如一位哲人所说，"眼光不同，对所有事情的理解就不同"。由此而知，教师对教育理论、教学理论的不同观点影响与制约着教师对教学内容的选择。因为，教学是教师的教与学生的学的统一，其构建是由教师的思想行为决定的。教师没有正确的教学思想行为，教学内容的选择与运用就难以达成新时代的要求。而明确回答这个问题对于体育教师专业化的提升与发展有着积极的意义和作用。如传统教学理念以教为主、新课程理念以学为主，我国教育名篇《学记》中的"善歌者使人继其声；善教者使人继其志"讲的就是这个道理。基于此，教育理念是教学内容首要的评价依据。

二、教学内容结构的选择与编排

教学内容结构的选择与编排是指，学习不是突然发生的，而是通过一系列细小的步骤按顺序达成的。一是指新学习材料符合学习者的认知特点、生理特点，学习动机才会发生。反之，教学内容不合理、学习材料不适合、有困难、不具备传导时，学习状态就不能建立，学习的注意就不会发生。二是学生的学习过程是"同化、顺应与平衡"三种图式的意义建构过程。这三种水平状态在学生的学习方式上表现出不同的特征，制约着学生学习的质量和效果。教学实践证明，学习者如果原有的知识与经验不能"同化"新知识、不能为接受新知识与表象创造有利条件，那教学的知识意义建构就会发生困难，会引起"顺应"过程的发生，即对原有认知结构进行重组与改造，这样学习的时间就会延长，教学效果就会降低。这告诫我们必须把教学结构改造成适合学习者该阶段能普遍接受和理解的形式（如情境丰富形象、内容建构生动、提供先行组织者策略等），使其范围、深度、速度能同教学对象的实际水平相适应，促进良好的学习行为发生。上述论断阐释了为什么教学内容的选择与编排是不可缺少的。

三、教学内容的学习层级

所谓学习层级是指，教学内容的组织与编制中存有由整体到部分、由一般到个别的不断分化。复杂的教学都是以简单的教学为基础的，如果不掌握前一个学习内容，就不能进入下一个学习内容的学习。只有遵循从简单的技能学习到复杂的技能学习的这一顺序关系，才能把教学内容转化为学习者习得的能力。正如信息加工理论告诉我们的，学习受认知变量的制约，对此掌握利用可提高体育学习活动的定向认知能力与认知功用。基于这一道理，教学内容的学习层级就成为评价的依据。恰如赞可夫指出："不管你花费多少力气给学生解释掌握知识的意义，如果教学工作安排得不能激起学生对知识的渴求，那么这些解释仍将落空。"[1]

1　赞可夫. 和教师的谈话[M]. 北京：教育科学出版社，1980：48.

四、教学内容的迁移性和全面性

教学内容安排的原则告诉我们，教学内容的安排不仅要注意知识技能各部分内容的纵向递进性与横向层次性之间的联系，还要关注教材之间迁移的属性。那什么是教材的迁移属性呢？它是指一种学习内容对另一种学习内容的影响。心理学研究表明，先前学习对后继学习产生的影响是顺向迁移，后继学习对先前学习产生的影响是逆向迁移；两种学习相互干扰是负向迁移，两种学习相互促进是正向迁移。体育教学实践表明，教学内容的安排存有这一现象。例如，学习完短跑再学习跳远会产生正向迁移，学习完跳远再学习跳高则会出现负向迁移。

什么是教学内容的全面性？全面性是指，教学内容的选择与安排要能促进人身体各项素质的全面发展。如果课堂教学仅围绕某一素质的发展去实施教学内容，就会造成身体素质的失衡，影响身体发展的和谐。这一身体全面发展原则要求同一节课的教学内容不能全部安排上肢练习或下肢的练习，如安排投掷练习后不能再安排单杠的练习、安排短跑练习后不能再安排耐力跑练习、安排双杠练习后不能再安排单杠练习。遵循这一释义，教学内容的迁移性、全面性就成为评价的依据。

基于上，对体育课堂教学内容的评价可围绕以下方面实施。（见表5-1和表5-2）

第一，查看是否围绕认知发生的顺序性和逻辑性进行"同化、顺应与平衡"的构建，准确把握学生学习的"教学适配"。

第二，是否立足于教为学的策略构建。方法和手段的选择要体现"为学习而设计""为理解时刻而教""个性学习自由度"的教学策略，要清醒地避免学生是原料、输入—输出（产出）的传统教学模式。

第三，学习层级的选择与建立示范跟知识与学习之间的和谐既要体现出教学的内容性、组织性和负荷性的三个螺旋上升的有序递进，又要符合学习发展由量变到质变的有效性飞跃的记忆规律。正如维果茨基所言："学习的一个基本特征，那就是创造了一个最近发展区，唤醒内部的多种发展过程。"[1]

表5-1　体育课教学内容评价量表

	分类	评价内容	评价标准				得分	备注
教学能力（35分）	教学准备（6分）	任务具体明确、教学步骤得当、场地器材合理	好（6分）	较好（5分）	一般（4分）	差（3分）		

1　L. S. Vygotsky. Mind in Society. Cambridge：Harvard University Press，1978：40.

（续表）

	分类	评价内容	评价标准				得分	备注
教学能力（35分）	教学方法（8分）	教学方法得当、符合教材需要、符合学习需要	好（8分）	较好（7分）	一般（6分）	差（5分）		
	教学组织（6分）	教学结构合理、学习程序合理、组织调动合理	好（6分）	较好（5分）	一般（4分）	差（3分）		
	教态仪表（5分）	着装整齐、仪态大方、符合体育教学需要	好（5分）	较好（4分）	一般（3分）	差（2分）		
	教学辅导（5分）	保护帮助得法、辅导有方、能因材施教	好（5分）	较好（4分）	一般（3分）	差（2分）		
	思想教育（5分）	能发挥教师主导、学生主体作用、能根据教材属性施以教育	好（5分）	较好（4分）	一般（3分）	差（2分）		
三基完成程度（20分）	新授教材（10分）	1/3较好掌握、1/3基本掌握、1/3未能完全掌握	好（10分）	较好（9分）	一般（8分）	差（7分）		
	复习教材（10分）	2/3较好应用、1/3基本应用	好（10分）	较好（9分）	一般（8分）	差（7分）		
学生上课表现（15分）	学习态度（6分）	主动积极参与学习、遵守纪律听从指挥	好（6分）	较好（5分）	一般（4分）	差（3分）		
	情绪意志（5分）	情绪饱满活跃、不怕困难努力完成学习任务	好（5分）	较好（4分）	一般（3分）	差（2分）		
	师生关系（4分）	师生互动、生生互动、互帮互助、合作学习	好（4分）	较好（3分）	一般（2分）	差（1分）		

（续表）

	分类	评价内容	评价标准				得分	备注
各项生理指标（30分）	平均心率（8分）	根据课的性质确定心率指数	好（8分）	较好（7分）	一般（6分）	差（5分）		
	强度指数（8分）	根据课的性质确定心率指数	好（8分）	较好（7分）	一般（6分）	差（5分）		
	课的心理曲线（6分）	根据课的教材性质确定锯齿形、马鞍形、后山峰形心理曲线	好（6分）	较好（5分）	一般（4分）	差（3分）		
	练习密度（8分）	根据课的性质确定密度	好（8分）	较好（7分）	一般（6分）	差（5分）		
教学创新加分								
减分		超时或出现伤害事故						

评价等级标准：优秀（90分~100分）、良好（80分~89分）、一般（70分~79分）、及格（60分~69分）、不合格（59分及以下）。

表5-2　体育课教学质量评价量表

评价指标		评价内容	评价等级				加权系数（100）	加权分
			优1.0	良0.8	中0.6	差0.4		
教学准备（15%）	课前准备	提前15分钟到场、器械准备好、场地布局合理美观					5	
	教案编写	教案规范工整、目的任务明确、符合学生实际、内容、方法、程序、时间编排合理					10	
教学过程（55%）	教学组织	教学组织设计合理、学习组织设计合理					15	

（续表）

评价指标		评价内容	评价等级				加权系数（100）	加权分
			优 1.0	良 0.8	中 0.6	差 0.4		
教学过程（55%）	教学方法	教学方法运用得当、符合学习需要、符合教学需要					15	
	练习密度	练习密度符合课的性质、符合学习结构特点、符合教学组织特点					10	
	生理负荷	生理负荷符合课的性质、符合学习结构特点、符合教学组织特点					6	
	心理负荷	心理负荷符合课的性质、符合学习结构特点、符合教学组织特点					5	
	教学创新	教学组织设计创新、教学方法运用创新、教学器材运用创新、教学场地运用创新					4	
教学效果（30%）	技能掌握	新授技术完成率75%以上、复习技术完成率85%以上					12	
	健身意识	学生能充分利用所学知识、技能主动参与、自觉锻炼					10	
	思想教育	能挖掘教材情趣美，施以思想品德教育					8	

使用说明：

1. 评价等级栏目内打"√"，对应的等级分数乘以加权系数为各指标加权分，累计11个指标的加权分为最后得分，满分100分。

2. 在评价时，采用去掉最高分和最低分，再取平均值，为任课教师的最后得分。

所谓体育课堂学习，即对学生学习绩效的评价。众所周知，新课程教学的核心理念贯穿着"教师为主导、学生为主体"，它是实现学生学好的重要准绳。根据这一准绳，学生是否主动参与、学习方式是否有效、学习氛围是否欢乐，就成为体育教学的评价依据，即评价知识学习的效果、技能掌握的水平、学习的成功体验。这三个方面也是教师们常讲的学习就是"懂会乐"，即学生的学习懂了没懂、会了没会、乐了没乐。（见表5-3）

表5-3　学生学习质量评价量表

1. 今天的体育课你认为老师在哪个地方教得好？哪个地方教得不好？
2. 你有没有学会今天体育课教学的动作？
3. 你今天在课中与同学们进行合作学习了吗？
4. 在学习遇到困难的时候，有没有老师及时给你辅导？
5. 你认为同学们在今天的体育课学习中愉快吗？
6. 你喜欢今天体育课的学习组织形式吗？
7. 你能听懂今天体育课老师讲解的内容吗？
8. 你认为今天体育课老师做的体育动作美不美？
9. 你和同学们在今天的体育课中流汗了吗？
10. 你喜欢上这个老师的体育课吗？

评价说明：

1. 认为好的每题后打"√"，认为不好的打"×"。
2. 每小题10分，90分以上优秀（含90分）、80分以上良好（含80分）、70分以上合格（含70分）、低于70分为不合格。

五、学生的主动参与

心理学研究证明，行为是认识的反映。学习场景也表明，主体内驱力、参与性越强，其学习认知的效果就越好。鉴于此，从有效学习论出发，可从以下六个方面进行评价。

1. 情绪状态

学生是否具有浓厚的学习兴趣，对学习内容具有好奇心与求知欲；是否始终保持学习热情，积极参与练习活动。

2. 注意状态

学生是否关注将学习内容融入已有经验之中，积极投入思考；是否注意教师的指导要求，做出有效的学习应答。

3. 参与状态

学生是否全身心参与学习活动，"汗水+笑声"地投入练习过程，并兴致勃勃地与同伴互动，自觉地进行合作练习。

4. 交往状态

学生在学习过程中是否能相互帮助与互相合作；是否虚心听取他人的意见，尊重同伴的指导；是否主动交流、合作，共同解决问题。

5. 认知状态

学生学习过程的认知是否有效，是否能围绕学习的内容积极思考、不断改进提高；能否用自己的语言阐述领悟的观点，修正推论学习中出现的错误。

6. 生成状态

学生是否能从学习中获得满足、成功和愉悦等积极的情感体验，获得学习的效果。

通过上述六条可评价是否实现了我们常说的"懂会乐"，即懂了没有、会了没会、最后有没有达成乐。

六、学生的学习方式

学习方式受课程的价值取向与教育思想的支配。它是提高有效教学、为学习减负增效、教会学生学习的显著标志，是衡量学生知识尺度的具体表现形式。它既是一定教育理念的表现形式与作用方式，又是对教与学关系的理性认识，向上承应理念的归属与界定，向下对接实践应用的效力与实现。这就是老师们常讲的："关注学生的学习过程，实现教与学方式的转变，促进教学质量的提高。"

《体育与健康课程标准》指出，传统教学以教师为教而教，学生为学而学的"授—受"的接受方式为主导。这种单一的学习方式制约了学生创新性发散思维的养成，难以满足21世纪人才发展的需要。针对此不足，新学习方式倡导多元学习方式，以发现知识、学会学习为论纲，要求学习过程既要有接受学习方式，也要有合作、探究的学习方式和自主学习方式，以发展学生学习的潜能。正如学者施良方先生所说："真正的学习经验能使学习者发现他自己独特的品质，发现自己作为一个人的特征。"[1]因而，它是我们评价的依据。

七、学生学习的成功与欢乐

在新课程背景下，学习欢乐不仅指学习的兴趣和热情，还包括成功快乐的体验。正如学者张振华在《体育学习与培养》一文中所论，成功是学习与反应之间相对稳定的联结。体育教学实践证明，只有当学习者收获学习的成功时，才会主动练习。这告诫教学，单一、没有变化的学习环境会抑制或减弱学习。诚如苏霍姆林斯基所说："建立学习跟知识之间的和谐，是学校面临的最重要的实际和理论问题之一。"[2]

上述观点也得到心理学研究方面的证明，教学内容的新颖性、教学方法的生动性、教学系统的有趣性、逻辑性、变化性可引发学习者产生动机与高水平的求知欲。这一效果的扩散，决定着教学效果的强弱。为此，美国学者桑代克针对有效学习方式对教学内容和学习过程的影响提出了"效果律"，即学习者的满意度决定学习的效果。如果学习者对教师传授或组织的学习

---

1 施良方. 学习论[M]. 北京：人民教育出版社，1994：18.
2 张振华. 体育学习与培养[J]. 安徽师范大学学报，2007：78.

感到愉快、满意，享受到学习的乐趣，学生就会增强学习动机，激发出最大的潜力，提高学习志向水平。反之，教学经常让学生获得失败或学习不愉快的体验，就会导致学习志向水平降低，使学生丧失学习信念。[1]针对此，我国古代大教育家孔子提出"学而时习之，不亦说乎！"的光辉命题。

学者与教育家们的这些言论告诉我们，学习过程中存在知与行的情感统一，如果我们在体育学习中常常只强调学生去完成体育学习的任务，而很少去追问学生的情感反应，是不会获得成功的。因而，学生学习的成功与欢乐应成为我们评价的依据。

第二节
体育教学组织的评价

学生运动技能的形成与掌握需要靠教学的组织练习来巩固与提高。教学实践证明，合理组织与适配体育教学技能与课堂设计，会使教学获得有效的效果。由此，教学流程的合理组织与安排、教师教学施教与组织的能力就成为保证课堂教学顺利实施的关键。它是体育课堂教学的重要组成部分，在教学设计中显得尤为重要。根据要求，一是，教学流程的组织原则要体现出由低到高逐渐递进的认识。在教学阶段的组织上，应由准备部分到基本部分至结束部分；在学习方式的组织上，即由单一性练习到综合性练习；在教学方式的组织上，由个人练习到分组练习。这既要符合人的心理机能活动变化规律，又要符合人的生理机能活动变化规律。二是，教师教学施教与组织能力要能促进学生学习认知的衔接、对知识理解的巩固；教学组织与环境的设计要能引起学习者的注意和兴趣，调动其学习的积极性，为教学任务的完成创设有力的教学条件。犹如巴班斯基曾言："选择对课的最有效的教学方法，是教学过程最优化的核心问题之一。"[2]

心理学研究证明，一节课中，学生的体能和思维的状态会经过三个阶段，即体能和思维逐渐上升集中阶段、最佳体能和思维水平阶段和体能和思维逐渐下降的阶段。根据这一规律，按照体育课堂教学的内容、时间、组织等之间的顺序与分配性，体育课堂教学可以科学划分为准备、基本、结束三个有机联系的阶段。教学研究证明，课的各部分都有既定的任务、内容和组织教法的要求，只有按照这些特点去设计才能获得好的教学效果。为此，它是

1　施良方. 学习论[M]. 北京：人民教育出版社，1994：351.
2　刘华锦. 教师如何备好课[M]. 天津：天津教育出版社，2008：43.

评价的依据。苏联心理学家加里培林指出："心理活动是外部物质活动向知觉、表象和概念方面转化的结果。这种转化过程是通过一系列的阶段来实现的，而在每一个阶段上都产生新的反应和活动的再现以及它的系统改造。"[1]

一、准备部分的组织评价

众所周知，一般工作都是从准备开始的，而且良好的开端是成功的一半。针对此，鲍里奇指出："开始的问题是引起学生对学习内容的兴趣和注意，如果学生没有发现所要学习的内容与他们的联系，反而把学生的注意力给分散了，那么，这个开始就是无效的。"[2]

准备部分是体育课的三大组成部分之一。它的目的是导入学习状态，衔接新旧知识，启发学生兴趣，说明教学目的，创设学习氛围，营造教学情境。基于此，其主要任务有三方面：① 迅速将学生组织起来，明确学习内容和要求；② 按基本教材学习的要求，引导学生做好身体机能的准备活动；③ 为基本部分的学习做好认知上的学习准备。即从心理上建立好学习状态，从生理上做好热身，从教学内容上为主教材学习做好诱导性学习或辅助性学习的后继准备。它是引导学生从非学习状态进入到学习状态的行为方式。

基于以上分析，准备部分的教学评价可围绕以下三个方面进行：① 队伍的集合有没有快、静、齐，学生学习的注意力是否调动起来。② 课的准备活动安排有没有针对教材的特点，选择相应适合的热身活动。③ 为主教材安排的诱导性或辅助性的学习，有没有体现"寓教于乐"的游戏性安排。

二、基本部分的组织评价

课堂教学基本部分的任务是学习新知识、复习旧知识。恰如苏霍姆林斯基所说："教给学生能借助已有知识去获取知识，这是最高的教学技巧之所在。"[3]其主要表现有三个方面：① 使学生掌握知识、技术与技能。② 围绕教材的学习属性，有针对性地发展学生的身体素质。③ 围绕教材教养的要求实施思想品质教育。即教学顺序的组织要做好由简单技能到复杂技能的学习层级递进，在学习方式的组织上要由单一性练习到综合性练习，在教学方式的组织上要由个人练习到分组练习，在教材教养上要做好情感、态度与价值观的教育。

基于以上分析，基本部分的教学评价可围绕以下四个方面进行：① 教材的安排是否符

1 加里培林. 关于智力活动形成的研究的发展[M]//A. H. 列昂节夫，等. 苏联心理科学（第一卷）. 北京：科学出版社，1962：442.
2 加里·鲍里奇. 有效教学方法[M]. 易东平，译. 南京：江苏教育出版社，2002：6.
3 刘锦华. 教师如何备课[M]. 天津：天津教育出版社，2008：65.

合教学顺序与组织。即一般应先进行新教材或复杂的教材的学习以及发展速度或灵敏性的教材学习，然后进行容易引起兴趣的教材以及发展力量或速度耐力性的教材学习。② 有没有围绕教材的学习属性，完成增强学生体质和发展学生技能和品德教养的任务。③ 学习方式的组织有没有贯穿多样化的集体性和个性化的练习活动，以避免单一的练习导致学习转入抑制。④ 场地器材的设计是否符合教材理解属性"情、趣、美"的特点。

三、结束部分的组织评价

课堂教学结束部分的任务是使学生逐渐恢复到课前相对安静的状态，有组织地结束教学活动。其内容包括：① 通过轻松的徒手放松活动、简单的舞蹈动作或游戏性的活动逐步降低运动负荷，恢复安静状态。② 小结本课情况，布置课外作业。③ 收拾体育器材，宣布下课。

基于以上分析，结束部分的教学评价可围绕以下三个方面进行：① 放松活动是否简约自然、不造作、不画蛇添足。② 课堂小结是否体现以生为本的教育理念；表扬先进、鼓励后进；归纳知识、加深记忆，启迪学生身心升华提高。③ 学生收拾体育器材有没有体现出安全和爱护器材的教育。

四、教师教学组织能力的评价

组织学研究证明，能力是人们在做某一事情时表现出来的个性心理特征的总和。能力强的人做事的效果与成功率就大，反之，能力差的人做事的效果与成功率就会小。根据这一结论，体育教师是学校体育教学的具体执行者，其能力的高低直接影响与制约着体育学习的质量和教学的效果。对其能力的评价一般可以分为对体育教师讲解示范的能力、体育教师教学组织的能力两个范畴的评价。

（一）讲解示范能力的评价

传播学告诉我们，体育教学活动过程其实也是教师与学生之间进行信息传播与沟通交流的过程。心理学研究证明，学生知识学习的获得程度与教师的表达清晰度存有显著的相关。[1]对此，我国教育家顾明远呼吁："我国师范生教育只注重理论专业知识的传授，轻视了教师职业技能的教学能力培养，导致许多年轻教师难以胜任教学工作，这是我国教师培养的症结所在。"为此，体育教师教学技能的能力就成为体育教学能否成功的关键、成为能否上好课的关键。

1　周志俊. 体育教学艺术概论[M]. 合肥：安徽教育出版社，1997：115.

基于上，对体育教师教学技能能力的评价可围绕以下三个方面进行。

第一，讲解。讲解是否清晰、简明扼要，表达具有逻辑性，能唤起学习的高涨心情。

第二，在肢体表达。在肢体表达方面，教师的动作示范、姿势示范是否正确、自然优美，能诱发学生的学习向往。

第三，示范。能否根据教材需要有的放矢分别展开不同向面的示范，给予学生视觉和知觉活动，稳定、明确所学动作，为进入练习提供清楚而又正确的动作表象。

（二）教学组织能力的评价

教学论指出，教学组织是达到教学目的、完成教学内容的学习所采用的方式、途径、手段等方法与措施的总称，是对学习活动序列结构的表述与细化，是把教与学各种要素按学习者认知特点、心理和生理活动规律的效应性进行排列组合、分解为相对的学习步骤。鉴于此，体育教师教学组织的能力就直接关系到教学的成败。

对于体育教师教学组织能力的评价可从以下四个方面进行。

第一，对教材内容的组织。对教材内容的组织是否符合感知、理解、巩固和提高的原则，体现由简单到复杂、由分解到完整的逻辑递进。

第二，练习。教学的组织练习之间的匹配是否符合由单一练习到组合练习、由个人练习到分组练习的递进。

第三，场地与器材。教学的场地与器材是否符合教学内容呈现的需要，是否正确选择易用、实用的有效媒体和材料。

第四，教学方法。教学方法能否按照动作技能的形成规律与教材的特点正确选用，以适配课堂结构。

第三节
体育教学负荷的测量与评价

体育学科有别于其他学科的差异性告诉我们，体育不是你思考的东西，而是你练习的东西，技能的收获是在练习的过程中逐渐习得的。也就是说，体育教学以身体练习为基本手段，身体要承受一定的生理负荷和心理负荷。学生技能的获得、身体素质的增强依赖于机体能量代谢的心理负荷和生理负荷的性质与特征、组织与构成。因而，其练习的负荷性是课堂教学设计的最后落脚，它是体育教学区别于其他学科教学的最为显著的标志。

鉴于此，合理的运动负荷原则就成为体育教学原则的重要组成部分及体育课堂教学十分重要的评价依据。体育课负荷测量是教学活动的重要环节，它测定该课教师的教学行为对学习者知识、技能过程与身心健康的三维影响，检查学生的学习在一个教学阶段后是否达到预期设想。它通过对学生学习过程的测试，评价该课的运动负荷是否具有成效，在此基础上辨别造成问题的原因，减少教学过程中存在的不科学性，从而完善教学，达成有效教学的目的。其方法手段主要是以对教学多方面的测量统计、采集教学过程中的各种信息，进行定量分析、处理，找到集中量化指标与离散度，从而对教学对象给出综合定量或定性的描述与结果判断。由此可知，了解与把握这一方法对提高体育教学质量、深化教学改革具有十分重要的意义。

体育课堂教学负荷是指学生在教学中所承受的心理和生理负荷量。它的基本结构一般可分为：心理负荷和生理负荷两部分，它常用负荷量和强度予以标识。生理负荷由练习的数量、强度、密度、难度和时间等组成；心理负荷由注意力、情绪等状态组成。因而，教学负荷的测量是指对学生在学习过程中承受的身心运动负荷大小的检验和计量，以了解教学对学生身体、心理刺激程度是否达到理想的效果。体育课堂教学负荷的属性及影响因素是确定教学负荷测量指标体系的主要依据，一般从两个方面进行：① 测定教与学活动的方式、程序、手段和技术等组织构建的外部环境与条件。② 测定由这些外部环境与条件引起的内部环境与条件变化的状态。外部负荷环境与条件一般泛指教与学过程施加于身体练习活动的时间、数量与外界环境；内部负荷环境与条件一般泛指由教与学过程的身体练习活动引起的生理机能与心理机能的状态与行为的变化。

图5-1标识出运动负荷的测量一般通过有关指标的量化来反映其负荷量的大小。它主要分为以下三种类型：① 外部负荷指标。一般泛指学习者完成练习的时间、速度、次数和重量等指标。② 内部负荷指标，包括生理机能指标和心理状态指标。生理机能反应指标，一般泛指最大摄氧量、氧债、心率等指标；心理机能反应指标，一般泛指注意力、情绪状态和意志表现等。③ 综合负荷指标。即相对指标，这类指标是用外部负荷指标与内部负荷指标的比值或乘积来表示的。它具有更多的信息量和可靠性，对评价和分析学生负荷有着更为客观的价值。

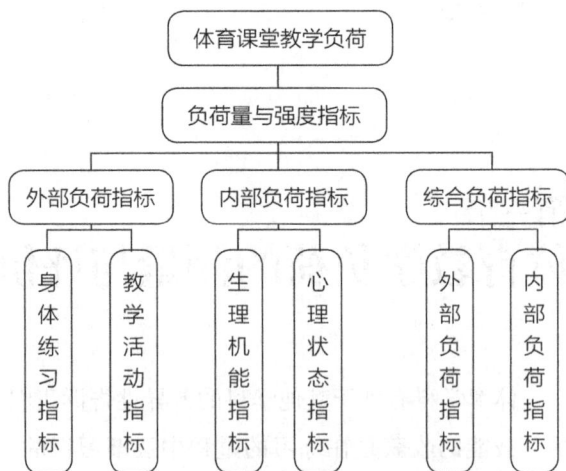

图5-1 体育课堂教学负荷指标体系

一、体育教学运动负荷的测量方法

一般来说，体育课堂教学运动负荷测量的指标体系由外部运动负荷指标和内部运动负荷指标构成，常用的测量方法一般有数理统计方法和生理、生化的测量方法等。

（一）体育教学外部运动负荷的测量方法

体育教学外部运动负荷指标一般泛指身体练习以及外界环境刺激的量和强度。依据其属性及特征可从以下方面来划分。

1. 观察学生生理特征为指标的测量方法

这是体育教学中常用的一种方法。练习者完成动作的质量、控制身体的能力从面色、呼吸、排汗量、动作、注意力、自我感觉等方面来判断运动负荷的大小。其判断标准如表5-4所示。

表5-4 不同生理负荷的主要外部生理特征

特征	轻度疲劳	中度疲劳	很疲劳
面色	轻微发红	相当红	很红、苍白、发青
呼吸	加快、均匀	相当快，不时用口呼吸	很快，用口呼吸，呼吸很浅
排汗量	轻度出汗	出汗较多（腰部以上）	出汗特多（腰部以下）
动作	步子稳，有自控能力，动作较准确	步子不稳，身体摇晃，自控能力较差	身体摇晃厉害，自控能力差，运动很不协调
注意力	良好，较集中	不能认真听讲，易分散注意力	教师高声要求才能听讲，注意力很分散
自我感觉	有舒服感，无怨言	自觉累，心跳、呼吸较困难，腹部有疼痛感	自诉很累，头晕、心痛、恶心，甚至呕吐

2. 以课的时间特征为指标的测量方法

其方法是把课的各部分教学与组织的时间与学习者活动的时间进行分析统计，以判断教师教学讲解、示范、组织等所用的时间与学生学习时间的比例是否科学合理。即我们常说的课的时间密度的分析统计，教师教学活动占1/3，学生练习时间占2/3。

3. 以数量特征为指标的测量方法

它主要包括学习者在课中完成练习的次数、移动距离、负重总量等。这些数量指标也可以由局部负荷的数量指标累计得出，即学习层级的各种练习的次数、移动距离、速度、负重量等。从中可以判断每一单个学习组织之间的数量与完成动作的时间、与全课练习之间的比例是否科学合理。即我们常说的课的教学活动负荷有没有体现出由高到低的逐渐递减。

4. 以质量特征为指标的测量方法

即课的教学目标的设计是否体现出"为学习而设计、为理解时刻而教、学习要有自由度"（教学任务的安排要满足高、中、低学习者的不同需要）。即我们常说的对课的教学有效性的分析统计，教学内容学习层级的设计有没有体现这三个原则。

5. 以物理量特征为指标的测量方法

它主要是指对课的教学媒介环境条件设置的测量，如器材的摆放与场地的安排设计等。即我们常说的课的教学场地器材等的设置有没有体现出创设的情境或呈现的媒体能否激发学习者动机、激发学生主动学习。

需要指出的是，上述描述外部运动负荷的指标并非每次测量都必须全部包括，应根据测量的目的和任务选择相应的主要指标。

（二）体育教学内部运动负荷的测量与方法

体育课堂教学的内部运动负荷是指身体练习以及外界刺激而引起人体内生理和心理效应的变化。按其属性及特征可从以下方面来划分。

1. 对内部负荷量或强度特征的各指标值进行统计的测量方法

测试前首先确定测量指标，根据各指标特征设计负荷记录表，并准备好需要的有关器材。如判断教学活动生理负荷特征指标需要测量心率、血压、肺活量、最大氧量、呼吸频率等，其方法主要有生理学测试法与生物化学测试法；判断教学活动心理负荷特征的指标时需要测量注意力、情绪、意志等，其方法主要是用不同心理量表测定受试者的情绪、意志、注意力、焦虑等方面心理状态的信息，以判断内部负荷引起心理效应的大小。

2. 通过学习者自身的感受来填写问卷的测量方法

通过问卷来分析评价该课的教学行为是否符合体育课堂教学的内部运动负荷要求。

需要指出的是，为避免由于测试人员的判断标准、专业水平等不同导致测量结果的差异，在测量前要对各指标的判断标准制订出具体的规定。

二、体育教学生理负荷的测量与评价

根据人体机能适应性规律等，运动负荷和休息是构成体育教学方法的两个基础方面。承受一定的运动负荷是掌握体育技术、技能，发展身体、增强体质的重要因素。由而释义出，学生在课堂上的技能练习是一个承受生理负荷的多指标、多层次、多因素的综合评定。为此，合理地安排学生身体练习的量和强度，使学生身体既产生一定的疲劳，又能提高身体机能、完成对技能的掌握，就成为衡量体育课堂教学质量必须的考虑和显著的标志。

基于上述理解，所谓体育课堂教学的生理负荷是指，学生在课中练习时身体承受的生理负担，按其负荷性质分为"量"和"强度"。为了使其简单易行，学生外部的组织练习形式的量一般用"密度"指标予以测量；学生练习身体负荷的指标强度一般用"心率"指数予以测量。教师要根据教学任务、教材特点和学生实际，把握教学方法和手段及其代谢特点，选择相应的监控方法和手段，处理好量与强度的关系。同时，根据负荷与恢复的关系科学制订出课的密度与效率指数的合理标准、按照一定的教学步骤予以科学设置就成为课堂教学评价的依据。这也就是教师们常说的"汗""会""笑"。

基于以上分析，体育课堂教学生理负荷的测量与评价可围绕以下三方面进行。

（一）评定课的心率指数

课的心率指数评定可见表5-5和表5-6。其计算公式：课的平均心率÷课前的安静心率=课的心率指数（也称负荷量指数）。如课中的平均心率为152次/min，课前的安静心率为80次/min，那课的心率指数为1.9。1.4～1.8是体育教学负荷有效功时效率区，低于或高于皆为不合理。常用的平均心率计算公式有以下两种。

1. 简单统计法

把每次测得的脉搏数相加再除以测量次数，求出一堂体育课的平均心率。假设测量次数为n次，每次测量的脉搏次数为a、b、c……，则平均心率的计算公式为：

$$\bar{X}=(a+b+c+\cdots)/n$$

2. 面积计算法

在脉搏数与横坐标之间做一垂线，然后计算各区域的面积总和，再除去课的总时间，即为所测得的该课每分钟平均脉搏次数，即该课的平均心率。其计算公式为：

$$\bar{X}=\sum X_{1-n}/T$$

式中：$\sum X_{1-n}=X_1+X_2+\cdots+X_n$，表示总面积；T表示课的总时间（以min为单位）。

表5-5　脉搏登记表

课的部分	测定时间	练习内容	脉搏次数	备注
准备部分	1	游戏：两蛇相争	79	
	2		90	
	3		121	
	1	徒手操	115	
	2		111	

（续表）

课的部分	测定时间	练习内容	脉搏次数	备注
基本部分	1	单杠：挂膝上	114	
	2		120	
	3		115	
	4		121	
	5		123	
	1	400m耐力跑	138	
	2		143	
	3		140	
	4		137	
	5		138	
结束部分	1	放松活动	129	
	2		125	
	1	课堂小结	120	
	2		115	

表5-6　体育课教学平均心率评定指数

负荷量指数	课平均心率/（次/min）	运动负荷等级	阈强度	代谢产物
2.0~1.8	150以上	最大	无氧阈	氧亏产生乳酸，长时间运动对人体健康有害
1.8~1.6	145左右	大	无氧阈+有氧阈	产生混氧，基本满足人体运动需要，功时效率获益最好
1.6~1.4	135左右	中等	有氧阈	氧气满足人体运动需要，功时效率获益较好
1.4~1.2	125左右	小	有氧阈	氧气满足人体运动需要，功时效率获益一般
1.2~1.0	115左右	最小	有氧阈	氧气满足人体运动需要，功时效率较差

（二）评定课的练习密度指数

体育课的密度是指，教师在课中讲解示范、纠正错误、组织练习、调动队伍等教学行为所占用的时间与学生学习的各项活动时间的比例。其目的是通过测量课的密度，精确教师教学行为，避免教师过多地占用上课的时间，影响学生练习的时间，以最大限度地给学生提供活动练习的时间保证。即教师们常讲的，教师教学活动时间占1/3，学生学习活动时间占2/3。不符合这个标准即为不合理。课的练习密度指数评定见表5-7。

表5-7　体育课教学的密度评定指数（春秋季节）

课的密度指数	运动负荷等级	阈强度	代谢产物	体表状态
70%左右	最大	无氧阈	产生乳酸，长时间运动对人体健康有害	重度大汗淋漓，学生呼吸困难，不愿练习
65%左右	大	无氧阈+有氧阈	产生混氧，基本满足人体运动需要，功时效率获益最好	中度排汗，运动能力开始下降，难以继续练习（一般占用基本部分时间的1/3，即一共10min则学生练习6.5min左右）
55%左右	中等	有氧阈	氧气满足人体运动需要，功时效率获益较好	中度排汗，情绪兴奋，积极参与学习（一般占用基本部分时间的1/3，即一共10min则学生练习5.5min左右）
45%左右	小	有氧阈	氧气满足人体运动需要，功时效率一般	轻度排汗（一般占用基本部分时间的1/3，即一共10min则学生练习4.5min左右）
35%左右	最小	有氧阈	氧气满足人体运动需要，功时效率差	学生间隔练习时间较长，不能产生有效生理负荷效应（即一共10min则学生练习3.5min左右）

（三）体育课的心率曲线形态

体育课的心率曲线形态是指，学习者在一堂课的练习中，机体承受运动负荷刺激后，心理机能所呈现的心率曲线形态。根据课的性质，其形态可分为：马鞍形、前山峰形、锯齿形和后山峰形四种。受场地器材与教材性质的限制，体操与武术等课的心率曲线形态一般呈现锯齿形，课的心率指数难以上升，一般心率指数在1.4左右。建议课的后半部分安排一定的体能练习，以补充提高负荷效果。篮球与足球等课的心率曲线形态一般呈现马鞍形或山峰形，一般心率指数在1.6左右较好。如果课的性质是新授课，建议课的后半部分安排一定的体能练习，以补充提高负荷效果。田径与体能素质课的心率曲线形态一般呈现后山峰形，前大后小，建议大肌肉群性质的活动、快速练习性质的活动放在课的前半部分，力量、耐力、小肌肉群性质的活动、柔韧性练习的活动放在课的后半部分。

上述体育教学负荷告诉我们，体育课堂教学既遵循体育技能形成规律、人体生理机能能力变化规律，实现"体育学习的成功是在技能练习过程中逐渐习得的"经历，以去理解知识、体验学习的成功与曲折，感受技能建构过程获得的喜悦；也是遵循人的心理机能变化规律、人的认知规律，实现"感知教材、理解教材、巩固知识、运用知识"的经历，以去实现思维的发展、智力的培养、意志的锤炼、品质的塑造。它是将科学的理论和方法与教学经验有机地结合，只有从这两方面去着手把握才能有的放矢、有效地实现教学目标、完成教学任务。正如夸美纽斯所说："教师不仅要精通语言和科学，还要懂得怎样使学生最容易、最牢固地掌握。"[1]

三、体育教学心理负荷的测量与评价

体育教学心理负荷是指，学生在体育课堂活动中所承受的心理负担。即学生在体育课堂的活动中承受一定强度的神经刺激，使之紧张与兴奋。为方便易行，一般从注意、情绪、意志三个方面予以评定（见表5-8、表5-9和表5-10）。为此，只有理解和掌握体育教学心理负荷的层次与特点，才能搞好体育教学，收到预期的教学效果。对其解析如下。

第一，有没有根据体育活动与思维紧密结合的特点，利用学习者的各种感觉器官和已有经验，促使学生获得生动形象的表象和正确的动作概念。

第二，有没有依据记忆认知的特点，如借助动作示范、教具、图示和录像等各种直观的教学媒介增大教学效果。实验证明，熟练的动作、有趣形象的材料比无意义的材料保持的时间长，遗忘得慢。单一视觉记忆率为70%，单一听觉记忆率为60%，而视听组合记忆率为80.3%。这表明，多种感官的识记活动可取得最好的记忆效果。

第三，艾宾浩斯遗忘曲线指出，过度学习达150%时，保持效果最佳，可克服"体育学习遗忘现象"。比如，20遍后能恰好正确背诵学习材料，则这20遍便是100%。如果再继续学习10遍，其学习程度为150%，就是过度学习。150%为过度学习的限度，低于或超过这个限度，记忆效果都将下降。

第四，体育学习存有思维认知水平由低到高渐进上升的阶段、思维认知水平集中保持阶段、思维认知水平由高到低渐进下降的阶段。教师应反思体育教学有没有按照这一规律实施。

上述心理特点启示我们，体育教学可以分为三个阶段：一为运用多样化方法展开学习，为学习者提供分层学习的选择；二为教材优化、挖掘教学内容的情趣美，着力于教学过程生发快乐学习，促使沉闷的学习变得生气盎然；三为复现知、情、意、行多维知识面貌，让学生享有懂、会、乐的自悟快乐的学习与体验。如苏霍姆林斯基指出："用环境创造的学习情景来丰富教育，这是教育过程中最微妙的领域之一。"[2]

1　［日］佐藤正夫. 教学论原理[M]. 北京：人民教育出版社，1996：3.
2　苏霍姆林斯基. 帕夫雷什中学[M]. 赵玮，等译. 北京：教育科学出版社，1983：78，142.

表5-8　体育课学生心理负荷测量内容标准

标准 分度 ＼ 指标	注意状态	情绪状态	意志表现
3	学习注意力高度集中，完全不受外界影响	情绪兴奋、高涨，积极参与学习	意志坚强，勇于挑战学习困难
2	学习注意力集中，能保持学习状态	情绪愉快，能自觉地参与学习	能保持意志，自觉克服学习困难
1	学习注意力一般，基本能保持学习状态	情绪平和、按部就班地参与学习，轮不到我就不愿做	能自我控制、克服困难
−1	学习注意力分散，不能保持学习状态	情绪不高，被动地参与学习	意志薄弱，畏难
−2	学习注意力较分散，心不在焉	情绪低落，勉强地参与学习	意志消沉，不想克服困难
−3	学习注意力完全散乱，脱离学习状态	情绪消极，对参与学习反感	无意志，逃避困难

表5-9　体育课学生心理负荷测试内容标准

等级 ＼ 指标	注意状态	情绪状态	意志表现	综合评价参数
最好	3	3	3	3
好	2	2	2	2
基本好	1	1	1	1
差	−1	−1	−1	−1
较差	−2	−2	−2	−2

（备注：体育心理负荷测量运用观察法予以评分，每2分钟观察一次，并把观察的分数登记在表上，全课结束后统计分析说明。）

表5-10　体育课学生心理负荷指标评价参数表

等级 ＼ 指标	单项评价参数			综合评价参数
	注意	情绪	意志	
好	2.94及以上	1.85及以上	1.99及以上	2.22及以上
较好	2.70~2.93	1.64~1.84	1.49~1.98	1.91~2.21

（续表）

等级\指标	单项评价参数			综合评价参数
	注意	情绪	意志	
一般	1.83~2.69	1.53~1.63	0.95~1.48	1.45~1.90
差	1.40~1.82	1.20~1.52	0.76~0.94	1.13~1.44
很差	1.39以下	1.19以下	0.75以下	1.12以下

基于上分析，体育教学心理负荷的评价可围绕以下三个方面进行。

（一）教学组织安排

教学组织安排能否点燃学生各种情感潜势（如激发学习兴趣、引发学习注意力等），形成有助于学习的情境。即每个练习都有新意，学生都能有所获。无论是教材的教法设计，还是组织教学的安排与调控，都关注于将学习主体情境性的激活与丰富的教学艺术技巧（求活）统一起来类化学习，如多方面、多层次地营造学习环境，激发学生运动兴趣，促进学生学习能力的形成，让不同练习的刺激性与新颖性使学生遗忘学习过程的枯燥性，为促进体育认知和情感的培养等奠定基础。苏霍姆林斯基曾说："如果教师不想办法使学生产生学习的兴趣，就急于传授知识，那么只能使学生产生冷漠的状态。"[1]

（二）教学负荷心理强度的安排

教学负荷心理强度的安排是否符合学习者生理特点，能良性引起学习注意，打开学生认知门户。如小学生处于具体运算阶段（7~11岁），在这个阶段，他们对事物的认识还离不开具体事实的支持，对他们的学习指导，语言要生动形象、多采用直观的方法，促使他们获得学习愿望，形成学习能力。中学生处于形式运算阶段（11~15岁），在这个阶段中，个体已具备假设演绎的抽象思维，即个体可以不受具体内容的束缚，可以通过假设推理来解答问题。在这个阶段，教学要运用学生亲身体验支持注意、运用认知冲突支持注意、运用探究方式支持注意、运用游戏引导支持注意、运用情境变式保持注意。

（三）教材安排

教材安排有没有挖掘内容的情趣美，着力于教学过程的组织体验，引导学生形成运动体

1　苏霍姆林斯基. 帕夫雷什中学[M]. 赵玮，等译. 北京：教育科学出版社，1983：78，142.

验的乐趣和享受成功进步的感觉，产生学习的意义建构，助力学生完成学习活动。学者田慧生曾说过："学生心理的气氛决定教学系统的成败。"[1]

本章小结

"体育教学评价"是导引与规范体育教学的重要规准，是度量现代教育理念对教学实施的具体化表现，是指引教学走向成功的行动指南，是形塑和改变不良教学结构与教学模式的准绳，它对优化体育课堂教学、引导教师科学发展具有十分重要的作用。科学的体育教学评价可帮助教师形成正确的教学设计，引导教师消除教学设计的偏差、误差，避免教学中不科学的成分，科学选择有效的教学媒介，以谋求实现对课堂教学系统设计的最优化实施和安排。显然，体育教学评价不仅是勾连目标和教学之间的可效度和可测度的科学准绳，也为体育新课程的正确实施提供着法度支撑。因而，需要对此进行驻足与辨析，架起一座有力的桥梁，促进体育教学评价和教师的联盟，帮助广大体育教师一概全貌，加深评价应用于实际的效果。所以，对体育教学评价的理解和掌握是必要的，也是非常重要的。

✎ 练习与思考 ‖‖‖

1. 举例说明如何运用体育教学内容的评价指导体育教学设计。
2. 举例说明体育教学组织评价在体育教学中的应用。
3. 试实践测量与科学分析某一节体育课教学的负荷。

---

1 田慧生. 教学环境论[M]. 南昌：江西教育出版社，1998.

第二部分

第六章
体操教学的指导

本章概述

　　由于体操运动不仅能有效地形成学生正确的身体姿势和体态，促进学生身体良好地发育和生长，还可以培养学生良好的道德情操、勇敢顽强的心理品质，使之成为有理想、有纪律、有道德的一代新人。为此，体操运动既是体育课教学的重要内容，也是培养学生组织纪律性与团结、紧张、严肃、活泼等集体观念和进行作风教育的重要组成部分。基于此特点，本章对其教材、教法与学法体系的设计与应用做一解析，以提高体操教学的水平。

结构图

ⓐ 队列队形的教学设计　　ⓑ 队列队形的教法提示与建议

队列队形的教学指导

ⓐ 肩肘倒立的教学指导　　ⓑ 单肩后滚翻成跪撑平衡的教学指导

垫上运动的教学指导

1　　2　　3　　4

体操教学的指导

单双杠的教学指导

ⓐ 单杠：骑撑后倒挂膝上的教学指导

ⓑ 单杠：骑撑前回环的教学指导

ⓒ 双杠：分腿滚翻成分腿坐支撑后摆下（女生）的教学指导

ⓓ 双杠：挂臂屈伸上/支撑摆动成分腿坐/肩肘倒立/前摆下（男生）的教学指导

支撑跳跃的教学指导

ⓐ 斜向助跑的直角腾越马的教学指导

ⓑ 跳马侧腾越的教学指导（以向左腾越为例）

ⓒ 横箱（马）分腿腾越的教学指导

学习目标

1. 识记体操各项目的教学设计策略和方法。
2. 思考各种教学策略和方法在体操教学中的运用。
3. 领会各项目教学内容的选择构建与实施要求。
4. 分析我国传统体操教学的问题，思考我国体育新课程体操的建设与发展。

关键词

体操教学；选择与构建；类型与分析；策略与运用；建设与发展

第一节
队列队形的教学指导

队列队形是组织体育教学活动的基本手段。在中学的体育教学大纲和教材中，队列队形的基本内容一般有：队列队形的基本知识、原地与行进间的队列组织与变换、原地与行进间的队形组织与变换等。

为此，中学队列队形的教材任务是：使学生掌握队列队形的基础知识、基本技能和方法，形成正确的身体姿态，提高组织纪律性；发展学生的道德情操、勇敢顽强的心理品质，使之成为有理想、有纪律、有道德的一代新人，实现学生身体与思想的全面发展（见表6-1）。

表6-1　中学队列队形的课程内容选择与构建

教学内容	教学设计与安排	实施要求
队列队形的基本知识	1. 通过队列队形的练习使学生理解领会动作名称、方法要领等基本术语。 2. 通过原地与行进间的队列练习，达成学生基本队列的运用能力。 3. 通过直线、曲线等行进间多种队形、图形的练习，形成学生五种队形运用能力。	1. 具有面向全体学生的可练习性。 2. 可使学生对队列队形技术技能的理解与运用达到最佳效果。 3. 可丰富教学内容的情趣美，促进学生产生懂会乐。 4. 以教育理论为指导，科学设计与安排。 5. 具有丰富的练习内容、形式与方法。 6. 可全面发展学生基本活动的能力。 7. 有效达成健身、健美和健心的目的，实现学生身体与思想的全面发展。
原地与行进间的队列组织与变换		
原地与行进间的队形组织与变换		

一、队列队形的教学设计

（一）建立队列队形基本术语的概念

运用讲解与图表演示、教师动作示范、学生示范建立基本术语的动作概念，促进学生形成对队列队形基本术语等技术要领的感知与表象。教学方法是先讲粗大的动作要领，在建立感知后，再讲精细的动作要领。

在中学教学中，队列队形的基本术语包括以下几种。

1. 队列是指所排队伍的行列。

2. 队形是指所排队伍的形式。

3. 列是指左右并列成一排。

4. 路是指前后重叠成一行。

5. 翼是指队形的左、右端，左端为左翼，右端为右翼。

6. 横队或多路纵队在左右转弯走时，处于转弯内侧的一翼称为轴翼，另一翼为外翼。

7. 队形的宽度是指两翼之间的横宽。

8. 队形的纵深是指从第一列到最后一列的纵长。

9. 间隔是指个人或成队彼此之间左右相隔的空隙。两人两肘之间的间隔约为10cm。

10. 距离是指个人或成队彼此之间前后相距的空隙。

（二）队列教学内容的设计

在中学教学中，队列教学内容的设计有：立正、稍息、集合、解散、看齐、向前看、报数、原地转法（左、右、后转）、一列横队变二列横队及其还原、一路纵队变二路纵队及其还原、一列变二路及其还原、齐步、正步、跑步、踏步、立定、向右（左）转走、向后转走、横队方向变换、纵队方向变换、一（二）列横队变二（一）列横队、一（二）路纵队变二（一）路纵队、一（二）列横队变一（二）路纵队、一（二）路纵队变一（二）列横队（不改变方向）等。

1. 队列的原地练习

（1）立正。

口令：立正。

动作方法：两脚跟靠拢并齐，两脚尖向外分开约60°，两腿挺直，小腹微收，自然挺胸；上体正直，微向前倾；两肩要平，稍向后张，两臂自然下垂，手指并拢，中指贴于裤缝；头要正，颈要直，口要闭，下颚微收，两眼向前平视。

（2）稍息。

口令：稍息。

动作方法：左脚顺脚尖方向伸出约全脚的2/3，两腿自然伸直，上体保持立正姿势，体重大部分落于右脚。

（3）集合。它是指将全体学生按队列规定或要求集合成某种队形的过程。

口令：成×列（路）横（纵）队——集合。

动作方法：教师在预定队形的中央前方，面向站队的方向立正下达口令，使学生注意。学生听到口令后，迅速跑步面向教师集合，并依据基准学生依次排列，自行看齐站好。

（4）解散。

口令：解散。

动作方法：听到口令后，学生迅速离开原位。如果稍息时听到口令，应先立正再迅速离开原位。

（5）看齐。

①向右（左）看齐。

口令：向右（左）看——齐。

动作方法：基准学生不动，其余学生向右（左）转头，眼睛看右（左）邻学生的腮部，前四名学生能通视基准学生，自第五名起，以能通视到本人以右（左）第三人为度。后列学生先对正，再看齐，未齐者应用碎步迅速调整。

②向中看齐。

口令：以×××为准，向中看——齐。

动作方法：听到以×××为准时，该生为基准学生，左手握拳高举，听到动令后将手放下；基准学生后面的人对正基准学生保持立正，不转头；其余学生按向右（左）看齐的方法进行动作。

（6）向前看。

口令：向前——看。

动作方法：基准学生不动，其余学生立即将头转正，恢复立正姿势。

（7）报数。

口令：报数。

动作方法：横队从右至左（纵队由前向后）依次以短促洪亮的声音向左转头报数（最后一名不转头）。多列横（纵）队只是第一列（路）报数，横（纵）队最后一列（路）最后一名报"满伍"或"缺×名"。

注意事项：教师应事先说明如"一至三——报数""各列——报数"等。

（8）原地转法。

①向左（右）转。

口令：向左（右）——转。

动作方法：以左（右）脚跟为轴，左（右）脚跟和右（左）脚掌前部同时用力向左（右）转90°，重心落在左（右）脚上，右（左）脚迅速靠拢左（右）脚成立正。动作完成后，两腿挺直，上体保持立正姿势。半面向左（右）转，方法同上，只是转45°。

②向后转。

口令：向后——转。

动作方法：按向右转的方法转180°。

（9）一列横队变二列横队及其还原。

口令：成二（一）列横队——走。

动作方法：双数学生左脚向后（左）一步，右脚直接向右（前）一步，左脚向右脚靠拢，站到单数学生的后（左）面，对正看齐。

（10）一路纵队变二路纵队及其还原。

口令：成二（一）路纵队——走。

动作方法：双数学生右脚向右（后）跨一步，左脚直接向前（左）一步，右脚向左脚靠拢，站到单数学生的右（后）侧（面）。或者双数学生右（左）脚向右前（左后）方一步，左（右）脚向右（左）脚靠拢。

（11）一列变二路及其还原。

口令：成二路纵队（一列横队）——走。

动作方法：一列变二路时，全队向右转，双数学生按原地一路变二路动作进行。二路变一列时，全队向左转，双数学生按原地二列变一列动作进行。

2. 队列的行进间练习

（1）齐步。

口令：齐步——走。

动作方法：左脚向前迈出约75cm，着地，重心前移，右脚照此法行进。上体正直，微向前倾，手指轻轻握拢，拇指贴于食指第二指节，两臂前后自然摆动。前摆时，小臂稍向里合，手约与第5衣扣同高，离身体约25cm。行进速度为每分钟116～122步。

（2）正步。

口令：正步——走。

动作方法：左脚向前踢出（腿要绷直、脚尖下压，脚掌与地面平行，离地约25cm），约75cm处适当用力全脚掌着地，重心前移，右脚照此法行进。上体正直，微向前倾，手指轻轻握拢，拇指贴于食指第二指节。前摆时，肘部弯曲，小臂略平，手心向内稍向下，手腕摆至第3、4衣扣之间，离身体约10cm；向后摆时，摆到不能自然摆动为止。行进速度为每分钟110～116步。

（3）跑步。

口令：跑步——走。

动作方法：听到预令，两手迅速握拳提至腰际，拳心向内，肘部稍向里合。听到动令，上体稍向前倾，两腿微屈，同时左脚利用右脚掌的弹力跃出约80cm，前脚掌着地，体重前移，右脚照此法行进。两臂自然摆动，向前摆不露肘，小臂略平，稍向里合，两拳不超过衣扣线，后摆时不露手。行进速度为每分钟170～180步。

（4）踏步。

口令：踏步——走。

动作方法：在齐步变踏步时，左脚向前大半步，右脚开始在原地踏步（抬起时，脚尖自然下垂，离地约15cm，落下时前脚掌先着地）。上体保持正直，两臂按齐步走的摆臂要求进行。跑步变踏步时，继续向前跑两步，然后左脚开始在原地做踏步。

（5）立定。

口令：立——定。

动作方法：齐步或正步走时，左脚向前大半步，右脚向左脚靠拢成立正姿势。跑步时，继续向前跑两步，然后左脚向前大半步，右脚向左脚靠拢，同时将手放下成立正姿势。踏步时，原地立定。

（6）向右（左）转走。

口令：向右（左）转——走。

动作方法：听到动令后，左（右）脚向前半步（跑步时继续向前跑两步，再向前半步），脚尖向右（左）约45°，身体向右（左）转90°，左（右）脚不转动，同时右（左）脚向新方向行进。

（7）向后转走。

口令：向后转——走。

动作方法：听到动令后，左脚向前半步（跑步时继续向前跑两步，再向前半步），脚尖向右约45°，以两前脚掌为轴，向后转180°，出左脚向新方向行进。后转时，两臂自然摆动，不得外张。

（8）横队方向变换。

口令：以左（右）为基准，左（右）转弯——走。

动作方法：横队行进时，以左（右）翼第一名为基准踏步（跑步时继续跑两步），并逐渐向左（右）转，内侧步幅小，外翼用大步标齐成"关门式"转到90°踏步取齐。听口令前进或立定。

（9）纵队方向变换。

口令：左（右）转弯——走。

动作方法：基准学生用小步（跑步时继续跑两步）边行进边转换方向，转到90°，照直前进，其他学生依次进到基准学生转弯处，转向新方向前进。此动作还可做成左（右）后转弯走，动作同前，转180°。

（10）一（二）列横队变二（一）列横队。

口令：成二（一）列横队——走。

动作方法：单数学生继续前进（原地踏两步），双数（列）学生右脚开始原地踏两步（向左跨一步，右脚不靠拢，左脚向前一步），右脚进到单数学生的后面（左侧），继续前进。成二列时动令落在左脚，成一列时，动令落在右脚。

（11）一（二）路纵队变二（一）路纵队。

口令：成二（一）路纵队——走。

动作方法：单数（左路）学生小步行进（继续前进），双数学生取捷径进到单数学生右侧（右路学生小步行进两步，第三步进入左路学生的后面），调好距离行进。

（12）一（二）列横队变一（二）路纵队。

口令：成一（二）路纵队——走。

动作方法：右翼排头照直前进（如二列横队时右翼第一列排头小步行进，当第二列右翼排头上到第一列右翼排头的右侧后，再照直行进），其余学生向右转，依次进到排头学生原来位置后再左转弯，跟随前进。

（13）一（二）路纵队变一（二）列横队（不改变方向）。

口令：成一（二）横队齐（跑）步——走。

动作方法：听到动令后，基准学生踏步，其余学生半面向左转，用齐（跑）步各取捷径，依次到基准学生的左侧成一列横队踏步，并向基准学生看齐，直到听到"前进或立定"的口令。二路变二列时，右路的基准学生，右脚向后退一步，左脚不靠拢右脚，直接向左一步，进到左路基准学生的后面，其余学生动作同上。

（三）队形教学内容的设计

在中学教学中，队形教学内容的设计有：图形行进、队形变换两种练习内容。

1. 图形行进的练习

（1）直线行进。

① 绕场行进。

口令：绕场行进——走。

动作方法：沿操场或体操馆边线绕场行进，错肩行进。

② 从右（左）绕场行进。

口令：从右（左）边——走。

动作方法：两队迎面靠右（左）边错肩走过，相互间的距离为一步［见图6-1（a）］；一隔一队从右（左）错肩行进［见图6-1（b）］；从里（外）面错肩行进［见图6-1（c）］。

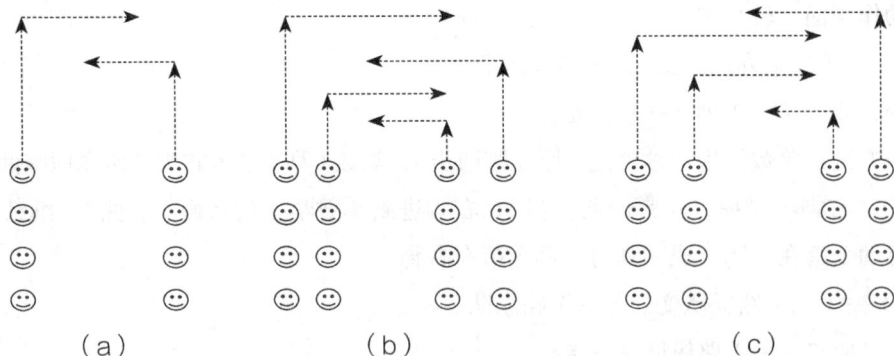

图6-1　从右（左）绕场行进

（2）斜线行进。

①对角线行进。

口令：沿对角线——走。

动作方法：口令是在基准学生走近一角时发出，基准学生由一角向相对的另一角行进。

②交叉行进。

口令：左右转弯交叉行进——走。

动作方法：听到口令后，各路沿对角线行进，两队相遇按事先规定的先后顺序，同一地点依次交叉，向不同方向行进（见图6-2）。

（3）曲线行进。

①蛇形行进。

口令：蛇形行进——走。

动作方法：纵队行进来回走两次以上，或左（右）后转弯走至一定距离后，再右（左）转弯走，依次反复进行（见图6-3）。

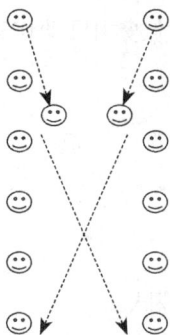

图6-2　交叉行进　　　　　　　图6-3　蛇形行进

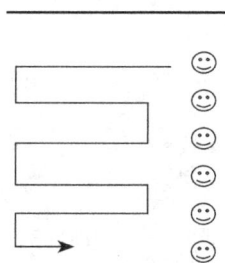

②螺旋形行进。

口令：成闭口（开口）螺旋形——走。

动作方法：听到口令后，排头向圆心做螺旋行进，到达圆心后，沿原线反向走出（见图6-4）。

③"8"字形行进。

口令：成"8"字形——走。

动作方法：听到口令后，排头向左自然转弯绕圆，通过中点再向右绕圆，与排尾相接成封闭形。还可以从中间开始，第一圈用连续左转弯，第二圈用连续右转弯，走成"8"字（见图6-5）。

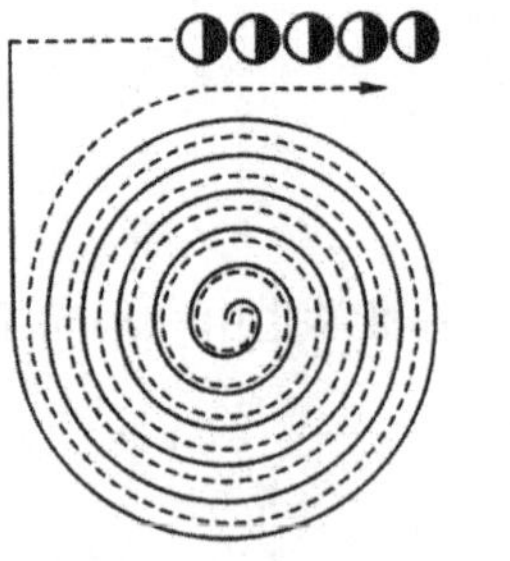

图6-4　螺旋形行进 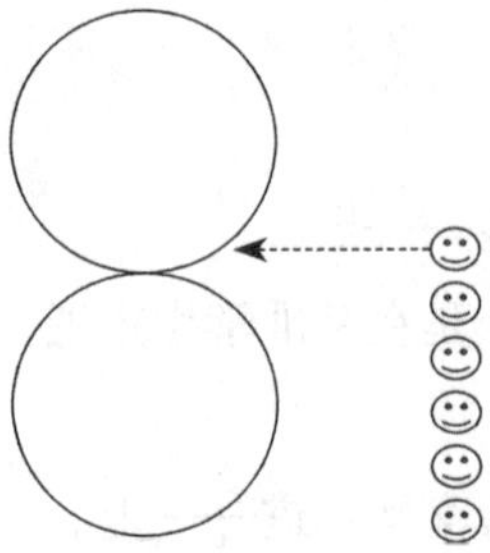　　　　　图6-5　"8"字形行进

2. 队形变换的练习

（1）原地的队形变换。

① 一列横队变三列横队。

口令：成三列横队——走。

动作方法：先1~3报数，听到口令后，二数学生不动；一数学生左脚向左前方跨一步，右脚靠拢左脚，位于二数前面；三数学生右脚向右后退一步至二数后面，对正看齐（见图6-6）。三列横队变一列横队时，二数不动，一、三数学生按相反动作完成。

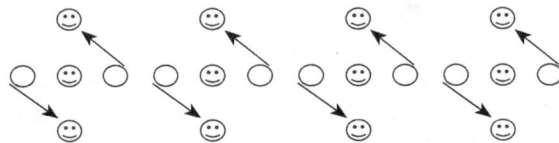

图6-6　一列横队变三列横队

② 一路纵队变三路纵队。

口令：成三路纵队——走。

动作方法：二数不动，一数学生右脚向右后方退一步，左脚靠拢右脚，位于二数右侧；三数学生左脚向左前跨一步，右脚靠拢左脚，位于二数学生的左侧。三路变一路时，一、三数学生动作相反（见图6-7）。

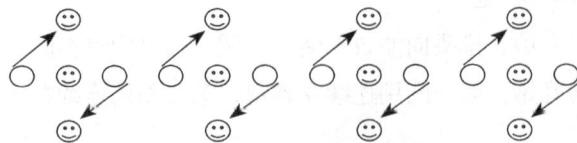

图6-7　一路纵队变三路纵队

（2）行进间的队形变换。

① 分队走。

口令：分队——走。

动作方法：听到口令后，单数学生左（右）转弯，双数学生右（左）转弯，每人依次到基准学生的位置才能转弯（见图6-8）。

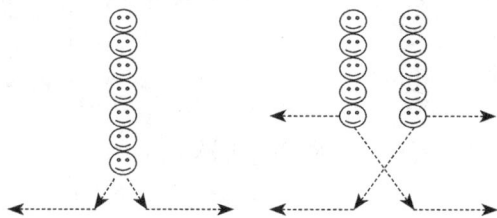

图6-8 分队走

② 合队走。

口令：合队——走。

动作方法：听到口令后，左路学生左转弯，右路学生右转弯，并依次插在左路学生的后面成一（二）路纵队行进（见图6-9）。

图6-9 合队走

③ 裂队走。

口令：裂队——走。

动作方法：听到口令后，左路左转弯，右路右转弯行进（见图6-10）。

④ 并队走。

口令：并队——走。

动作方法：听到口令后，左路左转弯走，右路右转弯走成二（四）路纵队行进（见图6-11）。

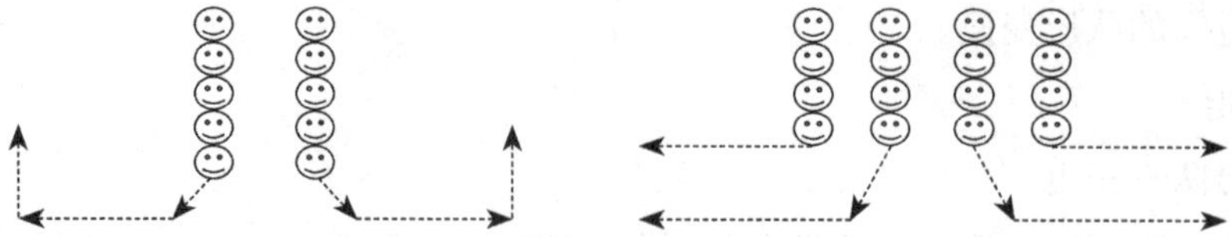

图6-10　裂队走

图6-11　并队走

二、队列队形的教法提示与建议

（一）对教材内容的使用

队列队形教材内容没有按年级进行具体的划分和要求，只是按照动作的难易程度与顺序进行设计，教师可根据《体育与健康课程标准》的要求和本校学生的实际情况科学选用与排列组合。

（二）时间安排

队列队形的教学一般安排在课的准备部分予以练习，一般不进行全课性的练习安排，所以应有计划地贯穿于学年或学期的每一堂课中。

（三）讲解示范

练习时，一是每个动作要点要讲解清楚，示范动作要做正确；二是要合理运用口令，帮助学生理解；三是较为复杂的动作可采用"分解法"进行练习，待学生完全掌握后再做完整动作。

（四）教学方法

队列队形的教学既要严格要求，也要生动活泼，切切不可过于严肃而搞得呆板；用于队列队形的教学时间不可过长，以免影响教学任务的完成和降低学生上课的积极性。

（五）站位的选择

在进行队列队形练习时，教师要根据队列队形的变换，及时地变换自己的位置，以便于学生观摩和指挥。在学习较复杂的队列队形变换或图形变换时，教师要培养小助手或运用黑板图示演示帮助学生理解。同时，教师事先要画好场地以利于学生练习；或先由教师带队，边讲边练习，然后再让学生练习。

第二节
垫上运动的教学指导

垫上技巧是中学体育课的基本组成部分，它由滚翻、手翻、倒立、平衡等各种内容组成。垫上技巧的练习可提高学生的平衡、灵敏、柔韧等素质，使学生形成正确的身体姿势和良好的体态，增强学生的基本活动能力与体能，促进学生身体有效地生长发育及其内脏器官功能的发展（见表6-2）。

表6-2 中学垫上运动的课程内容选择与构建

教学内容组成	教学设计与安排	实施要求
肩肘倒立（女生） 单肩后滚翻成跪撑平衡（女生） 鱼跃前滚翻（男生） 头手倒立接前滚翻（男生）	1. 通过垫上技巧的各种不同练习使学生理解领会滚翻、手翻、倒立、平衡等动作方法与知识技能。 2. 通过垫上技巧的各种不同练习，提高学生平衡、灵敏、柔韧等基本活动能力。 3. 通过多种形式的诱导与辅助练习，使男生掌握鱼跃前滚翻、头手倒立接前滚翻，女生掌握肩肘倒立、单肩后滚翻成跪撑平衡等动作知识和技能。 4. 运用分层教学、合作学习提高学生的学习能力。	1. 具有面向全体学生的可练习性。 2. 可使垫上运动的技术技能的健身价值达到最佳效果。 3. 可丰富教学内容的情趣美，促进学生产生懂会乐的体验。 4. 以健身理论为指导，科学健身。 5. 具有丰富的练习内容、形式与方法。 6. 可全面发展学生基本活动的能力。 7. 寓"思"于教材，寓"观"于教材，寓"做"于教材，寓"戏"于教材。 8. 以"为学习而设计""为理解时刻而教"为教学原则。 9. 有效达成健身、健美和健心的目的，实现学生身体与思想的全面发展。

一、肩肘倒立的教学指导

（一）建立肩肘倒立的概念

运用讲解与口诀使学生建立肩肘倒立的动作概念，运用教师示范、学生示范、图表演示或道具等促进学生对肩肘倒立技术要领的感知与表象。教学方法是先讲粗大的动作要领，在建立感知后，再讲精细的动作要领。

【 肩肘倒立的技术结构 】

1. 蹲撑，头手撑垫成正三角形，两肘内夹。

2. 一腿上举，一腿蹬地。

3. 两腿并拢伸直，紧腰、夹臀。

4. 头手支撑倒立，重心保持在支撑面内。

重点：肩肘倒立的稳定性。

难点：肩肘倒立的翻臀。

【 肩肘倒立的动作图解 】

动作图解一

动作图解二

动作图解三

【 肩肘倒立的教学口诀 】

上体后倒腿上举，两臂夹肘腰挺起；屈肘内收手撑腰，伸髋挺腹脚绷直。

（二）肩肘倒立的教学设计

【 教学任务 】

1. 使学生领会肩肘倒立的正确技术概念。

2. 使学生形成肩肘倒立的正确技术。

3. 发展学生平衡、定向、柔韧等的运动能力并增强体能。

4．使学生建立对体操技巧运动的欣赏认知与活动习惯。

【 教学方法 】

1．分解与完整法

（1）根据动作技术的特点采取合理的分解方式。

（2）掌握动作技术的段落与部分之间的有机联系，不破坏动作结构。

（3）明确各部分与段落在完整动作中的组合关系。

（4）在建立完整动作概念的基础上分解。

2．程序教学法

（1）运用口诀强化概念法。在动作教学初期，学生对动作概念不清楚，而未能建立正确的动作表象是形成错误动作的重要原因。为此，要强化正确的动作概念必须运用口诀法促进学生正确动作表象的形成。

（2）迁移法。采用一些诱导性、辅助性练习，将学生从已经形成的动作错误中转移出来，并在此基础上正确完成新的动作。

（3）降低难度法。运用改变练习条件、降低作业难度、分解完成动作等帮助学生掌握要领、建立动作表象。

（4）信号提示法。当学生在练习中由于对用力时间或空间方向不清楚而出现动作错误时，教师可以用听觉信号，口头提示学生发力时间、用力节奏等；还可以用标志线、标志点、标志物来标明动作方向、幅度等。

（5）外力帮助法。在学生对用力的部位、大小、方向、幅度不清楚而出现动作错误时，教师可以运用推、顶、送、托、拉、挡、拨等外力，帮助学生建立正确动作的本体感觉，纠正动作错误。

（6）个人与小组成果展示法。纠正错误、提高动作技能、分享学习经验，共同提高。

3．游戏法

利用游戏寓教于乐，完成预定任务的方法有以下运用要求。

（1）利用游戏寓教于乐的特点，激发调动学生学习的主动性，促使其领会技术。

（2）根据教学目标将教学内容转换为游戏活动形式，促进学生对技术要领的领会。

4．竞赛法

（1）根据竞赛法对抗性、竞争性的特点施加运动负荷促进学生最大限度发挥机体的功能能力。

（2）利用竞赛法培养学生顽强拼搏、团结合作的优良品质。

5．纠错与帮助法

预防与纠正动作错误贯穿于整个动作教学的全过程，从时间的先后可以分成练习前、练习中、练习后，分别为预测错误、纠正错误、总结经验，即发现动作错误—分析动作错误产生的原因—采取相应的措施及时纠正错误—检查与评定纠正效果。

【 辅助性练习 】

1. 合作练习

两人一组合作学习肩肘倒立，互相帮助。练习者按要领体会"头正、两肘内夹、立腰、脚面绷直的三角形撑垫"，建立倒立时必须具备的本体感觉。

2. 倒挂练习

利用双杠和肋木，倒挂成倒立。体会头向下时的感觉。让学生坐在双杠一根杠上，双脚勾住另一根杠，身体慢慢后仰。倒挂后让学生多待一会，充分体会头向下时的本体感觉。

3. 支撑练习

一人练习，另一人轻扶或提拉，让练习者体会上体后倒腿上举的感觉；臀部在支点垂直时给力支撑，以协助练习者不至于倒体，能伸髋立腰挺腿，体会头和手触垫的感觉。

4. 标志练习

如上方悬挂一个排球，让练习者举腿触及，体会身体是否垂直的标志，帮助练习者形成紧腰梗头成肩肘倒立姿势。

5. 反馈改进练习

练习者通过观察动作分解挂图或教师正确示范来改进自己的动作；或另一个学生观察并用语言提示、指导其纠正动作。

6. 在保护下完成练习

学生之间相互帮助完成动作。分两人一组练习，保护者站在练习者前侧面，两手扶她的小腿，提示练习者双手和额头成等边三角形，伸髋、立腰，双腿上伸绷脚面。

7. 检查提高的练习

同学相互检查动作，矫正其不正确的动作，进一步提高动作质量，互相学习，共同提高。

8. 成果展示的练习

学生与学生之间互相进行成果展示，相互学习，看谁的动作做得轻松、熟练、标准、美观。

教法提示：在学生开始学习头手倒立阶段，教师可以引导学生采用合作练习、倒挂和牵引练习的方式；在改进动作阶段，可以采用标志练习、观察和帮助练习；在提高动作阶段，可采用检查和比赛等方式有效地促进学生动作技能的形成与掌握。

【 教学顺序 】

1. 教师讲解示范，学生观察领会。

2. 两人一组合作学习。

（1）合作练习。两人一组合作学习肩肘倒立，互相帮助，练习者按要领体会"头正、两肘内夹、立腰、脚面绷直的三角形撑垫"，建立倒立时必须具备的本体感觉。

（2）倒立练习。一人练习，另一人轻扶或提拉，让练习者体会头向下肩肘倒立时的本体感觉。

（3）支撑练习。一人练习，另一人轻扶或提拉，让练习者体会上体后倒腿上举的感觉；臀部在支点垂直时给力支撑，以协助练习者不至于倒体，能伸髋立腰挺腿，体会头和手触垫的感觉。

（4）标志练习。如上方悬挂一个排球，让练习者举腿触及，体会身体是否垂直的标志，帮助练习者形成紧腰梗头成肩肘倒立姿势。

（5）在同伴的帮助下做肩肘倒立的完整练习。保护者站在练习者前侧面，两手扶她的小腿，提示练习者双手和额头成等边三角形，伸髋、立腰，双腿上伸绷脚面。

（6）在没有帮助的情况下做肩肘倒立的完整练习。

3. 教师巡回辅导、纠正错误。对学习有困难的同学，教师应有针对性地安排学习内容。教师要渲染鼓动活跃学习氛围，启发提示同学们团结合作、总结经验、共同提高。

4. 成果展示，教师点评。讲解精细动作要领，促进进一步理解。

5. 两人一组交流，继续练习，共同提高。

【 易犯错误与纠正方法 】

1. 易犯错误：伸腿展髋不充分。纠正方法：可采用同伴帮助与语言提示或触物等方法予以改正，帮助学生建立正确动作的本体感觉。

2. 易犯错误：重心不稳倒体。纠正方法：① 采用同伴帮助与语言提示——"两臂夹肘挺腰"等方法，帮助学生建立正确动作的本体感觉。② 反复练习，巩固提高，熟练动作，纠正错误。

二、单肩后滚翻成跪撑平衡的教学指导

（一）建立单肩后滚翻成跪撑平衡的概念

运用讲解与口诀建立单肩后滚翻成跪撑平衡的动作概念，运用教师示范、学生示范、图表演示或道具等促进学生对单肩后滚翻成跪撑平衡技术要领的感知与表象。教学方法是先讲粗大的动作要领，在建立感知后，再讲精细的动作要领。

【 单肩后滚翻成跪撑平衡的技术结构 】

1. 后倒举腿，两腿并拢伸直，紧腰、夹臀。

2. 头左屈，一臂侧伸，一臂屈肘，头手撑垫成三角形。

3. 头手支撑倒立，保持重心支撑面。

4. 经右肩后滚翻，斜举左腿，右腿屈膝成跪撑平衡。

重点：举腿、翻臀、头侧屈的动作协调。

难点：对身体姿态的控制如放腿不正、重心不稳、推撑不及时。

【 单肩后滚翻成跪撑平衡的动作图解 】

动作图解一：后滚翻练习

技术要点：后滚低头团身①②，背肩着垫推手③④，

两手肩后撑垫④⑤，推垫蹲撑立起⑤⑥。

① ② ③ ④ ⑤ ⑥

动作图解二：单肩后滚翻或跪撑燕式平衡

技术要点：后滚分腿左手撑①②，右腿屈膝前上伸③，

右肩着垫头左屈③，推手举腿或跪撑④。

① ② ③ ④

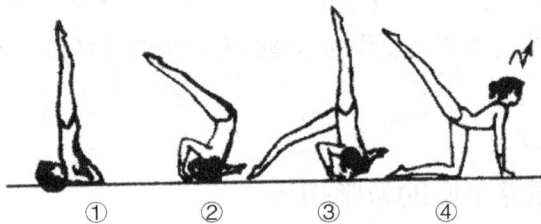

动作图解三：单肩后滚翻或跪撑燕式平衡分解练习

技术要点：帮助人提腿，练习者收腹举腿①，

帮助人提腿，练习者偏头推垫挺身②，

帮助人提腿，练习者举腿或跪撑③。

① ② ③

【 单肩后滚翻成跪撑平衡的教学口诀 】

并腿后倒举腿翻臀，右臂侧伸头向左屈，左臂屈肘用力推垫，

右肩后滚推撑起体，两臂撑直右腿跪地，左腿斜举成跪撑平衡。

（二）单肩后滚翻成跪撑平衡的教学设计

【教学任务】

1. 使学生领会单肩后滚翻成跪撑平衡的正确技术概念。

2. 使学生形成单肩后滚翻成跪撑平衡的正确技术。

3. 发展学生平衡、定向、柔韧等的运动能力并增强体能。

4. 使学生建立对单肩后滚翻成跪撑平衡技巧运动的欣赏认知与活动习惯。

【教学方法】

同"肩肘倒立的教学设计"部分。

【辅助性练习】

1. 合作练习

两人一组合作学习单肩后滚翻成跪撑平衡，互相帮助。练习者按要领体会"并腿后倒举腿翻臀，右臂侧伸头向左屈，左臂屈肘用力推垫，右肩后滚推撑起体，两臂撑直右腿跪地，左腿斜举成跪撑平衡"，建立倒立时必须具备的本体感觉。

2. 支撑练习

一人练习，另一人轻扶或提拉，让练习者体会上体后倒腿上举的感觉；臀部在支点垂直时给力支撑，以协助练习者不至于倒体，能伸髋立腰挺腿，体会屈肘推垫经右肩后滚翻的感觉。

3. 降低条件练习

两块垫子重叠从高处往低处（降低练习难度）完成练习。让练习者在斜面垫上体会身体滚动的感觉；帮助练习者明确经哪侧肩向后滚翻时，头应向异侧屈，同侧臂侧伸，异侧臂屈肘于肩上推手，同侧腿跪撑，异侧腿后举。如经右肩滚翻的话则要求头向左侧屈，右手侧伸，左手屈肘推手，向对应的右腿跪撑，左腿后举。

4. 反馈改进练习

练习者通过观察动作分解挂图或教师正确示范来改进自己的动作；或另一个学生观察并用语言提示、指导其纠正动作。

5. 在保护下完成练习

学生之间相互帮助，完成动作。分两人一组练习，保护者站在练习者前侧面，两手推臀，给力练习者让其体会动作的完成。

6. 检查提高的练习

同学相互检查练习者动作的完成情况并矫正其不正确的动作，进一步提高动作质量，互相学习，共同提高。

7. 成果展示的练习

学生与学生之间互相进行成果展示，相互学习，看谁的动作做得轻松、熟练、标准、美观。

教法提示：在学生开始的学习阶段，教师可以引导学生采用合作练习、分解练习的方法；在改进动作阶段，可以采用降低条件练习、观察和帮助练习；在提高动作阶段，可采用检查和成果展示练习等方式有效促进学生动作技能的形成与掌握。

【教学顺序】

1. 教师讲解示范，学生观察领会。

2. 两人一组合作学习。

（1）复习肩肘倒立，由并腿坐开始，向后倒肩、举腿、翻臀，当向后滚动至小腿超过头部时，向上伸腿、展髋、挺直身体，同时两手撑腰后侧，夹肘，成肘、颈、肩支撑的倒立姿势。

（2）合作练习。两人一组合作学习单肩后滚翻成跪撑平衡，互相帮助练习者按要领体会"并腿后倒举腿翻臀，右臂侧伸头向左屈，左臂屈肘用力推垫，右肩后滚推撑起体，两臂撑直右腿跪地，左腿斜举成跪撑平衡"，建立倒立时必须具备的本体感觉。

（3）支撑练习。一人练习，另一人轻扶或提拉，让练习者体会上体后倒腿上举的感觉；臀部在支点垂直时给力支撑，以协助练习者不至于倒体，能伸髋、立腰、挺腿，体会屈肘推垫经右肩后滚翻的感觉。

（4）降低条件练习。两块垫子重叠从高处往低处（降低练习难度）完成练习。让练习者在斜面垫上体会身体滚动的感觉，帮助练习者明确经哪侧肩向后滚翻时，头应向异侧屈，同侧臂侧伸，异侧臂屈肘于肩上推手，同侧腿跪撑，异侧腿后举。如经右肩滚翻的话则要求头向左侧屈，同时左手屈肘推手，右手侧伸，向对应的右腿跪撑，左腿后举。

（5）在同伴帮助下做右腿屈膝跪地，左腿斜后上举，两手撑直成跪撑平衡。

（6）尝试在没有帮助的情况下做单肩后滚翻成跪撑平衡的完整练习。

3. 教师巡回辅导、纠正错误。对学习有困难的同学，教师有针对性地安排学习内容。同时，渲染鼓动活跃学习氛围，启发提示同学们团结合作、总结经验、共同提高。

4. 成果展示，教师点评。讲解精细动作要领，促进进一步理解。

5. 两人一组交流，继续练习，共同提高。

【易犯错误与纠正方法】

1. 易犯错误：后倒不会做头侧屈或方向不对。纠正方法：① 采用后倒举腿接头部左屈的分解练习，建立本体感觉。② 语言提示和给力，相应提拉踝助其完成。

2. 易犯错误：撑手、伸臂、后滚翻动作不协调。纠正方法：① 由蹲撑开始，反复练习经右肩后滚翻成双腿跪垫的分解动作。② 保护者跪立于练习者侧面，一手托其后举腿，另一手推其腰部帮助翻转。

3. 易犯错误：斜后举腿燕式平衡不稳。纠正方法：同伴语言提示与外力帮助，助其完成。

教学案例

××中学肩肘倒立体育课时计划

授课教师：张振华

教材内容	1. 学习肩肘倒立。 2. 素质练习。	课型	新授课	时间	45min

教学目标	1. 认知目标：学习肩肘倒立，建立正确的动作表象。 2. 技能目标：80%的学生能基本掌握肩肘倒立的翻臀、升腿、展髋、夹肘动作技术，10%的学生能较好地完成，10%的学生完成有困难。 3. 通过肩肘倒立练习发展学生身体素质，增强体能。 4. 培养学生的学习兴趣，提高学生学习的动机，培养合作精神。

重点	肩肘倒立的翻臀。	难点	肩肘倒立的稳定性。

课部分	课的内容	组织教法和学练法		练习时间	练习次数
		教师活动	学生活动		
准备部分 9min	一、课堂常规 1. 集合、整理队形、师生问候。 2. 宣布课的任务，安排见习同学。 3. 值日生借体育器材。 二、准备活动 1. 游戏：两蛇相争。 2. 徒手操五节： （1）双臂绕环运动。 （2）扩胸运动。 （3）体转运动。 （4）弓步压腿。 （5）头颈膝踝运动。	一、课堂常规 1. 课前认真检查场地，消除不安全的隐患。 2. 安排见习同学，指挥值日生借领体育器材。 3. 精神饱满地带领学生做好准备活动。 二、准备活动 1. 讲解规则，组织游戏。 2. 参与学生游戏活动。 3. 组织学生进行徒手操的练习。	一、课堂常规 1. 认真检查服装，以精神饱满的状态进入课堂。 2. 四列横队站好，队形见图A。 （图A） 二、练习要求 1. 按照要求进行游戏活动。 2. 做操时要认真，动作规范。 3. 徒手操组织方法及要求：略。 4. 两蛇相争游戏组织图见图B。 （图B）		
基本部分 31min	一、简述肩肘倒立的动作特点并提出学习目标与方法	一、组织教法 1. 利用图板讲解肩肘倒立动作要领并提出学习目标与方法。 2. 常速与慢速示范肩肘倒立动作技术。 【教学口诀】 上体后倒腿上举，两臂夹肘腰挺起；屈肘内收手撑腰，伸髋挺腹脚绷直。 【动作要点】 倒、举、夹、挺。	一、学练法 1. 认真听讲解，领会动作要领。 2. 观察肩肘倒立动作示范，建立动作表象。 3. 两人一组按要领进行各种练习。 4. 两人一组合作学习、互帮互助、共同提高。 5. 两人一组，一人展开练习，另一人保护与帮助。组织图见图C。		

（续表）

课部分	课的内容	组织教法和学练法		练习时间	练习次数
		教师活动	学生活动		

图C

课部分	课的内容	教师活动	学生活动	练习时间	练习次数
基本部分 31 min	二、学习肩肘倒立递进式分解练习 1. 让学生观看挂图建立概念和动作表象。 2. 倒立练习。一人练习，另一人轻扶或提拉，让练习者体会头向下肩肘倒立时的本体感觉。 3. 合作练习。一人练习，另一人轻扶或提拉，互相帮助按要领体会动作本体感觉。 4. 标志练习。让练习者举腿触及，体会身体是否垂直的标志。 5. 在同伴帮助下做肩肘倒立的完整练习。 6. 个人与分组成果展示，交流学习经验。 7. 在没有帮助的情况下做肩肘倒立的完整练习。	二、组织教法 1. 教师巡回辅导，纠正错误，精讲动作要领。 2. 为学习有困难的同学安排有针对性的辅导。 3. 渲染鼓动活跃学习氛围，对不同学习程度的同学分别提出学习要求。 4. 在建立动作表象后，安排学生观看图示，加深理解与提高。 5. 让掌握好的同学做成果展示，分享学习经验，共同提高。 6. 标志练习。如上方悬挂一个排球，让练习者举腿触及，体会身体是否垂直的标志，帮助练习者形成紧腰梗头成肩肘倒立的姿势。	二、学练法 1. 学生观看图示，理解提高。 2. 让动作掌握好的同学进行成果展示，分享学习经验，共同提高。		
	三、游戏：垫子接龙与舞垫子	三、组织教法 1. 针对肩肘倒立运动负荷不足，安排垫子接龙与舞垫子的身体素质练习予以补充。	三、学练法 1. 按照游戏规则和要求认真进行。 2. 两人游戏接龙组织图见图D。		

（续表）

课部分	课的内容	组织教法和学练法		练习时间	练习次数
		教师活动	学生活动		
基本部分 31 min		2. 全班分成4队，学生两人一组抬垫子两边，从后向前依次从其他同学抬起的垫子下穿越，看哪一队最快。 3. 两人一组抬垫子两边相互围绕穿越做舞垫子的练习。 4. 教师渲染鼓动，增强游戏氛围。	图D		
结束部分 5 min	一、放松活动 1. 吹气球。 2. 相互放松。 二、课堂小结，表扬先进，鼓励后进 三、宣布下课，值日生收还器材，布置课外作业	组织教法： 1. 组织同学做放松活动。 2. 进行课堂小结，总结问题，提出希望，布置课后练习。 3. 对技术动作掌握较差的同学与好的同学结合配对，在课后相互帮助，共同提高。 4. 督促值日生还器材。	学练法： 1. 同学在教师的带领下认真做放松活动。 2. 体育委员督促值日生还器材。		

预计生理负荷与练习密度			场地器材	课后小结
脉搏曲线	全课平均心率	135次/min左右	垫子若干块、标志若干个	
	全课练习密度	60%左右		

××中学单肩后滚翻成跪撑平衡体育课时计划

授课教师：张振华

教材内容	1. 学习单肩后滚翻成跪撑平衡。 2. 素质练习。	课型	新授课	时间	45min

教学目标	1. 认知目标：学习单肩后滚翻成跪撑平衡，建立正确动作表象。 2. 技能目标：80%的学生能基本掌握倒肩、举腿、翻臀、滚翻、展髋、跪撑平衡等动作技术，10%的学生能较好地完成，10%的学生完成有困难。 3. 通过肩肘倒立练习发展学生身体素质，增强体能。 4. 培养学生的学习兴趣，提高学生学习动机，培养合作精神。

重点	举腿、翻臀、头侧屈的动作协调。	难点	身体姿态的控制如放腿不正、重心不稳、推撑不及时等。

课部分	课的内容	组织教法和学练法		练习时间	练习次数
		教师活动	学生活动		
准备部分 9 min	一、课堂常规 1. 集合、整理队形、师生问候。 2. 宣布课的任务，安排见习同学。 3. 值日生借体育器材。	一、课堂常规 1. 课前认真检查场地，消除不安全隐患。 2. 安排见习同学，指挥值日生借领体育器材。 3. 精神饱满地带领学生做好准备活动。	一、课堂常规 1. 认真检查服装，以精神饱满的状态进入课堂。 2. 四列横队站好，上课队形见图A。 ○○○○○○○○○○ ○○○○○○○○○○ ○○○○○○○○○○ ○○○○○○○○○○ ● 图A		
	二、准备活动 1. 游戏：两蛇相争。 2. 徒手操五节： （1）双臂绕环运动。 （2）扩胸运动。 （3）体转运动。 （4）弓步压腿。 （5）头颈膝踝运动。	二、准备活动 1. 讲解规则，组织游戏。 2. 参与学生游戏活动。 3. 组织学生进行徒手操的练习。	二、练习要求 1. 按照要求进行游戏活动。 2. 做操时要认真，动作规范。 3. 徒手操组织方法及要求：略。 4. 两蛇相争游戏组织图见图B。 ○○○○ ⟶ ○○○○ ⟵ 图B		
基本部分 31 min	一、简述单肩后滚翻成跪撑平衡的动作特点并提出学习目标与方法	一、组织教法 1. 利用图板讲解动作要领并提出学习目标与方法。 2. 常速与慢速示范单肩后滚翻成跪撑平衡动作技术。 【教学步骤】 1. 后倒举腿，两腿并拢伸直，紧腰、夹臀。 2. 头左屈，一臂侧伸，一臂屈肘，头手撑垫成三角形。 3. 经右肩后滚翻，斜举左腿，右腿屈膝成跪撑平衡。	一、学练法 1. 认真听讲，领会动作要领。 2. 观察动作示范，建立动作表象。 3. 组织图见图C。 ○○○○○○○○ ○○○○○○○○ ● ▬▬▬▬▬▬ ○○○○○○○○ ○○○○○○○○ 图C		

（续表）

课部分	课的内容	组织教法和学练法		练习时间	练习次数
		教师活动	学生活动		
基本部分 31 min	二、学习单肩后滚翻成跪撑平衡 （一）两人一组复习肩肘倒立 （二）学习单肩后滚翻成跪撑平衡的分解练习 1. 让学生观看挂图建立概念和动作表象。 2. 支撑练习。一人练习，另一人轻扶或提拉，协助练习者体会倒肩、举腿、翻臀、屈肘推垫经右肩后滚翻的感觉。 3. 降低条件练习。 4. 在同伴帮助下做单肩后滚翻成跪撑平衡的完整练习。 5. 个人与分组成果展示。 6. 尝试在没有帮助下做完整练习。 三、课课练的力量练习：垫子接龙	【教学口诀】 并腿后倒举腿翻臀，右臂侧伸头向左屈，左臂屈肘用力推垫，右肩后滚推撑起体，两臂撑直右腿跪地，左腿斜举成跪撑平衡。 二、组织教法 1. 教师巡回辅导，纠正错误，精讲动作要领。 2. 为学习有困难的同学安排有针对性的辅导。 3. 渲染鼓动活跃学习氛围，对不同学习程度的同学分别提出学习要求。 4. 降低条件练习。两块垫子重叠从高处往低处（降低练习难度）完成练习。让练习者在斜面垫上体会身体滚动的感觉，帮助练习者明确经哪侧肩向后滚翻时，头应向异侧屈，同侧臂侧伸，异侧臂屈肘于肩上推手，同侧腿跪撑，异侧腿后举。 【教法提示】 1. 经右肩后滚翻时，头手支撑倒立要保持重心支撑面，不要偏了。 2. 组合动作结构：前滚翻—直腿坐—肩肘倒立—单肩后滚翻—成跪撑平衡—蹲撑—挺身跳。 三、组织教法 1. 全班分成4队，学生两人一组抬垫子两边，从后向前依次从其他同学抬起的垫子下穿越，看哪一队最快。 2. 两人一组抬垫子两边，相互绕穿越做舞垫子的练习。 3. 教师宣染鼓动，增强游戏氛围。	二、学练法 1. 认真听讲解看示范，按要领进行各种练习。 2. 两人一组，合作学习，互帮互助，共同提高。 3. 两人一组，一人展开练习，另一人保护与帮助。组织图见图D。 图D 4. 让动作掌握好的同学进行成果展示，分享学习经验，共同提高。 5. 两人一组合作学习组合动作。 三、学练法 1. 按照游戏规则和要求认真进行。 2. 两人一组合作配合。 3. 组织图略。		
结束部分 5 min	一、放松活动 1. 吹气球。 2. 相互放松。 二、课堂小结，表扬先进，鼓励后进 三、宣布下课，值日生收还器材，布置课外作业	一、组织教法 1. 组织同学做放松活动。 2. 进行课堂小结，总结问题，提出希望，布置课后练习。 3. 对技术动作掌握较差的同学与好的同学结合配对，在课后相互帮助，共同提高。 4. 督促值日生还器材。	学练法： 1. 同学在教师的带领下认真做放松活动。 2. 体育委员督促值日生还器材。		

（续表）

课部分	课的内容	组织教法和学练法		练习时间	练习次数
		教师活动	学生活动		
结束部分 5min		二、全课教法提示 1. 教师全课渲染鼓动，激发课堂氛围。 2. 注意因材施教，帮助学生学会学习。			

脉搏曲线	预计生理负荷与练习密度			场地器材	课后小结
		全课平均心率	135次/min 左右	垫子若干块、标志若干个	
		全课练习密度	60%左右		

第三节
单双杠的教学指导

单双杠教材是中学体育课的基本组成部分，它由悬垂、摆动、屈伸、回环、转体、倒立、平衡等各种内容组成。通过单双杠教材的练习，可增强学生的上肢、肩带和腰腹背肌的力量，改善前庭分析器官的功能，发展平衡、灵敏、柔韧等素质，促进学生形成正确的身体姿势和良好的体态，增强基本活动能力与体能，促进学生身体有效地生长发育及内脏器官功能的发展（见表6-3）。

表6-3　中学单双杠的课程内容选择与构建

教学内容组成	教学设计与安排	实施要求
单杠：骑撑后倒挂膝上	1. 通过单双杠各种不同的练习使学生理解领会悬垂、摆动、屈伸、回环、转体、倒立、平衡等各种动作组成的技能与方法。 2. 通过单双杠的各种不同练习，提高学生悬垂、摆动、屈伸、回环、转体、倒立等基本活动的能力。 3. 通过多种形式的诱导与辅助练习，形成男女生单杠掌握：骑撑后倒挂膝上、骑撑前回环。 男生双杠掌握：支撑摆动成分腿坐肩肘倒立、挂臂屈伸上前摆/后摆转体180°下。 女生双杠掌握：分腿滚翻成分腿坐支撑后摆下、支撑摆动后摆转体180°成分腿坐等动作知识和技能。 4. 运用分层教学、合作学习提高学生的学习能力。	1. 具有面向全体学生的可练习性。 2. 可使跑的技术技能的健身价值达到最佳效果。 3. 可丰富教学内容的情趣美，促进学习获得懂会乐的体验。 4. 以健身理论为指导，科学健身。 5. 具有丰富的练习内容、形式与方法。 6. 全面发展学生基本活动的能力与运动素质。 7. 寓"思"于教材，寓"观"于教材，寓"做"于教材，寓"戏"于教材。
单杠：骑撑前回环		
双杠：分腿滚翻成分腿坐支撑后摆下（女生）		
双杠：支撑摆动后摆转体180°成分腿坐（女生）		
双杠：支撑摆动成分腿坐/肩肘倒立（男生）		
双杠：挂臂屈伸上前摆/后摆转体180°下（男生）		

一、单杠：骑撑后倒挂膝上的教学指导

（一）建立骑撑后倒挂膝上的概念

运用讲解与口诀建立骑撑后倒挂膝上的动作概念，运用教师示范、学生示范、图表演示或道具等促进学生对骑撑后倒挂膝上技术要领的感知与表象。教学方法是先讲粗大的动作要领，在建立感知后，再讲精细的动作要领。

【 骑撑后倒挂膝上的的技术结构 】

1. 两臂握杠，单双足蹬地跳上成正撑，直膝右腿摆动成骑撑。

2. 上体后倒右腿屈膝挂杠悬垂，左腿前伸送髋弧形摆动。

3. 左腿后摆至杠下垂直部位时，两臂直臂压杠，右腿前伸压杠，翻腕挺身成骑撑。

重点：直臂后倒时的身体重心后移。

难点：摆腿与直臂和右腿压杠的配合。

【 骑撑后倒挂膝上的动作图解 】

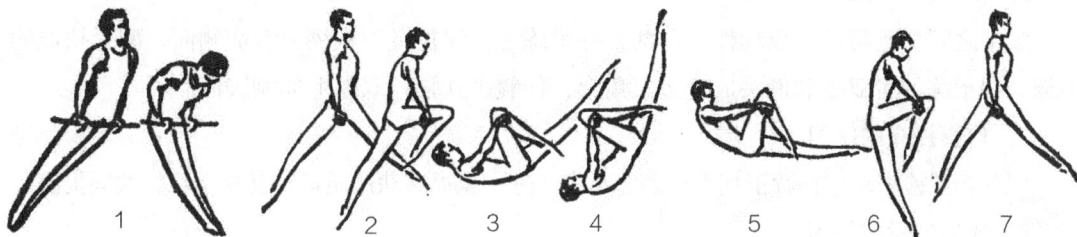

【 骑撑后倒挂膝上的教学口诀 】

上体后倒屈膝悬垂，左腿前伸送髋摆动，两臂右腿压杠前伸，翻腕挺身压杠骑撑。

（二）骑撑后倒挂膝上的教学设计

【 教学任务 】

1. 使学生领会骑撑后倒挂膝上的正确技术概念。

2. 使学生形成骑撑后倒挂膝上的正确技术。

3. 发展学生平衡、定向、柔韧等的运动能力并增强体能。

4. 使学生建立对体操单杠运动的欣赏认知与活动习惯。

【 教学方法 】

同"肩肘倒立练习的教学设计"部分。

【 辅助性练习 】

1. 合作练习

两人一组合作学习骑撑后倒挂膝上，互相帮助。练习者按要领体会"后倒挂膝、悬垂摆动、压杠骑撑"，建立倒立时必须具备的前庭本体感觉。

2．倒挂练习

利用双杠和肋木，倒挂成倒立，体会头向下时的感觉；让学生坐在双杠一根杠上，双脚勾住另一根杠，身体慢慢后仰；倒挂后让学生多待一会，让其充分体会头向下时的本体感觉。

3．屈膝支撑"跷跷板"练习

一人练习，另一人轻扶或提拉，让练习者体会挂膝摆动右腿前伸压杠，臀部摆动在支点垂直时给力，以协助练习者体会臂腿压杠、伸髋立腰挺腿稳体的感觉。

4．标志练习

如上方悬挂一个排球，让练习者举腿触及，体会身体是否垂直的标志，帮助练习者形成体会臀部摆动在支点垂直时加力压杠挺身的感觉。

5．反馈改进练习

练习者通过观察动作分解挂图或教师正确示范来改进自己的动作；或另一个学生观察并用语言提示、指导其纠正动作。

6．在保护下完成练习

学生之间相互帮助完成动作。分两人一组练习，保护者站在练习者前侧面，两手扶他的小腿，提示练习者双手和额头成等边三角形，伸髋、立腰，双腿上伸绷脚面。

7．检查提高的练习

同学相互检查动作，矫正其不正确的动作，进一步提高动作质量，互相学习，共同提高。

8．成果展示的练习

学生与学生之间互相进行成果展示，相互学习，看谁的动作做得轻松、熟练、标准、美观。

教法提示：在学生开始学习的阶段，教师可以引导学生采用合作练习、倒挂和牵引练习；在改进动作阶段，可以采用标志练习、观察和帮助练习；在提高动作阶段，可采用检查和成果展示等方式以有效促进学生动作技能的形成与掌握。

【 教学顺序 】

1．教师讲解示范，学生观察领会骑撑后倒挂膝上的动作与要领。

2．教师教会学生互相保护与帮助的方法。

3．两人一组体验练习。

（1）双臂握杠，蹬地跳上成正撑，直腿摆动成骑撑的练习。

（2）在同伴帮助下做后倒挂膝悬垂摆动"跷跷板"的练习。

（3）在同伴帮助下做后倒挂膝悬垂摆动，左腿前伸压杠触标志物的练习。

（4）在同伴帮助下反复做骑撑、直臂后倒挂膝的练习。

（5）在没有帮助下做骑撑后倒挂膝上的完整练习。

4．教师巡回辅导，纠正错误。对学习有困难的同学，教师有针对性地安排学习内容。

同时，渲染鼓动活跃学习氛围，启发提示同学们团结合作、总结经验、共同提高。

5. 成果展示，教师点评。讲解精细动作要领，促进进一步理解。

6. 两人一组成果交流，继续练习，共同提高。

【 易犯错误与纠正方法 】

1. 易犯错误：后倒时屈膝下坐倒体，没有直臂后倒。纠正方法：① 可采用同伴帮助与语言提示或触物等方法予以改正，帮助学生建立正确动作的本体感觉。② 同伴一手托其背，另一手扶其腿，帮其体会上体后倒的感觉。

2. 易犯错误：后摆力量小，挂膝摆动不起来。纠正方法：① 采用同伴帮助与语言提示"左腿前伸压杠"等方法，帮助学生建立正确动作的本体感觉。② 同伴给力体会反复练习巩固提高，熟练动作，纠正错误。

3. 易犯错误：摆动与压杠脱节，不协调。纠正方法：① 语言提示。② 同伴一手托其背，另一手压其腿，帮其体会上体挺身压杠的感觉。

二、单杠：骑撑前回环的教学指导

（一）建立骑撑前回环的概念

运用讲解与口诀建立骑撑前回环的动作概念，运用教师示范、学生示范、图表演示或道具等促进学生对骑撑前回环技术要领的感知与表象的形成。教学方法是先讲粗大的动作要领，在建立感知后，再讲精细的动作要领。

【 骑撑前回环的技术结构 】

1. 两臂握杠，单双足蹬地跳上成正撑，直膝右腿摆动成骑撑。

2. 身体重心前移，右腿前远跨摆压，回环水平面右腿制动挺身立起。

3. 两臂直臂压杠，右腿制动，翻腕挺身成骑撑。

重点：直臂骑撑时身体重心的前移与摆压。

难点：右腿制动挺身与直臂压杠的配合。

【 骑撑前回环的动作图解 】

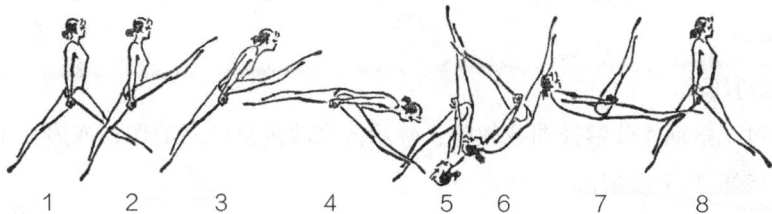

1   2   3   4   5 6   7   8

【骑撑前回环的教学口诀】

直臂骑撑重心前移摆压，左腿根贴杠直体前倒回环，

回环水平面右腿压杠挺身，翻腕骑撑倒体挺身压杠外转90°下。

重点：重心提起前移、前腿远跨。

难点：回环水平面时前腿压杠、挺身的时机。

（二）骑撑前回环的教学设计

【教学任务】

1. 使学生领会骑撑前回环的正确技术概念。

2. 使学生形成骑撑前回环的正确技术。

3. 发展学生平衡、定向、柔韧等的运动能力并增强体能。

4. 使学生建立对体操单杠运动的欣赏认知与活动习惯。

【教学方法】

同"肩肘倒立的教学设计"部分。

【辅助性练习】

1. 合作练习

两人一组合作学习骑撑前回环，互相帮助。练习者按要领体会"提重心前腿远跨、前倒回环压杠挺身制动、翻腕骑撑倒体挺身压杠180°下"这三个分解练习，建立倒立时必须具备的前庭本体感觉。

2. 标志练习

帮助者扶其右腿手，托其后背，让练习者举腿触标志物，体会身体重心提起前移远跨的动作感觉。

3. 直膝骑撑"跷跷板"练习

一人练习，另一帮助者扶腿与推背，让练习者体会回环摆动在支点垂直面时右腿制动与挺身压杠的动作感觉。

4. 直臂骑撑倒体挺身压杠外转90°下的练习

一人练习，另一帮助者站杠后扶腿维持其平衡，让练习者体会倒体挺身压杠与推手转体90°下的动作感觉。

5. 反馈改进练习

练习者通过观察动作分解挂图或教师正确示范来改进自己的动作；或另一个学生观察并用语言提示、指导其纠正动作。

6. 在保护下完成练习

两人一组练习，保护者站在练习者前侧面，一手扶背，一手握腕，帮助练习者完成骑撑

前回环的完整动作练习。

7．经验交流

同学相互交流，分享经验，矫正其不正确的动作，进一步提高动作质量，互相学习，共同提高。

8．成果展示的练习

学生与学生之间互相进行成果展示，相互学习，看谁的动作做得轻松、熟练、标准、美观。

教法提示：在学生开始学习阶段，多采用助力方式帮助其建立动作感觉；在改进动作阶段，一般采用标志练习、观察和提示等方式；在提高动作阶段，可采用经验交流和成果展示等予以指导，以有效促进学生动作技能的形成与掌握。

【 教学顺序 】

1．教师讲解示范，学生观察领会骑撑前回环的动作与要领。

2．教师教会学生互相保护与帮助的方法。

3．两人一组合作学习、体验练习。

（1）双臂握杠，蹬地跳上成正撑，直腿摆动成骑撑的练习。

（2）在同伴帮助下做直膝悬垂摆动"跷跷板"的右腿制动与挺身压杠练习。

（3）在同伴帮助下做后重心提起右腿前伸远跨触标志物的练习。

（4）在同伴帮助下反复做倒体挺身压杠推杠外转90°下的练习。

（5）在同伴帮助下反复做骑撑前回环的完整练习。

（6）在没有帮助下做骑撑前回环的完整练习。

4．教师巡回辅导，纠正错误。对学习有困难的同学，教师有针对性地安排学习内容，并渲染鼓动活跃学习氛围，启发提示同学们团结合作、总结经验、共同提高。

5．成果展示，教师点评。讲解精细动作要领，促进学生进一步理解。

6．两人一组成果交流，继续练习，共同提高。

【 易犯错误与纠正方法 】

1．易犯错误：重心没有前移就倒体，造成回环动力小，摆动不起来。纠正方法：① 可采用同伴帮助与语言提示或触物等方法予以改正，帮助学生建立正确动作的本体感觉。② 同伴一手托其背，另一手扶其腿，帮其体会提起重心前移、右腿远跨的动作感觉。

2．易犯错误：右腿未有制动，挺身压杠不起来。纠正方法：① 采用同伴帮助与语言提示"右腿前伸制动、挺身压杠"等方法，帮助学生建立正确动作的本体感觉。② 同伴给力体会，反复练习巩固提高，熟练动作，纠正错误。

3．易犯错误：倒体与挺身压杠脱节、不协调，造成重心低，不能完成挺身外转90°下的练习。纠正方法：① 语言提示。② 扶其腿，帮其体会挺身外转90°下的动作感觉。

🔍 **教学案例**

××中学骑撑后倒挂膝上体育课时计划

授课班级：初二年级50人 　　　　　　　　　　　　　　　　授课教师：张振华

教材内容	1. 学习骑撑后倒挂膝上。 2. 跳绳素质练习与排球练习。	课型	新授课	时间	45min

教学目标	1. 认知目标：学习骑撑后倒挂膝上，建立正确动作表象。 2. 技能目标：在帮助下80%的学生能基本完成骑撑后倒挂膝上，掌握后倒、摆动、压杠、展髋、挺身的动作技术；10%的学生能较好地完成；10%的学生完成有困难。 3. 通过骑撑后倒挂膝上练习发展学生身体素质，增强体能。 4. 培养学生的学习兴趣，提高学生学习动机与合作精神。

重点	重心后移直臂后倒。	难点	回环水平面时前腿前伸压杠与直臂压杠挺身的时机。

课部分	课的内容	组织教法和学练法		练习时间	练习次数
		教师活动	学生活动		
准备部分 6min	一、课堂常规 1. 集合、整理队形、师生问候。 2. 宣布课的任务，安排见习同学。 3. 值日生借体育器材。	一、课堂常规 1. 课前认真检查场地，消除不安全的隐患。 2. 安排见习同学，指挥值日生借领体育器材。 3. 精神饱满地带领学生做好准备活动。	一、课堂常规 1. 认真检查服装，以精神饱满的状态进入课堂。 2. 四列横队队形上课图略。		
	二、准备活动 1. 绕单杠往返慢跑。 2. 徒手操五节： （1）双臂绕环运动。 （2）扩胸运动。 （3）体转运动。 （4）弓步压腿。 （5）头颈膝踝运动。	二、准备活动 1. 讲解规则，组织游戏。 2. 参与学生的游戏活动。 3. 组织学生进行徒手操的练习。	二、练习要求 1. 按照要求进行准备活动。 2. 做操时要认真，动作规范。 3. 徒手操组织方法及要求：略。 4. 绕单杠往返慢跑组织图见图A。 图A		

（续表）

课部分	课的内容	组织教法和学练法		练习时间	练习次数
		教师活动	学生活动		
基本部分 35 min	一、简述骑撑后倒挂膝上动作的特点并提出学习目标与方法 二、学习骑撑后倒挂膝上 1. 让学生观看挂图建立概念和动作表象。 2. 在同伴帮助下，进行双臂握杠，蹬地跳上成正撑，直腿摆动成骑撑的练习。 3. 在同伴帮助下做后倒挂膝悬垂摆动"跷跷板"的练习。 4. 在同伴帮助下做后倒挂膝悬垂摆动，左腿前伸压杠触标志物的练习。 5. 在同伴帮助下反复做骑撑—直臂后倒挂膝的练习。 6. 尝试在没有帮助的条件下做骑撑后倒挂膝上的完整练习。 7. 成果展示，交流经验。 8. 两人一组检查交流、深化练习 三、跳绳练习 1. 两人一组合作跳绳。 2. 跳长绳游戏：闯三关。 四、排球复习 1. 基础差的同学做三角垫传球与五角垫球接龙。 2. 基础好的同学做排球比赛。	一、组织教法 1. 利用图板讲解骑撑后倒挂膝上的动作要领和方法。 2. 常速与慢速示范骑撑后倒挂膝上动作技术结构。 3. 指导学生进行练习，纠正练习过程中出现的错误动作。 4. 为学习有困难的同学提供有针对性的辅导。 5. 为增大教学密度，教学组织设计为：全班分三组11min两次等时轮换。 【教学口诀】 上体后倒屈膝悬垂，左腿前伸送髋摆动，两臂右腿压杠前伸，翻腕挺身压杠骑撑。 【动作要点】 倒、举、压、挺。 二、组织教法 1. 教师巡回辅导，纠正错误，精讲动作要领。 2. 为学习有困难的同学安排有针对性的辅导。 3. 渲染鼓动、活跃学习氛围，对不同学习程度的同学分别提出学习要求。 三、组织教法 1. 各组按要求认真进行练习，11min交换。 2. 各组合作学习，相互配合，互帮互助。	一、学练法 1. 认真听讲解、看示范，按要领进行各种练习。 2. 在同伴帮助下合作学习、互帮互助、共同提高。 3. 练习的组织设计如下（见图B）： 　一组分三个单杠进行合作练习骑撑后倒挂膝上，没有在杠上练习的同学，在垫子上用体操棍做分解模仿练习。 　二组先两人一组合作跳绳，然后做跳长绳游戏：闯三关。 　三组复习排球垫传球或进行排球教学比赛。 一组学习后倒挂膝上 二组素质跳绳 → 三组复习排球 图B 二、学练法 1. 学生观看图示，提高理解。 2. 让动作掌握好的同学进行成果展示，分享学习经验，共同提高。 3. 两人一组互帮互助、交流分享、共同提高。 4. 学习有困难的同学在垫子上用体操棒做分解模仿练习，领会动作。 三、学练法 1. 在小组长带领下按要求认真进行练习。 2. 合作配合，交流分享，共同提高。		

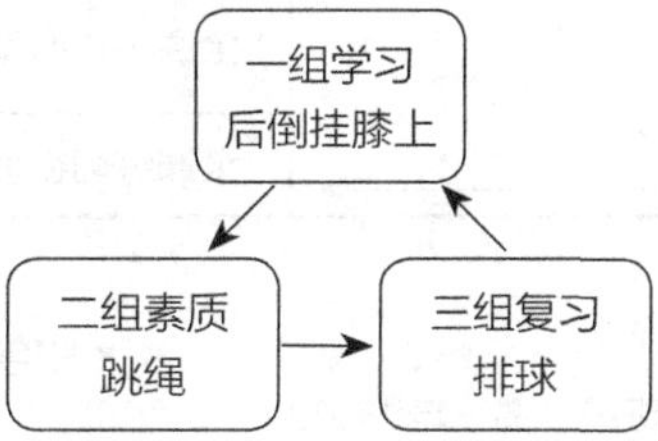

（续表）

课部分	课的内容	组织教法和学练法		练习时间	练习次数
		教师活动	学生活动		
结束部分 4min	一、放松活动 　　相互做鬼脸引笑与做身体放松活动。 二、课堂小结，表扬先进，鼓励后进 三、宣布下次课复习骑撑后倒挂膝上内容 四、值日生收还器材，布置课外作业	一、组织教法 1. 组织同学做放松活动。 2. 进行课堂小结，总结问题，提出希望，布置课后练习。 3. 对技术动作掌握较差的同学与好的同学结合配对，在课后相互帮助，共同提高。 4. 督促值日生还器材。 二、全课教法提示 1. 教师全课渲染鼓动，激发课堂氛围。 2. 注意因材施教，帮助学生学会学习。	学练法： 1. 同学在教师的带领下认真做放松活动。 2. 体育委员督促值日生还器材。		

	预计生理负荷与练习密度		场地器材	注意事项
脉搏曲线	全课平均心率	130次/min左右	单杠三个、垫子若干块	
	全课练习密度	65%左右		

××中学骑撑前回环体育课时计划

授课班级：高一年级50人　　　　　　　　　　　　　　　　授课教师：张振华

教材内容	1. 学习骑撑前回环。 2. 跳绳素质练习与篮球练习。	课型	新授课	时间	45min

教学目标	1. 认知目标：学习骑撑前回环，建立正确动作表象。 2. 技能目标：在帮助下80%的学生能基本完成骑撑前回环的回环、制动、压杠、挺身的动作技术，10%的学生能较好地完成，10%的学生完成有困难。 3. 通过骑撑前回环练习发展学生身体素质，增强体能。 4. 培养学生的学习兴趣，提高学生学习动机与合作精神。

重点	重心的提起前移与前腿远跨。	难点	回环水平面时前腿制动压杠与挺身的时机。

课部分	课的内容	组织教法和学练法		练习时间	练习次数
		教师活动	学生活动		
准备部分 6min	一、课堂常规 1. 集合、整理队形、师生问候。 2. 宣布课的任务，安排见习同学。 3. 值日生借体育器材。	一、课堂常规 1. 课前认真检查场地，消除不安全的隐患。 2. 安排见习同学，指挥值日生借领体育器材。 3. 精神饱满地带领学生做好准备活动。	一、课堂常规 1. 认真检查服装，以精神饱满的状态进入课堂。 2. 四列横队站好，上课组织形式见图A。 ⊙○○○○○○○○ ⊙○○○○○○○○ ⊙○○○○○○○○ ⊙○○○○○○○○ ● 图A		

（续表）

课部分	课的内容	组织教法和学练法		练习时间	练习次数
		教师活动	学生活动		
准备部分 6 min	二、准备活动 1. 绕单杠往返慢跑。 2. 徒手操五节： （1）双臂绕环运动。 （2）扩胸运动。 （3）体转运动。 （4）弓步压腿。 （5）头颈膝踝运动。	二、准备活动 1. 讲解规则，组织游戏。 2. 参与学生的游戏活动。 3. 组织学生进行徒手操的练习。	二、练习要求 1. 按照要求进行准备活动。 2. 做操时要认真，动作规范。 3. 徒手操组织方法及要求：略。 4. 绕单杠往返慢跑组织图见图B。 图B		
基本部分 35 min	一、简述骑撑前回环的动作特点并提出学习目标与方法。	一、组织教法 1. 利用图板讲解骑撑前回环动作要领并提出学习目标与方法。 2. 常速与慢速示范骑撑前回环动作技术结构。 3. 指导学生进行练习，纠正练习过程中出现的错误动作。 4. 为学习有困难的同学提供有针对性的辅导。 5. 为增大教学密度，教学组织设计为：11min全班分三组两次等时轮换。 【教学口诀】 直臂骑撑重心前移摆压，左腿根贴杠直体前倒回环，回环水平面右腿压杠挺身，翻腕骑撑倒体挺身压杠外转90°下。 【动作要点】 跨、举、压、挺。	一、学练法 1. 认真听讲解、看示范，按要领进行各种练习。 2. 在同伴帮助下合作学习，互帮互助，共同提高。 3. 练习的组织设计如下（见图C）： 　一组分三个单杠进行合作练习骑撑后倒挂膝上，没有在杠上练习的同学在垫子上用体操棒做分解模仿练习。 　二组先两人一组合作跳绳，然后做跳长绳游戏：闯三关。 　三组复习运球上篮或进行篮球教学比赛。 一组学习骑撑前回环 二组素质跳绳　→　三组复习篮球 图C		

（续表）

课部分	课的内容	组织教法和学练法		练习时间	练习次数
		教师活动	学生活动		
基本部分 35 min	二、学习骑撑前回环 1. 让学生观看挂图建立概念和动作表象。 2. 在同伴的帮助下做蹬地跳上成正撑，直腿摆动成骑撑外转90°下的练习。 3. 在同伴帮助下做直膝悬垂摆动"跷跷板"的右腿制动与直臂和挺身压杠练习。 4. 在同伴帮助下做后重心提起，右腿前伸远跨触标志物的练习。 5. 在同伴帮助下反复做骑撑前回环的完整练习。 6. 尝试做没有帮助的骑撑前回环完整练习。 7. 成果展示。 8. 两人一组检查交流，深化练习。	二、组织教法 1. 教师巡回辅导，纠正错误，精讲动作要领。 2. 为学习有困难的同学安排有针对性的辅导。 3. 渲染鼓动活跃学习氛围，对不同学习程度的同学分别提出学习要求。	二、学练法 1. 学生观看图示，提高理解。 2. 让动作掌握好的同学进行成果展示，分享学习经验，共同提高。 3. 两人一组互帮互助，交流分享，共同提高。 4. 学习有困难的同学在垫子上用体操棒做分解模仿练习，领会动作。		
	三、跳绳练习 1. 两人一组合作跳绳。 2. 跳长绳游戏：闯三关。 四、篮球复习 1. 基础差的同学做运球上篮与投篮练习。 2. 基础好的同学做篮球半场比赛。	三、组织教法 1. 各组按要求认真进行练习，11min交换。 2. 各组合作学习，相互配合，互帮互助。	三、学练法 1. 在小组长带领下按要求认真进行练习。 2. 合作配合，交流分享，共同提高。		

（续表）

课部分	课的内容	组织教法和学练法		练习时间	练习次数
		教师活动	学生活动		
结束部分 4min	一、放松活动 　　相互做鬼脸引笑 　　与做身体放松活动。 二、课堂小结，表 　　扬先进，鼓励 　　后进 三、宣布下次课复 　　习骑撑前回环 　　内容 四、值日生收还器 　　材，布置课外 　　作业	一、组织教法 1. 组织同学做放松活动。 2. 进行课堂小结，总结问 　　题，提出希望，布置课后 　　练习。 3. 对技术动作掌握较差的同学 　　与好的同学结合配对，在课 　　后相互帮助，共同提高。 4. 督促值日生还器材。 二、全课教法提示 1. 教师全课渲染鼓动，激发 　　课堂氛围。 2. 注意因材施教，帮助学生 　　学会学习。	学练法： 1. 同学在教师的带领下认真做放 　　松活动。 2. 体育委员督促值日生还器材。		

预计生理负荷与练习密度			场地器材	课后小结
脉搏曲线	全课平均心率	135次/min左右	单杠3个，垫子、跳绳、篮球若干	
	全课练习密度	65%左右		

三、双杠：分腿滚翻成分腿坐支撑后摆下（女生）的教学指导

（一）建立分腿滚翻成分腿坐支撑后摆下的概念

运用讲解与口诀建立双杠：分腿滚翻成分腿坐支撑后摆下的动作概念，运用教师示范、学生示范、图表演示或道具等促进学生对双杠：分腿滚翻成分腿坐支撑后摆下的要领形成感知与表象。教学方法是先讲粗大的动作要领，在建立感知后，再讲精细的动作要领。

【 分腿滚翻成分腿坐支撑后摆下的技术结构 】

1. 分腿坐体前两手握杠，上体前倒屈臂提臀，两肘外张钻杠。

2. 肩在手前撑杠，低头含胸分腿屈体前滚。

3. 臀部过垂直面时，两手换握分腿下压，两臂压杠挺身成分腿坐。

重点：屈臂提臀倒立，两肘外张挂杠与钻杠滚翻。

难点：两手换握与分腿压杠的配合。

【 分腿滚翻成分腿坐支撑后摆下的动作图解 】

练习动作一：垫上与双杠的分腿滚翻成分腿坐

技术要点：推挺—压垫—分腿坐①，推挺—压杠—立体—分腿坐②③。

练习动作二：分腿滚翻成分腿坐

技术要点：收腹提臀肩前探①②，低头展肘肩手撑③，

臀过垂直换手握④，屈体前滚上体跟⑤⑥。

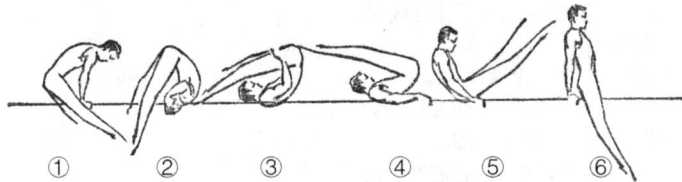

练习动作三：分腿坐后摆下

技术要点：后摆两腿后上甩①②，右手推杠身挺开③④，

身向左移手换握⑤⑥，右臂支撑落下来⑦⑧。

【 分腿滚翻成分腿坐支撑后摆下的教学口诀 】

分腿坐体前手握杠，上体前倒屈臂提臀，两肘外张肩撑杠。

低头含胸分腿前滚，臀部过垂直面时，两手换握分腿下压，

两臂压杠挺身分腿坐，并腿弹杠支撑摆动，推杠挺身后摆下。

重点：重心提起前移与前腿远跨。

难点：回环水平面时前腿制动压杠与挺身的时机。

（二）分腿滚翻成分腿坐支撑后摆下的教学设计

【 教学任务 】

1. 使学生领会双杠：分腿滚翻成分腿坐支撑后摆下的正确技术概念。

2. 使学生形成双杠：分腿滚翻成分腿坐支撑后摆下的正确技术。

3．发展学生平衡、定向、柔韧等的运动能力并增强体能。

4．使学生建立对体操双杠运动的欣赏认知与活动习惯。

【 教学方法 】

通"肩肘倒立的教学设计"部分。

【 辅助性练习 】

1．合作练习

两人一组合作学习分腿滚翻成分腿坐支撑后摆下，互相帮助。练习者按要领体会"两手握杠前倒提臀、肩撑杠换握分腿滚杠、分腿坐支撑后摆下"这逐步分解的三个练习，建立滚翻的前庭本体动作感觉。

（1）垫上练习分腿立撑，前滚翻成分腿坐。帮助者扶其右腿，托其后背，让练习者分解练习提臀肩撑杠与分腿滚翻的动作，体会身体重心提起前移肩撑杠的动作感觉。

（2）垫上头手倒立后做分腿滚翻的练习。一人练习，另一帮助者扶腿直立，让练习者体会直立后接分腿滚翻接挺身起立的动作感觉。

（3）在保护帮助下完成练习。帮助者一手握其上臂，一手给力练习者做支撑后摆下的练习，让练习者体会后摆推杠下的动作感觉。

2．反馈改进练习

练习者通过观察动作分解挂图或教师正确示范来改进自己的动作；或另一个学生观察并用语言提示、指导其纠正动作。

3．在保护下完成练习

两人一组练习，保护者站在练习者前侧面，一手扶背，一手握腕，帮助练习者完成分腿滚翻成分腿坐支撑后摆下的完整动作练习。

4．经验交流

同学相互交流，分享经验，矫正不正确的动作，进一步提高动作质量，互相学习，共同提高。

5．成果展示的练习

学生与学生之间互相进行成果展示，相互学习，看谁的动作做得轻松、熟练、标准、美观。

教法提示：在学生开始学习阶段，多采用助力方式帮助其建立动作感觉；在改进动作阶段，一般采用标志练习、观察和提示等方式；在提高动作阶段，可采用经验交流和成果展示等予以指导，以有效促进学生动作技能的形成与掌握。

【 教学顺序 】

1．教师讲解示范，学生观察领会分腿滚翻成分腿坐支撑后摆下的动作与要领。

2．教师教会学生互相保护与帮助的方法。

3. 两人一组合作学习的体验练习。

（1）做双臂握杠，蹬地跳上成正撑摆动接后摆下的练习。

（2）在同伴帮助下做分腿坐倒体肩撑杠倒立后接滚翻的练习。

（3）在同伴帮助下做后分腿坐倒体滚翻后的分腿压杠起立的练习。

（4）在同伴帮助下做分腿滚翻成分腿坐支撑后摆下的完整练习。

（5）尝试在没有帮助下做分腿滚翻成分腿坐支撑后摆下的完整练习。

4. 教师巡回辅导，纠正错误。对学习有困难的同学，教师有针对性地安排学习内容，并渲染鼓动活跃学习氛围，启发提示同学们团结合作、总结经验、共同提高。

5. 成果展示，教师点评，讲解精细动作要领，促进进一步理解。

6. 两人一组成果交流，继续练习，共同提高。

【易犯错误与纠正方法】

1. 易犯错误：重心没有经倒立就倒体，造成滚翻动力小，分腿坐不起来。纠正方法：① 可采用同伴帮助与语言提示或触物等方法予以改正，帮助学生建立正确动作的本体感觉。② 同伴一手托其背，另一手扶其腿，帮其体会倒立后接分腿滚翻的动作感觉。

2. 易犯错误：分腿坐时未有制动压杠，挺身立杠不起来。纠正方法：① 同伴帮助与语言提示"滚翻分腿压杠、挺身起立"等方法，帮助学生建立本体动作感觉。② 同伴给力体会，反复练习巩固提高，熟练动作，纠正错误。

3. 易犯错误：分腿坐与推杠脱节、不协调，造成重心低，不能完成挺身后摆下的练习。纠正方法：① 语言提示推杠挺身。② 同伴给力推其后摆下离杠，以建立本体性的动作感觉。

四、双杠：挂臂屈伸上/支撑摆动成分腿坐/肩肘倒立/前摆下（男生）的教学指导

（一）建立挂臂屈伸上/支撑摆动成分腿坐/肩肘倒立/前摆下的概念

运用讲解与口诀建立双杠：挂臂屈伸上/支撑摆动成分腿坐/肩肘倒立/前摆下的动作概念，运用教师示范、学生示范、图表演示或道具等促进学生对其要领形成感知与表象。教学方法是先讲粗大的动作要领，在建立感知后，再讲精细的动作要领。

【双杠：挂臂屈伸上/支撑摆动成分腿坐/肩肘倒立/前摆下的技术结构】

1. 跳上，两臂挂杠摆动，前摆打腿制动两臂压杠，振胸挺身成支撑。

2. 支撑摆动过杠面成分腿坐，前倒慢起成肩肘倒立。

3. 肩撑杠倒立翻臀分腿坐，挺身压杠并腿摆动前摆下。

重点：挂臂摆动振体，肩撑杠提臀，倒立翻臀分腿坐。

难点：两手换握与分腿压杠并腿起立摆动的配合。

【 双杠：挂臂屈伸上/支撑摆动成分腿坐/肩肘倒立/前摆下的动作图解 】

练习动作一：挂臂屈伸上

技术要点：屈体挂臂前引肩①②，双臂压杠立身起③④，
　　　　　前摆踢腿髋前送⑤⑥，留住身体向后摆⑦⑧。

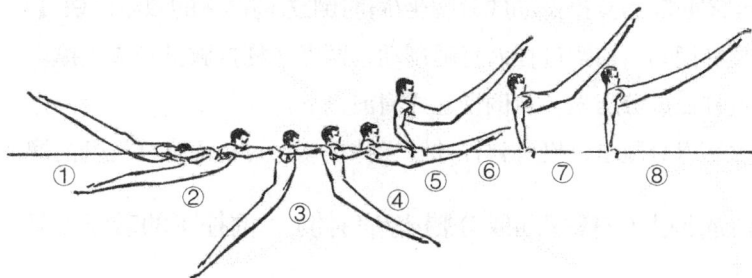

练习动作二：支撑摆动成分腿坐（滚翻成分腿坐）

技术要点：挺倒前撑杠①②③，摆越向后方③④，
　　　　　前摆分腿坐④⑤，推杠立身起⑤⑥。

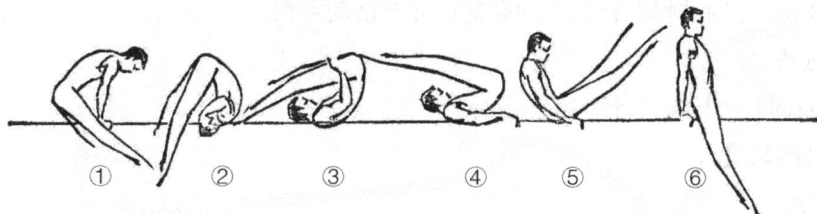

练习动作三：支撑摆动成肩肘倒立

技术要点：后摆留住肩莫冲①②③，两臂收肘肩顶杠④，
　　　　　两手抓住杠夹臂撑⑤，顶肩紧要体直伸⑥。

练习动作四：支撑前摆下

技术要点：两腿前摆向上踢①②③，左手推杠体右移④，
　　　　　顶肩换手髋前送⑤，推杠挺身稳下地⑥。

【 双杠：挂臂屈伸上/支撑摆动成分腿坐/肩肘倒立/前摆下的教学口诀 】

跳上两臂挂杠摆动，前摆过杠面打腿制动，两臂压杠振胸挺身成支撑。

支撑摆动过杠面成分腿坐，前倒慢起成肩肘倒立。

肩撑杠倒立翻臀分腿坐，挺身弹杠并腿支撑摆动，过杠面推杠挺身前摆下。

（二）挂臂屈伸上/支撑摆动成分腿坐/肩肘倒立/前摆下的教学设计

【 教学任务 】

1. 使学生领会双杠：挂臂屈伸上/支撑摆动成分腿坐/肩肘倒立/前摆下的正确技术概念。

2. 使学生形成双杠：挂臂屈伸上/支撑摆动成分腿坐/肩肘倒立/前摆下的正确技术。

3. 发展学生平衡、定向、柔韧等的运动能力并增强体能。

4. 使学生建立对体操双杠运动的欣赏认知与活动习惯。

【 教学方法 】

通"肩肘倒立的教学设计"部分。

【 辅助性练习 】

1. 合作练习

两人一组合作学习挂臂屈伸上/支撑摆动成分腿坐/肩肘倒立/前摆下，互相帮助。练习者按要领体会"挂臂屈伸上、支撑摆动成分腿坐、肩肘倒立、分腿坐摆动下"这逐步分解的四个练习，建立前庭平衡器的本体动作感觉。

（1）仰卧垫上做屈体打腿、制动、上体急振、跟肩的模仿练习。体会身体重心提起前移的动作感觉。

（2）挂杠做屈体打腿、制动、上体急振、跟肩的模仿练习。体会身体重心提起前移的动作感觉。

（3）垫上头手倒立后做分腿滚翻的练习。一人练习，另一帮助者扶腿直立，让练习者体会直立后接分腿滚翻、接挺身起立的动作感觉。

（4）杠上支撑摆动头手倒立后做分腿滚翻的练习。一人练习，另一帮助者扶腿直立，让练习者体会直立后接分腿滚翻、接挺身起立的动作感觉。

（5）杠上支撑摆动做分腿坐接前摆下的练习。一人练习，另一帮助者站杠外一手握其上臂助其平衡，另一手给力，让练习者体会前摆推杠与挺身下的动作感觉。

2. 反馈改进练习

练习者通过观察动作分解挂图或教师正确示范来改进自己动作；或另一个学生观察并用语言提示、指导其纠正动作。

3. 在保护帮助下完成练习

两人一组练习，保护者站在练习者前侧面，一手扶背，一手握其上臂，帮助练习者完成挂臂屈伸上/支撑摆动成分腿坐/肩肘倒立/前摆下的完整动作练习。

4. 经验交流

同学相互交流，分享经验，纠正不正确的动作，进一步提高动作质量，互相学习，共同提高。

5. 成果展示的练习

学生与学生之间互相进行成果展示，相互学习，看谁的动作做得轻松、熟练、标准、美观。

教法提示：在学生开始学习阶段，多采用助力方式帮助其建立动作感觉；在改进动作阶段，一般采用标志练习、观察和提示等方式；在提高动作阶段，可采用经验交流和成果展示等予以指导，以有效促进学生动作技能的形成与掌握。

【 教学顺序 】

1. 教师讲解示范，学生观察领会挂臂屈伸上/支撑摆动成分腿坐/肩肘倒立/前摆下的动作与要领。

2. 教师教会学生互相保护与帮助的方法。

3. 两人一组合作学习的体验练习。

（1）仰卧垫上做屈体打腿、制动、上体急振、跟肩的模仿练习，体会身体重心提起前移的动作感觉。

（2）在同伴帮助下挂杠做屈体打腿、制动、上体急振、跟肩的模仿练习，体会身体重心提起前移的动作感觉。

（3）在同伴帮助下垫上头手倒立后做分腿滚翻的练习。一人练习，另一帮助者扶腿直立，让练习者体会直立后接分腿滚翻、接挺身起立的动作感觉。

（4）在同伴帮助下杠上支撑摆动头手倒立后做分腿滚翻练习。一人练习，另一帮助者扶腿直立，让练习者体会直立后接分腿滚翻、接挺身起立的动作感觉。

（5）杠上支撑摆动做分腿坐接前摆下练习。一人练习，另一帮助者站杠外一手握其上臂助其平衡，另一手给力，让练习者体会前摆推杠与挺身下的动作感觉。

（6）在同伴帮助下做挂臂屈伸上/支撑摆动成分腿坐/肩肘倒立/前摆下的完整练习。

（7）尝试在没有帮助下做挂臂屈伸上/支撑摆动成分腿坐/肩肘倒立/前摆下的完整练习。

4. 教师巡回辅导，纠正错误。对学习有困难的同学，教师有针对性地安排学习内容，并渲染鼓动活跃学习氛围，启发提示同学们团结合作，总结经验，共同提高。

5. 成果展示，教师点评，讲解精细动作要领，促进进一步理解。

6. 两人一组成果交流，继续练习，共同提高。

【易犯错误与纠正方法】

1. 易犯错误：做挂臂屈伸上时，没有上体急振与打腿制动，挺身不起来。纠正方法：① 可采用同伴帮助与语言提示或触物等方法予以改正，帮助学生建立正确动作的本体感觉。② 同伴一手推其背，并给力让其体会急振制动挺身的动作感觉。

2. 易犯错误：分腿坐时未有制动压杠，支撑摆动不起来。纠正方法：① 采用同伴帮助与语言提示"分腿压杠、挺身起立"等方法，帮助学生建立正确动作的本体感觉。② 同伴给力体会，反复练习巩固提高，熟练动作，纠正错误。

3. 易犯错误：前摆下与推杠脱节、不协调，造成重心低，不能完成移重心、换握前摆挺身下的动作。纠正方法：① 语言提示其移重心、换握推杠。② 同伴握其上臂维持平衡，另一手在其后摆过杠时推其离杠，帮助其建立前摆下的动作感觉。

🔍 **教学案例**

××中学分腿滚翻成分腿坐支撑后摆下（女）体育课时计划

授课教师：张振华

教材内容	1. 学习分腿滚翻成分腿坐支撑后摆下（女生）。 2. 素质练习。	课型	新授课	时间	45min

教学目标	1. 认知目标：学习分腿滚翻成分腿坐支撑后摆下，建立正确动作表象。 2. 技能目标：80%学生能基本完成教学内容的摆动、制动、压杠、挺身的动作技术，10%学生能较好地完成，10%的学生完成有困难。 3. 通过分腿滚翻成分腿坐支撑后摆下练习，发展学生身体素质，增强体能。 4. 培养学生的学习兴趣，提高学生学习动机与合作精神。

重点	屈臂提臀倒立，两肘外张挂杠与钻杠滚翻。	难点	两手换握与并腿弹杠摆动的配合。

课部分	课的内容	组织教法和学练法		练习时间	练习次数
		教师活动	学生活动		
准备部分 6 min	一、课堂常规 1. 集合、整理队形、师生问候。 2. 宣布课的任务，安排见习同学。 3. 值日生借体育器材。	一、课堂常规 1. 课前认真检查场地，消除不安全的隐患。 2. 安排见习同学，指导值日生借领体育器材。 3. 精神饱满地带领学生做好准备活动。	一、课堂常规 1. 认真检查服装，以精神饱满的状态进入课堂。 2. 四列横队站好队形，上课图见图A。 〇〇〇〇〇〇〇〇〇 〇〇〇〇〇〇〇〇〇 〇〇〇〇〇〇〇〇〇 〇〇〇〇〇〇〇〇〇 ● 图A		

（续表）

课部分	课的内容	组织教法和学练法		练习时间	练习次数
		教师活动	学生活动		
准备部分6min	二、准备活动 1. 绕双杠慢跑。 2. 徒手操五节： （1）双臂绕环运动。 （2）扩胸运动。 （3）体转运动。 （4）弓步压腿。 （5）头颈膝踝运动。	二、准备活动 1. 讲解规则，组织游戏。 2. 参与学生的游戏活动。 3. 组织学生进行徒手操的练习。	二、练习要求 1. 按照要求进行游戏活动。 2. 做操时要认真，动作规范。 3. 徒手操组织方法及要求：略。 4. 绕双杠慢跑的组织图见图B。 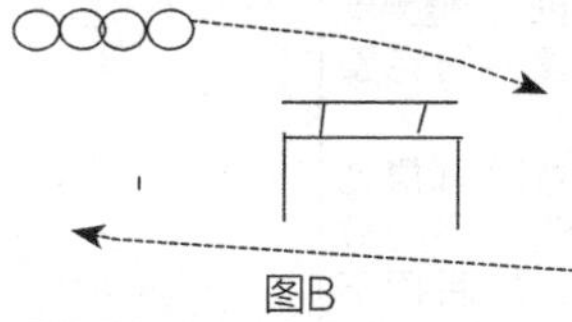 图B		
基本部分35min	一、简述分腿滚翻成分腿坐支撑后摆下的动作特点和学习目标与方法	一、组织教法 1. 利用图板讲解教材动作要领并提出学习目标与方法。 2. 常速与慢速相结合进行动作技术结构的示范。 3. 指导学生进行练习，纠正学生练习过程中出现的错误动作。 4. 为学习有困难的同学提供有针对性的辅导。 5. 为增大教学密度，教学组织设计如下：11min全班分三组两次等时轮换。 【教学口诀】 分腿坐体前手握杠，上体前倒屈臂提臀，两肘外张肩撑杠。低头含胸分腿前滚，臀部过垂直面时，两手换握分腿下压，两臂压杠挺身分腿坐，并腿弹杠支撑摆动，推杠挺身后摆下。 【动作要点】 摆、分、压、挺。	一、学练法 1. 认真听讲解看示范，按要领进行各种练习。 2. 在同伴帮助下合作学习，互帮互助，共同提高。 3. 练习的组织设计如下：（见图C） 　一组分三个双杠进行合作练习，学习教学内容。 　二组先两人一组合作跳绳，然后做跳长绳游戏：闯三关。 　三组复习排球垫传球或比赛。 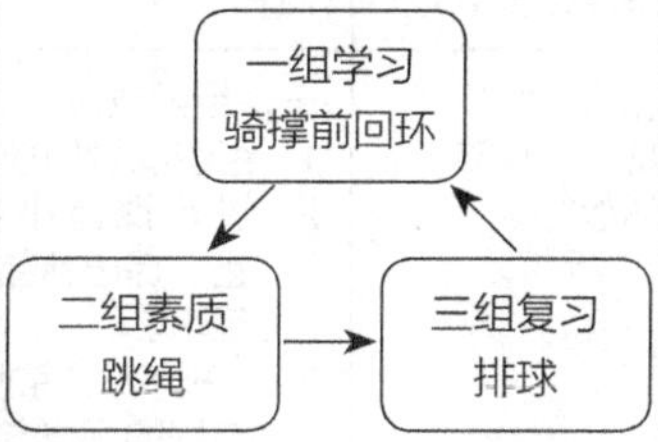 一组学习骑撑前回环 二组素质跳绳　三组复习排球 C图		
	二、学习分腿滚翻成分腿坐支撑后摆下 1. 让学生观看挂图，建立概念和动作表象。 2. 在同伴帮助下做双臂握杠，蹬地跳上成正撑摆动的练习。 3. 在同伴帮助下做支撑摆动分腿坐练习。 4. 在同伴帮助下做分腿坐倒体滚翻与分腿压杠起立练习。	二、组织教法 1. 教师巡回辅导，纠正错误，精讲动作要领。 2. 为学习有困难的同学安排有针对性的辅导。 3. 渲染鼓动活跃学习氛围，对不同学习程度的同学分别提出学习要求。	二、学练法 1. 学生观看图示，提高理解。 2. 让动作掌握好的同学进行成果展示，分享学习经验，共同提高。 3. 两人一组互帮互助，交流分享，共同提高。 4. 学习有困难的同学在垫子上做分解模仿练习，领会动作。		

（续表）

课部分	课的内容	组织教法和学练法		练习时间	练习次数
		教师活动	学生活动		
基本部分 35 min	5. 在同伴帮助下做分腿坐弹杠并腿支撑后摆下的完整练习。 6. 在同伴帮助下做分腿滚翻成分腿坐支撑后摆下的完整练习。 7. 尝试做没有帮助的分腿滚翻成分腿坐支撑后摆下的完整练习。 三、跳绳练习 　两人合作跳绳与跳长绳游戏：闯三关。 四、排球复习 1. 基础差的同学做三角垫球与五角垫球接龙。 2. 基础好的同学进行排球比赛。	三、组织教法 1. 各组按要求认真进行练习，11min交换。 2. 各组合作学习，相互配合，互帮互助。	三、学练法 1. 在小组长带领下各组按要求认真进行练习。 2. 合作配合，交流分享，共同提高。		
结束部分 4 min	一、放松活动 1. 游戏：鬼脸笑。 2. 身体放松。 二、课堂小结，表扬先进，鼓励后进 三、宣布下课，值日生收还器材，布置课外作业	一、组织教法 1. 组织同学做放松活动。 2. 进行课堂小结，总结问题，提出希望，布置课后练习。 3. 对技术动作掌握较差的同学与好的同学结合配对，在课后相互帮助，共同提高。 4. 督促值日生还器材。 二、全课教法提示 1. 教师全课渲染鼓动，激发课堂氛围。 2. 注意因材施教，帮助学生学会学习。	学练法： 1. 同学在教师的带领下认真做放松活动。 2. 体育委员督促值日生还器材。		

预计生理负荷与练习密度			场地器材	课后小结
脉搏曲线	（脉搏曲线图）	全课平均心率	130次/min左右	双杠3个、垫子若干块
		全课练习密度	65%左右	

××中学挂臂屈伸上/支撑摆动成分腿坐/肩肘倒立/前摆下（男生）体育课时计划

授课教师：张振华

教材内容	1. 学习挂臂屈伸上/支撑摆动成分腿坐/肩肘倒立/前摆下（男生）。 2. 素质练习。		课型	新授课	时间	45min

教学目标	1. 认知目标：学习挂臂屈伸上/支撑摆动成分腿坐/肩肘倒立/前摆下，建立正确动作表象。 2. 技能目标：80%的学生能基本完成教学内容的摆动、制动、压杠、挺身的动作技术，10%的学生能较好地完成，10%的学生完成有困难。 3. 以挂臂屈伸上/支撑摆动成分腿坐/肩肘倒立/前摆下练习发展学生身体素质，增强体能。 4. 培养学生的学习兴趣，提高学生学习动机与合作精神。

重点	挂臂摆动振体，肩撑杠提臀，倒立翻臀分腿坐。	难点	两手换握与并腿弹杠起立摆动的配合。

课部分	课的内容	组织教法和学练法		练习时间	练习次数
		教师活动	学生活动		
准备部分6min	一、课堂常规 1. 集合、整理队形、师生问候。 2. 宣布课的任务，安排见习同学。 3. 值日生借体育器材。 二、准备活动 1. 绕双杠慢跑。 2. 徒手操五节： （1）双臂绕环运动。 （2）扩胸运动。 （3）体转运动。 （4）弓步压腿。 （5）头颈膝踝运动。	一、课堂常规 1. 课前认真检查场地，消除不安全的隐患。 2. 安排见习同学，指导值日生借领体育器材。 3. 精神饱满地带领学生做好准备活动。 二、准备活动 1. 讲解规则，组织游戏。 2. 参与学生游戏活动。 3. 组织学生进行徒手操的练习。	一、课堂常规 1. 认真检查服装，以精神饱满的状态进入课堂。 2. 四列横队站好，上课队形图见图A。 ⊙⊙⊙⊙⊙⊙⊙⊙ ⊙⊙⊙⊙⊙⊙⊙⊙ ⊙⊙⊙⊙⊙⊙⊙⊙ ⊙⊙⊙⊙⊙⊙⊙⊙ ● 图A 二、练习要求 1. 按照要求进行游戏活动。 2. 做操时要认真，动作规范。 3. 徒手操组织方法及要求：略。 4. 绕双杠慢跑的组织图见图B。 图B		

（续表）

课部分	课的内容	组织教法和学练法		练习时间	练习次数
		教师活动	学生活动		
基本部分 35 min	一、简杠挂臂屈伸上/支撑摆动成分腿坐/肩肘倒立/前摆下的动作特点和学习目标与方法 二、学习挂臂屈伸上/支撑摆动成分腿坐/肩肘倒立/前摆下 1. 让学生观看挂图，建立概念和动作表象。 2. 仰卧垫上做屈体打腿、制动、上体急振、跟肩的模仿练习，体会身体重心提起前移的动作感觉。 3. 在同伴帮助下挂杠做屈体打腿、制动、上体急振、跟肩的模仿练习。 4. 在同伴帮助下垫上头手倒立后做分腿滚翻的练习。 5. 在同伴帮助下杠上支撑摆动头手倒立后做分腿滚翻的练习。 6. 杠上支撑摆动做分腿坐接前摆下的练习。 7. 在同伴帮助下做完整的练习。 8. 尝试在没有帮助的情况下做完整练习。 三、跳绳练习 两人合作跳绳与跳长绳游戏：闯三关。 四、篮球复习 1. 基础差的同学做运球上篮与投篮等。 2. 基础好的同学进行篮球半场比赛。	一、组织教法 1. 利用图板讲解教材动作要领并提出学习目标与方法。 2. 常速与慢速相结合进行动作技术结构的示范。 3. 指导学生进行练习，纠正练习过程中出现的错误动作。 4. 为学习有困难的同学提供有针对性的辅导。 5. 为增大教学密度，教学组织设计为：11min全班分三组两次等时轮换。 【教学口诀】 跳上两臂挂杠摆动，前摆过杠面打腿制动，两臂压杠振胸挺身成支撑。支撑摆动过杠面成分腿坐，前倒慢起成肩肘倒立。肩撑杠倒立翻臀分腿坐，挺身弹杠并腿支撑摆动，过杠面推杠挺身前摆下。 【动作要点】 摆、分、压、挺、并。 二、组织教法 1. 教师巡回辅导，纠正错误，精讲动作要领。 2. 为学习有困难的同学安排有针对性的辅导。 3. 渲染鼓动活跃学习氛围，对不同学习程度的同学分别提出学习要求。 三、组织教法 1. 各组按要求认真进行练习，11min交换。 2. 各组合作学习，相互配合，互帮互助。	一、学练法 1. 认真听讲解、看示范，按要领进行各种练习。 2. 在同伴帮助下合作学习、互帮互助、共同提高。 3. 练习的组织设计如下：（见图C） 一组分三个双杠进行合作练习。 二组先两人一组合作跳绳，然后做跳长绳游戏：闯三关。 三组复习篮球技术或比赛。 一组学习 新教材 二组素质 → 三组复习 跳绳　　　篮球 图C 二、学练法 1. 学生观看图示，提高理解。 2. 让动作掌握好的同学进行成果展示，分享学习经验，共同提高。 3. 两人一组互帮互助，交流分享，共同提高。 4. 学习有困难的同学在垫子上做分解模仿练习，领会动作。 三、学练法 1. 在小组长带领下按要求认真进行练习。 2. 合作配合，交流分享，共同提高。		

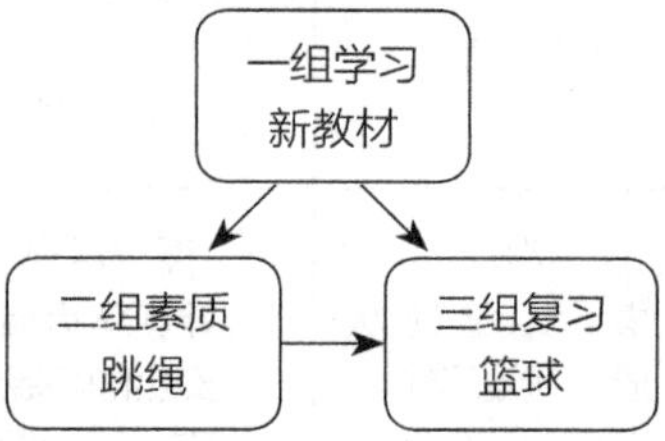

（续表）

课部分	课的内容	组织教法和学练法		练习时间	练习次数
		教师活动	学生活动		
结束部分 4 min	一、放松活动 1. 游戏：鬼脸笑。 2. 身体放松。 二、课堂小结，表扬先进，鼓励后进 三、宣布下课，值日生收还器材，布置课外作业	一、组织教法 1. 组织同学做放松活动。 2. 进行课堂小结，总结问题，提出希望，布置课后练习。 3. 对技术动作掌握较差的同学与好的同学结合配对，在课后相互帮助，共同提高。 4. 督促值日生还器材。 二、全课教法提示 1. 教师全课渲染鼓动，激发课堂氛围。 2. 注意因材施教，帮助学生学会学习。	学练法： 1. 同学在教师的带领下认真做放松活动。 2. 体育委员督促值日生还器材。		

预计生理负荷与练习密度			场地器材	课后小结
脉搏曲线	全课平均心率	135次/min左右	双杠3个，垫子、跳绳、篮球若干	
	全课练习密度	65%左右		

第四节
支撑跳跃的教学指导

　　支撑跳跃是中学体育课的基本组成部分，它是通过助跑、踏跳、推撑、跳跃等动作腾跃器械的练习。实践证明该练习可增强学生的上肢、肩带、腰腹背肌和下肢的力量，提高身体的灵活性、协调性与平衡性等素质，增强基本活动能力与体能，使学生形成正确的身体姿势和良好的体态，促进学生身体有效生长发育及内脏器官功能的发展（见表6-4）。

表6-4　中学支撑跳跃教材的课程内容选择与构建

教学内容组成	教学设计与安排	实施要求
助跑跳上成跪撑/滚翻/跪跳下	1. 通过支撑跳跃各种不同的练习使学生理解领会悬垂、摆动、屈伸、回环、转体、倒立、平衡等各种动作组成的技能与方法。 2. 通过支撑跳跃的各种不同练习，提高学生悬垂、摆动、屈伸、回环、转体、倒立等基本活动的能力。 3. 通过多种形式的诱导与辅助练习，使学生形成支撑跳跃的能力。 4. 运用分层教学、合作学习提高学生的学习能力。	1. 具有面向全体学生的可练习性。 2. 可使支撑跳跃的技术技能的健身价值达到最佳效果。 3. 可丰富教学内容的情趣美，促进学习获得懂会乐的体验。 4. 以健身理论为指导，科学健身。 5. 具有丰富的练习内容、形式与方法。 6. 全面发展学生基本活动的能力与运动素质。 7. 寓"思"于教材，寓"观"于教材，寓"做"于教材，寓"戏"于教材。 8. 以"为学习而设计""为理解时刻而教"为教学原则。
斜向助跑的直角腾越		
斜向助跑的侧腾越		
横箱（马）分腿腾越		

一、斜向助跑的直角腾越马的教学指导

（一）建立斜向助跑的直角腾越马的概念

运用讲解与口诀帮助学生建立支撑跳跃：斜向助跑的直角腾越马（箱）的动作概念，运用教师示范、学生示范、图表演示或道具等促进学生对其要领形成感知与表象。教学方法是先讲粗大的动作要领，在建立感知后，再讲精细的动作要领。

【斜向助跑的直角腾越马的技术结构（以左脚为例）】

1. 斜向助跑左脚踏跳稍后仰，右手撑马右腿带动髋关节向前上方摆起挺身。

2. 左脚蹬离踏板迅速并右腿，展髋摆动上体成直角，同时左手体后撑器械。

3. 右手用力推离器械，伸腿送髋挺身落地。

重点：踏跳、支撑、摆腿。

难点：并腿与换手撑的配合。

【斜向助跑的直角腾越马的动作图解】

练习动作一：跳上成外侧坐向左（右）越马（箱）下

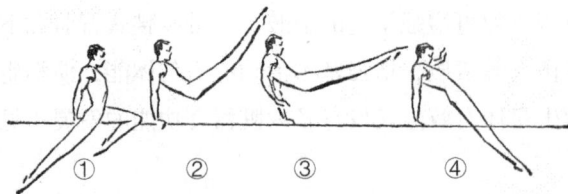

练习动作二：助跑起跳

练习动作三：斜进助跑直角腾越马（箱）下

【 斜向助跑的直角腾越马的教学口诀 】

斜向助跑左（右）脚踏跳，右手撑马右腿摆起，左脚蹬离踏板并拢右腿。

挺身展髋振摆上体成直角，同时左（右）手体后撑器械。

右（左）手用力推离器械，伸腿送髋挺身落地。

（二）斜向助跑的直角腾越马的教学设计

【 教学任务 】

1. 使学生领会支撑跳跃：斜向助跑的直角腾越马（箱）的正确技术概念。

2. 使学生形成支撑跳跃：斜向助跑的直角腾越马（箱）的正确技术。

3. 发展学生平衡、定向、柔韧等的运动能力并增强体能。

4. 使学生建立对体操支撑跳跃运动的欣赏认知与活动习惯。

【 教学方法 】

通"肩肘倒立的教学设计"部分。

【 辅助性练习 】

1. 合作练习

两人一组合作学习支撑跳跃：跳上成外侧分腿坐直角腾越马（箱）下、斜向助跑的直角腾越，互相帮助练习者按要领体会"助跑踏跳、支撑摆腿、并腿展髋、换手推撑"等逐步分解的四个练习，建立本体动作感觉。

（1）在同伴保护帮助下，斜向1~3步助跑，做（跳箱）助跑踏跳、摆右腿的练习。

（2）在同伴保护帮助下，斜向1~3步助跑，做（跳箱）踏跳摆腿、左腿并右腿坐于垫上的练习。

（3）在同伴保护帮助下，斜向4~5步助跑，做（跳箱）踏跳摆右腿、左腿并右腿振摆越过标志物的练习。

（4）在同伴保护帮助下，斜向4~5步助跑，做（跳箱）助跑踏跳、支撑摆腿、并腿展髋、挺身振摆的模仿练习，体会两腿引领身体展髋、振摆、制动的动作感觉。

（5）在同伴保护帮助下，斜向4~5步助跑，做斜向助跑的直角腾越的完整练习，建立斜向助跑直角腾越的完整动作感觉。

（6）尝试在没有帮助的情况下做斜向助跑的直角腾越的完整动作练习。

2. 反馈改进练习

练习者通过观察动作分解挂图或教师正确示范来改进自己的动作；或另一个学生观察并用语言提示、指导其纠正动作。

3. 保护与帮助的方法

两人一组练习，保护者站在器械支撑点的一侧面，一手握其上臂，一手托其臀部，给力练习者，助其完成斜向助跑的直角跳跃的完整动作练习。

4. 经验交流

同学相互交流，分享经验，纠正不正确的动作，进一步提高动作质量，互相学习，共同提高。

5. 成果展示的练习

学生与学生之间互相进行成果展示，相互学习，看谁的动作做得轻松、熟练、标准、美观。

教法提示：在学生开始学习阶段，多采用助力方式帮助其建立动作感觉；在改进动作阶段，一般采用标志练习、观察和提示等方式；在提高动作阶段，可采用经验交流和成果展示等予以指导，以有效促进学生动作技能的形成与掌握。

【 教学顺序 】

1. 教师讲解示范，学生观察领会斜向助跑的直角腾越的动作与要领。

2. 教师教会学生互相保护与帮助的方法。

3. 两人一组合作学习的体验练习。

（1）在同伴保护帮助下，斜向1~3步助跑，做（跳箱）助跑踏跳、摆右腿的练习。

（2）在同伴保护帮助下，斜向1~3步助跑，做（跳箱）踏跳摆腿、左腿并右腿坐于垫上的练习。

（3）在同伴保护帮助下，斜向4~5步助跑，做（跳箱）踏跳摆右腿、左腿并右腿振摆越过标志物的练习。

（4）在同伴保护帮助下，斜向4~5步助跑，做（跳箱）助跑踏跳、支撑摆腿、并腿展髋、挺身振摆的模仿练习，体会两腿引领身体展髋、振摆、制动的动作感觉。

（5）在同伴保护帮助下，斜向4~5步助跑，做斜向助跑的直角腾越的完整练习，建立斜向助跑直角腾越的完整动作感觉。

（6）尝试在没有帮助的情况下做斜向助跑的直角腾越的完整练习。

4. 教师巡回辅导，纠正错误。对学习有困难的同学，教师有针对性地安排学习内容，并渲染鼓动活跃学习氛围，启发提示同学们团结合作、总结经验、共同提高。

5. 成果展示，教师点评，讲解精细动作要领，促进进一步理解。

6. 两人一组成果交流，继续练习，共同提高。

【易犯错误与纠正方法】

1. 易犯错误：上体前倾导致右腿摆起高度不够，两腿不能并拢起来。纠正方法：① 可采用同伴帮助与语言提示或用摆越标志物等方法予以改正，帮助学生建立正确动作的本体感觉。② 同伴一手托其臀，给力，使其建立摆起的动作感觉。

2. 易犯错误：推手不充分，影响无法展髋挺身。纠正方法：① 采用同伴帮助与语言提示"顶肩推手、展髋挺身"等方法，帮助学生建立正确动作的本体感觉。② 同伴给力体会，反复练习巩固提高，熟练动作，纠正错误。

3. 易犯错误：并腿与推杠脱节、不协调，造成重心低，不能完成摆起挺身下的动作。纠正方法：① 语言提示其移顶肩推杠。② 同伴握其上臂维持平衡，另一手托升其臀部给力，使其体会并腿摆起挺身下的动作感觉。

🔍 **教学案例**

×××中学体育课时计划

教材内容	1. 学习斜向助跑的直角腾越。 2. 复习排球。	课型	新授课	时间	45min

| 教学目标 | 1. 认知目标：学习斜向助跑的直角腾跃，建立正确动作表象。
2. 技能目标：80%的学生能基本完成教学内容中的踏跳、支撑、摆腿、挺身的动作技术，10%的学生能较好地完成，10%的学生完成有困难。
3. 以斜向助跑的直角腾越练习发展学生身体素质，增强体能。
4. 培养学生的学习兴趣，提高学生学习动机与合作精神。 |||||

| 重点 | 踏跳、支撑、摆腿、挺身。 | 难点 | 并腿与换手撑的配合。 ||||

课部分	课的内容	组织教法和学练法		练习时间	练习次数
		教师活动	学生活动		
准备部分 9min	一、课堂常规 1. 集合、整理队形、师生问候。	一、课堂常规 1. 课前认真检查场地，消除不安全的隐患。	一、课堂常规 1. 认真检查服装，以精神饱满的状态进入课堂。		

（续表）

课部分	课的内容	组织教法和学练法		练习时间	练习次数
		教师活动	学生活动		
准备部分 9min	2. 宣布课的任务，安排见习同学。 3. 值日生借体育器材。	2. 安排见习同学，指导值日生借领体育器材。 3. 精神饱满地带领学生做好准备活动。	2. 四列横队站好，上课队形图见图A。 ⊙⊙⊙⊙⊙⊙⊙⊙ ⊙⊙⊙⊙⊙⊙⊙⊙ ⊙⊙⊙⊙⊙⊙⊙⊙ ⊙⊙⊙⊙⊙⊙⊙⊙ ● 图A		
	二、准备活动 1. 游戏：喊数接球。 2. 徒手操五节： （1）双臂绕环运动。 （2）扩胸运动。 （3）体转运动。 （4）弓步压腿。 （5）头颈膝踝运动。	二、准备活动 1. 讲解规则，组织游戏。 2. 参与学生的游戏活动。 3. 男女生分开，各自围成圆圈，做喊数接球的游戏练习。	二、练习要求 1. 按照要求进行游戏活动。 2. 做操时要认真，动作规范。 3. 徒手操组织方法及要求：略。 4. 喊数接球的组织图见图B。 图B		
基本部分 32min	一、简述斜向助跑直角腾越的动作特点和学习目标与方法 二、学习斜向助跑的直角腾越 1. 让学生观看挂图建立概念和动作表象。 2. 在同伴保护帮助下斜向1~3步助跑，做（跳箱）助跑踏跳、摆右腿的练习，体会身体重心提起前移的动作感觉。 3. 在同伴保护帮助下，斜向1~3步助跑做（跳箱）踏跳摆腿、左腿并右腿坐于垫上的练习。 4. 在同伴保护帮助下斜向4~5步助跑，做（跳箱）踏跳摆右腿、左腿并右腿振摆越过标志物的练习。	一、组织教法 1. 利用图板讲解教材动作要领并提出学习目标与方法。 2. 常速与慢速相结合进行动作技术结构的示范。 3. 指导学生进行练习，纠正练习过程中出现的错误动作。 4. 为学习有困难的同学提供有针对性的辅导。 5. 为增大教学密度，教学组织设计如下：15min，全班分两组一次等时轮换。	一、学练法 1. 认真听讲解、看示范，按要领进行各种练习。 2. 在同伴帮助下合作学习，互帮互助，共同提高。 3. 练习的组织设计如下：（见图C） 　一组练习斜向助跑的直角腾越，分三个小队进行练习，一个小队进行困难生辅助练习。 　二组复习排球垫传球的基本技术或比赛。 一组学习 直角腾越　⇄　二组 复习排球 图C		

（续表）

课部分	课的内容	组织教法和学练法		练习时间	练习次数
		教师活动	学生活动		
基本部分 32min	5. 在同伴保护帮助下，斜向4~5步助跑，做（跳箱）助跑踏跳、支撑摆腿、并腿展髋、挺身振摆的模仿练习，体会两腿引领身体展髋、振摆、制动的动作感觉。 6. 在同伴保护帮助下，斜向4~5步助跑，做斜向助跑的直角腾越的完整练习，建立斜向助跑直角腾越的完整动作感觉。 7. 尝试在没有帮助的情况下做斜向助跑的直角腾越的完整练习。 三、排球活动练习 1. 基础差的同学复习垫传球。 2. 基础好的同学可进行排球比赛。	【教学口诀】 斜向助跑左脚踏跳，右手撑马右腿摆起，左脚蹬离踏板并拢右腿。挺身展髋振摆上体成直角，同时左手体后撑器械。右手用力推离器械，伸腿送髋挺身落地。 【动作要点】 踏跳、支撑、摆腿、推离、挺身。 二、组织教法 1. 教师巡回辅导，纠正错误，精讲动作要领。 2. 为学习有困难的同学安排有针对性的辅导。 3. 渲染鼓动活跃学习氛围，对不同学习程度的同学分别提出学习要求。 三、组织教法 1. 各组按要求认真进行练习，15min交换。 2. 各组合作学习，相互配合，互帮互助，放好器械。	二、学练法 1. 学生观看图示，提高理解。 2. 让动作掌握好的同学进行成果展示，分享学习经验，共同提高。 3. 两人一组互帮互助，交流分享，共同提高。 4. 学习有困难的同学在垫子上做分解模仿练习，领会动作。 三、学练法 1. 在小组长带领下，按要求认真进行练习。 2. 合作配合，交流分享，共同提高。		
结束部分 4min	一、放松活动 1. 游戏：鬼脸笑。 2. 身体放松。 二、课堂小结，表扬先进，鼓励后进 三、宣布下课，值日生收还器材，布置课外作业	一、组织教法 1. 组织同学做放松活动。 2. 进行课堂小结，总结问题，提出希望，布置课后练习。 3. 对技术动作掌握较差的同学与好的同学结合配对，在课后相互帮助，共同提高。 4. 督促值日生还器材。 二、全课教法提示 1. 教师全课渲染鼓动，激发课堂氛围。 2. 注意因材施教，帮助学生学会学习。	学练法 1. 同学在教师的带领下认真做放松活动。 2. 体育委员督促值日生还器材。		

预计生理负荷与练习密度			场地器材	课后小结
脉搏曲线	全课平均心率	135次/min 左右	跳箱3个、垫子6块、排球若干	
	全课练习密度	65%左右		

二、跳马侧腾越的教学指导（以向左腾越为例）

（一）建立跳马侧腾越的概念

运用讲解与口诀建立支撑跳跃：跳马侧腾越的动作概念，运用教师示范、学生示范、图表演示或道具等促进学生对其要领的感知与表象。教学方法是先讲粗大的动作要领，在建立感知后，再讲精细的动作要领。

【跳马侧腾越的技术结构（以左腾越为例）】

1. 快速助跑踏跳，两手向远端撑马，两臂用力顶肩撑起，向左后上方提臀摆腿。

2. 肩右移、左手快速用力推离马，当两腿摆起最高点，右臂支撑挺身展髋，顶肩推手侧摆并腿落地。

重点：顶肩推起、提臀摆腿。

难点：推马与挺身的配合。

【跳马侧腾越的动作图解】

练习动作一

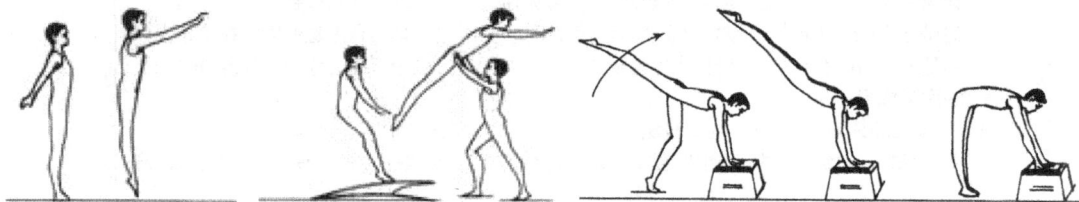

练习动作二

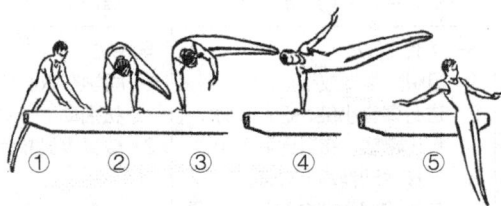

① ② ③ ④ ⑤

【跳马侧腾越的教学口诀】

快速助跑踏跳，两手远端有力撑马，顶肩撑起提臀摆腿。

右臂支撑挺身展髋，顶肩推手侧摆落地。

（二）跳马侧腾越的教学设计

【教学任务】

1. 使学生领会支撑跳跃：跳马侧腾越的正确技术概念。

2. 使学生形成支撑跳跃：跳马侧腾越的正确技术。

3. 发展学生平衡、定向、柔韧等的运动能力并增强体能。

4. 使学生建立对体操支撑跳跃运动的欣赏认知与活动习惯。

【 教学方法 】

通"肩肘倒立的教学设计"部分。

【 辅助性练习 】

1. 合作练习

两人一组合作学习支撑跳跃：跳马侧腾越，互相帮助。练习者按要领体会"助跑踏跳、顶肩撑马，提臀摆腿、支撑挺身，推离越马、并腿落地"等逐步分解的练习，建立本体动作感觉。

（1）在同伴保护帮助下（跳箱上设置垫子），做1～3步助跑踏跳、顶肩撑马跳起的练习。

（2）在同伴保护帮助下（跳箱上设置垫子），做1～3步助跑踏跳顶肩撑马、提臀摆腿侧卧于垫上的练习。

（3）在同伴保护帮助下（跳箱上设置垫子），做1～3步助跑踏跳顶肩撑马、提臀摆腿侧越标志物的练习。

（4）在同伴保护帮助下，做4～5步助跑，做跳马侧腾越的完整练习，体会提臀侧摆腿、推离越马的动作感觉。

（5）在没有帮助的情况下尝试做跳马侧腾越的完整练习。

2. 反馈改进练习

练习者通过观察动作分解挂图或教师正确示范来改进自己的动作；或另一个学生观察并用语言提示、指导其纠正动作。

3. 保护与帮助的方法

两人一组练习，保护者站在器械支撑点的一侧面，一手握其上臂，一手托其臀部，给力练习者，助其体会助跑踏跳、提臀摆腿、推离越马的动作感觉。

4. 经验交流

同学相互交流，分享经验，纠正不正确的动作，进一步提高动作质量，互相学习，共同提高。

5. 成果展示的练习

学生与学生之间进行成果展示，相互学习，看谁的动作做得轻松、熟练、标准、美观。

教法提示：在学生开始学习阶段，多采用助力方式帮助其建立动作感觉；在改进动作阶段，一般采用标志练习、观察和提示等方式；在提高动作阶段，可采用经验交流和成果展示等予以指导，以有效促进学生动作技能的形成与掌握。

【 教学顺序 】

1. 教师讲解示范，学生观察领会跳马侧腾越的动作与要领。

2. 教师教会学生互相保护与帮助的方法。

3. 两人一组合作学习的体验练习。

（1）在同伴保护帮助下（跳箱上设置垫子），做1～3步助跑踏跳、顶肩撑马推离跳起的练习。

（2）在同伴保护帮助下（跳箱上设置垫子），做1～3步助跑踏跳顶肩撑马、提臀摆腿侧卧于垫上的练习。

（3）在同伴保护帮助下（跳箱上设置垫子），做1～3步助跑踏跳顶肩撑马、提臀摆腿侧越皮筋标志的练习。

（4）在同伴保护帮助下，做4～5步助跑，做跳马侧腾越的完整练习，体会提臀摆腿、重心侧移、推离越马的动作感觉。

（5）尝试在没有帮助的情况下做跳马侧腾越的完整练习。

4. 教师巡回辅导，纠正错误。对学习有困难的同学，教师有针对性地安排学习内容，并渲染鼓动活跃学习氛围，启发提示同学们团结合作，总结经验，共同提高。

5. 成果展示，交流学习，教师点评，促进进一步理解，共同提高。

【 易犯错误与纠正方法 】

1. 易犯错误：双臂未能顶肩撑起，导致摆腿高度不够，不能形成提臀侧摆。纠正方法：① 可采用同伴帮助与语言提示或用摆越标志物等方法予以改正，帮助学生建立正确动作的本体感觉。② 同伴一手托其臀并给力，使其体会摆起动作感觉。

2. 易犯错误：推手不充分，影响重心侧移，无法展髋、挺身、侧摆、腾越落地。纠正方法：① 采用同伴帮助与语言提示"顶肩推手、展髋挺身、摆下"等方法，帮助学生建立正确动作的本体感觉。② 同伴给力体会，反复练习巩固提高，熟练动作，纠正错误。

3. 易犯错误：推手与挺身重心侧移、脱节，不协调造成重心低，不能完成摆起挺身下动作。纠正方法：① 语言提示其移顶肩推马。② 同伴握其上臂维持平衡，另一手托升其臀部给力使其体会腿摆起挺身下的动作感觉。

🔍 教学案例

××中学体育课时计划

教材内容	1. 学习跳马侧腾越。 2. 复习篮球。	课型	新授课	时间	45min
教学目标	1. 认知目标：学习跳马侧腾越，建立正确动作表象。 2. 技能目标：80%的学生能基本完成教学内容中的踏跳、支撑、提臀、侧摆腿、挺身的动作技术，10%的学生能较好地完成，10%的学生完成有困难。 3. 以跳马侧腾越的练习发展学生身体素质，增强体能。 4. 培养学生的学习兴趣，提高学生学习动机与合作精神。				

（续表）

重点	顶肩推起、提臂侧摆腿。		难点	推马与挺身的配合的时机。		
课部分	课的内容	组织教法和学练法			练习时间	练习次数
		教师活动	学生活动			
准备部分9min	一、课堂常规 1. 集合、整理队形、师生问候。 2. 宣布课的任务，安排见习同学。 3. 值日生借体育器材。 二、准备活动 1. 游戏：喊数接球。 2. 徒手操五节： （1）双臂绕环运动。 （2）扩胸运动。 （3）体转运动。 （4）弓步压腿。 （5）头颈膝踝运动。	一、课堂常规 1. 课前认真检查场地，消除不安全的隐患。 2. 安排见习同学，指导值日生借领体育器材。 3. 精神饱满地带领学生做好准备活动。 二、准备活动 1. 讲解规则，组织游戏。 2. 参与学生的游戏活动。 3. 男女生分开，各自围成圆圈，做喊数接球的游戏练习。	一、课堂常规 1. 认真检查服装，以精神饱满的状态进入课堂。 2. 四列横队站好，上课队形图见图A。 ⊙⊙⊙⊙⊙⊙⊙ ⊙⊙⊙⊙⊙⊙⊙ ⊙⊙⊙⊙⊙⊙⊙ ⊙⊙⊙⊙⊙⊙⊙ ● 图A 二、练习要求 1. 按照要求进行游戏活动。 2. 做操时要认真，动作规范。 3. 徒手操组织方法及要求：略。 4. 喊数接球的组织图见图B。 图B			
基本部分32min	一、简述跳马侧腾越的动作特点和学习目标与方法 二、学习跳马侧腾越 1. 让学生观看挂图建立概念和动作表象。 2. 在同伴保护帮助下（跳箱上设置垫子），做1~3步助跑踏跳、顶肩撑马推离跳起的练习。 3. 在同伴保护帮助下（跳箱上设置垫子），做1~3步助跑踏跳顶肩撑马、提臀摆腿侧卧于垫上的练习。	一、组织教法 1. 利用图板讲解教材动作要领并提出学习目标与方法。 2. 常速与慢速相结合进行动作技术结构的示范。 3. 指导学生进行练习，纠正学生练习过程中出现的错误动作。 4. 为学习有困难的同学提供有针对性的辅导。 5. 为增大教学密度，教学组织设计为：15分钟，全班分两组一次等时轮换。 【教学口诀】 快速助跑踏跳，两手向远端撑马，顶肩撑起提臀摆腿。右臂支撑挺身展髋，顶肩推手侧摆落地。 【动作要点】 提臀、侧摆腿、推手、挺身展髋。	一、学练法 1. 认真听讲解、看示范，按要领进行各种练习。 2. 在同伴帮助下合作学习，互帮互助，共同提高。 3. 练习的组织设计如下：（见图C） 一组练习跳马腾越，分四个小队进行练习，其中一个小队进行困难生辅助练习。 二组复习篮球基本技术或进行比赛。 一组学习直角腾越　→　二组复习篮球 图C			

（续表）

课部分	课的内容	组织教法和学练法		练习时间	练习次数
		教师活动	学生活动		
基本部分32min	4. 在同伴保护帮助下（跳箱上设置垫子），做1~3步助跑踏跳顶肩撑马、提臀摆腿侧越皮筋标志的练习。 5. 在同伴保护帮助下，做4~5步助跑，做跳马侧腾越的完整练习，体会提臀摆腿、重心侧移、推离越马的动作感觉。 6. 尝试在没有帮助的情况下做跳马侧腾越的完整练习。	二、组织教法 1. 教师巡回辅导，纠正错误，精讲动作要领。 2. 为学习有困难的同学安排有针对性的辅导。 3. 渲染鼓动活跃学习氛围，对不同学习程度的同学分别提出学习要求。	二、学练法 1. 学生观看图示，提高理解。 2. 让动作掌握好的同学进行成果展示，分享学习经验，共同提高。 3. 两人一组互帮互助，交流分享，共同提高。 4. 学习有困难的同学在垫子上做分解模仿练习，领会动作。		
	三、篮球活动练习 1. 基础差的同学复习运球上篮与投篮。 2. 基础好的同学可进行半场篮球比赛。	三、组织教法 1. 各组按要求认真进行练习，15min交换。 2. 各组合作学习相互配合，互帮互助，放好器械。	三、学练法 1. 在小组长带领下，按要求认真进行练习。 2. 合作配合，交流分享，共同提高。		
结束部分4min	一、放松活动 1. 游戏：鬼脸笑。 2. 身体放松。 二、课堂小结，表扬先进，鼓励后进 三、宣布下课，值日生收还器材，布置课外作业	一、组织教法 1. 组织同学做放松活动。 2. 进行课堂小结，总结问题，提出希望，布置课后练习。 3. 对技术动作掌握较差的同学与好的同学结合配对，在课后相互帮助，共同提高。 4. 督促值日生还器材。 二、全课教法提示 1. 教师全课渲染鼓动，激发课堂氛围。 2. 注意因材施教，帮助学生学会学习。	学练法： 1. 同学在教师的带领下认真做放松活动。 2. 体育委员督促值日生还器材。		

预计生理负荷与练习密度			场地器材	注意事项
脉搏曲线	全课平均心率	130次/min左右	跳箱3个、垫子8块	
	全课练习密度	65%左右		
课后小结				

三、横箱（马）分腿腾越的教学指导

（一）建立横箱（马）分腿腾越的概念

运用讲解与口诀建立支撑跳跃：横箱（马）分腿腾越的动作概念，运用教师示范、学生示范、图表演示或道具等促进学生对其要领形成感知与表象。教学方法是先讲粗大的动作要领，在建立感知后，再讲精细的动作要领。

【 横箱（马）分腿腾越的技术结构（以左脚为例）】

1. 快速助跑有力踏跳，领臂身体前俯，两臂前伸顶肩推马腾起。

2. 借力制动提臀分腿，立腰抬上体两臂侧举。

3. 挺身展髋制动越马，并腿收腹重心落地。

重点：顶肩推起与立腰挺身。

难点：推起离马与侧摆挺身的配合。

【 横箱（马）分腿腾越的动作图解 】

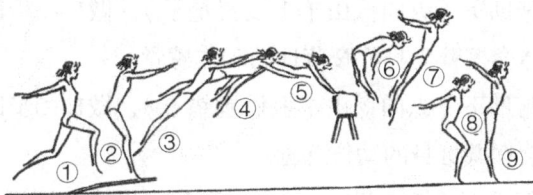

【 横箱（马）分腿腾越的教学口诀 】

快速助跑有力踏跳，两臂前伸顶肩推马。

借力制动提臀分腿，立腰抬体两臂侧举。

挺身展髋制动越马，并腿收腹重心落地。

（二）横箱（马）分腿腾越的教学设计

【 教学任务 】

1. 使学生领会支撑跳跃：横箱（马）分腿腾越的正确技术概念。

2. 使学生形成支撑跳跃：横箱（马）分腿腾越的正确技术。

3. 发展学生平衡、定向、柔韧等的运动能力并增强体能。

4. 使学生建立对体操支撑跳跃运动的欣赏认知与活动习惯。

【 教学方法 】

通"肩肘倒立的教学设计"部分。

【 辅助性练习 】

1. 合作练习

两人一组合作学习支撑跳跃：横箱（马）分腿腾越，互相帮助。练习者按要领体会"助跑踏跳、顶肩推马、立腰抬体、分腿提臀、两臂上举、挺身越马、并腿收腹、稳重心落地"等逐步分解的练习，建立本体动作感觉。做跳跃山羊的辅助性游戏，组织练习队形图见图6-12。

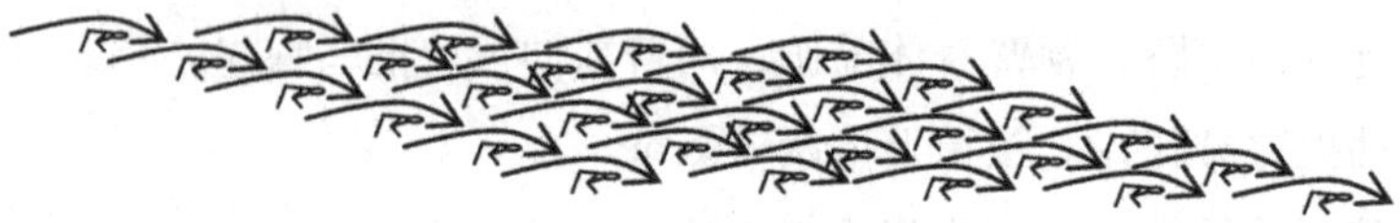

图6-12

（1）在同伴保护帮助下（纵向低山羊上设置垫子），做1～3步助跑跳起、分腿跳上坐垫子的练习，体会跳起、提臀分腿的动作感觉。

（2）在同伴保护帮助下（纵向低山羊上设置垫子），做1～3步助跑跳起、提臀分腿、挺身跳起落地的练习，体会摆臂挺身收腹落地的动作感觉。

（3）在同伴保护帮助下（纵向低山羊上设置垫子），做1～3步助跑跳起、分腿坐垫、接挺身跳起的练习，体会摆臂挺身的动作感觉。

（4）在同伴保护帮助下（横向低跳箱上），做4～5步助跑跳起、提臀分腿、挺身展髋、越过低跳箱的练习。

（5）在同伴保护帮助下（横向跳箱），做横箱（马）分腿腾越的完整模仿练习，建立整体动作的感觉。

（6）在没有帮助的情况下（横向跳箱），尝试做横箱（马）分腿腾越的完整练习。

2. 反馈改进练习

练习者通过观察动作分解挂图或教师正确示范来改进自己的动作；或另一个学生观察并用语言提示、指导其纠正动作。

3. 经验交流、成果展示的练习

同学相互交流，分享经验，纠正不正确的动作，进一步提高动作质量，互相学习，共同提高。

教法提示：在学生开始学习阶段，多采用助力方式帮助其建立动作感觉；在改进动作阶段，一般采用标志练习、观察和提示等方式；在提高动作阶段，可采用经验交流和成果展示等予以指导，以有效促进学生动作技能的形成与掌握。

【教学顺序】

1. 教师讲解示范，学生观察领会横箱（马）分腿腾越的动作与要领。

2. 教师教会学生互相保护与帮助的方法。

3. 两人一组合作学习。

（1）做跳山羊接龙的游戏。

（2）在同伴保护帮助下（纵向低山羊上设置垫子），做1～3步助跑跳起、分腿跳上坐垫子的练习，体会跳起、提臀分腿的动作感觉。

（3）在同伴保护帮助下（纵向低山羊上设置垫子），做1～3步助跑跳起、分腿坐垫、接挺身跳起的练习，体会摆臂挺身的动作感觉。

（4）在同伴保护帮助下（纵向低山羊上设置垫子），做4～5步助跑跳起、提臀分腿、挺身跳起落地的练习，体会摆臂、挺身、收腹、落地的动作感觉。

（5）在同伴保护帮助下（横向低跳箱上），做4～5步助跑跳起、提臀分腿、挺身展髋、越过低跳箱的练习。

（6）在同伴保护帮助下（横向跳箱），做横箱（马）分腿腾越的完整模仿练习，建立整体动作的感觉。

（7）尝试在没有帮助的情况下（横向跳箱），做横箱（马）分腿腾越的完整练习。

4. 教师巡回辅导，纠正错误。对学习有困难的同学，教师有针对性地安排学习内容，并渲染鼓动活跃学习氛围，启发提示同学们团结合作、总结经验、共同提高。

5. 成果展示，教师点评，讲解精细动作要领，促进进一步理解。

6. 两人一组成果交流，继续练习，共同提高。

【易犯错误与纠正方法】

1. 易犯错误：上体前倾，导致摆腿高度不够，不能并腿起来。纠正方法：① 可采用同伴帮助与语言提示或标志物等方法予以改正，帮助学生建立正确动作的本体感觉。② 同伴一手托其臀并给力，使其体会摆起的动作感觉。

2. 易犯错误：推手不充分，影响无法展髋挺身。纠正方法：① 采用同伴帮助与语言提示"顶肩推手、展髋挺身"等方法，帮助学生建立正确动作的本体感觉。② 反复练习，巩固提高，熟练动作，纠正错误。

3. 易犯错误：并腿与推马脱节、不协调，造成重心低，不能完成摆起挺身下的动作。纠正方法：① 语言提示其移顶肩推杠。② 同伴握其上臂维持平衡，另一手托升其臀部给力，使其体会并腿摆起挺身下的动作感觉。

🔍 教学案例

××中学横马分腿腾越体育课时计划

教材内容	1. 学习横马分腿腾越。 2. 复习篮球。	课型	新授课	时间	45min

教学目标	1. 认知目标：学习横马分腿腾越，建立正确动作表象。 2. 技能目标：80%的学生能基本完成教学内容中的踏跳、支撑、提臀、分腿、推手、挺身的动作技术，10%的学生能较好地完成，10%的学生完成有困难。 3. 以横马分腿腾越的练习发展学生身体素质，增强体能。 4. 培养学生的学习兴趣，提高学生学习动机与合作精神。

重点	顶肩推起与立腰挺身。	难点	推起离马与侧摆挺身配合的时机。

课部分	课的内容	组织教法和学练法		练习时间	练习次数
		教师活动	学生活动		
准备部分 9 min	一、课堂常规 1. 集合、整理队形、师生问候。 2. 宣布课的任务，安排见习同学。 3. 值日生借体育器材。	一、课堂常规 1. 课前认真检查场地，消除不安全的隐患。 2. 安排见习同学，指导值日生借领体育器材。 3. 精神饱满地带领学生做好准备活动。	一、课堂常规 1. 认真检查服装，以精神饱满的状态进入课堂。 2. 四列横队站好，上课队形图见图A。 ⊙⊙⊙⊙⊙⊙⊙⊙⊙ ⊙⊙⊙⊙⊙⊙⊙⊙⊙ ⊙⊙⊙⊙⊙⊙⊙⊙⊙ ⊙⊙⊙⊙⊙⊙⊙⊙⊙ ● 图A		
	二、准备活动 1. 游戏：喊数接球。 2. 徒手操五节： （1）双臂绕环运动。 （2）扩胸运动。 （3）体转运动。 （4）弓步压腿。 （5）头颈膝踝运动。	二、准备活动 1. 讲解规则，组织游戏。 2. 参与学生的游戏活动。 3. 男女生分开，各自围成圆圈，做喊数接球的游戏练习。	二、练习要求 1. 按照要求进行游戏活动。 2. 做操时要认真，动作规范。 3. 徒手操组织方法及要求：略。 4. 喊数接球的组织图见图B。 图B		
基本部分 32 min	一、讲解示范横马分腿腾越的动作特点和学习目标与方法 二、学习横马分腿腾越	一、组织教法 1. 利用图板讲解教材动作要领并提出学习目标与方法。 2. 常速与慢速相结合进行动作技术结构的示范。	一、学练法 1. 认真听讲解、看示范，按要领进行各种练习。 2. 在同伴帮助下合作学习，互帮互助，共同提高。		

（续表）

课部分	课的内容	组织教法和学练法		练习时间	练习次数
		教师活动	学生活动		
基本部分 32 min	1. 让学生观看挂图建立概念和动作表象。 2. 分组做跳山羊接龙的游戏。 3. 在同伴保护帮助下（纵向低山羊上设置垫子），做1~3步助跑跳起、分腿跳上坐垫子的练习，体会跳起、提臀分腿的动作感觉。 4. 在同伴保护帮助下（纵向低山羊上设置垫子），做1~3步助跑跳起、分腿坐垫、接挺身跳起的练习，体会摆臂挺身的动作感觉。 5. 在同伴保护帮助下（纵向低山羊上设置垫子），做4~5步助跑跳起、提臀分腿、挺身跳起落地练习，体会摆臂、挺身、收腹、落地的动作感觉。 6. 在同伴保护帮助下（横向低跳箱），做4~5步助跑跳起、提臀分腿、挺身展髋越过低跳箱练习。 7. 在同伴保护帮助下（横向跳箱），做横马分腿腾越的完整模仿练习，建立整体动作的感觉。	3. 指导学生进行练习，纠正学生练习过程中出现的错误动作。 4. 为学习有困难的同学提供有针对性的辅导。 5. 为增大教学密度，教学组织设计为：15min，全班分两组一次等时轮换。 【教学口诀】 快速助跑有力踏跳，两臂前伸顶肩推马。借力制动提臀分腿，立腰抬体两臂侧举。挺身展髋制动越马，并腿收腹重心落地。 【动作要点】 提臀分腿、推手顶肩、挺身展髋。 二、组织教法 1. 教师巡回辅导，纠正错误，精讲动作要领。 2. 为学习有困难的同学安排有针对性的辅导。 3. 渲染鼓动活跃学习氛围，对不同学习程度的同学分别提出学习要求。	3. 练习的组织设计如下：（见图C） 一组练习跳马腾越，分四个小队进行练习，其中一个小队进行困难生辅助练习。 二组复习篮球基本技术或比赛。 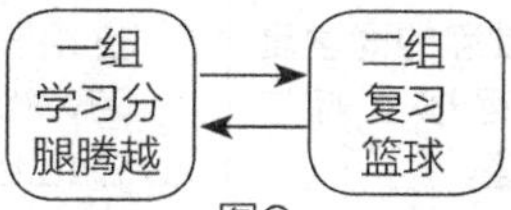 图C 二、学练法 1. 学生观看图示，提高理解。 2. 让动作掌握好的同学进行成果展示，分享学习经验，共同提高。 3. 两人一组互帮互助，交流分享，共同提高。 4. 学习有困难的同学在垫子上做分解模仿练习，领会动作。		

（续表）

课部分	课的内容	组织教法和学练法		练习时间	练习次数
		教师活动	学生活动		
基本部分 32 min	8. 尝试在没有帮助的情况下（横向跳箱），做横马分腿腾越的完整练习。 三、篮球活动练习 1. 基础差的同学复习运球上篮与投篮。 2. 基础好的同学可进行半场篮球比赛。	三、组织教法 1. 各组按要求认真进行练习，15min交换。 2. 各组合作学习相互配合，互帮互助，放好器械。	三、学练法 1. 在小组长带领下，按要求认真进行练习。 2. 合作配合，交流分享，共同提高。		
结束部分 4 min	一、放松活动 1. 游戏：鬼脸笑。 2. 身体放松。 二、课堂小结，表扬先进，鼓励后进 三、宣布下课，值日生收还器材，布置课外作业	一、组织教法 1. 组织同学做放松活动。 2. 进行课堂小结，总结问题，提出希望，布置课后练习。 3. 对技术动作掌握较差的同学与好的同学结合配对，在课后相互帮助，共同提高。 4. 督促值日生还器材。 二、全课教法提示 1. 教师全课渲染鼓动，激发课堂氛围。 2. 注意因材施教，帮助学生学会学习。	学练法： 1. 同学在教师的带领下认真做放松活动。 2. 体育委员督促值日生还器材。		

预计生理负荷与练习密度			场地器材	注意事项
脉搏曲线	全课平均心率	130次/min左右	跳箱3个、垫子6块、篮球若干	
	全课练习密度	65%左右		

第七章
田径教学的指导

本章概述

　　田径运动对于学生体质的发展、意志品质的培养和健康水平的提高等方面具有重要的价值。因其具有适合作为终身体育锻炼的重要价值，而将其列为体育教学的必修项目，学生修得 1 学分方能毕业。并要求为促进田径运动的有效教学，必须要对田径类学习内容进行拓展，选择多种健身价值大、符合学生学习特点、贴近社会生活形式的内容，让其健身功能最大化，契合终身体育健身需求。基于此特点，本章对其教法与学法体系的设计与应用做一讲述，以提高田径教学的水平。

结构图

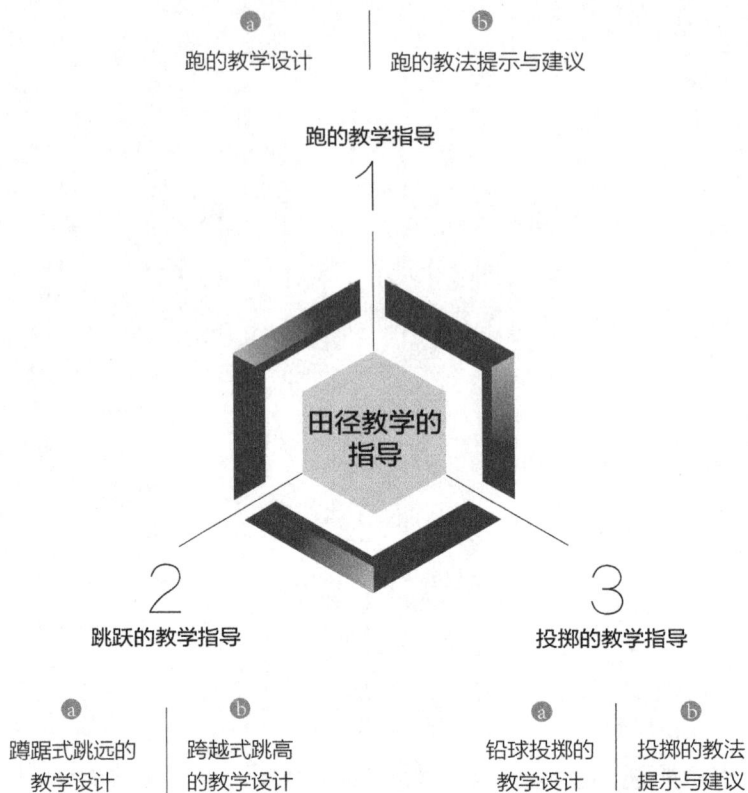

田径教学的指导

跑的教学指导
ⓐ 跑的教学设计　｜　ⓑ 跑的教法提示与建议

1

2 跳跃的教学指导
ⓐ 蹲踞式跳远的教学设计　｜　ⓑ 跨越式跳高的教学设计

3 投掷的教学指导
ⓐ 铅球投掷的教学设计　｜　ⓑ 投掷的教法提示与建议

学习目标

1. 识记田径各项目的教学设计策略和方法。
2. 思考各种教学策略和方法在田径教学中的运用。
3. 领会各项目教学内容的选择构建与实施要求。
4. 分析我国传统田径教学中的问题，思考我国体育新课程中田径运动的建设与发展。

关键词

田径教学；选择与构建；类型与分析；策略与运用；建设与发展

第一节
跑的教学指导

跑是人最基本的一种活动能力。在中学的体育教学大纲和教材中，跑的内容一般有：快速跑、弯道跑、耐力跑和接力跑等。

中学跑的教学任务是：使学生掌握跑的基础知识、基本技能和锻炼方法，形成正确的跑步姿势，提高跑的能力；发展学生的速度、耐力和柔韧、灵敏、协调性等身体素质，增强学生的体能和体质；促进学生身体有效地生长发育及内脏器官功能的发展（见表7-1）。

表7-1　中学跑的课程内容选择与构建

跑的教学内容组成	教学设计与安排	实施要求
快速跑	1. 模仿不同人物的不同情境的跑。 2. 直线跑、曲线跑等多种图形跑。 3. 各种形式的单双手的持物跑等。 4. 各种形式的障碍跑。 5. 与其他项目（球类、体操等）结合的跑。 6. 多种形式的接力跑、合作跑、障碍跑。 7. 与其他项目（球类、体操等）结合的合作跑、障碍跑。	1. 具有面向全体学生的可练习性。 2. 可使跑的技术技能的健身价值达到最佳效果。 3. 可丰富教学内容的情趣美，促进学习获得懂音乐的体验。 4. 以健身理论为指导，科学健身。 5. 具有丰富的练习内容、形式与方法。 6. 可全面发展学生基本活动的能力。 7. 有效达成健身、健美和健心的目的，实现学生身体与思想的全面发展。
弯道跑		
耐力跑		
接力跑		

一、跑的教学设计

（一）建立跑的概念

运用讲解与口诀建立跑的动作概念，运用教师示范、学生示范、图表演示或道具等促进学生对起跑、加速跑、途中跑、弯道跑、耐力跑、接力跑等技术要领的感知与表象。教学方法是先讲粗大的动作要领，在建立感知后，再讲精细的动作要领。

【跑的教学口诀】

1. 蹲踞式起跑

（1）"各就各位"。两手相距一肩宽，前脚距线一脚半。后脚前脚一小腿，两脚之间约一拳。四指并拢虎口前，手指贴在线后沿，蹲踞弓背颈放松，静听口令准备跑。

（2）"预备"。提臀前倒肩过线，稍微抬头前下看。屏住呼吸听枪声，两脚用力蹬后边。

（3）"跑"。发令枪响快蹬地，加大摆臂身向前。两脚后蹬向前跨，快速蹬摆是关键。

2. 站立式起跑

两脚屈膝前后站，重心落在前脚尖，异侧手臂放在前，上体前倾不要动，枪响蹬地快向前。

3. 起跑后的加速跑

后蹬向前跨，摆臂步向前，上体逐抬起，步长不断增，疾跑向前行。

4. 途中跑

身体挺直切莫晃，屈臂前摆肘向前，折叠前摆要迅速，下压扒地顺缓冲，蹬地有力前送髋，步幅练习是关键。

5. 弯道跑

左臂摆小右摆大，身体内倾保持好；右肩稍比左肩高，两脚着地领会好；上弯道要加大速度，下弯道要放松跑。

6. 耐力跑

长跑呼吸最重要，跑呼一致调整好，步伐均匀有节奏，摆臂可使跑得好。

7. 接力跑

一棒起跑在弯道，右手持棒贴内跑；二棒预跑在外道，左手接棒用上挑；三棒预跑在内道，右手接棒用下压；四棒预跑在外道，左手接棒用上挑。

（二）快速跑的教学设计

快速跑是中学体育教学的内容之一，它泛指短距离跑或短跑。中学快速跑的教学设计包括起跑、途中跑和终点冲刺三个部分。起跑和终点冲刺两个部分属于一般体验性的教学设计范畴，而途中跑则是教学设计的重点，属于领会的教学范畴。

◆ 起跑与终点冲刺的教学设计

【教学任务】

1. 使学生知道蹲踞式起跑中普通式、拉长式两种技术的运用。

2. 使学生知道站立式起跑技术的运用。

3. 使学生知道终点冲刺中转体式、压胸式两种技术的运用。

4. 使学生建立对起跑与终点冲刺的欣赏认知。

【教学方法】

1. 分解与完整法

（1）根据动作技术的特点，采取合理的分解方式。

（2）掌握动作技术的段落与部分之间的有机联系，不破坏动作结构。

（3）明确各部分与段落在完整动作中的组合关系。

（4）在建立完整动作概念的基础上进行分解。

2．程序教学法

（1）运用口诀强化概念法。在动作教学初期，学生对动作概念不清楚，未能建立正确的动作表象是形成动作错误的重要原因。为此，要强化正确的动作概念，必须运用口诀法促进正确动作表象的形成。

（2）迁移法。采用一些诱导性、辅助性练习，将学生从已经形成的动作错误中转移出来，并在此基础上正确完成新的动作。

（3）降低难度法。运用改变练习条件、降低作业难度、分解完成动作等，帮助学生掌握要领，建立动作表象。

（4）信号提示法。当学生在练习中由于对用力时间或空间方向不清楚而出现动作错误时，教师可以用听觉信号，口头提示学生的发力时间、用力节奏等；还可以用标志线、标志点、标志物来标明动作方向、幅度等。

（5）外力帮助法。在学生对用力的部位、大小、方向、幅度不清楚而出现动作错误时，教师可以运用推、顶、送、托、拉、挡、拨等外力，帮助学生建立正确动作的本体感觉，纠正动作错误。

（6）个人与小组成果展示法。纠正错误、提高动作技能、分享学习经验，共同提高。

3．游戏法

利用游戏寓教于乐的特点，完成预定任务的方法有以下运用要求。

（1）利用游戏寓教于乐的特点，激发调动学生学习的主动性，并促使其领会技术。

（2）根据教学目标，将教学内容转换为游戏的活动形式，促进学生对技术要领的领会。

4．竞赛法

（1）根据竞赛法对抗性、竞争性的特点，施加运动负荷促进学生最大限度发挥机体的功能能力。

（2）利用竞赛法培养学生顽强拼搏、团结合作的优良品质。

5．纠错与帮助法

预防与纠正动作错误贯穿于整个动作教学的全过程，从时间的先后可以分成练习前、练习中、练习后，分别包括预测错误、纠正错误、总结经验，即发现动作错误—分析动作错误产生的原因—采取相应的措施及时纠正错误—检查与评定纠正效果。

【 辅助游戏练习 】

1．喊数接球。游戏规则：每个学生记住自己的数，围成圆圈跑步，教师喊数后抛球，学生听数接球，以此类推循环。没有接到球的同学，自己做屈膝触胸跳3次后继续做喊数抛球游戏。

2．喊数抱团。游戏规则：学生围成圆圈跑步，教师喊数后，学生按所听数组团。如教师喊6，即6人组成一团，以此类推循环。没有组成团的同学，自己做屈膝触胸跳3次后围成圆圈跑步继续做喊数抱团游戏。

3. 长江追黄河等各种追逐跑的游戏。

【教学顺序】

1. 做各种快速反应的游戏。

2. 做各种追逐跑的游戏。

3. 集体练习起跑与终点冲刺技术。

4. 听信号做起跑与终点冲刺练习。

5. 合作学习（互相帮助、共同提高）起跑与终点冲刺技术。

6. 做50m左右的起跑与终点冲刺的完整技术练习。

7. 分队/组进行比赛。

8. 课课练（促进身体全面发展的上肢练习）。

◆ 途中跑的教学设计

【教学任务】

1. 使学生领会途中跑正确的技术概念。

2. 使学生形成途中跑正确的摆臂技术。

3. 使学生形成途中跑正确的摆腿技术。

4. 使学生建立对途中跑的欣赏认知。

【教学方法】

同"起跑与终点冲刺的教学设计"部分。

【辅助游戏练习】

1. 踏标志的步幅跑（两个标志点之间距离大，发展步幅）。

2. 踏标志的步频跑（两个标志点之间距离小，发展步频）。

3. 各种追逐跑的游戏。

【教学顺序】

1. 做各种途中跑的游戏。

2. 各种趣味组合的摆臂、高抬腿、弓箭步跳、后蹬跑等改进技术的分解练习。

3. 合作学习（互相帮助、共同提高）途中跑技术。

4. 做50m左右的途中跑的完整技术练习。

5. 分队/组进行比赛、两人一组的让距比赛。

6. 课课练（促进身体全面发展的上肢练习）。

（三）弯道跑的教学设计

【 教学任务 】

1. 使学生领会弯道跑正确的技术概念。

2. 使学生形成弯道跑正确的摆臂技术。

3. 使学生领会弯道跑的上弧道跑与下弧道跑的技术。

4. 使学生建立对弯道跑的欣赏认知。

【 教学方法 】

同"起跑与终点冲刺的教学设计"部分。

【 辅助游戏练习 】

1. 两人一组"8"字追逐跑游戏。

2. 贴烧饼追逐跑游戏。

3. 圆圈十字接力跑游戏。

【 教学顺序 】

1. 做各种圆圈跑的游戏。

2. 做上弧道跑的技术练习。

3. 做下弧道跑的技术练习。

4. 慢速弯道跑的完整技术练习。

5. 合作学习（互相帮助、共同提高）弯道跑技术。

6. 快速弯道跑的完整技术练习。

7. 分队/组进行比赛、两人一组的让距比赛。

8. 课课练（促进身体全面发展的上肢练习）。

（四）耐力跑的教学设计

【 教学任务 】

1. 使学生领会耐力跑的技术概念。

2. 使学生掌握耐力跑呼吸与跑步节奏的协同配合。

3. 使学生掌握自我耐力跑的脉搏测量与负荷计算的方法。

4. 发展学生身体素质，提高体能。

5. 使学生建立对耐力跑的欣赏认知，理解耐力跑的功能与健身的意义。

【 教学方法 】

同"起跑与终点冲刺的教学设计"部分。

【 辅助游戏练习 】

1. 拉网捕鱼的追逐跑游戏。

2. 长江追黄河的追逐跑游戏。

3. 两蛇相争的追逐跑游戏。

【 教学顺序 】

1. 设置黑板介绍脉搏测量方法与负荷计算方法。

2. 做各种追逐跑的游戏。

3. 围绕田径场做蛇头追蛇尾的游戏（全班分成四队围绕田径场做追逐跑，当每队排尾的同学跑到排头后举手，下一个排尾再跑向排头，依次类推循环进行）。

4. 做分段接力跑的游戏（全班分成四队围绕田径场做分段跑，当每队排尾的同学跑到排头前4m后站下举手，下一个排尾再跑向排头，依次类推循环进行）。

5. 分队做800m跑的比赛，并报出每个同学跑的成绩。

6. 自主学习（跑过的同学观看黑板上讲解的方法，测量脉搏，计算负荷强度）。

7. 分队进行800m的合作跑比赛（要求全队同学相互帮助集体跑800m，以每队的最后一名计算比赛成绩）。

8. 课课练（促进身体全面发展的上肢练习）。

【 易犯错误与纠正方法 】

1. 易犯错误：摆臂紧张、方向不正确、左右摆臂等。纠正方法：建议加强理解，给以口诀提示——"前摆要过手、后摆不过肘"，或采用标志限制使其前后摆臂。

2. 易犯错误：后蹬不充分，坐着跑。纠正方法：建议做后蹬跑练习或用胶带做抗阻跑强化肌肉感知，巩固、提高技术。

3. 易犯错误：踝关节紧张，落地制动。纠正方法：建议做车轮跑体会前扒下地动作，强化感知。

4. 易犯错误：大腿抬不起来，送不出髋。纠正方法：建议做高抬腿、后蹬跑转入途中跑的技术练习，强化感知。

（五）接力跑的教学设计

【 教学任务 】

1. 使学生领会接力跑正确的技术概念，加深理解接力跑的合作精神。

2. 使学生体验上挑式交棒技术和下压式交棒技术。

3. 提高身体素质和体能。

4. 使学生建立对接力跑的欣赏认知，明确团结是优秀品质的道理。

【 教学方法 】

同"起跑与终点冲刺的教学设计"部分。

【 辅助游戏练习 】

1. 做各种迎面接力的游戏。

2．做各种往返接力的游戏。

3．做各种合作接力的游戏。

4．做各种结合其他项目的接力游戏。

【 教学顺序 】

1．做各种合作跑的游戏。

（1）分组火车快跑。每组纵队后面同学双手搭扶在前面同学肩上，听哨开始比赛。

（2）分组手拉手跑。平行站立相互拉手，听哨音开始比赛。

（3）分组抱腰跑。平行站立相互抱腰，听哨音开始比赛。

（4）分组挎肘跑。平行站立相互挎肘，听哨音开始比赛。

规则：松开的队为输，距离25～30m，让学生们意犹未尽，又不疲劳。

教学提示：每种形式跑的比赛前，让同学们自我组织尝试，体会总结，然后再比赛。

2．左斜线45°接力拉手跑比赛。每组同学前后斜线45°站立，相互距离8～10m，听哨音开始比赛。第一个同学跑向第二个同学，然后用左手去拉第二个学生右手，然后跑向第三个同学，依次类推，前跑转弯越过标志物，然后拉第五、六、七、八个学生右手，最后所有学生手拉手一起冲过终点线，看哪队最快。

3．右斜线45°接力拉手跑比赛。

4．合作学习的分组慢走学习"上挑式""下压式"传接棒技术动作。

5．合作学习的分组慢跑学习"上挑式""下压式"传接棒技术动作。

6．接力比赛体会2次。

教学提示：接力跑比赛前，让同学们自我组织尝试，体会总结，然后再比赛。

7．课课练（促进身体全面发展的上肢练习）。

【 易犯错误与纠正方法 】

1．易犯错误：传接棒的站立位置错误，发生传棒人与接棒人相撞。纠正方法：讲清传接棒站立的内外道位置，做慢跑传接棒练习。

2．易犯错误：接棒人手臂晃动，传棒人难以准确传棒。纠正方法：做传接棒"发声"的信号配合练习，接棒人听信号反复做手挺直接棒的交接练习。

3．易犯错误：传接棒不准确，过早或过晚。纠正方法：由慢跑开始，反复做传接棒"发声"的信号配合练习。

二、跑的教法提示与建议

跑是田径教学的主要组成部分，为了更好地开展教学，调动学生学习的积极性，有以下提示与建议。

第一阶段，体育是一种习得性、重练习、重形态、重经验的活动，初始的学习易于枯燥。围绕这一特点，该阶段体育教学的方法与手段要注意为学生提供多样化的学习练习，多角度、多方式改变单一的学习模式，多方面、多层次地营造学习环境，激发学生运动兴趣，促进学生学习能力的形成，让不同练习的刺激性与新颖性使学生遗忘学习过程的枯燥，为促进体育认知和情感的培养等奠定基础。

第二阶段，"学而时习之，不亦说乎"不仅指出了学习过程中知与行的统一，更强调了由此所获得的愉悦的情感体验。为此，该阶段体育教学的组织形式应重视挖掘学习内容的情趣美和教学组织过程的快乐享受，努力利用教学资源燃发学生对学习快乐的理解，促进和激发学生形成运动体验的乐趣和成功进步的感觉。

第三阶段，体育学习需要重视依靠情感整体协同机制的支持、运用、关注和培育，尽量去制造有助于大脑支持体育习惯形成的条件，让学生理解"健康工作五十年，幸福生活一辈子"，以帮助学生形成终身体育意识和积极的人生态度。

🔍 教学案例

××中学蹲踞式起跑体育课时计划

教材	1. 学习站立式、蹲踞式起跑。 2. 素质练习。	课型	新授课	时间	45min
教学目标	1. 技能目标：使90%学生掌握站立式、蹲踞式起跑的技术。 2. 素质目标：发展快速反应的素质与体能。 3. 情感目标：陶冶学生的情操，进行美育教育。 4. 过程目标：培养学生学会合作学习、分享经验、共同提高。				
重点	形成站立式、蹲踞式起跑的正确技术动作。	难点		建立对两种起跑的欣赏认知。	

课的部分	课的内容	组织教法和学练法		练习时间	练习次数
		教师活动	学生活动		
准备部分 10min	一、课堂常规 1. 集合、点名、师生问候。 2. 宣布本次课的任务，安排见习同学。 3. 值日生领取体育器材。	一、课堂常规 1. 课前认真检查场地，消除不安全的隐患。 2. 安排见习同学，指导值日生借领体育器材。 3. 做好热身活动，精神饱满地带领学生做好准备活动。	一、课堂常规 1. 认真检查服装，以精神饱满的状态进入课堂。 2. 根据要求站好队形，见图A。 ○○○○○○○○ ○○○○○○○○ ○○○○○○○○ ○○○○○○○○ ○ 图A		

（续表）

课的部分	课的内容	组织教法和学练法		练习时间	练习次数
		教师活动	学生活动		
准备部分 10min	二、准备活动 1. 游戏：拉网捕鱼。 2. 集体练习徒手操五节： （1）双臂绕坏运动。 （2）扩胸运动。 （3）体转运动。 （4）弓步压腿。 （5）头颈膝踝运动。	二、准备活动 1. 组织游戏活动。 2. 讲解游戏的方法及规则要求，组织学生进行游戏。 3. 对游戏的过程及胜负进行讲评，渲染鼓动，活跃课堂氛围。 4. 带领学生做徒手操，并提出要求。	二、准备活动 1. 学生根据游戏要求，进行游戏。 2. 教师领做徒手操，进行热身练习。拉网捕鱼游戏组织图见图B。 图B		
基本部分 30min	一、介绍站立式、蹲踞式起跑的运动特点与作用 二、示范站立式、蹲踞式（普通式、拉长式）起跑动作技术 三、站立式、蹲踞式起跑游戏：长江追黄河 四、练习 1. 学生集体跟老师做三种起跑技术模仿练习。 2. 学生分队体验起跑技术（自选拉长式或普通式）。 3. 分队集体学习起跑与终点冲刺技术。 4. 分队听信号做起跑与终点冲刺练习。 5. 分队60m两种起跑比赛。 五、课课练 1. 分队游戏：双杠追逐。 2. 两人一组实心球传接球练习。	一、组织教法 1. 讲解站立式、蹲踞式起跑运动的特点与作用，培养学生的欣赏认知。 2. 教师讲两种起跑技术，给学生展示动作技术图片。教学口诀如下： （1）蹲踞式起跑。 ①"各就各位"。 两手相距一肩宽，前脚距线一脚半。后脚前脚一小腿，两脚之间约一拳。四指并拢虎口前，手指贴在线后沿。蹲踞弓背颈放松，静听口令准备跑。 ②"预备"。 提臀前倒肩过线，稍微抬头前下看。屏住呼吸听枪声，两脚用力蹬后边。 ③"跑"。 发令枪响快蹬地，加大摆臂身向前。两脚后蹬向前跨，快速蹬摆是关键。 （2）站立式起跑。 两脚屈膝前后站，重心落在前脚尖，异侧手臂放在前，上体前倾不要动，枪响蹬地快向前。 3. 教师常速、慢速示范两种起跑的技术，跑2次。 4. 组织起跑练习。 5. 教师渲染鼓动，活跃课堂氛围，纠正学生练习过程中出现的错误，助力学生完成各种跑的练习。 6. 指导合作学习，注意因材施教与帮助困难的学生学会学习。 二、组织教法 1. 教师讲解示范分队双杠追逐游戏要求。 2. 讲解实心球双手传接球的方法、要求。	一、学练法 1. 认真听教师讲解。 2. 观察教师的不同起跑示范。 3. 自我模仿练习。 4. 相互观察，纠正错误。 5. 按规则进行游戏活动（游戏组织图略）。 6. 小组长带领学生在指定的场地练习。 7. 同学相互帮助和协作，共同完成学习任务。 二、学练法 1. 按照游戏要求，积极参与并做好游戏。 2. 两人一组做传接球练习，体会传接球的部位、力量与协调。		

（续表）

课的部分	课的内容	组织教法和学练法		练习时间	练习次数
		教师活动	学生活动		
结束部分 5min	一、放松活动 1. 游戏：吹气球。 2. 同学相互放松。 二、课堂小结，表扬先进，鼓励后进 三、值日生归还器材，布置课外作业	3. 带领学生做传接球的练习。 4. 渲染鼓动学生练习，活跃课堂氛围，纠正练习过程中出现的错误。 一、组织教法 1. 教师讲解示范游戏规则和要求。 2. 组织同学做放松活动。 3. 进行课堂小结，总结问题，提出希望，布置课后练习。 4. 对技术动作掌握较差的同学与好的同学结合配对，在课后相互的帮助，共同提高。 5. 检查器材，布置课外作业。 二、全课教学提示 1. 分组，指派体育小组长。 2. 鼓励、帮助练习困难的学生完成练习，学会学习。 3. 渲染鼓动，活跃课堂气氛。 4. 注意教学安全。	3. 观察同学练习，相互纠正错误。 学练法： 1. 同学在教师的带领下认真做放松活动。 2. 体育委员督促值日生还器材。		

预计生理负荷与练习密度			场地器材	课后小结
脉搏曲线	全课平均心率	135次/min左右	实心球若干	为避免冲突，提前与其他田径场上课教师做好场地使用分配。
	课中最高心率	140次/min左右		
	全课练习密度	60%左右		
	基本部分练习密度	65%左右		

××中学途中跑体育课时计划

教材	1. 学习途中跑。 2. 素质发展练习。	课型	新授课	时间	50min
教学目标	1. 技能目标：使90%学生掌握途中跑的基本技术。 2. 素质目标：发展快速反应素质与体能。 3. 情感目标：培养学生体育锻炼习惯，爱上体育。 4. 过程目标：培养学生学会合作学习、分享经验、共同提高。				
重点	形成途中跑上下肢的正确动作。	难点		途中跑的蹬摆配合。	

课的部分	课的内容	组织教法和学练法		练习时间	练习次数
		教师活动	学生活动		
准备部分 15min	一、课堂常规 1. 集合、点名、师生问候。 2. 宣布本次课的任务，安排见习同学。	一、课堂常规 1. 课前认真检查场地，消除不安全的隐患。 2. 安排见习同学，指导值日生借领体育器材。	一、课堂常规 1. 认真检查服装，以精神饱满的状态进入课堂。 2. 根据要求站好队形，见图A。		

（续表）

课的部分	课的内容	组织教法和学练法		练习时间	练习次数
		教师活动	学生活动		
准备部分 15min	3. 值日生领取体育器材。 二、准备活动 1. 游戏： （1）长江追黄河。 （2）两人一组追逐跑游戏。 2. 徒手操五节： （1）双臂绕环运动。 （2）扩胸运动。 （3）体转运动。 （4）弓步压腿。 （5）头颈膝踝运动。	3. 做好热身活动，精神饱满地带领学生做好准备活动。 二、准备活动 1. 组织游戏活动。 2. 讲解游戏的方法及规则要求，组织学生进行游戏。 3. 对游戏的过程及胜负进行讲评，渲染鼓动，活跃课堂氛围。 4. 带领学生做徒手操，并提出要求。	◎◎◎◎◎◎◎◎◎◎ ◎◎◎◎◎◎◎◎◎◎ ◎◎◎◎◎◎◎◎◎◎ ◎◎◎◎◎◎◎◎◎◎ ◎ △ 图A 二、准备活动 1. 学生根据游戏要求做游戏。 2. 教师领做徒手操，进行热身练习。游戏组织见图B。 图B		
基本部分 30min	一、介绍途中跑的运动特点及健身作用 二、示范途中跑动作技术 三、游戏 1. 分队踏标志的步幅跑。 2. 分队踏标志的步频跑。 3. 集体趣味组合练习： （1）听信号摆臂。 （2）快慢口令高抬腿。 （3）弓箭步交换跳。 （4）后蹬跑20m。 四、练习 1. 分队30m行进间跑。 2. 分队60m跑的比赛。 3. 分队60m让距跑比赛。	一、组织教法 1. 讲解途中跑运动的特点、健身作用，培养学生的健身习惯。 2. 教师讲解途中跑技术，给学生展示动作技术图片。 【教学口诀】 身体挺直切莫晃，屈臂前摆肘向前，折叠前摆要迅速，下压扒地顺缓冲，蹬地有力前送髋，步幅练习是关键。 3. 教师常速、慢速示范途中跑的技术，跑2次。 4. 教师渲染鼓动，活跃课堂氛围，纠正练习过程中出现的错误，给力学生完成各种跑的练习。 5. 指导合作学习，注意因材施教与帮助困难的学生学会学习。	一、学练法 1. 认真听教师讲解。 2. 观察教师途中跑示范。 3. 自我领会途中跑技术要领。 4. 相互观察，纠正错误。 5. 按规则进行游戏活动（游戏组织图略）。 6. 小组长带领学生按秩序在指定的场地练习。 7. 同学相互帮助和协作，共同完成学习任务。 二、学练法 1. 认真听教师讲解，记住练习要点。 2. 小组长带领学生按秩序进行练习。 3. 同学相互帮助和协作，共同完成学习任务。		

（续表）

课的部分	课的内容	组织教法和学练法		练习时间	练习次数
		教师活动	学生活动		
基本部分 30min	五、课课练 1. 分队游戏双杠追逐。 2. 分队游戏沙袋打靶。	二、组织教法 1. 教师讲解示范练习规则和要求。 2. 教师组织同学练习。	三、学练法 1. 小组长带领学生进行游戏练习。 2. 同学相互帮助和协作，共同完成练习任务。		
结束部分 5min	一、放松活动 1. 游戏：吹气球。 2. 同学相互放松。 二、课堂小结，表扬先进，鼓励后进 三、值日生归还器材，布置课外作业	一、组织教法 1. 教师讲解示范游戏规则和要求。 2. 组织同学做放松活动。 3. 进行课堂小结，总结问题，提出希望，布置课后练习。 4. 对技术动作掌握较差的同学与好的同学结合配对，在课后相互帮助，共同提高。 5. 检查器材，布置课外作业。 二、全课教学提示 1. 分组，指派体育小组长。 2. 鼓励、帮助练习困难的学生完成练习，学会学习。 3. 渲染鼓动，活跃课堂气氛。 4. 注意教学安全。	学练法： 1. 学生按要求进行游戏活动。 2. 同学在教师的带领下认真做放松活动。 3. 体育委员督促值日生还器材。		

预计生理负荷与练习密度			场地器材	注意事项
脉搏曲线	全课平均心率	135次/min左右	标志物若干	为避免冲突，提前与其他田径场上课教师做好场地使用分配。
	课中最高心率	145次/min左右		
	全课练习密度	60%左右		
	基本部分练习密度	65%左右		
课后小结				

××中学弯道跑体育课时计划

教材	1. 学习弯道跑。 2. 素质循环练习。	课型	新授课	时间	50min
教学目标	1. 技能目标：使90%的学生掌握弯道跑的技术。 2. 素质目标：发展一般耐力与体能。 3. 情感目标：培养学生体育锻炼习惯，让学生爱上体育锻炼。 4. 过程目标：培养学生学会合作学习、分享经验、共同提高。				

（续表）

重点	初步形成弯道跑的正确动作。	难点	上下弯道跑技术的掌握。		
课的部分	课的内容	组织教法和学练法		练习时间	练习次数
		教师活动	学生活动		
准备部分 15 min	一、课堂常规 1. 集合、点名、师生问候。 2. 宣布本次课的任务，安排见习同学。 3. 值日生领取体育器材。 二、准备活动 1. 游戏：两人一组"8"字追逐跑游戏。 2. 集体徒手操五节： （1）双臂绕环运动。 （2）扩胸运动。 （3）体转运动。 （4）弓步压腿。 （5）头颈膝踝运动。	一、课堂常规 1. 课前认真检查场地，消除不安全的隐患。 2. 安排见习同学，指导值日生借领体育器材。 3. 做好热身活动，精神饱满地带领学生做好准备活动。 二、准备活动 1. 组织游戏活动。 2. 讲解游戏的方法及规则要求，组织学生进行游戏。 3. 对游戏的过程及胜负进行讲评，渲染鼓动，活跃课堂氛围。 4. 带领学生做徒手操，并提出要求。	一、课堂常规 1. 认真检查服装，以精神饱满的状态进入课堂。 2. 根据要求站好队形，见图A。 ⊙⊙⊙⊙⊙⊙⊙⊙ ⊙⊙⊙⊙⊙⊙⊙⊙ ⊙⊙⊙⊙⊙⊙⊙⊙ ⊙⊙⊙⊙⊙⊙⊙⊙ ⊙ △ 图A 二、准备活动 1. 学生根据游戏要求做游戏。 2. 教师领做徒手操，进行热身练习。游戏组织图见图B。 图B		
基本部分 30 min	一、介绍弯道跑的运动特点和健身作用 二、示范弯道跑动作技术 三、分队游戏 圆圈十字接力跑游戏。 四、练习 1. 分队做上弯道行进间70m跑。 2. 分队做下弯道行进间50m跑。 3. 分队做150m弯道行进间跑。 4. 分队做150m弯道让距跑比赛。	一、组织教法 1. 讲解弯道跑运动的特点、健身作用，培养学生的健身习惯。 2. 教师讲解弯道跑技术，给学生展示动作技术图片。 【教学口诀】 左臂摆小右摆大，身体内倾保持好；右肩稍比左肩高，两脚着地领会好；上弯道要加大速度，下弯道要放松跑。 3. 教师常速、慢速示范弯道跑的技术，跑2次。 4. 教师渲染鼓动，活跃课堂氛围，纠正练习过程中出现的错误，助力学生完成各种弯道跑的练习。 5. 指导合作学习，注意因材施教与帮助困难的学生学会学习。	一、学练法 1. 认真听教师讲解。 2. 观察教师弯道跑示范。 3. 自我模仿练习。 4. 相互观察，纠正错误。 5. 按规则进行游戏活动，游戏组织图略。 6. 小组长带领学生按秩序在指定的场地练习。 7. 同学相互帮助和协作，共同完成学习任务。 二、学练法 1. 认真听教师讲解，记住练习要点，体会弯道跑的技术要领。 2. 小组长带领学生按秩序进行练习。 3. 同学相互帮助和协作，共同完成学习任务。		

（续表）

课的部分	课的内容	组织教法和学练法		练习时间	练习次数
		教师活动	学生活动		
基本部分 30 min	五、课课练 1. 分队悬垂攀爬过天桥。 2. 分队沙袋打靶。	二、组织教法 1. 教师讲解示范练习规则和要求。 2. 教师组织同学练习。	三、学练法 1. 小组长带领学生进行游戏练习。 2. 同学相互帮助和协作，共同完成练习任务。		
结束部分 5min	一、放松活动 1. 游戏：吹气球。 2. 同学相互放松。 二、课堂小结，表扬先进，鼓励后进 三、值日生归还器材，布置课外作业	一、组织教法 1. 教师讲解示范游戏规则和要求。 2. 组织同学做放松活动。 3. 进行课堂小结，总结问题，提出希望，布置课后练习。 4. 对技术动作掌握较差的同学与好的同学结合配对，在课后相互的帮助，共同提高。 5. 检查器材，布置课外作业。 二、全课教学提示 1. 分组，指派体育小组长。 2. 鼓励、帮助练习困难的学生完成练习，学会学习。 3. 渲染鼓动，活跃课堂气氛。 4. 注意教学安全。	学练法： 1. 学生按要求进行游戏活动。 2. 同学在教师的带领下认真做放松活动。 3. 体育委员督促值日生还器材。		

预计生理负荷与练习密度			场地器材	注意事项
脉搏曲线	全课平均心率	135次/min左右	田径场1块、标志物若干	为避免冲突，提前与其他田径场上课教师做好场地使用分配。
	课中最高心率	145次/min左右		
	全课练习密度	60%左右		
	基本部分练习密度	65%左右		
课后小结				

××中学耐力跑体育课时计划

教材	1. 学习耐力跑。 2. 素质练习。	课型	新授课	时间	45min
教学目标	1. 认知目标：使学生领会耐力跑的技术概念。 2. 技能目标：使90%的学生掌握耐力跑呼吸与跑步节奏的协同配合。 3. 方法目标：使学生掌握自我耐力跑的脉搏测量与负荷计算的方法。 4. 素质目标：发展学生耐力身体素质，提高体能。 5. 情感目标：使学生建立耐力跑的欣赏认知，理解耐力跑的功能与健身的意义。				

（续表）

重点	耐力跑的呼吸与跑步节奏配合的正确技术动作。		难点	引发学习兴趣、树立体育锻炼习惯。		
课的部分	课的内容	组织教法和学练法			练习时间	练习次数
		教师活动	学生活动			
准备部分 10min	一、课堂常规 1. 集合、点名、师生问候。 2. 宣布本次课的任务，安排见习同学。 3. 值日生领取体育器材。	一、课堂常规 1. 课前认真检查场地，消除不安全的隐患。 2. 安排见习同学，指挥值日生借领体育器材。 3. 做好热身活动，精神饱满地带领学生做好准备活动。	一、课堂常规 1. 认真检查服装，以精神饱满的状态进入课堂。 2. 根据要求站好队形，见图A。 ⊙⊙⊙⊙⊙⊙⊙⊙ ⊙⊙⊙⊙⊙⊙⊙⊙ ⊙⊙⊙⊙⊙⊙⊙⊙ ⊙⊙⊙⊙⊙⊙⊙⊙ ⊙ △ 图A			
	二、准备活动 1. 分队游戏：两蛇相争。 2. 集体练习徒手操五节： （1）双臂绕环运动。 （2）扩胸运动。 （3）体转运动。 （4）弓步压腿。 （5）头颈膝踝运动。	二、准备活动 1. 组织游戏活动。 2. 讲解游戏的方法及规则要求，组织学生进行游戏。 3. 对游戏的过程及胜负进行讲评，渲染鼓动，活跃课堂氛围。 4. 带领学生做徒手操，并提出要求。	二、准备活动 1. 学生根据游戏要求，进行游戏。 2. 教师领做徒手操，进行热身练习。游戏组织图见图B。 图B			
基本部分 30min	一、介绍耐力跑的运动特点与健身作用 二、示范耐力跑动作技术 三、游戏 1. 蛇头追蛇尾的游戏（全班分成四队，围绕田径场做追逐跑两圈，当每队排尾的同学跑到排头后举手，下一个排尾再跑向排头，依次类推循环进行）。	一、组织教法 1. 讲解耐力跑运动的特点与健身作用，培养学生的锻炼认知。 2. 教师讲解耐力跑技术，给学生展示动作技术图片。 【教学口诀】 长跑呼吸最重要，跑呼一致调整匀，步伐均匀有节奏，摆臂可使跑得好。 3. 教师常速、慢速示范耐力跑的技术，2次。 【耐力跑与途中跑技术比较】 身体前倾角度小，后蹬角度小步幅自然，步伐均匀有节奏，呼吸摆臂配合协同。	一、学练法 1. 认真听教师讲解。 2. 观察教师耐久跑示范。 3. 学生在游戏中自我领会不同跑的速度。 4. 相互观察，纠正错误。 5. 按规则进行游戏活动，游戏组织图略。 6. 小组长带领学生在指定的场地练习。 7. 同学相互帮助和协作，共同完成学习任务。			

（续表）

课的部分	课的内容	组织教法和学练法		练习时间	练习次数
		教师活动	学生活动		
基本部分 30min	2. 做分段接力跑的游戏（全班分成四队，围绕田径场做分段跑两圈，当每队排尾的同学跑到排头前4m后站下举手，下一个排尾再跑向排头，依次类推循环进行）。 四、学习/练习 1. 集体摆臂练习。 2. 分队50m跑、50m快走，2次。 3. 集体摆臂练习。 4. 分队50m走、100m跑，2次。 5. 学生测量脉搏，计算效率负荷。 6. 分队800m合作跑比赛（以每队最后一名计算成绩）。 7. 学生测量脉搏，计算负荷。 五、课课练 两人一组实心球传接球练习。	4. 教师渲染鼓动，活跃课堂氛围，纠正练习过程中出现的错误，助力学生完成各种跑的练习。 5. 重点提示学生在游戏中自我领会不同跑的速度。 6. 指导合作学习，注意因材施教与帮助困难的学生学会学习。 7. 心率负荷计算方法： 靶心率＝（最大心率－安静心率）×（0.6-0.85）＋安静心率 （注：最大心率是220－年龄。测量10s心率×6即可获得自我运动适合心率。） 二、组织教法 1. 讲解实心球双手传接球的方法、要求。 2. 带领学生做传接球的练习。 3. 渲染鼓动学生练习，活跃课堂氛围，纠正学生练习过程中出现的错误。	二、学练法 1. 认真听讲解，看示范。 2. 两人一组做传接球练习，体会传接球的部位、力量与协调。 3. 观察同学练习，相互纠正错误。		
结束部分 5min	一、放松活动 1. 游戏：吹气球。 2. 同学相互放松。 二、课堂小结，表扬先进、鼓励后进 三、值日生归还器材，布置课外作业	一、组织教法 1. 教师讲解示范游戏规则和要求。 2. 组织同学做放松活动。 3. 进行课堂小结，总结问题，提出希望，布置课后练习。 4. 对技术动作掌握较差的同学与好的同学结合配对，在课后相互帮助，共同提高。 5. 检查器材，布置课外作业。 二、全课教学提示 1. 分组，指派体育小组长。 2. 鼓励、帮助练习困难的学生完成练习，学会学习。 3. 渲染鼓动，活跃课堂气氛。 4. 注意教学安全。	学练法： 1. 同学在教师的带领下认真做放松活动。 2. 体育委员督促值日生还器材。		

（续表）

预计生理负荷与练习密度			场地器材	注意事项
脉搏曲线	全课平均心率	135次/min左右	标志物若干	
	课中最高心率	145次/min左右		
	全课练习密度	60%左右		
课后小结				

××中学接力跑体育课时计划

教材	1. 学习接力跑。 2. 素质练习。		课型	新授课	时间	45min

教学目标	1. 认知目标：使学生领会接力跑正确的技术概念，加深理解接力跑的合作精神。 2. 技能目标：使90%的学生掌握接力跑的两种技术。 3. 素质目标：发展学生耐力素质，提高体能。 4. 情感目标：使学生建立对接力跑的欣赏认知，明确团结是人优秀品质的道理。

重点	形成接力跑传接棒的正确技术动作。	难点	激发学习意义、树立体育团结合作的品质。

课的部分	课的内容	组织教法和学练法		练习时间	练习次数
		教师活动	学生活动		
准备部分 10min	一、课堂常规 1. 集合、点名、师生问候。 2. 宣布本次课的任务，安排见习同学。 3. 值日生领取体育器材。	一、课堂常规 1. 课前认真检查场地，消除不安全的隐患。 2. 安排见习同学，指导值日生借领体育器材。 3. 做好热身活动，精神饱满地带领学生做好准备活动。	一、课堂常规 1. 认真检查服装，以精神饱满的状态进入课堂。 2. 根据要求站好，队形见图A。 ◎◎◎◎◎◎◎◎◎ ◎◎◎◎◎◎◎◎◎ ◎◎◎◎◎◎◎◎◎ ◎◎◎◎◎◎◎◎◎ ◎ △ 图A		
	二、准备活动 1. 游戏：分队开火车。 2. 集体练习徒手操五节： （1）双臂绕环运动。 （2）扩胸运动。	二、准备活动 1. 组织游戏活动。 2. 讲解游戏的方法及规则要求，组织学生进行游戏。 3. 对游戏的过程及胜负进行讲评，渲染鼓动，活跃课堂氛围。	二、准备活动 1. 学生根据游戏要求，进行游戏。 2. 教师领做徒手操，进行热身练习。游戏组织图见图B。		

（续表）

课的部分	课的内容	组织教法和学练法		练习时间	练习次数
		教师活动	学生活动		
准备部分 10min	（3）体转运动。 （4）弓步压腿。 （5）头颈膝踝运动。	4. 带领学生做徒手操，并提出要求。	 图B		
基本部分 30min	一、介绍接力跑运动的特点与作用 二、示范接力跑动作技术 三、做各种接力跑的游戏 1. 分组手拉手跑：平行站立相互拉手，听哨音开始比赛。 2. 分组抱腰跑：平行站立相互抱腰，听哨音开始比赛。 3. 分组挎肘跑：平行站立相互挎肘，听哨音开始比赛。 4. 分组左斜线45°接力拉手跑比赛。 5. 分组右斜线45°接力拉手跑比赛。	一、组织教法 1. 讲解接力跑运动的特点与健身作用，培养学生的锻炼认知。 2. 教师讲解接力跑技术，给学生展示动作技术图片。 【教学口诀】 一棒起跑在弯道，右手持棒贴内跑；二棒预跑在外道，左手接棒用上挑；三棒预跑在内道，右手接棒用下压；四棒预跑在外道，左手接棒用上挑。 3. 教师常速、慢速示范接力的技术，跑2次。 比赛规则：松开的队为输，距离25～30m，让同学们产生意犹未尽的感觉，又不疲劳。 【教学提示】 每种形式跑的比赛前，让同学们自我尝试组织，体会总结，然后再比赛。 4. 每组同学前后左斜线45°站立相互距离8～10m，听哨音开始比赛。第一个同学跑向第二个同学，然后用左手去拉第二个同学的右手，然后跑向第三个同学，依次类推，前跑转弯越过标志物，然后拉第五、六、七、八个同学右手，最后所有同学手拉手一起冲过终点线，看哪队最快。 5. 右斜线45°练习路线反之。 6. 指导合作学习，注意因材施教与帮助困难的学生学会学习。	一、学练法 1. 认真听教师讲解。 2. 观察教师接力跑示范，领会要求。 3. 学生在游戏中自我领会接力跑。 4. 相互观察，纠正错误。 5. 按规则进行游戏活动，游戏组织图略。 6. 小组长带领学生在指定的场地练习。 7. 同学相互帮助和协作，共同完成学习任务。		

（续表）

课的部分	课的内容	组织教法和学练法		练习时间	练习次数
		教师活动	学生活动		
基本部分 30 min	四、学习/练习 1. 合作学习的分组慢走学习"上挑式""下压式"传接棒技术动作。 2. 合作学习的分组慢跑学习"上挑式""下压式"传接棒技术动作。 3. 接力比赛体会2次。 五、课课练 1. 分队沙袋打靶。 2. 分队悬垂攀爬过天桥。	二、组织教法 1. 教师渲染鼓动，活跃课堂氛围，纠正练习过程中出现的错误，助力学生完成各种跑的练习。 2. 重点提示学生在游戏中自我领会不同跑的速度。 【教学提示】 接力跑的比赛前，让同学们自我组织尝试，体会总结，然后再比赛。 三、组织教法 1. 讲解沙袋打靶、过天桥的方法、要求。 2. 带领学生做游戏的练习。 3. 渲染鼓动学生练习，活跃课堂氛围，纠正学生练习过程中出现的错误。	二、学练法 1. 认真听讲解、看示范。 2. 各组做好传接棒练习，体会传接棒的时机与协调配合。 3. 观察同学练习，相互纠正错误。 三、学练法 1. 各队小组长组织好同学进行比赛。 2. 同学相互帮助和协作，共同完成比赛任务。 四、学练法 1. 小组长带领学生进行游戏练习。 2. 同学相互帮助和协作，共同完成练习任务。		
结束部分 5min	一、放松活动 1. 游戏：吹气球。 2. 同学相互放松。 二、课堂小结，表扬先进，鼓励后进 三、值日生归还器材，布置课外作业	一、组织教法 1. 教师讲解示范游戏规则和要求。 2. 组织同学做放松活动。 3. 进行课堂小结，总结问题，提出希望，布置课后练习。 4. 对技术动作掌握较差的同学与好的同学结合配对，在课后相互帮助，共同提高。 5. 检查器材，布置课外作业。 二、全课教学提示 1. 分组，指派体育小组长。 2. 鼓励、帮助练习困难的学生完成练习，学会学习。 3. 渲染鼓动，活跃课堂气氛。 4. 注意教学安全。	学练法： 1. 同学在教师的带领下认真做放松活动。 2. 体育委员督促值日生还器材。		

预计生理负荷与练习密度			场地器材	注意事项
脉搏曲线	全课平均心率	135次/min左右	标志物若干	
	课中最高心率	145次/min左右		
	全课练习密度	60%左右		

第二节
跳跃的教学指导

跳跃是人克服障碍的一种基本活动能力。在中学的体育教学大纲和教材中，跳跃的内容一般有：跳远、跳高等。其教材任务是：使学生掌握跳跃的基础知识、基本技能和锻炼方法，形成正确的跳跃姿势，提高跳跃空间障碍的能力，发展学生跳跃的弹跳力和协调性等身体素质，增强学生的体能和体质，促进学生身体有效地完成生长发育（见表7-2）。、

表7-2　中学跳跃的课程内容选择与构建

跳跃的教学内容	跳跃的教学设计与安排	教学设计健身属性要求
跳远	1. 各种动作方式的原地远跳与行进间的远跳。 2. 各种动作方式的原地高跳与行进间的高跳。 3. 直线、曲线等的多种图形跳跃。 4. 各种形式的合作跳跃、障碍跳跃、负重跳跃。 5. 与其他项目（球类、体操等）结合的跳跃。 6. 多种扩展形式的跳绳、跳皮筋、苗族跳竹竿等。 7. 多种游戏形式的袋鼠跳、兔跳、蛙跳。	1. 具有面向全体学生的可练习性。 2. 可使跳跃的技术技能的健身价值达到最佳效果。 3. 可丰富教学内容的情趣美，促进学习获得懂会乐的体验。 4. 以健身理论为指导，科学健身。 5. 具有丰富的练习内容、形式与方法。 6. 可全面发展学生基本活动的能力。 7. 寓"思"于教材，寓"观"于教材，寓"做"于教材，寓"戏"于教材。 8. 以"为学习而设计""为理解时刻而教"为教学原则。
跳高		

一、蹲踞式跳远的教学设计

（一）建立蹲踞式跳远的概念

运用讲解与口诀建立蹲踞式跳远的动作概念，运用教师示范、学生示范、图表演示或道具等促进学生对助跑、起跳、腾空和落地等技术要领的感知与表象。教学方法是先讲粗大的动作要领，在建立感知后，再讲精细的动作要领。

【 蹲踞式跳远的教学口诀 】

开始姿势要固定，起跑就要加速度，距离步数因人异，步幅大小要定型；

平稳上板不减速，跳腿低抬踏上板，摆臂蹬地展身体，重心迅速跟上前；

收腹提膝伸小腿，后跟着地体向前。

（二）蹲踞式跳远的教学设计

【教学任务】

1．使学生领会蹲踞式跳远正确的技术概念。

2．使学生形成蹲踞式跳远正确的技术。

3．发展学生的跳跃能力与体能。

4．使学生建立对蹲踞式跳远的欣赏认知。

【教学方法】

同"起跑与终点冲刺的教学设计"部分。

【辅助游戏练习】

1．苗族跳竹竿的游戏。

2．"闯三关"跳皮筋的游戏（设立低、中、高三种远度让学生连连跳跃）。

3．连连跳游戏（设立10块A型小垫子让学生连连跳跃）。

【教学顺序】

1．做三种跳跃的游戏。

2．做3～5步助跑连续越过5块A型小垫子。

3．做10步助跑起跳落入沙坑的技术练习。

4．做合作学习蹲踞式跳远的完整技术练习。

5．跳远比赛（设置1分、2分、3分的小旗帜，看哪个同学三次跳跃的分数最高）。

6．课课练（促进身体全面发展的上肢练习）：① 悬垂过天桥。② 沙袋打靶。

【易犯错误与纠正方法】

1．易犯错误：助跑步点不准确。纠正方法：① 反复做助跑的练习，建立正确节奏。② 可采用标志物等方法予以改进，帮助建立助跑正确动作的本体感觉。

2．易犯错误：起跳不起来。纠正方法：① 腿部力量差，注意加强力量锻炼。② 3～4步助跑起跳头触标志物，并予以改进。

二、跨越式跳高的教学设计

（一）建立跨越式跳高的概念

运用讲解与口诀建立跨越式跳高的动作概念，运用教师示范、学生示范、图表演示或道具等促进学生对助跑、起跳、腾空过杆和落地等技术要领的感知与表象。教学方法是先讲粗大的动作要领，在建立感知后，再讲精细的动作要领。

【 跨越式跳高的教学口诀 】

侧面直线助跑，踏点摆动起跳。两腿竿上剪交，体内旋扭转。完成空中过杆，落地稳稳站好。

（二）跨越式跳高的教学设计

【 教学任务 】

1. 使学生领会跨越式跳高正确的技术概念。

2. 使学生形成跨越式跳高正确的技术。

3. 发展学生的跳跃能力与体能。

4. 使学生建立对跨越式跳高的欣赏认知。

【 教学方法 】

同"起跑与终点冲刺的教学设计"部分。

【 辅助游戏练习 】

1. 摆动腿跳跃的游戏（拉一根长线悬吊一根根不同高度的小铃铛或小彩球，做助跑摆动、腿跳起碰铃或碰球的练习，学生可以自选高度）。

2. 连连跳小垫子的游戏（学生斜线助跑连续跳跃越过5块A型小垫子）。

3. "闯三关"跳皮筋的游戏（设立低、中、高三种高度让学生连连跳跃）。

【 教学顺序 】

1. 做三种跳跃的游戏。

2. 做3~5步助跑头顶触物的游戏。

3. 做5步助跑起跳斜线过杆的技术练习。

4. 合作学习（三人一组，两人拉皮筋一人跳跃，相互纠正，轮流练习）。

5. 做"风车转转"游戏的完整跳高技术练习（中间树立跳高杆一根，拉置四种不同高度的皮筋，让学生自由选择跳跃的高度）。

6. 课课练（促进身体全面发展的上肢练习）：① 双杠追逐游戏。② 沙袋打靶游戏。

【 易犯错误与纠正方法 】

1. 易犯错误：过杆时臀部下坐。纠正方法：① 反复做起跳摆腿的练习。② 可采用同伴帮助与语言提示或触物等方法予以改正起跳时上体过早前倾，帮助建立垂直起跳正确动作的本体感觉。

2. 易犯错误：摆动腿起跳碰杆。纠正方法：① 反复练习助跑，改正助跑时步子太乱、步长不稳定、没有节奏的问题。② 做起跳摆腿内转的练习，并予以改进。

🔍 **教学案例**

××中学蹲踞式跳远体育课时计划

教材	1. 学习蹲踞式跳远。 2. 素质练习。	课型	新授课	时间	50min

教学目标	1. 技能目标：使90%的学生掌握蹲踞式跳远的技术。 2. 素质目标：提高跳跃的能力与灵敏协同素质，增强体能。 3. 情感目标：培养学生体育锻炼的思想与习惯。 4. 过程目标：培养学生学会合作学习、分享经验、共同提高。

重点	形成助跑踏跳的正确动作。	难点	空中收腹举腿。

课的部分	课的内容	组织教法和学练法		练习时间	练习次数
		教师活动	学生活动		
准备部分 15 min	一、课堂常规 1. 集合、点名、师生问候。 2. 宣布本次课的任务，安排见习同学。 3. 值日生领取体育器材。	一、课堂常规 1. 课前认真检查场地，消除不安全的隐患。 2. 安排见习同学，指导值日生借领体育器材。 3. 做好热身活动，精神饱满地带领学生做好准备活动。	一、课堂常规 1. 认真检查服装，以精神饱满的状态进入课堂。 2. 根据要求站好，队形见图A。 ◎◎◎◎◎◎◎◎◎ ◎◎◎◎◎◎◎◎◎ ◎◎◎◎◎◎◎◎◎ ◎◎◎◎◎◎◎◎◎ ◎ △ 图A		
	二、准备活动 1. 苗族跳竹竿的游戏（跳跃三次交换）。 2. 集体练习徒手操五节： （1）双臂绕环运动。 （2）扩胸运动。 （3）体转运动。 （4）弓步压腿。 （5）头颈膝踝运动。	二、准备活动 1. 组织游戏活动。 2. 讲解游戏的方法及规则要求，组织学生进行游戏。 3. 对游戏的过程及胜负进行讲评，渲染鼓动，活跃课堂氛围。 4. 带领学生做徒手操，并提出要求。	二、准备活动 1. 学生根据游戏要求做游戏。 2. 教师领做徒手操，热身练习。跳竹竿游戏组织图见图B。 😊 😊 😊 😊 😊 😊 😊 😊 😊 😊 😊 😊 ↑ 😊 😊 ↑ 😊 😊 ↑ 😊 😊 😊 😊 😊 😊 😊 😊 图B		

（续表）

课的部分	课的内容	组织教法和学练法		练习时间	练习次数
		教师活动	学生活动		
基本部分 30 min	一、介绍蹲踞式跳远的运动特点和健身作用 二、示范蹲踞式跳远的动作技术 三、游戏 1. 自选3步助跑起跳的游戏（拉一根长线悬吊一根根不同高度的小铃铛或小彩球，做助跑起跳、头碰铃或碰球的练习）。 2. 分队连连跳小垫子的游戏（学生直线助跑连续跳跃越过8块A型小垫子）。 四、练习 1. 分队做3~5步助跑起跳跨越小垫子的游戏。 2. 分队做5步助跑起跳落入沙坑的技术练习。 3. 做10步助跑起跳落入沙坑的技术练习。 4. 分队合作做蹲踞式跳远的完整技术练习。 5. 合作比赛（三人一组，计算总成绩，设置1分、2分、3分的小旗帜，看哪组同学三次跳跃的得分最高）。 五、课课练（促进身体全面发展的上肢练习） 1. 分队双杠追逐游戏。 2. 分队沙袋打靶游戏。	一、组织教法 1. 讲解蹲踞式跳远运动特点、健身作用，培养学生的健身意识与习惯。 2. 教师讲解蹲踞式跳远技术，给学生展示动作技术图片。 【教学口诀】 开始姿势要固定，起跑就要加速度，距离步数因人异，步幅大小要定型；平稳上板不减速，跳腿要抬踏上板，摆臂蹬地展身体，重心迅速跟上前；收腹提膝伸小腿，后跟着地体向前。 3. 教师常速、慢速示范蹲踞式跳远的技术，跳2次。 4. 教师渲染鼓动，活跃课堂氛围，纠正练习过程中出现的错误，助力学生完成各种跳远的练习。 5. 指导合作学习，注意因材施教与帮助困难的学生学会学习。 二、组织教法 1. 教师讲解示范练习规则和要求。 2. 教师组织同学练习。	一、学练法 1. 认真听教师讲解。 2. 观察教师蹲踞式跳远的示范。 3. 自我模仿做起跳游戏练习。 4. 相互观察，纠正错误。 5. 直线连续跳跃A型小垫子游戏。组织图见图C。 A　　A　　A A　　A　　A A　　A　　A ☺　　☺　　☺ 图C 6. 小组长带领学生按秩序在指定的场地练习。 7. 同学相互帮助和协作，共同完成学习任务。 二、学练法 1. 认真听教师讲解，记住练习要点。 2. 小组长带领学生按秩序进行练习。 3. 同学相互帮助和协作，共同完成学习任务。		
结束部分 5min	一、放松活动 1. 游戏：吹气球。 2. 同学相互放松。	一、组织教法 1. 教师讲解示范游戏规则和要求。 2. 组织同学做放松活动。 3. 进行课堂小结，总结问题，提出希望，布置课后练习。 4. 对技术动作掌握较差的同学与好的同学结合配对，在课后相互帮助，共同提高。 5. 检查器材，布置课外作业。	学练法： 1. 同学在教师的带领下，认真做放松活动。 2. 体育委员督促值日生还器材。		

（续表）

课的部分	课的内容	组织教法和学练法		练习时间	练习次数
		教师活动	学生活动		
结束部分 5min	二、课堂小结，表扬先进，鼓励后进 三、值日生归还器材，布置课外作业	二、全课教学提示 1. 分组，指派体育小组长。 2. 鼓励、帮助练习困难的学生完成练习，学会学习。 3. 渲染鼓动，活跃课堂气氛。 4. 注意教学安全。			

	预计生理负荷与练习密度			场地器材	注意事项
脉搏曲线		全课平均心率	130次/min左右	标志物若干	
		课中最高心率	140次/min左右		
		全课练习密度	60%左右		
		基本部分练习密度	65%左右		
课后小结					

××中学跨越式跳高体育课时计划

教材	1. 学习跨越式跳高。 2. 素质练习。	课型	新授课	时间	45min

教学目标	1. 技能目标：使90%的学生掌握跨越式跳高的技术。 2. 素质目标：提高跳跃的能力与灵敏协同素质，增强体能。 3. 情感目标：培养学生体育锻炼的思想与习惯。 4. 过程目标：培养学生学会合作学习、分享经验、共同提高。

重点	形成助跑起跳的正确动作。	难点	两腿空中剪交动作。

课的部分	课的内容	组织教法和学练法		练习时间	练习次数
		教师活动	学生活动		
准备部分 10min	一、课堂常规 1. 集合、点名、师生问候。 2. 宣布本次课的任务，安排见习同学。 3. 值日生领取体育器材。	一、课堂常规 1. 课前认真检查场地，消除不安全的隐患。 2. 安排见习同学，指导值日生借领体育器材。 3. 做好热身活动，精神饱满地带领学生做好准备活动。	一、课堂常规 1. 认真检查服装，以精神饱满的状态进入课堂。 2. 根据要求站好，队形见图A。 ○○○○○○○○ ○○○○○○○○ ○○○○○○○○ ○○○○○○○○ ⊙ △ 图A		

（续表）

课的部分	课的内容	组织教法和学练法		练习时间	练习次数
		教师活动	学生活动		
准备部分 10 min	二、准备活动 1. "摘桃子"跳皮筋游戏（设立低、中、高三种高度让学生连续跳跃）。 2. 集体练习徒手操五节： （1）双臂绕环运动。 （2）扩胸运动。 （3）体转运动。 （4）弓步压腿。 （5）头颈膝踝运动。	二、准备活动 1. 组织游戏活动。 2. 讲解游戏的方法及规则要求，组织学生进行游戏。 3. 对游戏的过程及胜负进行讲评，渲染鼓动，活跃课堂氛围。 4. 带领学生做徒手操，并提出要求。	二、准备活动 1. 学生根据要求做游戏。 2. 教师领做徒手操，做热身练习。"摘桃子"跳皮筋游戏组织图见图B。 图B	1	
基本部分 30 min	一、介绍跨越式跳高的运动特点和健身作用 二、示范跨越式跳高动作技术 三、游戏 1. 自选摆动腿跳跃的游戏（拉一根长线悬吊一根根不同高度的小铃铛或小彩球，做助跑摆动腿、跳起碰铃或碰球的练习，学生可以自选高度）（见图C）。 2. 分队连连跳小垫子的游戏（学生斜线助跑连续跳跃越过5块A型小垫子）（见图D）。 四、练习 1. 分队做3～5步助跑头顶触物的游戏。 2. 分队做5步助跑起跳斜线过杆的技术练习。 3. 合作学习（三人一组，两人拉皮筋一人跳跃，相互纠，正轮流练习）。 4. 分队做"风车转转"游戏的完整跳高技术练习（学生自由选择低、中、高的练习组别）（见图E）。 5. 分队跳高比赛（自由选择低、中、高组别）。	一、组织教法 1. 讲解跨越式跳高的运动特点和健身作用，培养学生的健身意识与习惯。 2. 教师讲解跨越式跳高技术，给学生展示动作技术图片。 【教学口诀】 侧面直线助跑，踏点摆动起跳。两腿杆上剪交，上体内旋扭转。完成空中过杆，落地稳稳站好。 3. 教师常速、慢速示范跨越式跳高的技术，跳2次。 4. 教师渲染鼓动，活跃课堂氛围，纠正学生练习过程中出现的错误，助力学生完成各种练习。 5. 指导合作学习，注意因材施教与帮助困难的学生学会学习。	一、学练法 1. 认真听教师讲解。 2. 观察教师示范。 3. 自我模仿练习。 4. 相互观察，纠正错误。 5. 按规则进行游戏活动，游戏组织图略。 6. 小组长带领学生按秩序在指定的场地练习。 7. 同学相互帮助和协作，共同完成学习任务。 不同高度摆动腿跳跃游戏组织图见图C。 图C 斜线连续跨越A型小垫子游戏组织图见图D。 图D		

（续表）

课的部分	课的内容	组织教法和学练法		练习时间	练习次数
		教师活动	学生活动		
基本部分 30 min	五、课课练（促进身体全面发展的上肢练习） 1. 分队双杠追逐游戏。 2. 分队沙袋打靶游戏。	二、组织教法 1. 教师讲解示范练习规则和要求。 2. 教师组织练习，鼓励同学相互帮助，共同提高。	"风车转转"不同高度跳跃游戏组织图见图E。 图E 二、学练法 1. 认真听教师讲解，记住练习要点。 2. 小组长带领学生按秩序进行练习。 3. 同学相互帮助和协作，共同完成学习任务。		
结束部分 5 min	一、放松活动 1. 游戏：吹气球。 2. 同学相互放松。 二、课堂小结，表扬先进，鼓励后进 三、值日生归还器材，布置课外作业	一、组织教法 1. 教师讲解示范游戏规则和要求。 2. 组织同学做放松活动。 3. 进行课堂小结，总结问题，提出希望，布置课后练习。 4. 对技术动作掌握较差的同学与好的同学结合配对，相互帮助，共同提高。 5. 检查器材，布置课外作业。 二、全课教学提示 1. 分组，指派体育小组长。 2. 鼓励、帮助练习困难的学生完成练习。 3. 渲染鼓动，活跃课堂气氛。 4. 注意教学安全。	学练法： 1. 同学在教师的带领下认真做放松活动。 2. 体育委员督促值日生还器材。		

预计生理负荷与练习密度			场地器材	注意事项
脉搏曲线		全课平均心率	130次/min左右	标志物若干
		课中最高心率	140次/min左右	
		全课练习密度	60%左右	
		基本部分练习密度	65%左右	

课后小结	

第三节
投掷的教学指导

投掷是发展人体力量的一种基本活动。在中学的体育教学大纲和教材中，投掷的内容一般有侧向滑步推铅球等。

中学投掷的教学任务是：使学生掌握投掷的基础知识、基本技能和锻炼方法，形成正确的投掷姿势，提高投掷的能力，发展学生肌肉的力量，改善神经反射过程和协调性等身体素质，增强学生的体能和体质，促进学生身体的肌肉生长强壮（见表7-3）。

表7-3　中学投掷的课程内容选择与构建

投掷的教学内容	投掷的教学设计与安排	教学设计健身属性要求
侧向滑步推铅球	1. 投掷各种物体的原地投掷与行进间的投掷（掷纸飞机、飞盘、垒球、小皮球、小实心球、铅球）。 2. 各种动作角度的原地投掷与行进间的投掷（正向、背向、侧向、卧推、坐推）。 3. 各种形式的合作投掷、击准、掷远的投掷。 4. 与其他项目（地滚球、击垒球等）结合的投掷。 5. 多种扩展形式的甩流星、甩鞭炮等。 6. 多种游戏形式的打鸭子、打碉堡、打靶等。	1. 具有面向全体学生的可练习性。 2. 可使投掷的技术技能的健身价值达到最佳效果。 3. 可丰富教学内容的情趣美，促进学习获得懂会乐的体验。 4. 以健身理论为指导，科学健身。 5. 具有丰富的练习内容、形式与方法。 6. 可全面发展学生基本活动的能力。
背向滑步推铅球		

一、铅球投掷的教学设计

（一）建立铅球投掷的概念

运用讲解与口诀建立铅球投掷的动作概念，运用教师示范、学生示范、图表演示或道具等促进学生对握球预备、滑步、最后用力、缓冲等技术要领的感知与表象。教学方法是先讲粗大的动作要领，在建立感知后，再讲精细的动作要领。

【铅球投掷的教学口诀】

1. 预备姿势：球放中指根，屈腕掌心空，紧贴颈锁窝，抬肘与肩平。

2. 原地推球：右腿蹬伸在送髋，上体挺起不后坐；后蹬前撑肩在转，肘关节吊起前送肩；伸臂猛推腕用力，手指拨球腿交换，缓冲重心身体安。

3. 滑步推球：指根托球掌心空，抬肘球靠锁骨中；预摆姿势要平稳，团身滑步加速度；

收脚内扣留重心，上体扭住不能松；左腿落地直腿撑，右蹬伸髋挺起胸；左侧撑住肘吊起；顶肩伸臂把球送；腕部用力指拨球，及时换步身体安。

（二）侧向滑步推铅球的教学设计

【教学任务】

1．使学生领会正面推铅球正确的技术概念。

2．使学生形成侧向滑步推铅球正确的技术。

3．发展学生的投掷能力与体能。

4．使学生建立对侧向滑步推铅球的欣赏认知。

【教学方法】

同"起跑与终点冲刺的教学设计"部分。

【辅助游戏练习】

1．沙袋打靶。

2．放鞭炮（16K纸，取3/4折叠，再对折后取纸角往中间下拉，手指捏住两边角，用力甩臂、曲腕，看谁发出的声音响）。

3．原地正向推球过竿的游戏。

4．单手肩上推实心球比远的游戏。

【教学顺序】

1．做三种投掷的游戏。

2．合作学习（两人一组，一人拉肩一人滑步，轮流练习，相互纠正）。

3．做原地侧向推铅球落入沙坑的技术练习。

4．合作学习做侧向滑步推铅球落入沙坑的技术练习。

5．合作学习投掷做侧向滑步推铅球的完整技术练习。

6．合作比赛（设置1分、2分、3分的小旗帜，看哪组同学三次掷的分数最高）。

7．课课练（促进身体全面发展的下肢练习）。

（1）两人合作跳绳（轮流交换）。

（2）"闯三关"跳长绳（连续跳越三根长绳）。

【易犯错误与纠正方法】

1．易犯错误：推球时出手角度低。纠正方法：① 反复做推球过杆的练习。② 加强臂部、腿部力量训练，保证手臂有力推球与左腿支撑起来。

2．易犯错误：推球时臀部后坐。纠正方法：① 反复推球蹬、转、挺、送髋，并予以改正。② 体会推球后两腿交换的动作练习，并予以改进。

（备注：背向滑步推铅球教学设计与侧向滑步推铅球基本相同就不再做介绍。）

二、投掷的教法提示与建议

从传统教学设计上看，以往的投掷教学内容过于突出技能的竞技性要求，缺失了学习过程"懂会乐"的体验，弱化了投掷健身、娱乐与实用性等多维知识，不利于引导学生积极参与锻炼，提高体能与技能，促使学生把投掷的技能变成健身的知识和方法。新课程在"目标统领教材和教学方法"的指导下，要根据课程标准规定的学习领域和不同水平目标对学生全面发展的要求，对现行投掷教学内容进行拓宽与开发。根据投掷锻炼的基本特性、内涵和价值，它应该向健身性、趣味性、生活性、娱乐性和游戏性等方向拓展开发，促进学生投掷技能的养成与发挥，实现投掷教学发展学生基础活动能力的目标。

这告诫我们，体育学习不是标准化的统一，只要根据学生的爱好去教学，有意义的学习就能发生，学生终身体育的行为就可能养成。"学而时习之，不亦说乎"告诉我们，只有让学生获得愉悦的情感体验，才能实现知与行的统一。因而，把教推向学，支援学习者基于自身意义发现而展开学习，尽力在教学中建立自由学习的度，创建传递知识多维面孔的教学环境，展开关注学习者"潜能"的多样化、多类别、多层次的"选项"教学、分层教学等教学建构才是可为的。

🔍 教学案例

××中学侧向滑步推铅球体育课时计划

教材	1. 学习侧向滑步推铅球。 2. 素质练习。		课型	新授课	时间	50min
教学目标	1. 技能目标：使90%的学生掌握侧向滑步推铅球的技术。 2. 素质目标：提高学生投掷的能力与灵敏协同素质，增强体能。 3. 情感目标：培养学生体育锻炼的思想与习惯。 4. 过程目标：培养学生学会合作学习、分享经验、共同提高。					
重点	形成蹬转送髋的正确动作。		难点		滑步与最后用力的衔接。	

课的部分	课的内容	组织教法和学练法		练习时间	练习次数
		教师活动	学生活动		
准备部分 15min	一、课堂常规 1. 集合、点名、师生问候。 2. 宣布本次课的任务，安排见习同学。 3. 值日生领取体育器材。	一、课堂常规 1. 课前认真检查场地，消除不安全的隐患。 2. 安排见习同学，指导值日生借领体育器材。 3. 做好热身活动，精神饱满地带领学生做好准备活动。	一、课堂常规 1. 认真检查服装，以精神饱满的状态进入课堂。 2. 根据要求站好，队形见图A。 ◎◎◎◎◎◎◎◎◎ ◎◎◎◎◎◎◎◎◎ ◎◎◎◎◎◎◎◎◎ ◎◎◎◎◎◎◎◎◎ ◎ △ 图A		

（续表）

课的部分	课的内容	组织教法和学练法		练习时间	练习次数
		教师活动	学生活动		
准备部分 15min	二、准备活动 1. 分队游戏：沙袋打靶（对墙）。 2. 集体练习徒手操五节： （1）双臂绕环运动。 （2）扩胸运动。 （3）体转运动。 （4）弓步压腿。 （5）头指膝踝运动。	二、准备活动 1. 组织游戏活动。 2. 讲解游戏的方法及规则要求，组织学生进行游戏。 3. 对游戏的过程及胜负进行讲评，渲染鼓动，活跃课堂氛围。 4. 带领学生做徒手操，并提出要求。	二、准备活动 1. 学生根据游戏要求做游戏。 2. 教师领做徒手操，做热身练习。 "沙袋打靶"游戏组织图见图B。 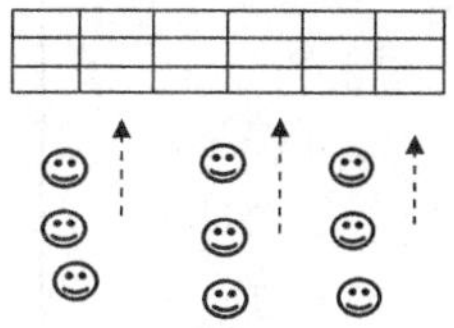 图B		
基本部分 30min	一、介绍侧向滑步推铅球的运动特点和健身作用 二、示范侧向滑步推铅球的动作技术 三、游戏 1. 分队单手原地正向推球过杆的游戏。 2. 分队单手肩上推实心球比远的游戏。 四、练习 1. 分队做原地侧向推铅球落入沙坑的技术练习。 2. 分队合作学习（两人一组，一人拉肩一人滑步，轮流练习，相互纠正）。 3. 分队合作学习做侧向滑步推铅球落入沙坑的技术练习。 4. 分队做"圆圈推球"的完整技术练习。 五、课课练（促进身体全面发展的下肢练习） 1. 分队20m跳绳跑比赛游戏。 2. 分队"闯三关"跳长绳游戏。	一、组织教法 1. 讲解侧向滑步推铅球的运动特点和健身作用，培养学生的健身意识与习惯。 2. 教师讲解侧向滑步推铅球，给学生展示动作技术图片。 【教学口诀】 指根托球掌心空，抬肘球靠锁骨中；预摆姿势要平稳，团身滑步加速度；收脚内扣留重心，上体扭转不能松；蹬腿转摆挺起胸，左侧撑送顶起来；顶肩伸臂指拨球，及时换步站得稳。 3. 教师常速、慢速示范侧向滑步推铅球的技术2次：蹬、转、撑、送、挺、推、拨。 4. 教师渲染鼓动，活跃课堂氛围，纠正学生练习过程中出现的错误，助力学生完成各种推的练习。 二、组织教法 1. 教师讲解示范练习规则和要求。 2. 教师组织同学练习。	一、学练法 1. 认真听教师讲解。 2. 观察教师推铅球的示范。 3. 自我模仿练习。 4. 相互观察，纠正错误。 5. 按规则进行游戏活动，游戏组织图如下。 推球过杆游戏组织图下图C。 图C 推实心球比远游戏组织图如图D。 图D 二、学练法 1. 认真听教师讲解，记住练习要点。 2. 小组长带领学生按秩序在指定的场地练习，注意安全，听信号集体拾球。		

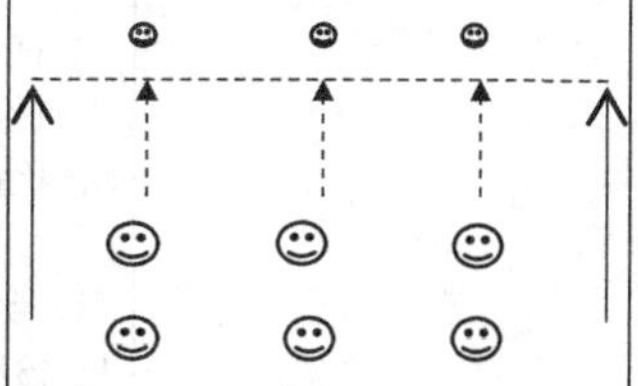

（续表）

课的部分	课的内容	组织教法和学练法		练习时间	练习次数
		教师活动	学生活动		
基本部分 30min			3. 同学相互帮助和协作，共同完成学习任务。 圆圈推球组织图见图E。 图E		
结束部分 5min	一、放松活动 1. 游戏：吹气球。 2. 同学相互放松。 二、课堂小结，表扬先进，鼓励后进 三、值日生归还器材，布置课外作业	一、组织教法 1. 教师讲解示范游戏规则和要求。 2. 组织同学做放松活动。 3. 进行课堂小结，总结问题，提出希望，布置课后练习。 4. 对技术动作掌握较差的同学与好的同学结合配对，在课后相互的帮助，共同提高。 5. 检查器材，布置课外作业。 二、全课教学提示 1. 分组，指派体育小组长。 2. 鼓励、帮助练习困难的学生完成练习，学会学习。 3. 渲染鼓动，活跃课堂气氛。 4. 注意因材施教、注意教学安全。	一、学练法 1. 同学在教师的带领下认真做放松活动。 2. 体育委员督促值日生还器材。		

预计生理负荷与练习密度			场地器材	注意事项
脉搏曲线	全课平均心率	125次/min左右	标志物若干	
	课中最高心率	135次/min左右		
	全课练习密度	60%左右		
	基本部分练习密度	65%左右		
课后小结				

第八章
球类教学的指导

本章概述

　　球类在初中教育阶段应注重学生对基本运动知识、运动技能的掌握和应用，不过分强调运动技能传授的系统和完整，不苛求技术动作的细节；在高中阶段应着重引导学生根据自己的具体情况，选择一至几种运动项目进行系统的学习，发展运动能力，形成爱好和专长，培养学生终身体育运动的意识和能力。它还要求有效球类运动的教学必须要对球类学习内容进行拓展，选择多种健身价值大、符合学生学习特点、贴近社会生活形式的内容，让其健身功能最大化，契合终身体育健身需求。基于此特点，本章对其教法与学法体系的设计与应用做一解析，以提高球类教学的水平。

结构图

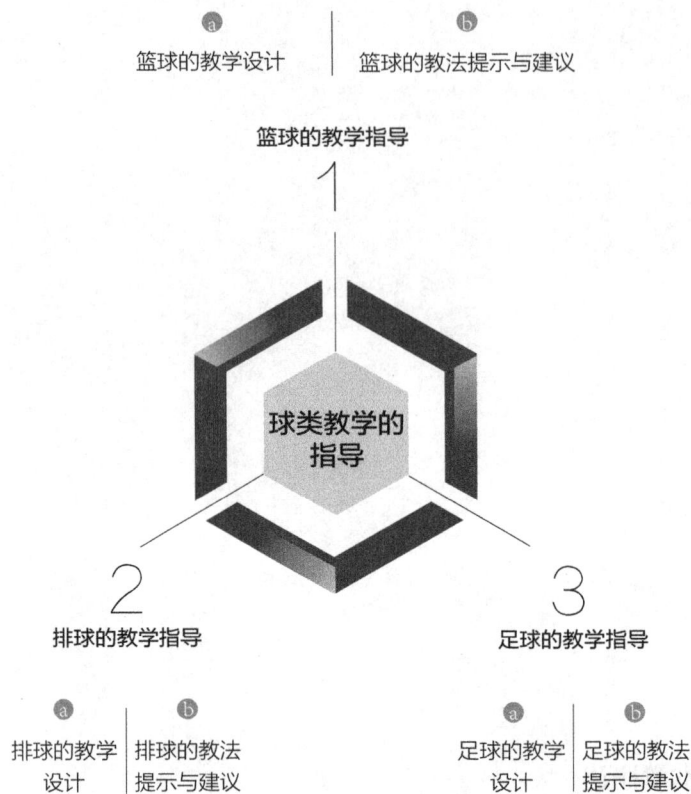

篮球的教学设计　篒球的教法提示与建议
篒球的教学指导
球类教学的指导
排球的教学指导　　足球的教学指导
排球的教学设计　排球的教法提示与建议　　足球的教学设计　足球的教法提示与建议

1. 识记球类各项目的教学设计策略和方法。
2. 思考各种教学策略和方法在球类教学中的运用。
3. 领会各项目教学内容的选择构建与实施要求。
4. 分析我国传统球类教学中的问题，思考我国体育新课程中球类运动的建设与发展。

学习目标

关键词

球类教学；选择与构建；类型与分析；策略与运用；建设与发展

　　《体育与健康课程标准》规定，球类运动是中学体育与健康课程必修的主要学习内容。各校可根据本校的具体条件和学生的爱好以及体能与运动基础等方面的情况，确定球类学习的范围和内容，把教学目标与内容合理地安排在各个年级之中。

第一节
篮球的教学指导

　　篮球运动是深受青少年喜爱的运动项目之一。它在中学的体育教学大纲和教材中占有重要的地位。《体育与健康课程标准》对中学篮球教学任务的要求是：通过多种多样的学练方式，使学生基本掌握运球、传接球、投篮及行进间上篮等基本技术，全面发展学生身体素质和基本活动能力，培养学生对篮球的兴趣和运动爱好。因而其重点教学内容是：学会运球、传接球、投篮和行进间上篮的基本技能及其在半场地活动或比赛中的应用。

　　为此，中学篮球的教学任务是：注重把篮球运动技能教学与健身性、娱乐性结合起来，使学生能应用篮球的基础知识、基本技能和方法进行锻炼与娱乐；知道基本的比赛规则，能把运球、传球、投篮及行进间上篮等基本技能串联起来，形成半场地活动或比赛的能力，发展学生的速度、耐力和柔韧、灵敏、协调性等身体素质，增强学生的体能和体质，促进学生身体有效地生长发育及内脏器官功能的发展（见表8-1和表8-2）。

　　需要指出的是，球是学生自己打会的，而不是教师教会的，只有课内、课外的完美衔接才可能实现这一目标。

表8-1　中学篮球的课程内容选择与构建

教学内容	教学设计与安排	实施要求
运球	1. 各种不同情境的移动练习或游戏（起动、突停、追逐、躲闪）。 2. 各种控制球的练习或游戏。	1. 具有面向全体学生的可练习性。 2. 可使篮球技术技能的健身价值达到最佳效果。
传接球	3. 直线跑、曲线跑等多种传接球的游戏。	3. 可丰富教学内容的情趣美，促进学习获得懂会乐的体验。 4. 以分层学习为指导，以学会应用基本技能为目标。 5. 具有丰富的练习内容、形式与方法。
投篮	4. 各种形式与角度的投篮练习或游戏。 5. 有防守与无防守的投篮练习或游戏。	6. 可全面发展学生基本活动的能力，培养学生终身体育的意识和能力。 7. 寓"思"于教材，寓"观"于教材，寓"做"于教材，寓"戏"于教材。
行进间上篮	6. 多种形式的有防守与无防守的行进间上篮练习或游戏。	8. 以"为学习而设计""为理解时刻而教"为教学原则。
基本技能运用的比赛	7. 结合各种比赛的练习或游戏。	9. 有效达成健身、健美和健心的目的，实现学生身体与思想的全面发展。

表8-2　中学篮球的学习内容示例

1. 球性游戏：双手体前抛（经头上）体后接球，双手体后抛（经头上）体前接球，双手体前抛（经跨下击地）体后接球，双手体后抛（经跨下击地）体前接球，跨下"8"字绕球，跨下前、后抛接球，两腿前后开立跳跨下左右运球，体后左右推拉运球。

2. 运球游戏：A. 单人运球：前后转身运球，跨下"8"字围绕运球，体后运球，行进间变速运球，行进间体前变向运球。B. 多人运球："运球与问好"游戏，纵队运球看手势叫数游戏，"干扰运球"游戏，行进间听信号、看手势变速运球，行进间过标志线急停、急起运球。C. 运球比赛：小组纵、横队集体合作运球比赛，体前变向运球绕障碍接力赛。

3. 传接球游戏：A. 单人传球：双手前上抛球、跑动接球。B. 多人传接球：原单手体侧传接球，移动中反弹传接球，叫号传球，跳起传球、跳起空中接球，三角形快速传球比赛，四角传接球，圆周上移动传接球。C. 传（抛）接竞赛：圆周传接球与抢断球游戏，单手肩上传接球比远，传接球接力赛。

4. 投篮游戏：单手肩上投篮及比赛，多位定点投篮比赛，行进间单手高手投篮，行进间单、双手低手投篮，假动作突破投篮，跳起投篮，"攻击堡垒"游戏。

5. 综合竞赛游戏：抢占有利位置和空间比赛，抛球抢空中球游戏，运球绕障碍传球循环接力赛，跑动中接球、运球、行进间高手投篮比赛，三人一组"端线发球进攻"的游戏，"三人制"篮球比赛，半场擂台比赛，全场简化规则的教学比赛。

一、篮球的教学设计

（一）建立篮球的概念

运用讲解与口诀建立篮球运球、传接球、投篮与行进间上篮、篮球比赛的动作概念，运用教师示范、学生示范、图表演示或道具等促进学生对四种篮球技能技术要领的感知与表象。教学方法是先讲粗大的动作要领，在建立感知后，再讲精细的动作要领。

【原地胸前双手传球口诀】

两脚位置前后站，重心落在两脚间，双手持球于胸前，肘部下垂要自然。蹬地伸臂要抖腕，快速准确把球传。

【原地胸前双手接球口诀】

两手张开半球状，身体面对来球方，主动伸臂迎接球，顺势屈臂引胸前。

【行进间低手肩上投篮口诀】

一大二小三高跳，伸臂举球空中展，腕指发力把球挑，保持重心稳投篮。

【行进间高手肩上投篮口诀】

右手投篮跨右脚，跨步同时把球拿，一大二小三高跳，伸臂投球向篮圈。

（二）篮球练习的教学设计

1. 移动与滑步的教学设计

（1）原地与行进间的前转身、后转身的练习。

（2）同侧步、异侧步、后撤步的滑步移动练习。

（3）起动—侧身跑—急停—侧后滑步—交叉步—变向跑的移动练习。

（4）后退跑—快跑—急停—转身—后退跑—快跑的移动练习。

（5）快跑—行进间后转身—急停—转身—后滑步—前滑步的移动练习。

2. 控制球的教学设计

（1）原地不同角度的抛接球练习或游戏（上下左右、前后左右）。

（2）原地不同体位的绕接球练习或游戏（颈腰胯腿）。

（3）行进间不同角度的抛接球练习或游戏（上下左右、前后左右）。

（4）行进间不同体位的绕接球练习或游戏（颈腰胯腿）。

3. 运球的教学设计

（1）原地不同角度的运球练习或游戏（高低、前后左右）。

（2）原地不同体位的运球练习或游戏（胯下、转体）。

（3）行进间不同角度的运球练习或游戏（高低、前后左右）。

（4）行进间不同体位的运球练习或游戏（胯下、转体）。

4. 传接球的教学设计

（1）原地两人或多人的传接球练习或游戏。

（2）行进间两人或多人的传接球练习或游戏。

（3）有防守的两人或多人的传接球练习或游戏。

5. 行进间上篮的教学设计

（1）单人或多人行进间上篮的练习或游戏。

（2）有防守的单人或多人行进间上篮的练习或游戏。

6. 投篮的教学设计

（1）原地单人或多人投篮的练习或游戏。

（2）行进间单人或多人投篮的练习或游戏。

（3）不同角度的投篮练习或游戏。

（4）有防守的投篮练习或游戏。

（三）篮球运球的教学设计

【教学任务】

1. 使学生领会原地与行进间运球正确的技术概念。

2. 使学生形成原地与行进间运球的正确技术。

3. 发展学生篮球运动能力与体能。

4. 使学生建立对篮球运动的欣赏认知与习惯。

【教学方法】

1. 分解与完整法

（1）根据动作技术的特点，采取合理的分解方式。

（2）掌握动作技术的段落与部分之间的有机联系，不破坏动作结构。

（3）明确各部分与段落在完整动作中的组合关系。

（4）在建立完整动作概念的基础上分解。

2. 程序教学法

（1）运用口诀强化概念法。在动作教学初期，学生对动作概念不清楚，未能建立正确的动作表象是形成动作错误的重要原因。为此，要强化正确的动作概念，必须运用口诀法促进正确动作表象的形成。

（2）迁移法。采用一些诱导性、辅助性练习，将学生从已经形成的动作错误中转移出来，在此基础上正确完成新的动作。

（3）降低难度法。运用改变练习条件、降低作业难度、分解完成动作等，帮助学生掌握要领，建立动作表象。

（4）信号提示法。当学生在练习中由于对用力时间或空间方向不清楚而出现动作错误时，教师可以用听觉信号，口头提示学生发力时间、用力节奏等；还可以用标志线、标志点、标志物来标明动作方向、幅度等。

（5）外力帮助法。在学生对用力的部位、大小、方向、幅度不清楚而出现动作错误时，教师可以运用推、顶、送、托、拉、挡、拨等外力，帮助学生建立正确动作的本体感觉，纠正动作错误。

（6）个人与小组成果展示法。纠正错误、提高动作技能、分享学习经验，共同提高。

3. 游戏法

利用游戏寓教于乐的特点，完成预定任务的方法有以下运用要求。

（1）利用游戏寓教于乐的特点，激发调动学生学习的主动性，促使其领会技术。

（2）根据教学目标，将教学内容转换为游戏的活动形式，促进学生对技术要领的领会。

4. 竞赛法

（1）根据竞赛法对抗性、竞争性的特点，施加运动负荷促进学生最大限度发挥机体的功能能力。

（2）利用竞赛法培养学生顽强拼搏、团结合作的优良品质。

5. 纠错与帮助法

预防与纠正动作错误贯穿于整个动作教学的全过程，从时间的先后可以分成练习前、练习中、练习后，包括预测错误、纠正错误、总结经验，即发现动作错误—分析动作错误产生的原因—采取相应的措施及时纠正错误—检查与评定纠正效果。

【辅助游戏练习】

1. 迎面运球接力游戏。

2. 往返运球接力游戏。

3. 圆圈运球追拍游戏。

4. 篮球场运球折返跑游戏。

5. 行进间"8"字绕杆运球游戏。

6. 听信号做原地与行进间高低运球、体前交叉变向、急停急起运球等游戏。

7. 不闭眼与闭眼30s运球计数比赛。

8. 听信号做原地与行进间闭眼运球的游戏。

9. 左右手交换运球过障碍游戏。

【教学顺序】

1. 做迎面、往返的两种接力运球游戏。

2. 做圆圈运球追拍游戏。

3. 听信号做原地与行进间的高低运球、急停急起运球等游戏。

4. 合作学习成果展示（互帮互学分享学习经验）。

5. 不闭眼与闭眼30s运球计数比赛。

6. 听信号做原地与行进间闭眼运球的游戏。

7. 课课练（促进身体全面发展的肢体练习）：① 两人一组仰卧传球（轮流交换）②"闯三关"跳长绳（连续跳越三根长绳）。

（四）篮球传接球的教学设计

【教学任务】

1. 使学生领会原地与行进间传接球正确的技术概念。

2. 使学生形成原地与行进间传接球的正确技术。

3. 发展学生篮球运动能力与体能。

4. 使学生建立对篮球运动的欣赏认知与习惯。

【教学方法】

同"篮球运球的教学设计"部分。

【辅助游戏练习】

1. 迎面传球接力游戏。

2. 传球接龙游戏。

3. 对墙传球打靶游戏。

4. 三人传两球、四人传三球的游戏。

5. 三角移动传接球游戏（三人站三角，球传出后同时迅速换位，一人站中间依次传球）。

6. 四角传接球游戏。

7. 五角传接球游戏。

8. 两人传球一人抢断、三人传球一人抢断的游戏。

【教学顺序】

1. 迎面传球接力游戏。

2. 对墙传球打靶游戏。

3. 三人传两球、四人传三球的游戏。

4. 三角移动传接球游戏（三人站三角，球传出后同时迅速换位，一人站中间依次向三人传球）。

5. 分队与个人合作学习成果展示（互帮互学，分享学习经验）。

6. 两人传球一人抢断、三人传球一人抢断的游戏。

7. 课课练（促进身体全面发展的下肢练习）：① 两人合作跳绳（轮流交换）。②"闯三关"跳长绳（连续跳越三根长绳）。

（五）篮球投篮与行进间上篮的教学设计

【教学任务】

1. 使学生领会原地与行进间投篮正确的技术概念。

2. 使学生形成原地与行进间投篮的正确技术。

3. 发展学生篮球运动能力与体能。

4. 使学生建立对篮球运动的欣赏认知与习惯。

【教学方法】

同"篮球运球的教学设计"部分。

【辅助游戏练习】

1. 投活动篮筐的游戏。

2. 投球接龙游戏。

3. 对墙投球打靶游戏。

4. 三点投篮游戏。

5. 五点投篮游戏。

6. 两人、三人传球上篮的游戏。

7. 五人传球上篮游戏。

8. 两人传球一人抢断、三人传球两人抢断的投篮游戏。

【教学顺序】

1. 投篮接龙游戏。

2. 对墙投球打靶游戏。

3. 三点投篮游戏。

4. 两人、三人传球上篮的游戏。

5. 分队与个人合作学习成果展示（互帮互学，分享学习经验）。

6. 两人传球一人抢断、三人传球一人抢断的上篮游戏。

7. 课课练：仰卧起坐练习。

（六）篮球教学比赛设计

【教学任务】

1. 利用教学比赛，检查学生对篮球技术学习的掌握情况，逐步巩固提高技能水平。

2. 开展合作学习，开展"一帮一"的帮教活动，提高学生篮球运动的水平。

3. 通过教学比赛发展学生身体素质，增强体能。

4. 培养学生的运动兴趣与合作精神，建立学生对篮球运动欣赏的认知与习惯。

【教学方法】

1. 游戏法。

2. 竞赛法。

【教学顺序】

1. 迎面传球接力游戏。

2. 五人全场传接球游戏。

3. 全班四队在四个篮球半场进行循环教学比赛。

【易犯错误与纠正方法】

易犯错误：传接球、投篮、行进间上篮技术掌握不好。纠正方法如下：① 布置课外练习予以强化本体感觉。② 背诵动作口诀，理解动作要领。③ 教师要在课外活动中予以专项辅导，强化学生掌握动作技能。④ 建立校园体育运动视频网，上传篮球运动技术视频，为学生创造自学的教学环境与条件。

二、篮球的教法提示与建议

首先，教师循环指导，渲染鼓动，活跃课堂氛围。

其次，课前对安排当裁判的同学进行辅导。

再次，对参加比赛有困难的同学，教师有针对性地安排学习内容。

最后，启发提示同学们团结合作、总结经验、共同提高。

🔍 教学案例

××中学篮球运球、传接球体育课时计划

授课教师：张振华

教材内容	1. 学习移动。 2. 学习传接运球综合技术。		课型	新授课	课次	3	时间	45min
教学目标	1. 学习篮球传、接、运球技术和单手肩上投篮技术动作，纠正学生以前固有的错误动作。 2. 发展学生协调、力量、速度、灵敏等多项身体素质，全面提高学生的健康水平。 3. 培养学生的学习兴趣，提高学生学习动机，锻炼学生的创造能力。 4. 建立和谐的人际关系，教育学生懂得关心帮助别人，培养良好的合作精神。							
重点	正确掌握传接球技术动作。		难点		改进固有的错误动作、培养对篮球学习的兴趣。			

课部分	课的内容	组织教法和学练法		练习时间	练习次数
		教师活动	学生活动		
准备部分 10 min	一、课堂常规 1. 集合、整理队形、师生问候。 2. 宣布课的任务，安排见习同学。 3. 值日生借体育器材。 二、准备活动 1. 移动练习： （1）起动急停快跑。 （2）急停变向跑。 （3）前后左右滑步。 2. 徒手操五节： （1）头颈部运动。 （2）上肢运动。 （3）腹背运动。 （4）弓步压腿。 （5）各关节运动。	一、课堂常规 1. 课前认真检查场地，消除不安全的隐患。 2. 安排见习同学，指导值日生借领体育器材。 3. 教师带领学生做好准备活动。 二、准备活动 1. 讲解示范各种移动的方法、要求和注意的要点。 2. 带领学生进行各种步法练习。 3. 纠正学生练习过程中出现的错误动作。 4. 学生练习。 5. 组织学生进行徒手操的练习。	一、课堂常规 1. 认真检查服装，以精神饱满的状态进入课堂。 2. 四列横队站好，组织图略。 二、练习要求 1. 认真听教师讲解、示范各种步法的练习方法，按照要求进行练习。 2. 练习时要认真，动作规范。 3. 启动加速时要突然、有力，变向要迅速。 4. 徒手操组织方法及要求略。		
基本部分 30 min	一、简述篮球运动的特点和锻炼价值 二、学习运球、传接球 （一）运球 1. 原地的高运球。 2. 原地的低运球。 3. 原地的左、右体前换手运球。 4. 原地的体侧前后推拉球。 5. 急停急起运球。	一、组织教法 1. 讲解篮球运动的特点和锻炼价值。 2. 讲解运球技术的动作结构、身体姿势、手的动作、控制球的落地点及脚步动作。 3. 示范运球技术的动作方法。 4. 指导学生进行练习，纠正练习过程中出现的错误动作。 【运球要求】 1. 运球时要养成抬头观察的良好习惯。 2. 变速、变线运球应该加速突然、有力、变向迅速。	一、学练法 1. 认真听讲解、看示范，记住要领。 2. 根据要求听信号做运球练习。练习的组织方法见图A。 图A		

（续表）

课部分	课的内容	组织教法和学练法		练习时间	练习次数
		教师活动	学生活动		
基本部分 30 min	（二）游戏 迎面接力传接球练习。 （三）传接球 1. 两人一组双手胸前传球。 2. 两人一组单手肩上传球。 3. 两人一组双手头上传球。 4. 两人一组单、双手击地传反弹球。 5. 传接球移动的练习。 三、课课练 两人一组仰卧起坐，做2组。	二、组织教法 1. 讲解传接球的动作结构、动作要点及各种传球的动作方法。 2. 示范各种传球的动作方法。 3. 强调动作要点： 蹬（地）→伸（臂）→抖（腕）→拨（指），动作协调连贯，双手用力均匀。 4. 指导学生进行练习，纠正练习过程中出现的错误。 5. 双手胸前传球的动作方法：两脚位置前后站，重心落在两脚间。双手持球于胸前，肘部下垂要自然。蹬地伸臂要抖腕，平传到对方胸前。 6. 接球的动作方法：判断接球位置、上步迎球、接球后引。 7. 指导安排课课练习。	迎面接力传接球练习见图B。 图B 二、学练法 1. 原地的各种传接球练习，组织图见图C。 图C 2. 三角传球跑动图见图D。 图D 3. 传球结合运球练习见图E。 图E 4. 按要求认真进行课课练。		
结束部分 5 min	一、放松活动 1. 吹气球。 2. 相互放松手臂。 二、课堂小结 三、值日生还器材	一、组织教法 1. 组织同学做放松活动。 2. 进行课堂小结，总结问题，提出希望，布置课后练习。 3. 对技术动作掌握较差的同学与好的同学结合配对，在课后相互帮助，共同提高。 4. 提示值日生还器材。 二、全课教法提示 1. 教师全课渲染鼓动，激发课堂氛围。 2. 注意因材施教、个别对待，帮助学生学会学习。	学练法： 1. 同学在教师的带领下认真做放松活动。 2. 体育委员归还器材。		

（续表）

预计生理负荷与练习密度			场地器材	课后小结
脉搏曲线		全课平均心率	135次/min左右	篮球若干个、篮球场2块	
		全课练习密度	60%左右		
		基本部分密度	65%左右		

××中学篮球行进间上篮体育课时计划

教材内容	1. 学习行进间上篮技术动作。 2. 复习传接球及投篮技术。	课型	综合课	课次	6	时间	45min

教学目的	1. 学习掌握行进间上篮技术动作，建立正确的动作概念。 2. 复习传接球、运球及原地投篮技术动作，改正错误，提高动作质量。 3. 发展学生协调、力量、速度、灵敏等多项身体素质，全面提高学生的健康水平。 4. 养成学生懂得关心帮助别人与培养学生良好的合作精神。

重点	学习行进间上篮技术动作。	难点	提高行进间传接球的质量，改进动作，培养兴趣。

课部分	课的内容	组织教法和学练法		练习次数	练习时间
		教师活动	学生活动		
准备部分 10 min	一、课堂常规 1. 集合、整理队形、师生问候。 2. 宣布课的任务，安排见习同学。 3. 值日生借体育器材。 二、准备活动 1. 游戏：拉网捕鱼。 2. 熟悉球性练习：运球接力。方法略。 3. 徒手操五节： （1）双臂绕环运动。 （2）扩胸运动。 （3）体转运动。 （4）弓步压腿。 （5）头颈膝踝运动。	一、课堂常规 1. 课前检查场地，消除不安全隐患。 2. 安排见习同学，安排值日生借领体育器材。 3. 教师精神饱满地带领学生做好准备活动。 二、组织教法 1. 讲解游戏的方法和要求。 2. 组织学生进行游戏活动。 3. 拉网捕鱼游戏组织图见图A 4. 运球接力游戏组织图见图B。	课堂常规： 1. 检查服装，以精神饱满的状态进入课堂。 2. 根据要求站好队形。 3. 值日生借体育器材。 图A 图B		

（续表）

课部分	课的内容	组织教法和学练法		练习次数	练习时间
		教师活动	学生活动		
基本部分 30 min	一、复习传、接球及运球技术动作 （一）原地的五人传接球练习 （二）传、接、运球的综合练习	一、组织教法 1. 讲解练习的方法。 2. 组织学生进行练习。 3. 练习形式见图C、图D、图E。 4. 根据传球掌握的熟练程度增加球的个数和加快球的速度。 5. 要求同学在体育小组长的带领下积极进行合作学习。	一、学练组织图 图C 图D 图E 二、学练步骤 1. 认真听讲解，看示范。 2. 原地自我徒手模仿练习：做拍球、跨步拿球行进间上篮的模仿动作练习，体会上下肢协调配合的动作要领。 3. 慢跑中徒手做拍球、跨步拿球行进间上篮的模仿动作练习。 4. 学生在走或慢跑中跨右脚拿教师或同伴手中球，后跨左脚起跳投篮。 5. 从球篮一侧运一下球，跨步拿球起跳上篮。 6. 全班分8组进行上篮练习，见图F。 图F 7. 学生积极参与合作学习：做分队和个人的成果展示。 8. 按照要求教学课课练习。		
	二、学习行进间上篮 （一）学习行进间单手肩上投篮 1. 教师讲解示范。 2. 原地与行进间模仿练习。 3. 分队行进间上篮练习。 （二）合作学习：做分队和个人的成果展示 （三）行进间上篮比赛（看谁先进三个球） （四）投篮练习（看谁先进五个球） 三、课课练 两人一组仰卧起坐，做3组。	二、组织教法 1. 教师讲解、示范动作方法。 【教学口诀】 口诀1：一要跨大步接球牢，二要跨小步用力跳，三要翻腕托球举肩上，四要指腕用力投向篮。 口诀2：右手投篮跨右脚，跨步同时把球拿，一大二小三高跳，伸臂投球向篮圈。 2. 教法提示：组织学生练习时，提示第一步要大，第二步用力蹬地向前方起跳，投篮出手前保持单手肩上托球稳定，伸臂指腕用力使球向篮筐旋转投出。 3. 根据学生掌握的熟练程度，配对组合，提高学习效果。 4. 成果展示。 三、组织方法 1. 教师分组，安排练习，提出练习要求。 2. 教师在练习的各场地进行指导。 3. 进行安全教育。			

（续表）

课部分	课的内容	组织教法和学练法		练习次数	练习时间
		教师活动	学生活动		
结束部分 5 min	一、放松活动 1. 师生相互做鬼脸。 2. 放松整理活动。 二、课堂小结，表扬先进，鼓励后进 三、宣布下课，布置课外作业，值日生还器材	一、组织教法 1. 组织同学做放松活动。 2. 进行课堂小结，总结问题，提出希望，布置课后练习。 3. 对技术动作掌握较差的同学与好的同学结合配对，在课后相互帮助，共同提高。 4. 提示值日生还器材。 二、全课教法提示 1. 教师全课渲染鼓动，激发课堂氛围。 2. 因材施教，个别对待，帮助学生学会学习。	学练法： 1. 同学在教师的带领下认真做放松活动。 2. 体育委员归还器材。		

预计生理负荷与练习密度			场地器材	注意事项
脉搏曲线	全课平均心率	135次/min	篮球若干、篮球场4块、小黑板1块	
	课中最高心率	145次/min		
	全课练习密度	60%左右		
	基本部分密度	65%左右		
课后小结				

第二节
排球的教学指导

排球运动是深受青少年喜爱的运动项目之一。它在中学的体育教学大纲和教材中占有重要的地位。《体育与健康课程标准》对中学排球教学任务的要求是：通过多种多样的学练方式，使学生基本掌握排球的垫球、传球、发球等基本技术，并获得参与简单比赛的能力，全面发展学生身体素质和基本活动能力，培养学生对排球的兴趣和运动爱好。因而其重点教学的内容是：学会垫球、传球、发球的三种基本技能及其在小场地活动或比赛中的应用。

为此，中学排球的教学任务是：注重把排球运动技能教学与健身性、娱乐性结合起来，使学生能应用排球的基础知识、基本技能和方法进行锻炼和娱乐；使学生知道基本比赛的规则，能把垫球、传球、发球三种技能串联起来，形成排球基本比赛的运动能力；发展学生的速度、耐力和柔韧、灵敏、协调性等身体素质，增强学生的体能和体质；促进学生有效的生长发育及内脏器官功能的发展（见表8-3和表8-4）。

需要指出的是，球是学生自己打会的，而不是教师教会的，只有课内、课外的完美衔接才可能实现这一目标。

表8-3　中学排球的课程内容选择与构建

教学组成	教学设计与安排	实施要求
垫球	1. 各种不同游戏性、娱乐性、健身性情境的垫球、传球、发球的练习。 2. 各种原地或移动的控制球的练习或游戏。 3. 直线跑、曲线跑等多种垫传接球的练习或游戏。 4. 结合其他项目的变式练习或游戏。 5. 多种形式有防守与无防守的练习或游戏。 6. 结合各种比赛的练习或游戏。	1. 具有面向全体学生的可练习性。 2. 使排球技术技能的健身价值达到最佳效果。 3. 丰富教学内容的情趣美，促进学习获得懂会乐的体验。 4. 以分层学习为指导，以学会应用基本技能为目标。 5. 具有丰富的练习内容、形式与方法。 6. 可全面发展学生基本活动的能力，培养学生终身体育的意识和能力。 7. 寓"思"于教材，寓"观"于教材，寓"做"于教材，寓"戏"于教材。 8. 以"为学习而设计""为理解时刻而教"为教学原则。 9. 有效达成健身、健美和健心的目的，实现学生身体与思想的全面发展。
传球		
发球		
基本比赛的知识与方法		

表8-4　中学排球的学习内容示例

1. 垫球的学习内容：各种形式的自垫球练习或游戏，单人与多人的自垫球练习或游戏，各种比赛形式的垫球、原地与行进间的各种合作垫球练习或游戏。

2. 传球的学习内容：各种形式的自传球练习或游戏，单人与多人的自传球练习或游戏，各种比赛形式的传球、原地与行进间的各种合作传球练习或游戏。

3. 发球的学习内容：各种形式的发球练习或游戏，单人与多人的发球练习或游戏，各种比赛形式的发球、原地与行进间的各种合作发球练习或游戏。

4. 基本比赛的学习内容：抢占位置的练习或游戏，接任意抛球比赛的游戏，四人一组"发球叫号接球"的游戏，网前"x人制"垫球的比赛，网前"x人制"传球的比赛，升降级的比赛，简化规则的比赛。

一、排球的教学设计

（一）建立排球的概念

运用讲解与口诀建立垫球、传球、发球三种基本技能要领的动作概念，运用教师示范、学生示范、图表演示或道具等促进学生对三种排球技能技术要领的感知与表象。教学方法是先讲粗大的动作要领，在建立感知后，再讲精细的动作要领。

【移动接球口诀】

两脚开立同肩宽，一脚后来一脚前。两膝弯曲脚内扣，两臂弯曲胸腹前。

基本姿势有三种，传垫扣拦各不同。传垫扣拦微半蹲，低垫扑救要深蹲。

【垫球口诀】

来球方向判断准，身体姿势成半蹲。上步夹臂插球下，蹬地抬臂腕下压。

【上手传球口诀】

预备姿势：两臂屈肘举面前，十指张开成半球。两肘下垂腕后仰，随时准备来传球。

动作要领：额前击球位适当，传球手形半球状。蹬地伸臂腕后仰，指腕弹拨把球传。

【发球口诀】

上手发球：向上抛球不要偏，手臂挥动呈直线，转肩挥臂用好力，掌根击球中下点。

正面下手发球：两脚开立前后站，左手持球于腹前。左手抛球于体前，右臂由后向前摆，掌根击打重心点。

【比赛站位口诀】

前排是2-3-4，后排是5-6-1，发球就要换位，依次轮流换转。二传手要中间站，其他人分两边，根据分工跑路线。

（二）排球练习的教学设计

1. 移动与滑步的教学设计

（1）原地与行进间的并步、交叉步的练习。

（2）同侧上步、异侧上步、后撤步的滑步移动练习。

（3）并步—同侧上步—交叉步—侧后滑步的综合移动练习。

2. 控制球的教学设计

（1）原地垫接球练习或游戏。

（2）原地不同体位的传接球练习或游戏。

（3）行进间垫接球练习或游戏。

（4）行进间传接球练习或游戏。

3. 基本比赛的教学设计

（1）单人或多人的垫球、传球与发球的各种比赛。

（2）无防守与有防守的单人或多人的各种比赛。

（三）排球垫球的教学设计

【教学任务】

1. 使学生领会原地与移动垫球正确的技术概念。

2. 使学生形成原地与移动垫球的正确技术。

3. 发展学生垫球的运动能力与体能。

4. 使学生建立对垫球运动的欣赏认知与习惯。

【教学方法】

同"篮球运球的教学设计"部分。

【辅助游戏练习】

1. 迎面垫球接力游戏。

2. 迎面垫球接龙游戏。

3. 垫球打靶游戏。

4. 垫球击掌游戏。

5. 行进间"8"字绕杆垫球游戏。

6. 听信号做原地高低垫球游戏。

7. 闭眼自垫球计数比赛。

8. 对墙垫球或比赛。

9. 三人三角垫球。

10. 四人四角垫球。

11. 五人一组，四人跑动围绕，一人圆心垫球于任一跑动者，输者轮换。

【教学顺序】

1. 对墙垫球或比赛。

2. 听信号做原地高低自垫球游戏。

3. 三人三角垫球。

4. 合作学习成果展示（互帮互学，分享学习经验）。

5. 原地闭眼或不闭眼30s垫球计数比赛。

6. 做迎面垫球接龙游戏。

7. 做迎面接力垫球游戏。

8. 课课练（促进身体全面发展的下肢练习）：①跳绳20m比赛；②"闯三关"跳长绳（连

续跳越三根长绳）。

（四）排球上手传球的教学设计

【教学任务】

1. 使学生领会上手传球的正确技术概念。

2. 使学生形成原地与移动间传球的正确技术。

3. 发展学生排球的运动能力与体能。

4. 使学生建立对排球运动欣赏的认知与习惯。

【教学方法】

同"篮球运球的教学设计"部分。

【辅助游戏练习】

1. 迎面传球接力游戏。

2. 传球接龙游戏。

3. 对墙传球打靶游戏。

4. 三人传两球、四人传三球的游戏。

5. 四人一组三角移动传接球游戏（三人站三角，球传出后同时迅速换位，一人站中间依次传球）。

6. 四角传球游戏。

7. 自传球的游戏。

8. 30s传球计数比赛。

9. 听信号原地高低自传球。

10. 对墙传球或比赛。

11. 传球击掌游戏。

【教学顺序】

1. 对墙传球练习。

2. 自传球练习或比赛。

3. 对墙3m传球打靶游戏。

4. 三人传两球、四人传三球的练习。

5. 三角移动传接球游戏（三人站三角，球传出后同时迅速换位，一人站中间依次向三人传球）。

6. 分队与个人合作学习成果展示（互帮互学、分享学习经验）。

7. 网前"×人制"传球比赛。

8. 课课练（促进身体全面发展的下肢练习）：① 两人合作跳绳（轮流交换）；②"闯三

关"跳长绳（连续跳越三根长绳）。

（五）排球发球的教学设计（男生上手、女生下手）

【教学任务】

1. 使学生领会发球的正确技术概念。

2. 使学生形成发球的正确技术。

3. 发展学生的排球运动能力与体能。

4. 使学生建立对排球运动欣赏的认知与习惯。

【教学方法】

同"篮球运球的教学设计"部分。

【辅助游戏练习】

1. 发球打靶的游戏。

2. 发球叫号接球的游戏。

3. 对墙发球打靶的游戏。

4. 两人一组一发一接练习。

5. 对角发球游戏。

6. 直线发球游戏。

7. 自传球接发球的游戏。

8. 自垫球接发球的游戏。

9. 教学比赛。

【教学顺序】

1. 对墙3～4m发球练习。

2. 对墙发球打靶的游戏。

3. 两人一组相距4m，一发一接练习。

4. 直线发球练习。

5. 对角发球练习。

6. 发球叫号接球练习。

7. 分队与个人合作学习成果展示（互帮互学，分享学习经验）。

8. 教学比赛。

9. 课课练：两人一组仰卧起坐30×3组。

【易犯错误与纠正方法】

易犯错误：垫球、传球、发球技术掌握不好。纠正方法如下：① 布置课外练习予以强化学生的本体感觉。② 背诵动作口诀，理解动作要领。③ 教师要在课外活动中予以专项辅导，强化学生掌握动作技能。④ 建立校园体育运动视频网，上传排球运动技术视频，为学生自学创造良好的教学环境与条件。

二、排球的教法提示与建议

首先，教师循环指导，渲染鼓动，活跃课堂氛围。

其次，课前对安排当裁判的同学进行辅导。

再次，对参加比赛有困难的同学，教师有针对性地安排学习内容。

最后，启发提示同学们团结合作、总结经验、共同提高。

🔍 **教学案例**

××中学排球垫球体育课时计划

授课教师：张振华

教材内容	1. 学习垫球。 2. 素质练习。	课型	新授课	课次	2	时间	45min

教学目标	1. 认知目标：学习垫球技术，建立正确动作表象。 2. 技能目标：80%的学生能完成合作垫球，10%的学生较好地完成合作垫球，10%的学生能完成自垫球。 3. 通过垫球练习发展学生身体素质，增强体能。 4. 培养学生的排球兴趣，提高学习动机，培养合作精神。

重点	形成正确的垫球技术动作。	难点	垫球点。

课部分	课的内容	组织教法和学练法		练习时间	练习次数
		教师活动	学生活动		
准备部分 9 min	一、课堂常规 1. 集合、整理队形、师生问候。 2. 宣布课的任务，安排见习同学。 3. 值日生借体育器材。	一、课堂常规 1. 课前认真检查场地，消除不安全的隐患。 2. 安排见习同学，安排值日生借领体育器材。 3. 教师精神饱满地带领学生做好准备活动。	一、课堂常规 1. 认真检查服装，以精神饱满的状态进入课堂。 2. 四列横队站好，上课队形图见图A。 ○○○○○○○○○○○ ○○○○○○○○○○○ ○○○○○○○○○○○ ○○○○○○○○○○○ ● 图A		

（续表）

课部分	课的内容	组织教法和学练法		练习时间	练习次数
		教师活动	学生活动		
准备部分 9 min	二、准备活动 1. 游戏：两蛇相争。 2. 徒手操五节： （1）双臂绕环运动。 （2）扩胸运动。 （3）体转运动。 （4）弓步压腿。 （5）头颈膝踝运动。	二、准备活动 1. 讲解示范游戏的方法、要求和注意的要点。 2. 带领学生进行徒手操练习。 3. 纠正学生练习过程中出现的错误动作。 4. 学生练习形式见图A。	二、练习要求 1. 按照要求进行游戏活动。 2. 两蛇相争组织图见图B。 ⊙⊙⊙⊙ ⊙⊙⊙⊙ 图B 3. 做操时要认真，动作规范。 徒手操组织方法及要求：略。		
基本部分 31 min	一、简述垫球运动的特点和锻炼价值 二、学习垫球 （一）垫球练习 1. 对墙垫球练习。 2. 对墙垫球计数比赛。 3. 原地自垫球击掌练习。 4. 原地高低自垫球。 5. 两人一组合作垫球学习。 6. 五人五角传球练习。 （二）游戏 迎面垫球接力传接球练习。	一、组织教法 1. 讲解垫球运动的特点和锻炼价值。 2. 示范垫球技术动作结构、姿势与方法。 【垫球口诀】 来球方向判断准，身体姿势成半蹲。上步夹臂插球下，蹬地抬臂腕下压。 【动作要点提示】 一插、二夹、三迎、四送。 3. 指导、诱导、激发学生进行练习，纠正学生练习过程中出现的错误动作。 【组织教法提示】 1. 对五角传球练习有困难的同学做对墙传球或原地高低传球的练习。 2. 教师注意巡回辅导与及时帮助。 二、组织教法 1. 全班四队分8组做垫球接力游戏。 2. 对迎面垫球接力练习有困难的同学做对墙垫球或原地高低垫球的练习。 3. 教师注意巡回辅导与及时帮助。	一、学练法 1. 认真听讲解、看示范，按要领进行各种练习。 2. 原地对墙垫球组织图见图C。 ⊙ ⊙ ⊙ ⊙ ⊙ ⊙ 图C 3. 两人一组合作垫球组织图见图D。 ⊙ ⊙ ⊙ ⊙ ⊙ ⊙ ⊙ ⊙ ⊙ ⊙ ⊙ ⊙ 图D 4. 五角垫球练习组织图见图E和图F。 图E 图F 5. 迎面接力垫球练习图见图G。 图G		

（续表）

课部分	课的内容	组织教法和学练法		练习时间	练习次数
		教师活动	学生活动		
基本部分 31 min	三、课课练 两人一组仰卧起坐30次×3组。	三、组织教法 1. 教师组织课课练练习，并提出要求。 2. 分配练习场地。	二、学练法 1. 认真听讲解、看示范。 2. 根据要求进行迎面垫球接力的练习。 3. 学习有困难的同学自我选择练习内容。 三、学练法 1. 按要求认真练习仰卧起坐。 2. 两人一组合作练习。		
结束部分 5 min	一、放松活动 1. 吹气球。 2. 相互放松。 二、课堂小结，表扬先进，鼓励后进 三、宣布下课，值日生收还器材，布置课外作业	一、组织教法 1. 组织同学做放松活动。 2. 进行课堂小结，总结问题，提出希望，布置课后练习。 3. 对技术动作掌握较差的同学与好的同学结合配对，在课后相互帮助，共同提高。 4. 提示值日生归还器材。 二、全课教法提示 1. 教师全课渲染鼓动，激发课堂氛围。 2. 注意因材施教，个别对待，帮助学生学会学习。	学练法： 1. 同学在教师的带领下认真做放松活动。 2. 提示体育委员归还器材。		

预计生理负荷与练习密度			场地器材	课后小结
脉搏曲线	全课平均心率	135次/min左右	排球若干、排球场2块	注意与其他老师沟通，防止场地使用冲突
	全课练习密度	65%左右		

××中学排球上手传球体育课时计划

授课教师：张振华

教材内容	1. 学习上手传球。 2. 复习垫球。	课型	综合课	课次	4	时间	45min
教学目标	1. 认知目标：学习上手传球技术，建立正确动作表象。 2. 技能目标：80%的学生能完成合作传球，10%的学生能较好地完成合作传球，10%的学生能完成自传球。 3. 通过传球练习发展学生身体素质，增强体能。 4. 培养学生的学习兴趣，使学生建立对排球运动欣赏的认知与习惯。						
重点	形成正确上手传球的技术动作。	难点		传球点与时机。			

（续表）

课部分	课的内容	组织教法和学练法		练习时间	练习次数
		教师活动	学生活动		
准备部分 10 min	一、课堂常规 1. 集合、整理队形、师生问候。 2. 宣布课的任务，安排见习同学。 3. 值日生借体育器材。	一、课堂常规 1. 课前认真检查场地，消除不安全的隐患。 2. 安排见习同学，安排值日生借领体育器材。 3. 教师精神饱满地带领学生做好准备活动。	一、课堂常规 1. 认真检查服装，以精神饱满的状态进入课堂。 2. 四列横队站好，上课队形图见图A。 ⊙⊙⊙⊙⊙⊙⊙⊙ ⊙⊙⊙⊙⊙⊙⊙⊙ ⊙⊙⊙⊙⊙⊙⊙⊙ ⊙⊙⊙⊙⊙⊙⊙⊙ ● 图A		
	二、准备活动 1. 游戏：贴皮人。 2. 徒手操五节： （1）双臂绕环运动。 （2）扩胸运动。 （3）体转运动。 （4）弓步压腿。 （5）头颈膝踝运动。	二、准备活动 1. 讲解示范游戏的方法、要求和注意的要点。 2. 带领学生进行徒手操练习。 3. 纠正学生练习过程中出现的错误动作。 4. 游戏练习形式见图B。	二、练习要求 1. 按照要求进行游戏活动。 2. 做操时要认真，动作规范。 徒手操组织方法及要求：略。 图B		
基本部分 31 min	一、简述传球运动的特点和锻炼价值 二、学习传球 （一）传球练习 1. 对墙传球练习。 2. 对墙传球计数比赛。 3. 对墙3m传球打靶。 4. 原地自传球击掌练习。 5. 原地高低自传球。 6. 两人一组合作传球练习。	一、组织教法 1. 讲解传球运动的特点和锻炼价值。 2. 示范传球技术动作的结构、姿势与方法。 【双手传球口诀】 预备姿势：两臂屈肘举面前，十指张开成半球。两肘下垂腕后仰，做好准备来传球。 动作要领：额前击球位适当，传球手形半球状。蹬地伸臂腕后仰，指腕弹拨把球传。 3. 指导、诱导、激发学生进行练习，纠正学生练习过程中出现的错误动作。	一、学练法 1. 认真听讲解、看示范，按要领进行各种练习。 2. 原地对墙传球组织图见图C。 图C 3. 对墙传球计数比赛与对墙3m传球打靶同图B。 4. 散点原地自传球与高低传球组织图：略。		

（续表）

预计生理负荷与练习密度			场地器材	课后小结
脉搏曲线	全课平均心率	135次/min左右	排球若干个、排球场2块	
	全课练习密度	65%左右		

××中学排球发球体育课时计划

授课教师：张振华

教材内容	1. 学习发球。 2. 复习垫传球。	课型	综合课	课次	6	时间	45min

教学目标	1. 认知目标：学习发球技术，建立正确动作表象。 2. 技能目标：80%的学生能发球过网，10%的学生能较好地完成发球过网，10%的学生能完成发球动作。 3. 通过发垫传球练习发展学生身体素质，增强体能。 4. 培养学生的学习兴趣与合作精神，建立对排球运动欣赏的认知。

重点	形成正确发球技术动作。	难点	协调用力、控制发球方向。

课部分	课的内容	组织教法和学练法		练习时间	练习次数
		教师活动	学生活动		
准备部分 9 min	一、课堂常规 1. 集合、整理队形、师生问候。 2. 宣布课的任务，安排见习同学。 3. 值日生借体育器材。 二、准备活动 1. 游戏：拉网捕鱼。 2. 徒手操五节： （1）双臂绕环运动。 （2）扩胸运动。 （3）体转运动。 （4）弓步压腿。 （5）头颈膝踝运动。	一、课堂常规 1. 课前认真检查场地，消除不安全的隐患。 2. 安排见习同学，指导值日生借领体育器材。 3. 精神饱满地带领学生做好准备活动。 二、准备活动 1. 讲解示范游戏的方法、要求和注意的要点。 2. 带领学生进行徒手操练习。 3. 纠正学生练习过程中出现的错误动作。 4. 学生练习形式见图A。	一、课堂常规 1. 认真检查服装，以精神饱满的状态进入课堂。 2. 四列横队站好，上课队形图见图A。 图A 二、练习要求 1. 按照要求进行游戏活动。 2. 做操时要认真，动作规范。 徒手操组织方法及要求：略。 拉网捕鱼组织图见图B。 图B		

（续表）

课部分	课的内容	组织教法和学练法		练习时间	练习次数
		教师活动	学生活动		
基本部分 31 min	一、简述发球运动的特点和锻炼价值 二、学习发球 （一）发球练习 1. 原地对墙3m发球打靶的练习。 2. 两人一组3m合作发球学习。 3. 网前集体发球练习。 4. 网前直线发球练习。 5. 网前发球叫号接球练习。 6. 网前对角发球游戏。	一、组织教法 1. 讲解两种发球运动的特点和锻炼价值。 2. 示范两种发球技术动作结构、姿势与方法。 【发球口诀】 上手发球：向上抛球不要偏，手臂挥动呈直线，转肩挥臂用好力，掌根击球重心点。 正面下手发球：两脚开立前后站，左手持球于腹前。左手抛球体前，右臂由后向前摆，掌根击球中下点。 3. 指导学生进行练习，纠正学生练习过程中出现的错误动作。 二、组织教法 1. 全班四队两个场地做发球练习。 2. 学习有困难的同学做对墙发球的练习。 3. 教师注意巡回辅导与帮助。	一、学练法 1. 认真听讲解、看示范，按要领进行各种练习。 2. 对墙发球打靶组织图见图C。 图C 3. 两人一组合作发球组织图见图D。 图D 4. 网前发球练习图见图E。 图E 5. 网前直线发球、叫号发球组织同图E。 6. 网前对角发球练习图见图F。 图F		
	（二）游戏 迎面垫球接力传接球练习。	三、组织教法 1. 全班四队分8组做垫球接力游戏。 2. 学习有困难的同学做对墙垫球或原地高低垫球的练习。 3. 教师注意巡回辅导与帮助。	二、学练法 迎面接力垫球练习图见图G。 图G		

（续表）

课部分	课的内容	组织教法和学练法		练习时间	练习次数
		教师活动	学生活动		
基本部分31min	三、课课练 两人一组仰卧起坐30次，3组。	四、组织教法 1. 教师组织课课练，并提出要求。 2. 分配练习场地。	三、学练法： 1. 认真听讲解、看示范。 2. 根据要求进行迎面垫球接力的练习。 3. 学习有困难的同学自我选择练习内容。 四、学练法 1. 按要求认真练习仰卧起坐。 2. 两人一组合作练习。		
结束部分5min	一、放松活动 1. 吹气球。 2. 相互放松。 二、课堂小结，表扬先进，鼓励后进 三、宣布下课，值日生收还器材，布置课外作业	一、组织教法 1. 组织同学做放松活动。 2. 进行课堂小结，总结问题，提出希望，布置课后练习。 3. 对技术动作掌握较差的同学与好的同学结合配对，在课后相互帮助，共同提高。 4. 督促值日生还器材。 二、全课教法提示 1. 教师全课渲染鼓动，激发课堂氛围。 2. 注意因材施教，个别对待，帮助学生学会学习。	学练法： 1. 同学在教师的带领下认真做放松活动。 2. 体育委员归还器材。		

预计生理负荷与练习密度			场地器材	注意事项
脉搏曲线		全课平均心率	135次/min左右	排球场2块、排球若干	
		全课练习密度	65%左右		

××中学排球教学比赛体育课时计划

授课教师：张振华

教材内容	1. 提高运动技能。 2. 建立对排球比赛的欣赏认知。	课型	复习课	课次	8	时间	45min

教学目标	1. 利用教学比赛，检查学生对排球技术的掌握情况，进一步巩固与提高。 2. 开展合作学习，开展"一帮一"的帮教活动，提高学生的排球运动水平。 3. 通过教学比赛发展学生身体素质，增强体能。 4. 培养学生的运动兴趣与合作精神，建立学生对排球运动欣赏的认知。

重点	巩固技术动作。	难点	建立排球运动习惯。

（续表）

课部分	课的内容	组织教法和学练法		练习时间	练习次数
		教师活动	学生活动		
准备部分 9 min	一、课堂常规 1. 集合、整理队形、师生问候。 2. 宣布课的任务，安排见习同学。 3. 值日生借体育器材。	一、课堂常规 1. 课前认真检查场地，消除不安全的隐患。 2. 安排见习同学，指导值日生借领体育器材。 3. 精神饱满地带领学生做好准备活动。	一、课堂常规 1. 认真检查服装，以精神饱满的状态进入课堂。 2. 四列横队站好，上课队形图见图A。 ⊙⊙⊙⊙⊙⊙⊙⊙ ⊙⊙⊙⊙⊙⊙⊙⊙ ⊙⊙⊙⊙⊙⊙⊙⊙ ⊙⊙⊙⊙⊙⊙⊙⊙ ● 图A		
	二、准备活动 1. 游戏：拉网捕鱼。 2. 徒手操五节： （1）双臂绕环运动。 （2）扩胸运动。 （3）体转运动。 （4）弓步压腿。 （5）头颈膝踝运动。	二、准备活动 1. 讲解示范游戏的方法、要求和注意的要点。 2. 带领学生进行徒手操练习。 3. 纠正学生练习过程中出现的错误动作。 4. 拉网捕鱼游戏练习形式见图B。	二、练习要求 1. 按要求进行游戏活动。 2. 做操时要认真，动作规范。 徒手操组织方法及要求：略。 图B		
基本部分 31 min	一、简述排球比赛的要领和方法 二、游戏 1. 迎面垫球接力游戏。 2. 迎面传球接力游戏。 3. 网前集体发球练习。 4. "中一二"教学比赛。	一、组织教法 1. 讲解排球比赛的要领和方法。 2. 示范排球比赛站位与方法。 【比赛站位口诀】 前排是2-3-4，后排是5-6-1，发球就要换位，依次轮流换转。二传手要中间站，其他人分两边，根据分工跑路线。 3. 指导、诱导、激励学生进行游戏练习，纠正学生练习过程中出现的错误动作。 4. 安排接力有困难的同学练习其他内容。 二、组织教法 1. 全班四队两个场地做发球练习。 2. 学习有困难的同学做对墙发球的练习。 3. 教师注意巡回辅导与帮助。	一、学练法 1. 认真听讲解、看示范，按要领进行各种练习。 2. 迎面接力垫传球练习图见图C。 图C 3. 男女混合编队，分为四排进行接力比赛。 4. 网前发球练习图见图D。 图D		

（续表）

课部分	课的内容	组织教法和学练法		练习时间	练习次数
		教师活动	学生活动		
基本部分31分		三、组织教法 1. 全班男女混合为四排，分为两个场地比赛。 2. 教师巡回指导，渲染鼓动，激发课堂氛围。 3. 对比赛有困难的同学积极辅导，帮助学生学会学习。	5. 教学比赛组织图见图E。 图E 二、学练法 1. 在小组长带领下按要求轮流进行比赛。 2. 团结合作，共同提高。 3. 学习有困难的同学自我选择其他练习内容。		
	三、课课练 两人一组仰卧起坐30次，3组。	四、组织教法 1. 教师组织课课练练习，并提出要求。 2. 分配练习场地。	三、学练法 1. 按要求认真练习仰卧起坐。 2. 两人一组合作练习。		
结束部分5min	一、放松活动 1. 吹气球。 2. 相互放松。 二、课堂小结，表扬先进，鼓励后进 总结，鼓励学生在课余时间积极参与锻炼，建立对排球运动的欣赏认知。 三、宣布下课，值日生收还器材，布置课外作业	一、组织教法 1. 组织同学做放松活动。 2. 进行课堂小结，总结问题，提出希望，布置课后练习。 3. 对技术动作掌握较差的同学与好的同学结合配对，在课后相互帮助，共同提高。 4. 提示值日生归还器材。 二、全课教法提示 1. 教师全课渲染鼓动，激发课堂氛围。 2. 注意因材施教，个别对待，帮助学生学会学习。	学练法： 1. 学生在教师的带领下认真做放松活动。 2. 体育委员提示值日生还器材。		

预计生理负荷与练习密度			场地器材	注意事项
脉搏曲线	全课平均心率	135次/min左右	排球场2块、排球若干个	
	全课练习密度	65%左右		

课后小结	

第三节
足球的教学指导

足球运动是深受青少年喜爱的运动项目之一，它在中学的体育教学大纲和教材中占有重要的地位。《体育与健康课程标准》对中学足球教学任务的要求是：通过多种多样的学练方式，使学生基本掌握无球技术和有球技术中的球性练习、运球、传接球、射门等入门技术，全面发展学生身体素质和基本活动能力，培养学生对足球的兴趣和运动爱好。因而其重点教学的内容是：学会踢球、接球、运球三种基本技能及其在小场地活动或比赛中的应用。

为此，中学足球的教学任务是：注重把足球运动技能教学与健身性、娱乐性结合起来，使学生能应用足球的基础知识、基本技能和方法进行锻炼与娱乐；知道基本的比赛规则，能把踢球、接球、运球三种技能串联起来，形成小场地活动或比赛的能力；发展学生的速度、耐力和柔韧、灵敏、协调性等身体素质，增强学生的体能和体质；促进学生身体有效地生长发育及内脏器官功能的发展（见表8-5和表8-6）。

需要指出的是，球是学生自己打会的，而不是教师教会的，只有课内、课外的完美衔接才可能实现这一目标。

表8-5　中学足球的课程内容选择与构建

教学内容	教学设计与安排	实施要求
脚背内侧踢球、脚背正面踢球 脚内侧接球、胸部接球 脚背正面运球、脚背内侧运球、脚背外侧运球 基本比赛的知识与方法	1. 各种不同游戏性、娱乐性、健身性情境的垫传接球的练习。 2. 各种原地或移动的控制球的练习或游戏。 3. 直线跑、曲线跑等多种垫传接球的练习或游戏。 4. 结合其他项目的变式练习或游戏。 5. 多种形式有防守与无防守的练习或游戏。 6. 结合各种比赛的练习或游戏。	1. 具有面向全体学生的可练习性。 2. 可使足球技术技能的健身价值达到最佳效果。 3. 可丰富教学内容的情趣美，促进学习获得懂会乐的体验。 4. 以分层学习为指导，以促进学生学会应用基本技能为目标。 5. 具有丰富的练习内容、形式与方法。 6. 可全面发展学生基本活动的能力，培养学生终身体育的意识和能力。 7. 寓"思"于教材，寓"观"于教材，寓"做"于教材，寓"戏"于教材。 8. 以"为学习而设计""为理解时刻而教"为教学原则。 9. 有效达成健身、健美和健心的目的，实现学生身体与思想的全面发展。

表8-6　中学足球的学习内容示例

1. 移动的学习内容：组合练习起动、急停、转身、晃动、变向、侧身跑等。

2. 踢球的学习内容：各种障碍形式的踢球练习或游戏，单人与多人的踢球练习或游戏，各种比赛形式的踢球、原地与行进间的各种合作踢球练习或游戏。

3. 接球的学习内容：各种形式的接球练习或游戏，单人与多人的接球练习或游戏，各种比赛形式的接球、原地与行进间的各种合作接球练习或游戏。

4. 运球的学习内容：各种形式的自运球练习或游戏，单人与多人的运球练习或游戏，各种比赛形式的运球、原地与行进间的各种合作运球练习或游戏。

5. 基本比赛的学习内容：抢占位置的练习或游戏，接任意抛球比赛的游戏，小场地"x人制"活动与比赛，小场地"x人制"升降级的比赛，简化规则的比赛等。

一、足球的教学设计

（一）建立足球的概念

运用讲解与口诀建立对踢球、接球、运球与射门基本技能要领的动作概念，运用教师示范、学生示范、图表演示或道具等促进学生对足球基本技能等技术要领的感知与表象。教学方法是先讲粗大的动作要领，在建立感知后，再讲精细的动作要领。

【踢球技术口诀】

1. 助跑和支撑站立：踢球先助跑，支撑位选好，球的左后方，离球约半脚。

2. 击球：大腿后摆小腿屈，向前摆动要积极。膝部为轴快发力，快摆小腿把球踢。

【停球技术口诀】

1. 判断与选位：停球之前要判断，来球速度和路线。看球角度和落点，然后再选停球点。

2. 停球方法：停球动作是关键，前接后撤球速缓。来球角度找落点，推压停球用反弹。

【比赛口诀】

前锋前卫后卫要分清，前场中场后场有分工；两臂触球是违例，越位角球任意球，这些知识要记清；根据位置跑路线，相互配合才成功。

（二）足球练习的教学设计

1. 移动的教学设计

（1）起动与行进间急停的移动练习或游戏。

（2）急停与转身的移动练习或游戏。

（3）晃动与变向的移动练习或游戏。

（4）组合的移动练习或游戏。

2. 控制球的教学设计

（1）不同形式的颠球、拖球的练习或游戏。

（2）不同体位的接停球的练习或游戏。

（3）不同形式运球的练习或游戏。

（4）不同形式踢球的练习或游戏。

3. 基本比赛的教学设计

（1）单人或多人运传球射门的各种比赛。

（2）无防守与有防守的单人或多人射门的各种比赛。

（三）足球踢球的教学设计

【教学任务】

1. 使学生领会脚内侧、脚正面踢球的正确技术概念。

2. 使学生形成脚内侧、脚正面踢球的正确技术。

3. 发展学生两种踢球的运动能力并增强体能。

4. 使学生建立对足球运动的欣赏认知与习惯。

【教学方法】

同 "篮球运球的教学设计" 部分。

【辅助游戏练习】

1. 迎面踢球接力游戏。

2. 对墙踢球打靶游戏。

3. 踢球比远游戏。

4. 踢球比准游戏。

5. 足球场射网游戏。

6. 踢球击桶游戏（墙前面放置若干个铁桶击中计分）。

7. 两人/多人一组踢接球游戏。

8. 两人/多人一组传球—踢球游戏。

9. 两人/多人一组有防守的踢接球游戏。

10. 两人/多人一组有防守的踢球射门游戏。

11. 跑四角连续踢球射门游戏。

12. 五人一组围绕，一人站中间踢球于任一者，输者轮换。

【教学顺序】

1. 单人对墙踢球练习。

2. 分队对墙踢球打靶游戏。

3. 分队踢球击桶游戏。

4. 两人一组对墙踢球合作学习（互帮互学，分享学习经验）。

5. 分队循环"四角踢球射门"游戏。

6. 课课练（促进身体全面发展的下肢练习）：① 仰卧起坐练习；②"闯三关"跳长绳（连续跳越三根长绳）。

（四）足球接球的教学设计

【教学任务】

1. 使学生领会接球的正确技术概念。

2. 使学生形成接球（脚内侧接球、胸部接球）的正确技术。

3. 发展学生的足球运动能力与体能。

4. 使学生建立对足球运动欣赏的认知与习惯。

【教学方法】

同"篮球运球的教学设计"部分。

【辅助游戏练习】

1. 自踢自接球游戏。

2. 单人对墙三种踢接球游戏。

3. 一抛一接三种踢接球游戏。

4. 两人/多人一组三种踢接球游戏。

5. 两人一组三种对墙踢接球游戏。

6. 有防守的两人/多人一组三种踢接球游戏。

7. 四人一组三角移动传接球游戏（三人站三角，球传出后同时迅速换位，一人站中间依次传球）。

8. 五角三种踢接球游戏。

【教学顺序】

1. 自踢自接球游戏。

2. 单人对墙三种踢接球练习。

3. 一抛一接三种踢接球练习。

4. 两人一组三种踢接球练习。

5. 三角移动传接球游戏（三人站三角，球传出后同时迅速换位，一人站中间依次向三人传球）。

6. 合作学习成果展示（互帮互学，分享学习经验）。

7. "五人制"踢接球比赛。

8. 课课练（促进身体全面发展的下肢练习）：① 两人一组传接实心球练习；②"双杠追逐"游戏。

（五）足球运球的教学设计

【教学任务】

1. 使学生领会运球的正确技术概念。

2. 使学生形成运球（脚背内侧、外侧、脚背正面运球）的正确技术。

3. 发展学生的足球运动能力与体能。

4. 使学生建立对足球运动欣赏的认知与习惯。

【教学方法】

同"篮球运球的教学设计"部分。

【辅助游戏练习】

1. 三种运球绕杆的游戏。

2. 三种运球绕障碍的游戏。

3. 运球接力的游戏。

4. 运球追球的游戏。

5. 运球追拍的游戏。

6. 有防守的运球游戏。

7. 运球射门的游戏。

8. 两人一组运传射门的游戏。

【教学顺序】

1. 三种运球绕杆的游戏。

2. 运球接力的游戏。

3. 运球射门的游戏。

4. 两人一组运传射门的游戏。

5. 合作学习成果展示。

6. "3~5人制"比赛。

7. 课课练：① 两人一组仰卧起坐30×3组；② 过天桥游戏。

（六）足球教学比赛的设计

【教学任务】

1. 利用教学比赛，检查学生对足球技术学习的掌握情况，逐步巩固提高学生的技能水平。

2. 开展合作学习，开展"一帮一"的帮教活动，提高学生的足球运动水平。

3. 通过教学比赛发展学生身体素质，增强体能。

4. 培养学生的运动兴趣与合作精神，建立对足球运动欣赏的认知与习惯。

【教学方法】

1. 游戏法。

2. 竞赛法。

【教学顺序】

1. 运球绕杆射门的游戏。

2. 两人一组运传球射门的游戏。

3. "3~5人制"比赛。

【教法提示】

1. 教师循环指导，渲染鼓动，活跃课堂氛围。

2. 课前对安排当裁判的同学进行辅导；对参加比赛有困难的同学，教师有针对性地安排学习内容；启发提示同学们团结合作、总结经验、共同提高。

【易犯错误与纠正方法】

易犯错误：运球、传接球、射门技术等掌握不好。纠正方法如下：① 布置课外练习予以强化学生的本体感觉。② 背诵动作口诀，理解动作要领。③ 教师要在课外活动中予以专项辅导，强化学生掌握动作技能。④ 建立校园体育运动视频网，上传足球运动技术视频，为学生自学创造良好的教学环境与条件。

二、足球的教法提示与建议

首先，教师循环指导，渲染鼓动，活跃课堂氛围。

其次，课前对安排当裁判的同学进行辅导。

再次，对参加比赛有困难的同学，教师有针对性地安排学习内容。

最后，启发提示同学们团结合作、总结经验、共同提高。

🔍 **教学案例**

××中学足球踢球体育课时计划

授课教师：张振华

教材内容	1. 学习脚内侧、脚正面踢球。 2. 素质练习。	课型	新授课	课次	2	时间	50min
教学目标	1. 认知目标：学习脚内侧、脚正面踢球，建立正确动作表象。 2. 技能目标：80%的学生能完成两种踢球，10%的学生能较好地完成，10%的学生能完成两种对墙自踢球。 3. 通过两种踢球练习发展学生身体素质，增强体能。 4. 培养学生的足球兴趣，提高学习动机，培养合作精神。						

（续表）

重点	正确形成两种踢球的技术动作。	难点	助跑与踢球点的配合。		
课部分	课的内容	组织教法和学练法		练习时间	练习次数
		教师活动	学生活动		
准备部分 10min	一、课堂常规 1. 集合、整理队形、师生问候。 2. 宣布课的任务，安排见习同学。 3. 值日生借体育器材。 二、准备活动 1. 游戏：两蛇相争。 2. 徒手操五节： （1）双臂绕环运动。 （2）扩胸运动。 （3）体转运动。 （4）弓步压腿。 （5）头颈膝踝运动。	一、课堂常规 1. 课前认真检查场地，消除不安全的隐患。 2. 安排见习同学，安排值日生借领体育器材。 3. 教师精神饱满地带领学生做好准备活动。 二、准备活动 1. 讲解示范游戏的方法、要求和注意的要点。 2. 带领学生进行徒手操练习。 3. 纠正学生练习过程中出现的错误动作。 4. 学生练习队形见图A。	一、课堂常规 认真检查服装，以精神饱满的状态进入课堂，上课队形见图A。 ⊙⊙⊙⊙⊙⊙⊙ ⊙⊙⊙⊙⊙⊙⊙ ⊙⊙⊙⊙⊙⊙⊙ ⊙⊙⊙⊙⊙⊙⊙ ● 图A 二、准备练习 1. 按照要求进行游戏活动。 2. 两蛇相争组织图：略。 3. 做操时要认真，动作规范。 徒手操组织方法及要求：略。		
基本部分 35min	一、简述两种踢球动作的特点和方法 二、移动练习 起动、急停、转身、晃动、变向组合练习。 三、学习踢球方法 1. 两种对墙踢球练习。 2. 对墙踢球打靶。 3. 两种三角踢球射门循环练习。 4. 足球场原地踢球射网练习。 5. 两人一组合作练习两种踢球方式。	一、组织教法 1. 讲解踢球动作的特点和方法。 2. 示范演示踢球技术动作与要领。 【踢球口诀】 1. 助跑和支撑站立：踢球先助跑，支撑位选好，球的左后方，离球约半脚。 2. 击球：大腿后摆小腿屈，向前摆动要积极。膝部为轴快发力，快摆小腿把球踢。 【动作要点提示】 助跑、立足、摆腿、击球。 二、组织教法 1. 两组三角踢球射门，一组踢球，一组拾球。 2. 指导、诱导、激发学生进行练习，纠正学生练习过程中出现的错误动作。 3. 把排球网高度降低，做迎面分队踢球射门练习。 4. 教师注意巡回辅导与及时帮助有困难的同学。 5. 两人一组合作两种踢球练习，要求互相帮助，共同提高。	一、学练法 1. 认真听讲解、看示范，按要领进行各种练习。 2. 移动练习组织图：略。 3. 原地对墙踢球组织图见图B。 ☺ ☺ ☺ ☺ ☺ ☺ ↓ ↓ ↓ ↓ ↓ ↓ 图B 4. 三角移动踢球射门组织图见图C。 图C		

（续表）

课部分	课的内容	组织教法和学练法		练习时间	练习次数
		教师活动	学生活动		
基本部分 35 min			5. 排球场踢球射门组织图见图D。 图D 6. 两人一组合作学习踢球的组织图见图E。 图E		
	四、课课练 1. 两人一组传接实心球20次，3组。 2. 两人一组仰卧起坐30次，3组。	三、组织教法 1. 教师组织课课练练习，并提出要求。 2. 分配练习场地。	二、学练法 1. 按要求认真练习仰卧起坐。 2. 两人一组合作练习。		
结束部分 5 min	一、放松活动 1. 吹气球。 2. 相互放松。 二、课堂小结，表扬先进，鼓励后进 三、宣布下课，值日生收还器材，布置课外作业	一、组织教法 1. 组织同学做放松活动。 2. 进行课堂小结，总结问题，提出希望，布置课后练习。 3. 对技术动作掌握较差的同学与好的同学结合配对，在课后相互帮助，共同提高。 4. 提示值日生归还器材。 二、全课教法提示 1. 教师全课渲染鼓动激发课堂氛围。 2. 及时注意因材施教，个别对待，帮助学生学会学习。	学练法： 1. 学生在教师的带领下认真做放松活动。 2. 提示体育委员归还器材。		

预计生理负荷与练习密度			场地器材	注意事项
脉搏曲线	全课平均心率	135次/min左右	足球场2块、足球若干个	注意与其他老师沟通，防止场地使用冲突
	全课练习密度	60%左右		
	基本部分密度	65%左右		

××中学足球接球体育课时计划

教材内容	1. 学习脚内侧、胸部停接球。 2. 复习踢球。		课型	综合课	课次	4	时间	50min

教学目标
1. 认知目标：学习脚内侧、胸部停接球技术，建立正确的动作表象。
2. 技能目标：80%的学生能基本完成两种停接球，10%的学生能较好地完成，10%的学生勉强完成。
3. 通过停接球练习发展学生协调性，增强体能。
4. 培养学生的学习兴趣，使学生建立对足球运动欣赏的认知与习惯。

重点	形成正确接球的技术动作。	难点	接停球角度与时机。

课部分	课的内容	组织教法和学练法		练习时间	练习次数
		教师活动	学生活动		
准备部分 10 min	一、课堂常规 1. 集合、整理队形、师生问候。 2. 宣布课的任务，安排见习同学。 3. 值日生借体育器材。 二、准备活动 1. 游戏：贴皮人。 2. 徒手操五节： （1）双臂绕环运动。 （2）扩胸运动。 （3）体转运动。 （4）弓步压腿。 （5）头颈膝踝运动。	一、课堂常规 1. 课前认真检查场地，消除不安全的隐患。 2. 安排见习同学，安排值日生借领体育器材。 3. 教师精神饱满地带领学生做好准备活动。 二、准备活动 1. 讲解示范游戏的方法、要求和注意的要点。 2. 带领学生进行徒手操练习。 3. 纠正学生练习过程中出现的错误动作。 4. 游戏练习形式见图B。	一、课堂常规 1. 认真检查服装，以精神饱满的状态进入课堂。 2. 四列横队站好，上课队形图见图A。 ⊙⊙⊙⊙⊙⊙⊙⊙⊙ ⊙⊙⊙⊙⊙⊙⊙⊙⊙ ⊙⊙⊙⊙⊙⊙⊙⊙⊙ ⊙⊙⊙⊙⊙⊙⊙⊙⊙ ● 图A 二、练习要求 1. 按照要求进行游戏活动。 2. 做操时要认真，动作规范。 3. 游戏：贴皮人组织图见图B。 4. 徒手操组织方法及要求：略。 图B		
基本部分 35 min	一、简述接球运动的特点和方法 二、移动组合练习 起动、急停、转身、晃动、变向跑。 三、学习停接球 1. 对墙做两种自踢自接球练习。 2. 对墙3m踢球打靶接球练习。	一、组织教法 1. 讲解球运动的特点和方法。 2. 示范演示接球技术动作的结构、姿势与方法。 【接球口诀】 1. 判断与选位：停球之前要判断，来球速度和路线。看球角度和落点，然后再选停球点。 2. 停球方法：停球动作是关键，前接后撤球速缓。来球角度找落点，推压停球用反弹。	一、学练法 1. 认真听讲解、看示范，按要领进行各种练习。 2. 移动练习组织图见图C。 ⊙⊙ ⊙⊙ ⊙⊙ ⊙⊙ ⊙⊙ ● ⊙⊙ ⊙⊙ ⊙⊙ ⊙⊙ ⊙⊙ 图C		

（续表）

课部分	课的内容	组织教法和学练法		练习时间	练习次数
		教师活动	学生活动		
基本部分 35 min	3. 两人一组做两种踢接球合作练习。 4. 五角踢接球练习。 5. 踢接球迎面接力。	二、组织教法 1. 指导、诱导、激发学生进行练习。 2. 纠正学生练习过程中出现的错误动作。	3. 对墙自踢自接球练习图见图D。 图D 4. 对墙踢球打靶练习图同图C。 5. 两人合作踢接球练习图见图E。 图E 6. 五角传垫球练习图见图F。 图F 7. 迎面接力踢接球练习图见图G。 图G		
		三、组织教法 1. 按要求进行练习。 2. 教师注意巡回辅导与激励，及时帮助学习困难的同学。 四、组织教法 1. 全班四队分8组做迎面踢接球接力游戏。 2. 对接力有困难的同学做对墙踢接球练习。 3. 教师注意巡回辅导，渲染鼓动，活跃课堂气氛，并及时帮助学习困难的同学。	二、学练法 1. 认真听讲解，看示范。 2. 根据要求进行迎面垫球接力的练习。 3. 学习有困难的同学自我选择练习内容。		
	四、课课练 1. 两人一组仰卧起坐30次，3组。 2. 传实心球接龙。	五、组织教法 1. 教师组织课课练，并提出要求。 2. 分配练习场地。	三、学练法 1. 按要求认真练习仰卧起坐。 2. 两人一组合作练习。		

（续表）

课部分	课的内容	组织教法和学练法		练习时间	练习次数
		教师活动	学生活动		
结束部分 5 min	一、放松活动 1. 吹气球。 2. 相互放松。 二、课堂小结，表扬先进，鼓励后进 三、宣布下课，值日生收还器材，布置课外作业	一、组织教法 1. 组织同学做放松活动。 2. 进行课堂小结，总结问题，提出希望，布置课后练习。 3. 对技术动作掌握较差的同学与好的同学结合配对，在课后相互帮助，共同提高。 4. 提示体育委员归还器材。 二、全课教法提示 1. 教师全课渲染鼓动，活跃课堂气氛。 2. 注意因材施教，个别对待，帮助学生学会学习。	学练法： 1. 同学在教师的带领下认真做放松活动。 2. 体育委员归还器材。		

预计生理负荷与练习密度			场地器材	课后小结
脉搏曲线	全课平均心率	135次/min左右	足球场2块、足球若干个	提前安排联系，注意足球场地的使用，不要发生冲突
	全课练习密度	60%左右		
	基本部分密度	65%左右		

××中学足球运球体育课时计划

授课教师：张振华

教材内容	1. 学习脚背内侧、正面、外侧运球。 2. 复习踢接球。	课型	综合课	课次	6	时间	50min

教学目标	1. 认知目标：学习脚背内侧、正面、外侧运球技术，建立正确动作表象。 2. 技能目标：80%的学生能基本运球，10%的学生能较好地运球，10%的学生勉强完成运球。 3. 通过足球的各种练习发展学生身体素质，增强体能。 4. 培养学生的学习兴趣与合作精神，建立对足球运动欣赏的认知与习惯。

重点	正确形成三种运球技术动作。	难点	身体协调用力与球推拨的控制。

课部分	课的内容	组织教法和学练法		练习时间	练习次数
		教师活动	学生活动		
准备部分 10 min	一、课堂常规 1. 集合、整理队形、师生问候。 2. 宣布课的任务，安排见习同学。 3. 值日生借体育器材。	一、课堂常规 1. 课前认真检查场地，消除不安全的隐患。 2. 安排见习同学，指导值日生借领体育器材。 3. 精神饱满地带领学生做好准备活动。	一、课堂常规 1. 认真检查服装，以精神饱满的状态进入课堂。 2. 四列横队站好，上课队形图见图A。		

（续表）

课部分	课的内容	组织教法和学练法		练习时间	练习次数
		教师活动	学生活动		
准备部分 10 min	二、准备活动 1. 游戏：拉网捕鱼。 2. 徒手操五节： （1）双臂绕环运动。 （2）扩胸运动。 （3）体转运动。 （4）弓步压腿。 （5）头颈膝踝运动。	二、准备活动 1. 讲解示范游戏的方法、要求和注意的要点。 2. 带领学生进行徒手操练习。 3. 纠正学生练习过程中出现的错误动作。 4. 拉网捕鱼学生练习形式见图B。	二、练习要求 图A 1. 按照要求进行游戏活动。 2. 做操时要认真，动作规范。 徒手操组织方法及要求：略。 图B		
基本部分 35 min	一、简述运球运动的特点和方法 二、复习踢接球 1. 自我对墙踢接球练习。 2. 两人一组对墙踢接球合作练习。 三、学习运球 1. 运球绕杆的练习。 2. 运球绕杆射门。 3. 两人一组传运球射门练习。 4. 往返运球接力练习。	一、组织教法 1. 讲解三种运球特点和方法。 2. 示范演示三种运球技术动作结构、姿势与方法。 【运球口诀】 运球先支撑，重心要平衡；运球腿提起，推拨球后区；球随身前进，不要漏接球。 3. 两人对墙一踢一接合作练习。 4. 分队做对墙运球绕杆练习与射门。 5. 指导学生进行练习，纠正学生练习过程中出现的错误动作。 二、组织教法 1. 全班四队两个场地做两人一组运球射门练习。 2. 学习有困难的同学做绕杆运球的练习。 3. 教师注意渲染鼓动，巡回辅导与帮助有困难的同学。 三、组织教法 1. 四队做运球往返接力游戏。 2. 分队面对面做传接实心球接龙练习。 3. 教师注意渲染鼓动，巡回辅导与帮助有困难的同学。	一、学练法 1. 认真听讲解、看示范，按要领进行各种练习。 2. 运球绕杆练习图见图C。 图C 3. 运球绕杆射门练习图见图D。 图D 4. 网前发球练习图见图E。 图E 5. 往返运球接力练习图见图F。 图F		

（续表）

课部分	课的内容	组织教法和学练法		练习时间	练习次数
		教师活动	学生活动		
基本部分 35 min	四、课课练 1. 双杆追逐游戏。 2. 传实心球接龙练习。	四、组织教法 1. 教师组织课课练练习，并提出要求。 2. 分配练习场地。 3. 安全教育。	二、学练法 1. 认真听讲解、看示范。 2. 根据要求进行迎面运球接力的练习。 3. 学习有困难的同学自我选择练习内容。 三、学练法 1. 按要求进行游戏练习。 2. 相互配合做好传实心球接龙的练习。		
结束部分 5 min	一、放松活动 1. 吹气球。 2. 相互放松。 二、课堂小结，表扬先进，鼓励后进 三、宣布下课，值日生收还器材，布置课外作业	一、组织教法 1. 组织同学做放松活动。 2. 进行课堂小结，总结问题，提出希望，布置课后练习。 3. 对技术动作掌握较差的同学与好的同学结合配对，在课后相互帮助，共同提高。 4. 督促值日生还器材。 二、全课教法提示 1. 教师全课渲染鼓动，调动课堂氛围。 2. 注意因材施教，个别对待，帮助学生学会学习。	学练法： 1. 同学在教师的带领下认真做放松活动。 2. 体育委员归还器材。		

预计生理负荷与练习密度			场地器材	注意事项
脉搏曲线			足球场2块、足球若干个	
	全课平均心率	135次/min左右		
	全课练习密度	60%左右		
	基本部分密度	65%左右		
课后小结				

××中学足球教学比赛体育课时计划

授课教师：张振华

教材内容	1. 提高足球运动技能。 2. 建立对足球比赛的欣赏认知。	课型	复习课	课次	10	时间	45min
教学目标	1. 利用教学比赛，检查学生对足球技术学习的掌握情况，进一步巩固与提高。 2. 开展合作学习，开展"一帮一"的帮教活动，提高足球运动的水平。 3. 通过教学比赛发展学生身体素质，增强体能。 4. 培养学生的运动兴趣与合作精神，建立学生对足球运动欣赏的认知与习惯。						

（续表）

重点	巩固足球技术动作。		难点	建立足球运动习惯。		
课部分	课的内容	组织教法和学练法			练习时间	练习次数
		教师活动	学生活动			
准备部分 10分	一、课堂常规 1. 集合、整理队形、师生问候。 2. 宣布课的任务，安排见习同学。 3. 值日生借体育器材。	一、课堂常规 1. 课前认真检查场地，消除不安全的隐患。 2. 安排见习同学，指导值日生借领体育器材。 3. 精神饱满地带领学生做好准备活动。	一、课堂常规 1. 认真检查服装，以精神饱满的状态进入课堂。 2. 四列横队站好，上课队形图见图A。 ⊙⊙⊙⊙⊙⊙⊙⊙⊙⊙ ⊙⊙⊙⊙⊙⊙⊙⊙⊙⊙ ⊙⊙⊙⊙⊙⊙⊙⊙⊙⊙ ⊙⊙⊙⊙⊙⊙⊙⊙⊙⊙ ● 图A			
	二、准备活动 1. 游戏：拉网捕鱼。 2. 徒手操五节： （1）双臂绕环运动。 （2）扩胸运动。 （3）体转运动。 （4）弓步压腿。 （5）头颈膝踝运动。	二、准备活动 1. 讲解示范游戏的方法、要求和注意的要点。 2. 带领学生进行徒手操练习。 3. 纠正学生练习过程中出现的错误动作。 4. 拉网捕鱼游戏练习形式见图B。	二、练习要求 1. 按要求进行游戏活动。 2. 做操时要认真，动作规范。 徒手操组织方法及要求：略。 图B			
基本部分 30min	一、简述足球比赛的要领和方法 二、游戏：往返运球接力游戏 三、足球射门练习	一、组织教法 1. 讲解足球比赛的要领和方法。 2. 示范足球比赛的站位与方法。 【比赛口诀】 前锋前卫后卫要分清，前场中场后场有分工；两臂触球是违例，越位角球任意球，这些知识要记清；根据位置跑路线，相互配合才成功。 二~三、组织教法 1. 降低球网进行足球射门练习。 2. 指导、诱导、激励学生进行游戏练习，纠正学生练习过程中出现的错误动作。	一、学练法 1. 认真听讲解、看示范，按要领进行各种练习。 2. 往返接力运球练习图见图C。 图C 3. 足球场足球射门组织图：略。			
	四、3~4人制足球教学比赛	四、组织教法 1. 全班四队8组进行足球教学比赛。				

课部分	课的内容	组织教法和学练法		练习时间	练习次数
		教师活动	学生活动		
基本部分 30 min	五、课课练 1. 两人一组仰卧起坐30次，2组。 2. 传实心球接龙练习。	2. 学习有困难的同学做对墙踢接球或绕杆运球练习。 3. 教师注意渲染鼓动，巡回辅导，帮助有困难的同学。 五、组织教法 1. 教师组织课课练，并提出要求。 2. 分配练习场地。	4. 比赛组织图见图D。 图D 二、学练法 1. 在小组长带领下，按要求轮流进行比赛。 2. 团结合作，共同提高。 3. 学习有困难的同学自我选择其他练习内容。 三、学练法 1. 按要求认真练习仰卧起坐。 2. 两队迎面实心球接龙练习。		
结束部分 5 min	一、放松活动 1. 吹气球。 2. 相互放松。 二、课堂小结，表扬先进，鼓励后进 总结，鼓励学生在课余时间积极参与锻炼，建立对足球运动的欣赏认知。 三、宣布下课，值日生收还器材，布置课外作业	一、组织教法 1. 组织同学做放松活动。 2. 进行课堂小结，总结问题，提出希望，布置课后练习。 3. 对技术动作掌握较差的同学与好的同学结合配对，在课后相互帮助，共同提高。 4. 提示值日生归还器材。 二、全课教法提示 1. 教师全课渲染鼓动，激发课堂氛围。 2. 注意因材施教，个别对待，帮助学生学会学习。	学练法： 1. 同学在教师的带领下认真做放松活动。 2. 体育委员提示值日生还器材。		

预计生理负荷与练习密度			场地器材	课后小结
脉搏曲线	全课平均心率	135次/min左右	篮球场、排球场各2块、足球若干个	提前安排，注意场地不要发生冲突
	全课练习密度	60%左右		
	基本部分密度	65%左右		

本章概述

　　健美操是一种有氧运动，能保证锻炼的全面性，满足健身、健美、健心的保健目的。因而，它不仅能有效地形成学生正确的身体姿势和体态，促进学生身体良好的发育和生长，还可以培养学生良好的道德情操、勇敢顽强的心理品质，使之成为有理想、有纪律、有道德的一代新人。为此，健美操既是体育课教学的重要内容，也是培养学生组织纪律性与团结、紧张、严肃、活泼等集体观念和进行作风教育的重要组成部分。基于此特点，本章对其教法与学法体系的设计与应用做一解析，以提高健美操教学的水平。

结构图

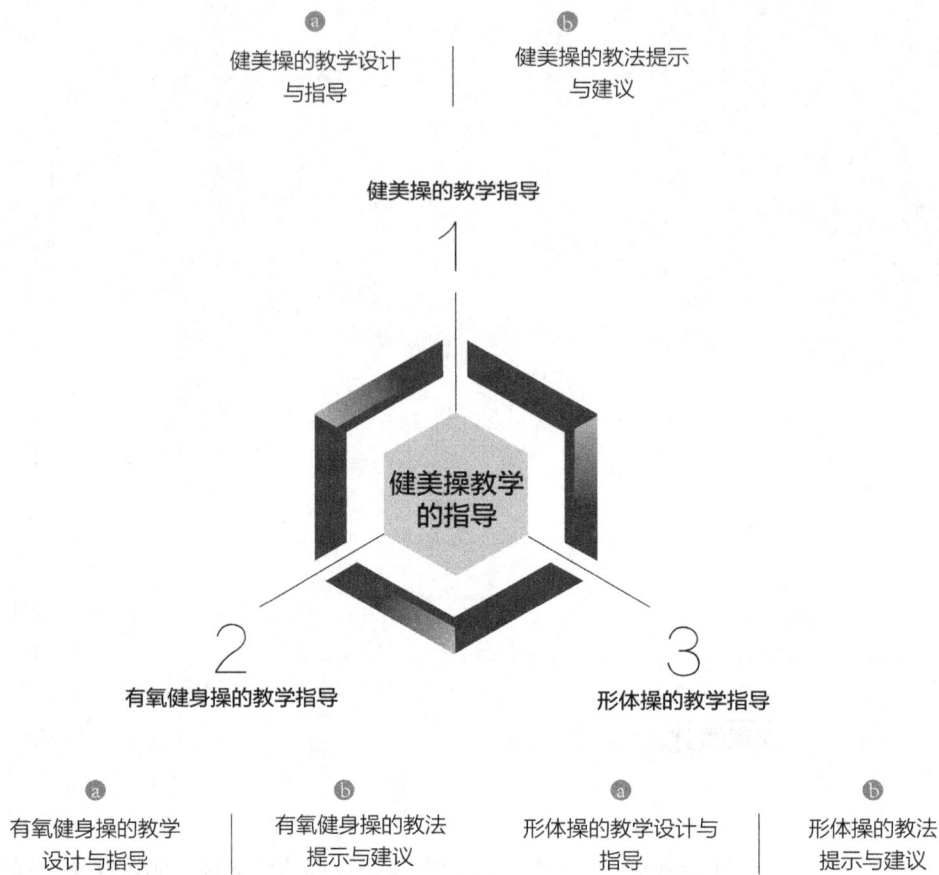

健美操的教学设计
与指导

健美操的教法提示
与建议

健美操的教学指导

1

健美操教学
的指导

2
有氧健身操的教学指导

3
形体操的教学指导

有氧健身操的教学
设计与指导

有氧健身操的教法
提示与建议

形体操的教学设计与
指导

形体操的教法
提示与建议

学习目标

1. 识记健美操各项目的教学设计策略和方法。
2. 思考各种教学策略和方法在健美操教学中的运用。
3. 领会各项目教学内容的选择构建与实施要求。
4. 分析我国健美操教学中的问题，思考我国体育新课程健美操的建设与发展。

关键词

健美操教学；选择与构建；类型与分析；策略与运用；建设与发展

第一节
健美操的教学指导

健美操运动是深受青少年喜爱的运动项目之一，它在中学的体育教学大纲和教材中占有重要的地位。《体育与健康课程标准》对中学健美操教学任务的要求是：通过多种多样的学练方式，使学生基本掌握健美操的运动技术和锻炼方式，全面发展学生身体素质和基本活动能力，使学生增强体质、健美身体、提高审美素质和培养良好情操。

为此，中学健美操的教学任务是：注重把健美操运动技能教学与健身性、娱乐性结合起来，使学生能应用健美操的基础知识、基本技能和方法进行锻炼与娱乐；了解健美操的基本知识，能把健美操的基本技能串联起来，形成新组合活动的能力；促进学生身体有效地生长发育及内脏器官功能的发展，使学生形成正确的身体姿态，提高组织纪律性；发展学生的道德情操、勇敢顽强的心理品质，使学生成为有理想、有纪律、有道德的一代新人，实现学生身体与思想的全面发展（见表9-1）。

表9-1 中学健美操的课程内容选择与构建

教学内容	教学设计与安排	实施要求
有氧健身操 形体健美操 韵律健美操	1. 通过健美操的练习使学生理解领会健美操基本知识、基本动作方式、方法、要领和对美的欣赏等。 2. 通过多种方式的练习，达成学生健美操运动锻炼的能力。 3. 通过上肢、腰部、下肢各方位的前后左右、侧前、侧后、侧下、侧上等不同方向在步伐、手臂和肢体的变化练习中，达成学生对身体体位的本体感觉，体会领悟屈、伸、踢、旋、绕、摆、弹动、移动、波浪、转体、开合进退等节奏感、动作感和音乐感的统一。 4. 通过选项教学、分层教学、情境教学等，实现有效教学的设计。	1. 具有面向全体学生的可练习性。 2. 可使对健美操的技术技能的理解与运用达到最佳效果。 3. 可丰富教学内容的情趣美，促进学习获得"懂、会、乐"的体验。 4. 以教育理论为指导，科学设计与安排。 5. 具有丰富的练习内容、形式与方法。 6. 可全面发展学生基本活动的能力，培养学生终身体育的意识和能力。 7. 寓"思"于教材，寓"观"于教材，寓"做"于教材，寓"戏"于教材。 8. 以"为学习而设计""为理解时刻而教"为教学原则。 9. 有效达成健身、健美和健心的目的，实现学生身体与思想的全面发展。

一、健美操的教学设计与指导

（一）建立健美操的概念与表象

运用讲解与口诀建立健美操的动作概念，运用教师示范、学生示范、图表演示或道具等促进学生对健美操技能等技术要领的感知与表象。教学方法是先讲粗大的动作要领，在建立感知后，再讲精细的动作要领。

【健美操的动作技术结构】

根据人体结构活动特点，健美操常见的基本动作如下：头颈动作、肩部动作、上肢动作（手形动作、臂动作）、胸部动作、腰部动作、髋部动作、躯干波浪动作、地上基本姿态和下肢动作（弹动练习、步伐练习）。

（二）健美操练习的教学设计

1. 头颈动作练习的设计

形式：有头颈的屈；头颈的转；头颈的平移；头颈的绕及绕环。

方向：有向前的、向后的、向左的、向右的屈和平移；向左的、向右的转和绕、绕环。

要求：做各种形式头颈动作时，节奏一定要慢，上体保持正直。

2. 肩部动作练习的设计

形式：有单肩的、双肩的提肩和沉肩；收肩和展肩；单肩的、双肩的绕和绕环；振肩。

方向：有向前的、向后的绕及绕环。

要求：① 提肩、沉肩时两肩在同一额状面，尽量上下运动。② 收肩、展肩幅度要大，肩部要平。③ 振肩动作要有速度、力度和弹性。

3. 上肢动作练习的设计

（1）手形练习的设计。

健美操中的手型有多种，是从芭蕾舞、现代舞、迪斯科、武术中吸收和发展来的。手型是手臂动作的延伸和表现，运用得好，会使健美操动作更加丰富多彩、生动活泼，更具有感染力。

健美操的手型包括以下七种，形式有：伸、屈、并、展、绕、弹等。

① 并拢式：五指伸直，相互并拢。大拇指微屈，指关节贴于食指旁。

② 分开式：五指用力伸直，充分张开。

③ 芭蕾手式：五指微屈，后三指并拢、稍内收，拇指内扣。

④ 拳式：握拳，拇指在外，指关节弯曲，紧贴于食指和中指。

⑤ 立掌式：五指伸直，手掌用力上翘。

⑥ 西班牙舞手式：五指用力，小指、无名指、中指自掌指关节处依次屈，拇指稍内扣。

⑦ 花式：在分开式的基础上小指伸直向掌心回弯到最大限度，无名指会随小指回弯。

要求：根据动作特点，合理选用。

（2）臂动作练习的设计。

形式：臂的举（直臂、屈臂；单臂和双臂）；臂的屈伸（同时、依次）；臂的摆动（同时、依次、交叉）；臂的绕及绕环（同时；单臂和双臂；小绕、中绕、大绕）与振摆等。

方向：有向前、向后、向左、向右、向上、向下等。

要求：① 做臂的举、屈伸时，肩下沉。② 做臂的摆动、绕及绕环，肩拉开用力。

4．胸部动作练习的设计

形式：有含胸、展胸、振胸。

要求：练习时，收腹、立腰。

5．腰部动作练习的设计

形式：有腰的屈、腰的转、腰的绕和绕环。

方向：有向前、向后、向左、向右。

要求：① 腰前屈、转时，上体立直。② 腰绕和绕环时，速度放慢。

6．髋部动作练习的设计

形式：顶髋、提髋、摆髋、绕和绕环髋、行进间正髋和反下去髋走。

方向：向前、向后、向左、向右。

要求：髋部练习时，上体放松。

7．躯干波浪动作练习的设计

方向：向前、向后、向左、向右。

要求：波浪时，动作协调连贯。

8．地上基本姿态练习的设计

形式：坐（直角坐、分腿坐、跪坐、盘腿坐）；卧（仰卧、俯卧、侧卧）；撑（仰撑、俯撑、跪撑）等。

要求：① 做各种坐姿时，收腹、立腰、挺胸。② 撑时，腰背紧张。

9．下肢动作练习的设计

（1）弹动练习的设计。

形式：膝弹动。膝弹动分并腿的弹动、分腿的弹动。

方向：有向前的弹动；向左前、右前45°方向的弹动；左、右绕的弹动。

技术要点：两膝与踝关节自然屈伸。

（2）步伐练习的设计。

形式：踏步类、并步类、弓步类、半蹲类、吸腿类、弹踢类、开合跳、踢腿类、后踢腿跑、点跳、摆腿跳、并跳等。

方向：下肢步伐方位变化有前后左右、侧前、侧后、原地等各方向的动作。

技术要点：有脚尖不离地的踏步；脚离地的踏步；高抬腿的大幅度踏步、原位踏步；移动踏步及转体的踏步等。

（三）健美操的教学设计

【教学任务】

1. 使学生领会健美操正确的技术概念。

2. 使学生形成健美操的正确技术。

3. 发展学生的健美操运动能力与体能。

4. 使学生建立对健美操运动的欣赏认知与习惯。

【教学方法】

1. 分解与完整法

（1）根据动作技术的特点，采取合理的分解方式。

（2）掌握动作技术的段落与部分之间的有机联系，不破坏动作结构。

（3）明确各部分与段落在完整动作中的组合关系。

（4）在建立完整动作概念的基础上分解。

2. 程序教学法

（1）运用口诀强化概念法。在动作教学初期，学生对动作概念不清楚，未能建立正确的动作表象是形成动作错误的重要原因。为此，要强化正确的动作概念，必须运用口诀法促进正确动作表象的形成。

（2）迁移法。采用一些诱导性、辅助性练习，将学生从已经形成的动作错误中转移出来，在此基础上正确完成新的动作。

（3）降低难度法。运用改变练习条件、降低作业难度、分解完成动作等，帮助学生掌握要领，建立动作表象。

（4）信号提示法。当学生在练习中由于对用力时间或空间方向不清楚而出现动作错误时，教师可以用手势、听觉信号，口头提示学生的发力时间、用力节奏等；还可以用标志线、标志点、标志物来标明动作方向、幅度等。

（5）外力帮助法。在学生对用力的部位、大小、方向、幅度不清楚而出现动作错误时，教师可以运用推、顶、送、托、拉、挡、拨等外力，帮助学生建立正确动作的本体感觉，纠正动作错误。

（6）串联教学法。学习内容A—学习内容B—联合学习内容A和B并继续学习内容C—联合学习内容A、B、C。

（7）个人与小组成果展示法。纠正错误、提高动作技能、分享学习经验，共同提高。

3. 游戏法

利用游戏寓教于乐的特点，完成预定任务的方法有以下运用要求。

（1）利用游戏寓教于乐的特点，激发调动学生学习的主动性，促使其领会技术。

（2）根据教学目标，将教学内容转换为游戏的活动形式，促进学生对技术要领的领会。

4．竞赛法

（1）根据竞赛法对抗性、竞争性的特点，施加运动负荷促进学生最大限度发挥机体的功能能力。

（2）利用竞赛法培养学生顽强拼搏、团结合作的优良品质。

5．纠错与帮助法

预防与纠正动作错误贯穿于整个动作教学的全过程，从时间的先后可以分成练习前、练习中、练习后，包括预测错误、纠正错误、总结经验，即发现动作错误—分析动作错误产生的原因—采取相应的措施及时纠正错误—检查与评定纠正效果。

【 辅助性练习 】

1．根据教材内容对头颈部动作设计的要求，从健美操头颈部动作技术结构区合理选择该课的动作练习设计。

左转　　　转90°　　　　绕　　　绕环360°　　右侧振　左侧振

2．根据教材内容对肩部动作设计的要求，从健美操肩部动作技术结构区合理选择该课的动作练习设计。

沉肩　提肩　　肩外旋　　　肩内旋　　　内振　　外振　肩关节为轴做绕环

3．根据教材内容对上肢中臂动作设计的要求，从健美操臂动作技术结构区合理选择该课的动作练习设计。

前举　　上举　前上举　前下举　后下举　下举　侧举　侧上举　侧下举

| 单臂左右绕 | 双臂内外绕 | 单臂前后绕环 | 双臂前后绕环 | 侧举后振 | 上举后振 | 下举后振 |

4. 根据教材内容对胸部动作设计的要求，从健美操胸部动作技术结构区合理选择该课的动作练习设计。

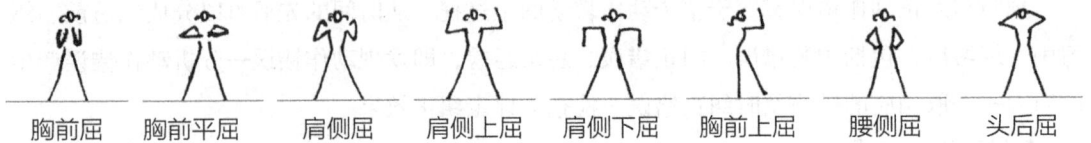

| 胸前屈 | 胸前平屈 | 肩侧屈 | 肩侧上屈 | 肩侧下屈 | 胸前上屈 | 腰侧屈 | 头后屈 |

5. 根据教材内容对腰部动作设计的要求，从健美操腰部动作技术结构区合理选择该课的动作练习设计。

| 预备 | 左侧屈 | 前下屈 | 左右侧屈 |

两手叉腰，身体经右向后绕环一周立起，同时两臂随身体前后俯立起，见下图

| 预备 | 两手叉腰 | 身体经右向绕环 | 立起 | 前后俯 | 立起 |

6. 根据教材内容对下肢部动作设计的要求，从健美操下肢动作技术结构区合理选择该课的动作练习设计。

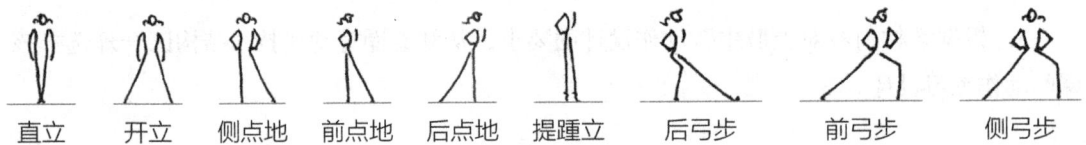

| 直立 | 开立 | 侧点地 | 前点地 | 后点地 | 提踵立 | 后弓步 | 前弓步 | 侧弓步 |

7. 根据教材内容对地上基本姿态动作设计的要求，从健美操地上基本姿态动作技术结构区合理选择该课的动作练习设计。

| 半蹲 | 全蹲 | 跪坐 | 跪立 |

【教学顺序】

1. 做喊数抱团游戏。

2. 徒手操五节。

3. 教师讲解示范，学生观察领会健美操的动作与要领。

4. 学习大众一级健美操。

（1）做健美操分解练习。

（2）学习大众健美操组合一。

①分组与个人练习，教师巡回辅导、渲染鼓动。

②个人与分组的成果展示，互帮互学分享学习经验。

（3）学习大众健美操组合二。

①分组与个人练习，教师巡回辅导、渲染鼓动。

②个人与分组的成果展示，互帮互学分享学习经验。

（4）根据学习反馈、深化再练习。

【教学设计安排】

1. 最好采用单元课的7课时教法，在一个学期中连续用4个课时学完动作组合，再用2节课复习和1节课考核。

2. 教师除采用简明的讲解、正确的示范外，更多的是要领做，学生模仿练习，以便更好、更快地建立起正确的动作概念。

3. 每课要注意突破难点动作、以难带易，所有动作要力求正确，注意动作基本形态"健力美"表现力的训练。

4. 培训组长、学习骨干，先采用以点带面的方式引发学习氛围，再选用多种方法组织学生课内学习、课外复习，使学生的动作得到逐渐巩固和提高，进而达到形神兼备的要求。

【教学要求】

1. 教师循环指导，渲染鼓动，活跃课堂氛围。

2. 课前安排对小组长的教学辅导。

3. 对参加比赛有困难的同学，教师有针对性地安排学习内容。

4. 启发提示同学们团结合作、总结经验、共同提高。

二、健美操的教法提示与建议

（一）基本动作教学

分解健美操有关手型、头颈、手臂、胸部、腰部、腿型、步型与地上基本形态等各种动作的练习设计。

（二）难点动作教学

1. 泛化阶段教学主要以记忆动作为主，不要过多地讲解和提出对动作的要求，且一般先讲粗大动作要领，然后再讲精细动作要领。

2. 运用单字口诀法教学，如转、伸、踢、摆、打开等律动性口诀，增大学生对动作的形象记忆。

3. 后期教学练习注意安排音乐与动作练习的连贯。

（三）套路教学分布——中学生健美操教学设计

本套操共11个8拍，用时40s，音乐速度为22拍/10s。其动作的特点为：刚劲有力、热情奔放、简单易学，非常适合初学者。练习一遍的平均心率约为127次/min，练习两遍的平均心率约为137次/min，连续练习三遍的平均心率约为159次/min。该操可以重复做，使学生在激昂的斗牛舞曲的音乐伴奏下，在充满自信地完成优美的健美舞的同时，增强体质，提高灵敏、协调能力。

第1个8拍

预备姿势：1~4拍直立，5~6拍原地踏步。

第2个8拍

1拍左脚踏步，同时右腿向左前踢起，左手叉腰，右臂后摆，头向左转。2拍右脚向左侧方迈步，同时右臂向左摆，目视左前方。3~4拍同1~2拍。5~6拍同1~2拍。7拍同1拍。8拍右脚并于左脚提踵，左手叉腰，右臂上举（掌心向外，稍压腕）。

第3个8拍

1拍左脚侧出一步，同时左臂向前伸（掌心向上）。2拍向左顶髋，同时左臂摆至侧举。3~4拍左脚并于右脚提踵，同时左臂上举（掌心向外，稍压腕）。5~8拍同1~4拍，方向相反。8拍两手叉腰。

第4个8拍

1~2拍左脚前出一步，同时顶左髋，两臂上举（掌心向外，压腕），抬头。3~4拍右脚向前一步，同时顶右髋，两手叉腰，头向右转。5~8拍同1~4拍。

第5个8拍

第5个8拍同第3个8拍，但动作相反，即向左后转体180°。

第6个8拍

1~6拍同第2个8拍的前6拍。7拍向左转体180°。8拍右脚并于左脚提踵，同时左手叉腰，右臂上举（掌心向外，稍压腕）。

第7个8拍

1～4拍左脚向左转体270°成右弓步(右脚尖点地)，同时左臂上举（掌心向内），右臂胸前平屈（掌心向上），面向右前方。5～8拍同1～4拍，方向相反。

1～4   5～8

第8个8拍

1拍左脚向右侧迈步，同时两臂体前左摆（掌心向后）。2拍右脚向右侧迈步，同时两臂体前右摆（掌心向后）。3拍同1拍。4拍右脚并于左脚提踵，同时左手叉腰，右臂上举（掌心向外）。5～8拍动作相反。

1、3   2   4

第9个8拍

1拍左脚踏步，同时右腿向左前踢起，左手叉腰，右臂后摆，头向左转。2拍右脚向左侧迈步，同时右臂左摆。3拍同1拍。4拍并腿提踵跳，同时右臂上举（掌心向外）。5～8拍同1～4拍，方向相反。

1、3   2   4   5、7   6   8

第10个8拍

1～2拍出左脚向左转体360°。3～4拍右脚向前做一个搓步，同时左臂上举（掌心向内），右臂胸前平屈（掌心向上）。5～8拍同1～4拍，方向相反。

1～4

第11个8拍

1～2拍左脚向前一步，同时向左转体180°，右臂上举（掌心内），左臂伸肘由前向下、向后绕至上举（掌心向内）。3～4拍同1～2拍，方向相反。5～6拍右脚向前一步成右弓步，同时两臂向下摆至侧后举（掌心向后），7～8拍抬头。

1～2　　　　3～4　　　5～6

（四）完整套路练习，巩固提高

健美操完整套路的练习，以不断巩固提高技术水平。

第二节
有氧健身操的教学指导

有氧健身操是健美操的一种,通过长时间(15min以上)在有氧代谢状态下持续的运动,它不仅能使心肺功能增强,而且还能锻炼大肌肉群。下面给大家介绍的这套青少年有氧活动健身操动作总长度为12个8拍,其动作强度适中,在使用中可以循序进行,具有很好的锻炼价值。经过中国大学生健美操技术体操协会健美操专项委员会审定,它作为《中国学生健美操(水晶级)规定套路》向全国中学生推广和普及。

一、有氧健身操的教学设计与指导

(一)建立有氧健身操的概念与表象

运用讲解与口诀建立有氧健身操的动作概念,运用教师示范、学生示范、图表演示或道具等促进学生对有氧健身操技能等技术要领的感知与表象的形成。教学方法是先讲粗大的动作要领,在建立感知后,再讲精细的动作要领。

【有氧健身操的动作技术结构】

根据人体结构活动特点而确定的。有氧健身操常见的基本动作如下:

头颈动作、上肢动作、肩部动作、胸部动作、腰部动作、髋部动作、躯干波浪动作、地上基本姿态等。

(二)有氧健身操练习的教学设计

【教学任务】

1. 使学生领会有氧健身操正确的技术概念。

2. 使学生形成有氧健身操的正确技术。

3. 发展学生有氧健身操运动能力与体能。

4. 使学生建立对有氧健身操运动的欣赏认知与习惯。

【教学方法】

同"健美操的教学设计"部分。

【辅助性练习】

1. 根据教材内容对头部、肩部、胸部、手臂动作练习设计的要求,从有氧健身操动作技术结构区合理选择该课的动作练习设计。根据教材内容对腰部动作设计的要求,从有氧健身操腰部动作技术结构区合理选择该课的动作练习设计。

2．根据教材内容对腰部下肢动作设计的要求，从有氧健身操动作技术结构区合理选择该课的动作练习设计。

3．根据教材内容对地上基本姿态动作设计的要求，从有氧健身操地上基本姿态动作技术结构区合理选择该课的动作练习设计。

【 教学顺序 】

1．做喊数接球游戏。

2．徒手操五节。

3．教师讲解示范，学生观察领会有氧健身操的动作与要领。

4．学习有氧健身操。

（1）做有氧健身操分解练习。

（2）学习有氧健身操1～3拍练习。

①分组与个人练习，教师巡回辅导，渲染鼓动。

②个人与分组的成果展示，互帮互学分享学习经验。

（3）学习有氧健身操4～6拍的练习。

①分组与个人练习，教师巡回辅导、渲染鼓动。

②个人与分组的成果展示，互帮互学分享学习经验。

（4）根据学习反馈，深化再练习。

【 教学设计安排 】

1．最好采用单元课的6课时教法，在一个学期中连续用3节课学完动作组合，再用2节课复习和1节课考核。

2．教师除采用简明的讲解、正确的示范外，更多的是要领做，学生模仿练习，以便更好、更快地建立起正确的动作概念。

3．每课要注意突破难点动作，以难带易，所有动作要力求正确，注意动作基本形态"健力美"表现力的训练。

4．培训组长、学习骨干，先采用以点带面的方式引发学习氛围，再选用多种方法组织学生课内学习、课外复习，使动作得到逐渐巩固和提高，进而达到形神兼备的要求。

【 教学要求 】

1．教师循环指导，渲染鼓动，活跃课堂氛围。

2．课前安排对小组长的教学辅导。

3．对参加比赛有困难的同学，教师有针对性地安排学习内容。

4．启发提示同学们团结合作、总结经验、共同提高。

二、有氧健身操的教法提示与建议

（一）基本动作教学

分解有氧健身操有关手型、头颈、手臂、胸部、腰部、腿型、步型与地上基本形态等各种动作的练习设计。

（二）难点动作教学

1. 泛化阶段教学主要以记忆动作为主，不要过多地讲解和提出对动作的要求。一般先讲粗大动作要领，然后再讲精细动作要领。

2. 运用单字口诀法教学，如转、伸、进、摆，打开等律动性口诀，增大学生对动作的形象记忆。

3. 后期教学练习注意安排音乐与动作练习的协调性、连贯性。

（三）套路教学分布

第1个8拍

说明：1~8拍原地踏步，双手握拳自然摆动。

第2个8拍

说明：1~4拍左腿开始的一字步，两臂上举（双手握拳，拳心相对），3~4拍还原，5~8拍同1~4拍。

1~4

第3个8拍

说明：1~4拍左右交替并步两次，同时两臂胸前平屈（双手握拳，拳心向下）后再还原，交替两次。5~8拍同1~4拍。

1　　　　　2　　　　　3　　　　　4

第4个8拍

说明：1~4拍向左并步两次，同时两臂上举（手握拳，拳心相对）再还原，交替两次。5~8拍同1~4拍，方向相反。

1　　　　　2　　　　　3　　　　　4

第5个8拍

说明：1~4拍左右腿交替后屈，同时两臂向前屈伸两次。5~8拍同1~4拍，方向相反。

1　　　　　2　　　　　3　　　　　4

第6个8拍

说明：左脚开始V字步，同时1~2拍两臂上举（双手合掌）；3拍手臂侧平举，4拍还原。5~8拍左右交替并步两次，胸前平屈（双手握拳，拳心向下）后还原，交替两次。

第7个8拍

说明：1~4拍向前走步，同时1~2拍两手在头上击掌后还原于腰间，3~4拍两手在头上击掌还原于体侧。5~8拍后退4步，手臂摆动同1~4拍。

第8个8拍

说明：1拍左腿侧出成右弓步，同时左手向右前45°方向冲拳，右手握拳置于腰间；2拍还原。3~4拍同1~2拍，方向相反。5~8拍V字步，同时6~7拍两手置于头后，8拍还原。

第9个8拍

说明：1~3拍后交叉步，4拍向左转体90°并屈右腿；同时1~3拍左臂侧平举，右臂胸前平屈，4拍两臂还原于体侧。5~8拍左右交替并步两次，同时两臂上举，6拍脚方向同侧手臂侧平举，异侧臂胸前平屈。7拍双臂上举，8拍还原。

第10个8拍

说明：1～4拍左右交替并步两次，同时两臂胸前平屈后再还原（双手握拳，拳心向下），交替两次。5～8拍同1～4拍，方向相反。

第11个8拍

说明：左前上步吸右腿，同时1拍左臂斜上举，右臂胸前屈；2拍左臂胸前屈，右臂斜下摆；3拍右脚点地，4拍吸右腿，同时手臂同1～2拍。5～8拍同1～4拍，方向相反。

第12个8拍

说明：1拍左脚向前一步，同时右臂前屈（握拳）；2拍右脚向前并步，左臂前屈（握拳）；3～4拍左脚向后一步，右脚向后并步，同时两手胸前击掌两次后还原。5～8拍同1～4拍动作，方向相反。

| 1 | 2 | 3 | 4 | 还原 |

（四）完整套路练习，巩固提高

有氧健身操套路的完整练习，以不断巩固提高技术水平。

第三节
形体操的教学指导

体形主要是指全身各部位的比例是否匀称、协调、平衡、和谐，以及主要肌肉群是否具有优美的线条。体态主要是指整个身体及各主要部位的姿态是否端正优美。我国自古以来就很重视姿态美，强调一个人要站有站相、坐有坐相。如果长时间不注意体态端正，就可能影响某些骨骼的正常生长和发育。如脊柱的侧屈、含胸驼背、缩脖端肩等都直接影响体态美。通过形体健美操的练习可改善体形体态，矫正畸形，培养高雅的气质和风度，增强体质和体能；能对身体某些部位的生长发育产生较大的影响，使关节周围的肌肉发达，从而加强关节的稳固性。由于形体健美操有许多的伸展性练习，它可使关节囊、韧带和关节周围肌肉群的伸展性增强，可提高关节灵活性。科学、系统、有针对性的形体健美操练习，可减少肌肉中的脂肪含量，达到消脂减肥的目的，从而更有效地改善人体形态。如可使女性变得体态丰满、线条优美、明朗多姿、秀丽动人。

从研究人体美的角度来看，体重是判断体形美的重要参考指标。即衡量人胖瘦的重要指标是看体内脂肪含量的多少，是脂肪占体重比的大小。如果一个人脂肪与体重的百分比不超标准就不算肥胖，健美运动员就是这样。相反，有的人虽然标准，但由于不运动，肌肉松弛而不发达，只是脂肪的堆积，这样的体形也称不上美。所以体形的肥胖并不完全取决于体重的大小，而取决于脂肪占体重比的大小。

那么如何确定一个人是否肥胖呢？方法很多，较为简便的方法即先计算出标准体重，即现在体重比标准体重超出了多少，超出10%~20%为超重、超出20%以上为肥胖。标准体重的计算方法有以下三种。

第一种，标准体重=（身高–100）×0.9（单位：kg）

第二种，标准体重=身高–105（身高165cm以下者）（单位：kg）

第三种，标准体重=身高–100–$\dfrac{身高-150}{4}$（身高165cm以上者）（单位：kg）

$$肥胖度=\dfrac{现在体重-标准体重}{标准体重}\times100\%$$

肥胖度分三种：轻度、中度、重度。肥胖度在10%~30%为轻度肥胖；肥胖度在30%~50%为中度肥胖；肥胖度大于50%为重度肥胖。

第二种测量是否肥胖的方法是利用人体测量的某种指标代入公式求出百分比。如先测量肩胛下、大腿、髂骨处的皮褶厚度，将测量结果（毫米数）直接代入下列公式，即可得出体脂百分比。

女性体脂百分比=6.6087×0.4389×肩胛下皮褶厚度+0.1822×大腿皮褶厚度+0.4093×髂骨上皮皮褶厚度。超过30%者即为肥胖。

近年来，有关肥胖又有了一种新的观点。该观点认为衡量腰围和臀围才能更准确地反映出肥胖的程度。具体方法是用手指捏皮肉，即用拇指和食指捏起腹部、腰部、大腿、臀部的皮肉，若某一处皮肉的厚度超过2cm，就为肥胖。

综上所述，一个人的体形固然与先天遗传有关，但通过后天的有针对性的锻炼，利用塑造形体的练习可让人形成正确的身体姿势，弥补先天的不足，使之健康、优美、挺拔，达到体形良好的目的。

一、形体操的教学设计与指导

（一）建立形体操的概念与表象

运用讲解与口诀建立形体操的动作概念，运用教师示范、学生示范、图表演示或道具等促进学生对形体操动作技能等技术要领的感知与表象。教学方法是先讲粗大的动作要领，在建立感知后，再讲精细的动作要领。

【 形体操的动作技术结构 】

根据人体结构活动特点而确定的形体操常见的基本动作如下：头颈动作、上肢动作、肩部动作、胸部动作、腰部动作、髋部动作、躯干波浪动作和地上基本姿态等。

（二）形体操练习的教学设计

【教学任务】

1. 使学生领会形体操正确的技术概念。

2. 使学生形成形体操的正确技术。

3. 发展学生的形体操运动能力与体能。

4. 使学生建立对形体操运动的欣赏认知与习惯。

【教学方法】

同"健美操的教学设计"部分。

【辅助性练习】

1. 根据教材内容对头部、肩部、胸部、手臂动作练习设计的要求，从形体操动作技术结构区合理选择该课的动作练习设计。根据教材内容对腰部动作设计的要求，从形体操腰部动作技术结构区合理选择该课的动作练习设计。

2. 根据教材内容对下肢动作设计的要求，从形体操动作技术结构区合理选择该课的动作练习设计。

3. 根据教材内容对地上基本姿态动作设计的要求，从形体操地上基本姿态动作技术结构区合理选择该课的动作练习设计。

【教学顺序】

1. 做两蛇相争游戏。

2. 徒手操五节。

3. 教师讲解示范，学生观察领会形体操的动作与要领。

4. 学习形体操组合一。

（1）做形体操的分解练习。

（2）学习形体操组合一的动作。

（3）分组与个人练习，教师巡回辅导，渲染鼓动。

（4）个人与分组的成果展示，互帮互学分享学习经验。

5. 学习形体操组合二。

（1）做形体操的分解练习。

（2）学习形体操组合二的动作。

（3）分组与个人练习，教师巡回辅导，渲染鼓动。

（4）个人与分组的成果展示，互帮互学分享学习经验。

6. 根据学习反馈，深化再练习。

【教学设计安排】

1. 一是建议采用将形体操插入每次课的教学中去进行练习；二是也可以在一个学期中连续用多节课时学完动作组合，但易于产生枯燥感，降低学生的学习兴趣。

2. 教师除采用简明的讲解、正确的示范外，更多的是要树立起学习者健康锻炼的意识和正确的学习态度，为形体操的有效学习提供保障。

3. 每课要注意突破难点动作，以难带易，所有动作力求达规格，注意动作基本形态"健力美"表现力的训练。

4. 培训组长、学习骨干，先采用以点带面的方式引发学习氛围，再选用多种方法组织学生课内学习、课外复习，使学生的动作得到逐步的巩固和提高，进而达到形神兼备的要求。

【教学要求】

1. 教师循序指导，渲染鼓动，活跃课堂氛围。

2. 课前安排对小组长的教学辅导。

3. 对参加比赛有困难的同学，教师有针对性地安排学习内容。

4. 启发提示同学们团结合作，总结经验，共同提高。

二、形体操的教法提示与建议

（一）基本动作教学

分解形体操有关手型、头颈、手臂、胸部、腰部、腿型、步型与地上基本形态等各种动作的练习设计。

（二）难点动作教学

1. 泛化阶段教学主要以记忆动作为主，不要过多地讲解和提出对动作的要求。一般先讲粗大动作要领，然后再讲精细动作要领。

2. 运用单字口诀法教学，如转、伸、进、摆、侧举、波浪、打开等律动性口诀，增大学生对动作的形象记忆。

3. 后期教学练习注意安排音乐与动作练习的连贯。

（三）套路教学分布

1. 组合练习一

预备姿势：两手叉腰，正步站立。

第1个8拍

说明：1~2拍，向左转头90°，目视前方；3~4拍抬头目视左上方，5~6拍还原成1~2

拍动作；7～8拍还原成预备姿势。

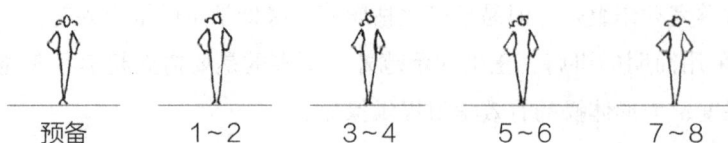

第2个8拍

说明：第2个8拍同第1个8拍，方向相反。

第3个8拍

说明：1～2拍屈膝半蹲，同时转体90°，目视前方；3～4拍腿不动，抬头，目视左上方；5～6拍腿不动，头还原成1～2拍动作；7～8拍还原成预备姿势。

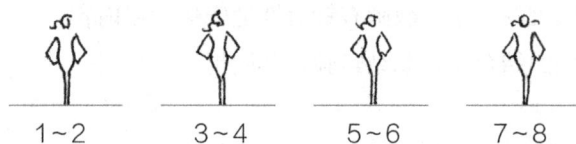

第4个8拍

说明：第4个8拍同第3个8拍，方向相反。

第5个8拍

说明：1拍左脚前出一步点地，目视前方；2拍重心前移至左脚，右脚尖后点地；3～4拍向右转体90°，目视右前方；5～6拍抬头，目视右上方；7～8拍左脚并于右脚成预备姿势。

第6个8拍

说明：第6个8拍同第5个8拍，方向相反。

第7个8拍

说明：1～2拍屈膝半蹲，同时两臂前举，掌心向下；3～4拍腿不动，翻掌打开两臂成侧举，掌心向上，同时向左转体90°，目视前方；5～6拍腿不动，翻掌成右臂侧上举，掌心向外，左臂侧举，掌心向下，同时抬头挺胸，目视右后上方；7～8拍还原成直立。

1~2　　　3~4　　　5~6　　　7~8

2. 组合练习二

预备姿势：正步直立，两手体后相握。

第1个8拍

说明：1拍左脚前出一步点地，目视前方；2拍重心前移至左脚，右脚尖后点地；3~4拍向左转体90°，目视左前方；5~6拍抬头，目视左上方；7~8拍左脚并于右脚成预备姿势。

预备　　1　　　2　　　3　　　4　　　5~6

第2个8拍

说明：第2个8拍同第1个8拍，方向相反。

第3个8拍

说明：1~2拍左脚前出一步脚尖点地，同时左臂二位手；3~4拍重心前移至左脚，右脚后点地，同时左臂三位手；5~6拍向左转头90°，目视前方；7~8拍左腿并拢于右脚，还原成一位手。

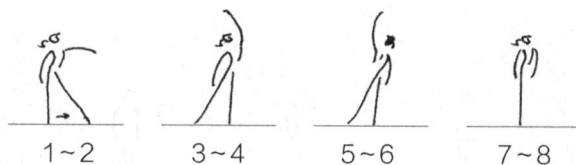

1~2　　　3~4　　　5~6　　　7~8

第4个8拍

说明：第4个8拍同第3个8拍，方向相反。

第5个8拍

说明：1~2拍左脚向侧一步点地，同时两臂七位手；3~4拍右脚在左脚后侧点地，同时两臂三位手，抬头挺胸，目视左前上方；5~6拍屈蹲同时上体向左转90°，目视左后上方；7~8拍腿不动，上体向右转90°，目视前方。

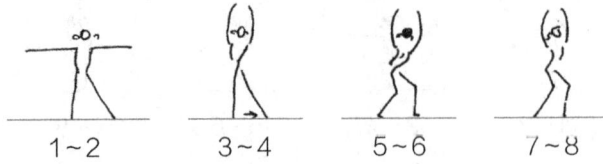

1~2　　　　3~4　　　　5~6　　　　7~8

第6个8拍

说明：第6个8拍同第5个8拍，方向相反。

第7个8拍

说明：1～2拍并腿屈膝半蹲，同时两臂经后绕至前上举，抬头挺胸；3～4拍腿不动，七位手，同时低头；5～8拍腿不动，手臂波浪一次，同时抬头挺胸。

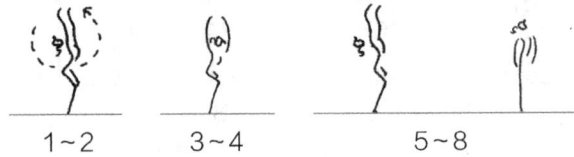

1~2　　　　3~4　　　　　5~8

第8个8拍

说明：第8个8拍同第7个8拍，方向相反。

3. 组合练习三

预备姿势：一位手小八字脚站立。

第1个8拍

说明：1～2拍左臂侧波浪摆，眼随手向远看；3～4拍还原成预备姿势；5～8拍同1～4拍，方向相反。

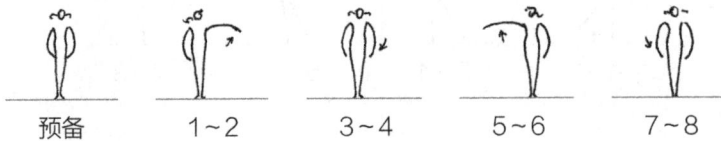

预备　　　1~2　　　3~4　　　5~6　　　7~8

第2个8拍

说明：1～2拍两臂侧波浪摆至七位手；3～4拍两臂还原成预备姿势；5～8拍同1～4拍。

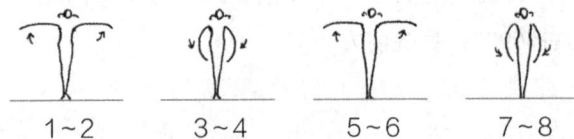

1~2　　　　3~4　　　　5~6　　　　7~8

第3个8拍

说明：1~2拍右腿弯曲成半蹲，左腿前举，同时手臂成二位手；3~4拍左脚落地支撑（提踵），右腿后举，同时两臂侧举；5~7拍右脚开始屈膝向前走三步，同时两臂由后经下摆至前举；8拍右腿支撑，左脚后点地，同时两臂成三位手，抬头挺胸。

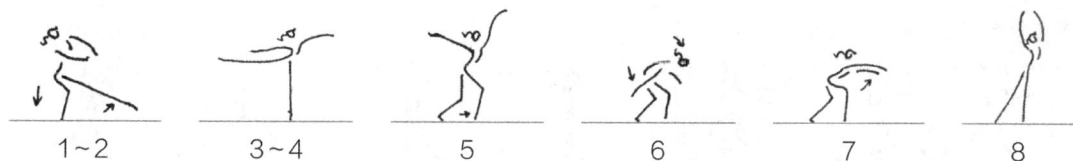

第4个8拍

说明：1~2拍左脚向侧出一步成弓步，同时右臂前摆，左臂后摆，目视前方；3拍右脚并于左脚，同时手臂侧拉；4拍左脚原地踏一步，成并腿提踵立，同时两臂七位手；5~8拍同1~4拍，方向相反。

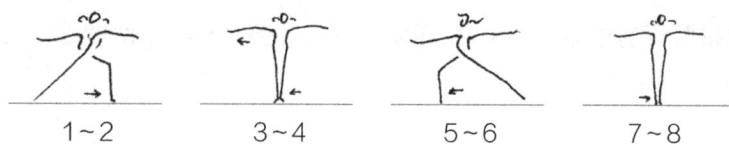

第5个8拍

说明：1~2拍屈膝半蹲，同时抬头挺胸，两臂上举；3~6拍左脚向前一步，重心下降，同时两臂由下摆至前举，低头含胸；7~8拍重心移至左腿，右脚后点地，同时两臂摆至前上举，波浪一次。

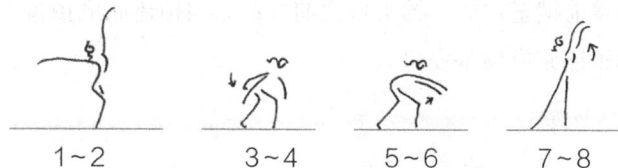

第6个8拍

说明：第6个8拍同第5个8拍，方向相反。

第7个8拍

说明：1～3拍左脚开始向前迎风跑三步（左右左），同时抬头挺胸，两臂侧上举；4拍两脚并拢提踵立，同时两臂侧举；5拍左脚向侧一步，右脚侧点地，同时左臂侧上举，右臂左侧摆；6拍屈膝半蹲，重心移至两腿，同时两臂摆至一位手；7～8拍重心移至右腿，左脚侧点地，同时两臂摆至右侧举，波浪一次，抬头挺胸，目视手远方。

第8个8拍

说明：第8个8拍同第7个8拍，方向相反。

4. 组合练习四

预备姿势：一位手小八字脚站立。

第1个8拍

说明：1～2拍两臂前摆45°；3～4拍还原成预备姿势；5～6拍两臂摆至二位手；7～8拍还原成预备姿势。

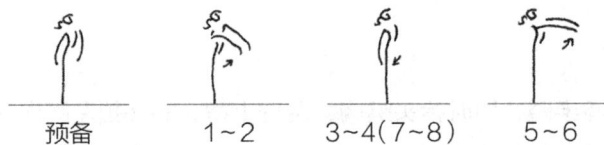

第2个8拍

说明：1～2拍两臂前摆至135°，抬头目视前方；3～4拍还原成预备姿势；5～6拍两臂上举，抬头挺胸；7～8拍还原成预备姿势。

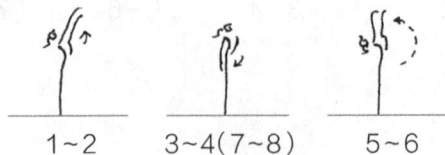

第3个8拍

说明：1～2拍两臂向侧弧形摆至45°；3～4拍还原成预备姿势；5～6拍两臂摆至侧举；7～8拍还原成预备姿势。

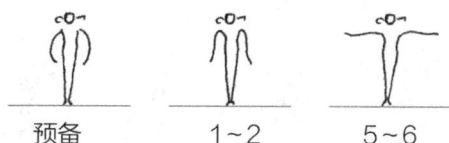

第4个8拍

说明：1～2拍两臂摆至侧上举，抬头挺胸；3～4拍还原成预备姿势；5～6拍两臂经侧摆至上举，波浪一次；7～8拍还原成预备姿势。

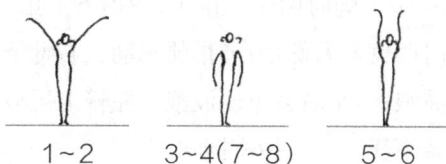

第5个8拍

说明：1～6拍提踵碎步向左转体360°，同时两臂侧举波浪；7～8拍左脚向前一步，右脚后点地，同时两臂侧举波浪一次。

第6个8拍

说明：第6个8拍同第5个8拍，方向相反。

5. 组合练习五

预备姿势：左脚支撑，右脚后点地，两臂侧举。

第1个8拍

说明：1拍左腿弯曲，右腿侧吸，同时左臂下举波浪，右臂上举波浪；2～3拍右腿下落碎步向左转体360°，同时两臂上下波浪一次；4拍左腿支撑，右脚后点地，同时左臂一位手，右臂三位手；5拍屈膝成半蹲，同时右臂下压波浪，左臂上摆波浪，头右转；6拍左臂下压波浪，右臂上摆波浪，头左转；7拍右臂下压波浪，左臂上摆波浪，头向右转；8拍两腿伸直，左腿支撑，右脚后点地，同时两臂侧波浪一次。

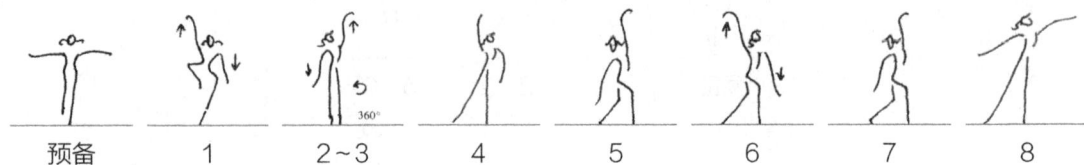

| 预备 | 1 | 2~3 | 4 | 5 | 6 | 7 | 8 |

第2个8拍

说明：1~2拍左脚侧出一步成弓步，同时右臂左侧摆，左臂右后摆；3拍上半拍，重心移至右腿，左脚向右脚前迈一步，同时两臂三位手；3拍下半拍，提踵向右转体180°；4拍右脚向侧迈一步成弓步，同时两臂向右侧摆；5拍腿不动，右臂下压波浪，左臂上提波浪；6拍左臂下压波浪，右臂上提波浪；7拍右臂下压波浪，左臂上提波浪；8拍右腿伸直，左脚点地，同时右臂上提波浪，左臂下压波浪，抬头挺胸。

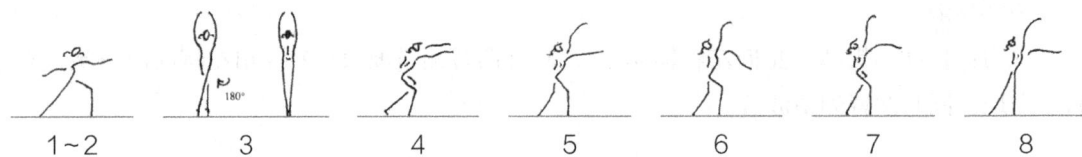

| 1~2 | 3 | 4 | 5 | 6 | 7 | 8 |

第3个8拍

说明：1拍左脚向前一步提踵，右腿后举，同时两臂波浪侧摆，抬头挺胸；2拍右脚向前一步屈膝，同时低头含胸，两臂波浪下摆；3~4拍同1~2拍；5~6拍左脚向前一步提踵，右腿后举，同时两臂侧上举抬头挺胸；7拍右脚向前一步屈膝，同时低头含胸，两臂下摆波浪；8拍还原成直立。

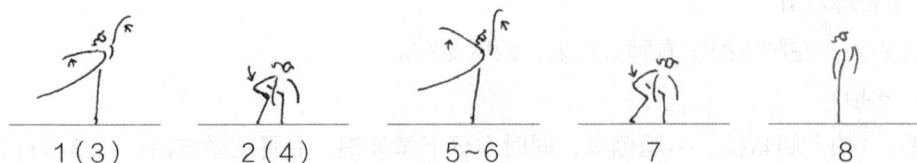

| 1（3） | 2（4） | 5~6 | 7 | 8 |

第4个8拍

说明：1拍左腿弯曲，右腿前吸，低头含胸，左臂前举右臂后举；2～3拍右腿后伸提踵向后碎步，同时两臂小波浪三次；4拍左脚支撑，右脚后点地，同时左臂前上波浪，右臂向下波浪，抬头挺胸，目视左手远方；5拍右脚向后迈一步，同时两臂侧举；6拍左脚向右脚前迈一步，同时提踵向右转体180°，两臂三位手；7拍两腿弯曲，同时低头含胸，两臂胸前交叉；8拍重心移至左腿，右脚前点地，同时左臂三位手，右臂七位手，目视右前方。

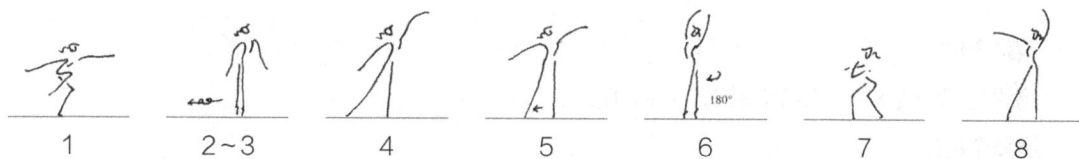

6. 组合练习六

预备姿势：一位手小八字站立。

第1个8拍

说明：1拍屈膝半蹲，同时左臂在前，右臂在后弧形摆起；2拍腿伸直，同时左臂前举，右臂侧后举；3～4拍同1～2拍，方向相反；5拍同1拍；6拍两腿伸直提踵，同时两臂绕至三位手；7拍屈膝半蹲，同时右臂向前，左臂向后继续向下绕至体侧；8拍腿伸直，同时左臂前摆，右臂后摆。

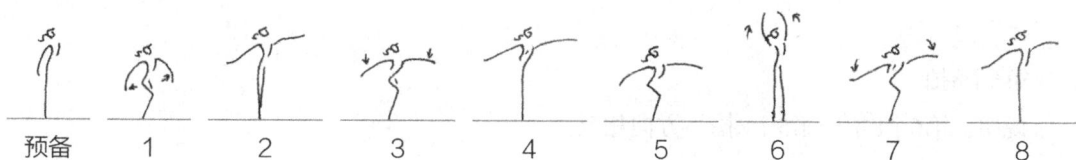

第2个8拍

说明：第2个8拍同第1个8拍，方向相反。

第3个8拍

说明：1拍左脚向前一步，两腿弯曲，同时右臂向前，左臂向后弧形摆起；2拍两腿伸直右脚后点地，同时右臂前举，左臂侧后举，头向左转，目视前方；3拍屈膝，重心后移，同时两臂弧形下摆；4拍重心移至右腿，左脚前点地，同时右臂右下举，左臂前上举，头向右转；5拍两腿弯曲，同时右臂弧形前摆，左臂弧形后摆；6拍右脚向前一步，左脚后点地，同时两臂上绕至三位手；7拍左脚向前一步，同时左臂向前，右臂向后下绕至体侧；8拍上半拍，两腿弯曲，右臂在前，左臂在后继续向上；8拍下半拍，腿伸直，右脚后点地，同时右臂前上举，左臂后下举。

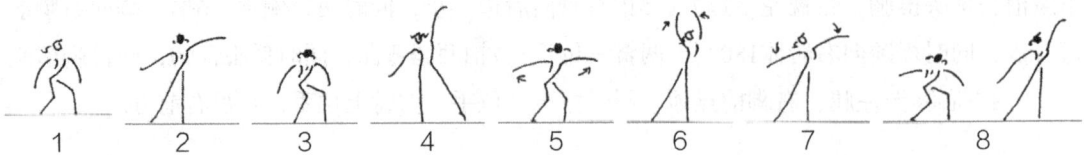

第4个8拍

说明：第4个8拍同第3个8拍，方向相反。

第5个8拍

说明：1拍左脚向侧出一步，同时两腿弯曲，两臂前摆；2拍重心移至左腿，右脚侧点地，同时两臂左侧摆，头向左看；3～4拍同1～2拍，方向相反；5拍左脚向侧一步，转体90°，同时两臂侧举；6拍右脚向左脚前迈一步提踵，同时转体180°，两臂三位手；7拍左脚向左侧一步，两腿弯曲转体90°，同时两臂右侧上举，头向右看；8拍重心移至左腿，右脚侧点地，同时两臂左侧上摆，头向左上方看。

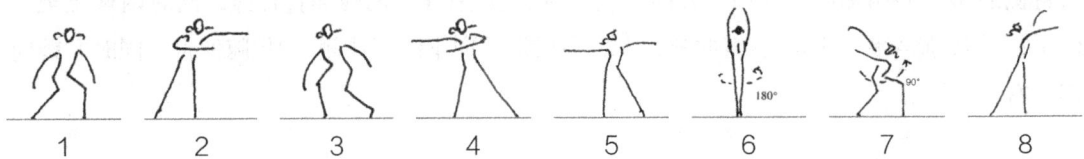

第6个8拍

说明：第6个8拍同第5个8拍，方向相反。

第7个8拍

说明：1拍左脚向前一步屈膝半蹲，同时两臂侧后摆；2拍重心移至左腿，右脚后点地，同时两臂前摆；3～4拍同1～2拍，方向相反；5拍同1拍；6拍右脚向前一步提踵，同时两臂由后向下绕至三位手；7拍左脚向前一步成屈膝半蹲，同时两臂由后继续前绕；8拍重心移至左腿，右脚后点地，同时两臂前上举，抬头挺胸。

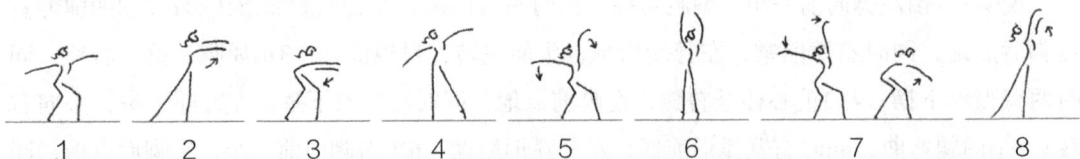

第8个8拍

说明：第8个8拍同第7个8拍，方向相反。

7．组合练习七

预备姿势：一位手小八字站立。

第1个8拍

说明：1～2拍右腿弯曲半蹲，左脚前擦地，同时两臂二位手；3～4拍还原成预备姿势；5～8拍同1～4拍。

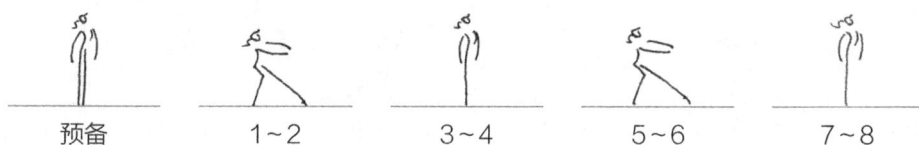

预备　　　　1～2　　　　3～4　　　　5～6　　　　7～8

第2个8拍

说明：第2个8拍同第1个8拍，方向相反。

第3个8拍

说明：1～2拍右腿弯曲半蹲，左脚前擦地，同时两臂二位手；3～4拍重心前移至左腿，右脚后点地，同时左臂七位手，右臂三位手，头向左转；5～6拍重心移至右腿弯曲半蹲，左脚前擦，同时上体左转，左臂三位手，右臂一位手；7～8拍右腿伸直，左脚擦地并于右脚成小八字脚，手臂成一位手。

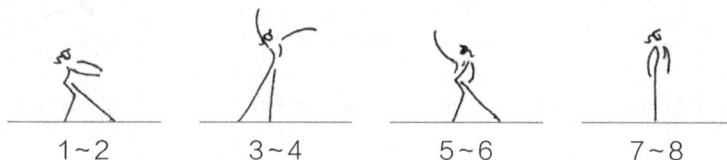

1～2　　　　3～4　　　　5～6　　　　7～8

第4个8拍

说明：第4个8拍同第3个8拍，方向相反。

第5个8拍

说明：1～2拍左脚向后擦地，右腿弯曲，同时两臂成二位手；3～4拍右腿伸直，左脚擦地收于右脚后，手臂成一位手；5～8拍同1～4拍，方向相反。

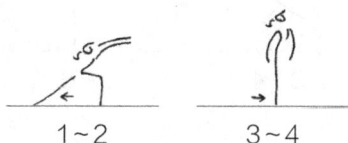

1～2　　　　3～4

第6个8拍

说明：第6个8拍同第5个8拍，方向相反。

第7个8拍

说明：1~2拍左脚向后擦地，右腿弯曲，同时手臂成二位手；3~4拍重心移至左腿，右脚前点地，同时左臂三位手，右臂七位手，头右转目视前方；5~6拍左腿弯曲半蹲，右脚前擦地，同时左臂一位手，右臂三位手，右转头，目视右前方；7~8拍右脚后擦地并于左脚，一位手。

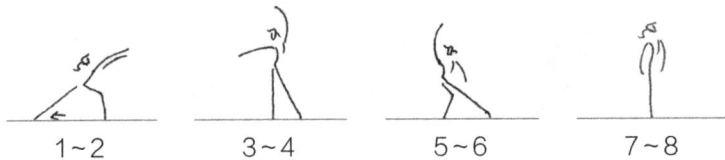

| 1~2 | 3~4 | 5~6 | 7~8 |

第8个8拍

说明：第8个8拍同第7个8拍，方向相反。

第9个8拍

说明：1~2拍右腿弯曲成半蹲，左脚前擦，同时两臂二位手；3~4拍重心移至左腿，右脚后点地，同时左臂七位手，右臂三位手，头向左转；5~6拍左脚提踵立，右腿后举，同时左臂七位手，右臂三位手；7~8拍两腿同时弯曲，头向左转。

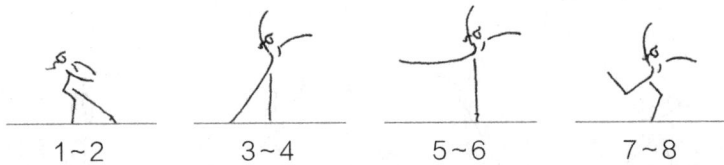

| 1~2 | 3~4 | 5~6 | 7~8 |

第10个8拍

说明：1~2拍左腿伸直提踵，右腿后举，头转向前方；3~4拍两腿弯曲，臂同1~2拍；5~6拍同1~2拍；7~8拍还原成直立。

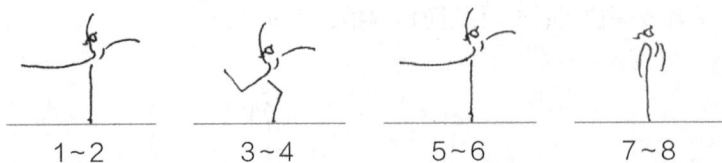

| 1~2 | 3~4 | 5~6 | 7~8 |

第11～12个8拍

说明：第11、12个8拍同第9、10个8拍，方向相反。

第13个8拍

说明：1～2拍左脚后擦地，右腿弯曲成弓步，同时两臂二位手；3拍重心移至左脚，右脚前点地，同时左臂三位手，右臂七位手，头向右转。5～6拍左脚提踵，右腿前举，手臂同3～4拍；7～8拍左腿弯曲成半蹲，同时右腿弯曲外开前举，手臂同3～4拍。

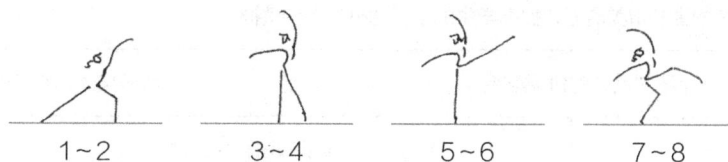

第14个8拍

说明：1～2拍两腿伸直，左脚提踵，右腿前举，左臂三位手，右臂七位手；3～4拍同第13个8拍的7～8拍；5～6拍同1～2拍；7～8拍还原成直立。

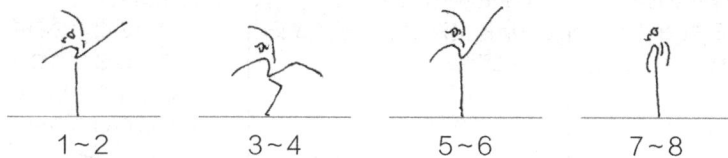

第15～16个8拍

说明：第15、16个8拍同第13、14个8拍，方向相反。

教学案例

×× 中学大众健美操组合1-1-3动作体育课时计划

授课教师：张振华

教材内容	学习大众健美操组合1-1-3动作。	课型	新授课	时间	45min

教学目标	1. 认知目标：学习健美操动作组合1-1-3，建立正确动作表象。 2. 技能目标：80%的学生能基本完成大众健美操组合的教学内容，10%的学生能较好地完成，10%的学生完成有困难。 3. 以健美操的动作练习发展学生身体素质，增强体能。 4. 培养学生的审美能力，提高学生的学习动机与合作精神。

重点	上下肢动作的协调配合。	难点	音乐与动作练习的连贯。

课部分	课的内容	组织教法和学练法		练习时间	练习次数
		教师活动	学生活动		
准备部分 10 min	一、课堂常规 1. 集合，整理队形，师生问候。 2. 宣布课的任务，安排见习同学。 3. 值日生借体育器材。	一、课堂常规 1. 课前认真检查场地，消除不安全的隐患。 2. 安排见习同学，安排值日生借领体育器材。 3. 精神饱满地带领学生做好准备活动。	一、课堂常规 1. 认真检查服装，以精神饱满的状态进入课堂。 2. 四列横队站好，上课队形图见图A。 ⊙⊙⊙⊙⊙⊙⊙⊙ ⊙⊙⊙⊙⊙⊙⊙⊙ ⊙⊙⊙⊙⊙⊙⊙⊙ ⊙⊙⊙⊙⊙⊙⊙⊙ ● 图A		
	二、准备活动 1. 游戏：两蛇相争。 2. 徒手操五节： （1）双臂绕环运动。 （2）扩胸运动。 （3）体转运动。 （4）弓步压腿。 （5）头颈膝踝运动。	二、准备活动 1. 讲解规则，组织游戏。 2. 参与学生游戏活动。 3. 男女生分开，各自围成圆圈做喊数接球的游戏练习。	二、练习要求 1. 按照要求进行游戏活动。 2. 做操时要认真，动作规范。 3. 徒手操组织方法及要求：略。 4. 两蛇相争游戏的组织图：略。		

（续表）

课部分	课的内容	组织教法和学练法		练习时间	练习次数
		教师活动	学生活动		
基本部分 30 min	一、讲解示范大众健美操的动作特点和学习目标与方法 二、学习大众健美操组合一动作 1. 让学生观看挂图建立概念和动作表象。 2. 学生跟随教师做组合1-1-3的分解练习。 （1）教师讲解，示范，领做； （2）学生按要求进行模仿练习，教师指导，并纠正错误动作。 （3）学生自我练习与相互观摩学习。 3. 分组练习与合作学习。 4. 学生个人成果展示、分组成果展示，深化动作质量。 5. 强化练习，体会动作与音乐的连贯性、节奏性。	一、组织教法 1. 利用图板讲解教材动作要领和提出学习目标与方法。 2. 常速与慢速相结合进行动作技术结构的示范。 3. 指导学生进行练习，纠正学生练习过程中出现的错误动作。 4. 为学习有困难的同学提供有针对性的辅导。 5. 教师巡回辅导，渲染鼓动，活跃课堂学习气氛。 6. 教师巡回辅导纠正错误，精讲动作要领。 7. 教师点评，成果展示，纠正错误，提高动作质量，对不同学习程度的同学分别提出学习要求。 二、全课教法提示 1. 教师全课渲染鼓动，活跃课堂学习氛围。 2. 注意因材施教，个别对待，帮助学生学会学习。	一、学练法 1. 认真听讲解看示范，按要领进行各种练习。 2. 在同伴帮助下合作学习、互帮互助、共同提高。 3. 各组小组长带领本组同学进行练习。 4. 分组练习的组织设计为：口字型分四个小组进行练习。 二、学练法 1. 学生观看图示，提高理解。 2. 在小组长带领下，按要求认真进行练习，合作配合，交流分享，共同提高。 3. 让动作掌握好的同学进行成果展示，分享学习经验，共同提高。 4. 小组长关注学习有困难的同学，互帮互助，交流分享，共同提高。		
结束部分 5 min	一、放松活动 1. 游戏：鬼脸笑。 2. 身体放松活动。 二、课堂小结，点评学习情况，表扬先进，鼓励后进 三、宣布下课，值日生收还器材，布置课外作业	组织教法： 1. 组织同学做放松活动。 2. 进行课堂小结，总结问题，提出希望，布置课后练习。 3. 对技术动作掌握较差的同学与好的同学结合配对，在课后相互帮助，共同提高。 4. 督促值日生还器材。	学练法： 1. 学生在教师的带领下认真做放松活动。 2. 体育委员督促值日生还器材。		

预计生理负荷与练习密度				场地器材	注意事项
脉搏曲线		全课平均心率	135次/min左右	音响1个、教学标志6个	
		全课练习密度	65%左右		
课后小结					

第十章
武术教学的指导

本章概述

　　武术运动是深受青少年喜爱的运动项目之一，在中学的体育教学大纲和教材中占有重要的地位。《体育与健康课程标准》对中学武术教学任务的要求是：通过多种多样的学、练方式，使学生基本掌握少年拳、少年剑、少年棍等的运动技术和锻炼方式，全面发展学生的身体素质和基本活动能力，使学生增强体质、健美身体、提高审美素质和良好情操。基于此特点，本章对其教法与学法体系的设计与应用做一讲述，以提高武术教学的水平。

结构图

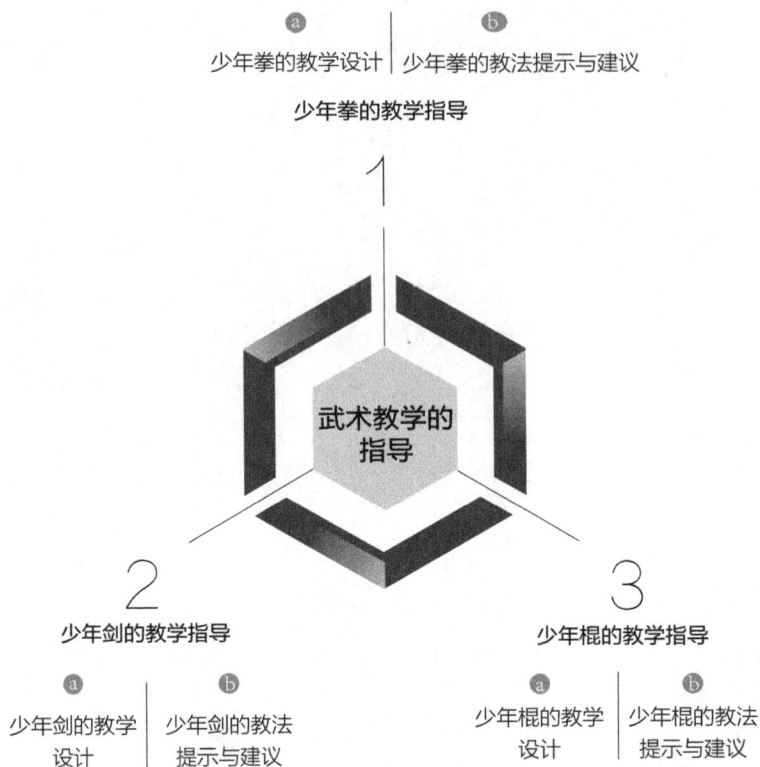

少年拳的教学设计 ⓐ | 少年拳的教法提示与建议 ⓑ

少年拳的教学指导

武术教学的指导

少年剑的教学指导

少年剑的教学设计 ⓐ | 少年剑的教法提示与建议 ⓑ

少年棍的教学指导

少年棍的教学设计 ⓐ | 少年棍的教法提示与建议 ⓑ

学习目标

1. 识记武术各项目的教学设计策略和方法。
2. 思考各种教学策略和方法在武术教学中的运用。
3. 领会各项目教学内容的选择构建与实施要求。
4. 分析我国武术教学中的问题，思考我国体育新课程武术的建设与发展。

关键词

武术教学；选择与构建；类型与分析；策略与运用；建设与发展

中学武术的教学任务是：注重把武术运动技能的教学与健身性、娱乐性结合起来，使学生能应用武术的基础知识、基本技能和方法进行锻炼与娱乐；了解武术的基本知识，能把武术的基本技能串联起来，形成新组合活动的能力；促进学生身体有效地生长发育及内脏器官功能的发展，形成正确的身体姿态，提高组织纪律性；发展学生的道德情操、勇敢顽强的心理品质，使学生成为有理想、有纪律、有道德的一代新人，实现学生身体与思想的全面发展（见表10-1）。

表10-1 中学武术的课程内容选择与构建

教学内容	教学设计与安排	实施要求
少年拳 少年剑 少年棍	1. 通过武术的练习使学生理解领会武术基本知识、基本动作方式、方法、要领和欣赏等。 2. 通过多种方式的练习，达成学生武术运动锻炼的能力。 3. 通过上肢、腰部、下肢各方位的前、后、左、右、侧前、侧后、侧下、侧上八个方向在步型、手臂和肢体方面的变化练习，构成学生对武术动作结构的本体运动感觉，体会领悟手眼身步的配合与内外的形神统一。 4. 通过选项教学、分层教学、情境教学等，实现有效教学的设计。	1. 具有面向全体学生的可练习性。 2. 可使武术的技术技能的理解与运用达到最佳效果。 3. 可丰富教学内容的情趣美，促进学习产生的懂会乐。 4. 以教育理论为指导，科学设计与安排。 5. 具有丰富的练习内容、形式与方法。 6. 可全面发展学生基本活动的能力，培养学生终身体育意识和能力。 7. 寓"思"于教材，寓"观"于教材，寓"做"于教材，寓"戏"于教材。 8. 以"为学习而设计""为理解时刻而教"为教学原则。 9. 有效达成健身、健美和健心的目的，实现学生身体与思想的全面发展。

第一节
少年拳的教学指导

"少年拳"是中学体育教材中的长拳基础套路。该拳动作朴实明快、结构短小紧凑，练起来生动活泼，不仅保留了武术中传统的基本动作和技法，而且还体现了现代长拳稳、准、快、美的技术风格和特点。通过反复练习，不仅能发展学生的柔韧、灵敏、速度、协调等素质，还能培养学生的自我攻防保护意识，为今后终身体育锻炼或学习打下基础。

一、少年拳的教学设计

（一）建立少年拳的动作概念与表象

运用讲解与口诀建立少年拳的动作概念，运用教师示范、学生示范、图表演示或道具等促进学生对少年拳要领的感知与表象的形成。教学方法是先讲粗大的动作要领，在建立感知后，再讲精细的动作要领。

【少年拳的技术结构】

少年拳在技术结构上，全套除了预备势和还原势外，共12个动作，直线往返。套路前三动安排了"抡臂砸拳"接"望月平衡""跃步冲拳"等抡、摆、砸、跳的动作，使这套拳术一开始就显得攻防进退有序、起伏转折明显、动作疾徐清楚，表现出优美、舒展大方、窜蹦跳跃时气势雄伟的民族风貌；四、五动由踢打动作组成，属于我国武术的"踢""打"攻击法；六、七动是左、右兼顾的防守攻击法；八动吸取了中国摔跤技术中不贴身的快摔法；九动是擒拿技术中的第一手拿法。结束前的几动把"震脚""劈拳""砸拳""撩拳"等一连串的击响动作组合在一起，使整个套路的演练进入高潮，并突然结束，显示出动作迅速、干净利落、形象挺拔、扎实刚健的风格。

【少年拳的教学口诀】

学武不习德，一生瞎胡闹。打拳不习步，房屋无立柱；打拳不站功，到老一场空；打拳不练腿，必是冒失鬼；练拳不活腰，终究艺不高。

（二）少年拳的教学设计

【教学任务】

1. 使学生领会少年拳的正确技术概念。
2. 使学生形成少年拳的正确技术。
3. 发展学生快速、力量、协调、柔韧等运动素质并增强体能。
4. 使学生建立少年拳的欣赏认知与活动习惯。

【教学方法】

1. 分解与完整法
（1）根据动作技术的特点，采取合理的分解方式。
（2）掌握动作技术的段落与部分之间的有机联系，不破坏动作结构。
（3）明确各部分与段落在完整动作中的组合关系。
（4）在建立完整动作概念的基础上分解。
2. 程序教学法
（1）运用口诀强化概念法。在动作教学初期，学生对动作概念不清楚，未能建立正确的动作表象是形成动作错误的重要原因。为此，要强化正确的动作概念，必须运用口诀法促进正确动作表象的形成。

（2）迁移法。采用一些诱导性、辅助性练习，将学生从已经形成的动作错误中转移出来，在此基础上正确完成新的动作。

（3）降低难度法。运用改变练习条件、降低作业难度、分解完成动作等，帮助学生掌握要领，建立动作表象。

（4）信号提示法。当学生在练习中由于对用力时间或空间方向不清楚而出现动作错误时，教师可以用手势、听觉信号，口头提示学生的发力时间、用力节奏等；还可以用标志线、标志点、标志物来标明动作方向、幅度等。

（5）外力帮助法。在学生对用力的部位、大小、方向、幅度不清楚而出现动作错误时，教师可以运用推、顶、送、托、拉、挡、拨等外力，帮助学生建立正确动作的本体感觉，纠正动作错误。

（6）串联教学法。学习内容A—学习内容B—联合学习内容A和B并继续学习内容C—联合学习内容A、B、C。

（7）个人与小组成果展示法。纠正错误、提高动作技能、分享学习经验，共同提高。

3．游戏法

利用游戏寓教于乐的特点，完成预定任务的方法有以下运用要求。

（1）利用游戏寓教于乐的特点，激发调动学生学习的主动性，促使其领会技术。

（2）根据教学目标，将教学内容转换为游戏的活动形式，促进学生对技术要领的领会。

4．竞赛法

（1）根据竞赛法对抗性、竞争性的特点，施加运动负荷促进学生最大限度发挥机体的功能能力。

（2）利用竞赛法培养学生顽强拼搏、团结合作的优良品质。

5．纠错与帮助法

预防与纠正动作错误贯穿于整个动作教学的全过程，从时间的先后可以分成练习前、练习中、练习后，包括预测错误、纠正错误、总结经验，即发现动作错误—分析动作错误产生的原因—采取相应的措施及时纠正错误—检查与评定纠正效果。

【 辅助性练习 】

少年拳的辅助性练习包括腿功、腰功、肩功和桩功等主要内容。腿功表现的是腿部的柔韧性、灵活性和力量等功夫；腰功表现的是腰部灵活性、协调控制上下肢运动的能力和身法技巧的功夫；肩功表现的是肩关节柔韧性、活动范围的大小以及力量等方面的功夫；桩功表现的是腿部力量和呼吸内息的功夫。

1．腿功的辅助练习

（1）正压腿学练要点：两腿伸直，立腰挺胸前压。

（2）后压腿学练要点：上体弹性后振，开髋倒腰。

（3）侧压腿学练要点：两腿伸直，开髋立腰挺胸，上体完全侧倒。

（4）竖叉学练要点：立腰挺胸，沉髋挺膝。

（5）正搬腿学练要点：两腿伸直，立腰挺胸，被搬腿的脚尖勾紧。

（6）仆步压腿学练要点：直腰抬头，一腿全蹲，另一腿伸直，两脚压紧地面。

（7）劈横叉学练要点：髋关节完全打开，立腰挺胸。

（8）侧搬腿学练要点：两腿伸直，立腰挺胸，身体直立平稳。

正压腿　　　　　　　后压腿　　　　　　　侧压腿　　　　　　　竖叉

正搬腿　　　　　　　仆步压腿　　　　　　劈横叉　　　　　　　侧搬腿

2．腰功的辅助练习

（1）前俯腰学练要点：两腿挺膝伸直，上体前俯时挺胸、塌腰、收髋。

（2）甩腰学练要点：两腿伸直，腰部放松，后甩时抬头挺胸，甩腰动作紧凑而有弹性。

（3）涮腰学练要点：两腿伸直，以腰为轴翻转绕环圆活、和顺。

（4）下腰学练要点：两脚支撑站稳，膝关节尽量挺直，腰部后弯上顶，脚跟不能离地。

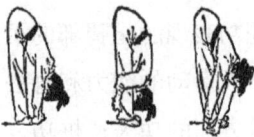   

前俯腰　　　　　　　甩腰　　　　　　　　涮腰　　　　　　　　下腰

3．肩功的辅助练习

（1）压肩学练要点：两腿伸直，肩部松沉，用力压，力点集中于肩部。

（2）单臂绕环学练要点：臂伸直，肩放松，绕立圆。

（3）双臂绕环学练要点：两腿伸直，以腰为轴翻转绕环圆活、和顺。

（4）两臂交叉绕环学练要点：身体正直，臂伸直，肩放松，绕环协调和顺。

压肩

单臂绕环

双臂绕环

两臂交叉绕环

【教学设计】

1．做喊数抱团游戏。

2．徒手操五节。

3．教师讲解示范，学生观察领会少年拳的动作与要领。

4．学习少年拳。

（1）做少年拳分解练习。

（2）学习少年拳组合一中1～3动作。

（3）分组与个人练习，教师巡回辅导，渲染鼓动。

（4）个人与分组的成果展示，互帮互学分享学习经验。

5．重复深化练习，改进动作，提高质量。教师巡回辅导讲解精细动作要领，促进进一步理解。

6．学习反馈，深化再练习。教师巡回辅导纠正错误，对学习有困难的同学，教师有针对性地安排学习内容，并渲染鼓动活跃学习氛围，启发提示同学们团结合作、总结经验、共同提高。

【教学安排建议】

1. 最好采用单元课的7课时教法，在一个学期中连续用4节课学完一套，再用2节课复习和1节课考核。

2. 教师除采用简明的讲解、正确的示范外，更多的是要领做，学生模仿练习，以便学生更好、更快地建立起正确的动作概念。

3. 每课要注意突破难点动作，以难带易，所有动作要力求正确，用力方法得当；手眼身步法协调，精气神贯注始终。

4. 培训组长、学习骨干，先采用以点带面的方式引发学习氛围，再选用多种方法组织学生课内学习、课外反复习，使学生的动作得到逐渐巩固和提高，进而达到形神兼备的要求。

【教学要求】

1. 教师循环指导，渲染鼓动，活跃课堂氛围。

2. 课前安排对小组长、学习骨干的教学辅导。

3. 对学习有困难的同学，教师有针对性地安排学习内容。

4. 启发提示同学们团结合作，总结经验，共同提高。

二、少年拳的教法提示与建议

◆ 第一步：基本动作教学

介绍有关的手形、步形、腿法、手法等。

◆ 第二步：难点动作教学

1. 跃步冲拳：① 提膝挂掌。② 跃步双摆掌。③ 仆步立掌。④ 弓步搂手冲拳。⑤ 连贯练习。

2. 搂手勾踢：① 右手绕环落于左腕上交叉。② 重心移至左，脚尖外摆。③ 两臂向下后摆分掌搂手成勾手，同时右脚勾踢。④ 连贯练习。

3. 缠腕冲拳：① 左手抓握右手腕。② 右手缠腕，同时震右脚。③ 马步冲拳。④ 连贯练习。

◆ 第三步：套路教学分布

第一节，预备势，（一）、（二）、（三）。

第二节，（四）、（五）、（六）。

第三节，（七）、（八）、（九）。

第四节，（十）、（十一）、（十二），还原势。

◆ **第四步：完整套路练习，巩固提高。**

【 动作教学名称 】

预备势：直立抱拳

（一）抡臂砸拳　　　（二）望月平衡　　　（三）跃步冲拳

（四）弹踢冲拳　　　（五）马步横打　　　（六）并步搂手

（七）弓步推掌　　　（八）搂手勾踢　　　（九）缠腕冲拳

（十）转身劈掌　　　（十一）砸拳侧踹　　　（十二）撩拳收抱

还原势：直立

【 动作教学说明 】

预备势：直立抱拳

两脚并拢直立，两手握拳屈肘抱予腰侧。两肩后展，拳心向上。下腭微收，头向左转，眼看左方。

（一）抡臂砸拳

1. 左脚向左跨一步，以前脚掌着地，上体右转，左拳变掌向右前下方伸出，掌心向下［见图10-1（a）］。

2. 上动不停，向左后方转体180°。同时左手向上，向左、向下绕环屈臂外旋，使掌心向上置于腹前；右手向右后、向上抡起下砸，以拳背砸击左掌心作响，同时右腿屈膝提起，在砸拳的同时下跺震脚成并步半蹲，上体稍前倾，目视前下方［见图10-1（b）］。

要点：转体、绕环、抡臂的动作要协调一致，砸拳与震脚要同时完成。

（二）望月平衡

右脚后撤一步起立，同时右拳变掌，两手左右分开上摆，左手在头左斜上方抖腕亮掌；右手至右侧平举部位抖腕成立掌；掌心向右；左腿屈膝；小腿向右贴于右膝窝，脚面向下，眼随左掌转到，在抖腕亮掌的同时向右转头，眼向右侧平视（见图10-2）。

（三）跃步冲拳

1. 上体左转前倾，左腿向前提起，左手向左下后摆至体后，右手以掌背向左下后转至右膝外侧，掌心均向里；眼看左下方［见图10-3（a）］。

2. 左脚向前落步，右腿屈膝向前上提。左脚随即猛向前跃出，两臂向前、向上绕环摆动，眼看左掌［见图10-3（b）］。

3. 右脚落地全蹲，左脚腿即落地向前伸平铺地面成仆步，两臂同时继续向上、向右、向下绕环。右掌变成拳吸收抱于右腰侧；左臂屈肘成立掌停于右胸前，眼看前方［见图10-3（c）］。

4. 左掌经右脚面向外横搂，同时重心前移，右腿蹬直成左弓步，左掌变拳收抱于腰侧。有拳向前冲出，拳心向下，眼看右拳［见图10-3（d）］。

要点：跃步要远，落地要轻，跃步时要与两手的动作自然相随。

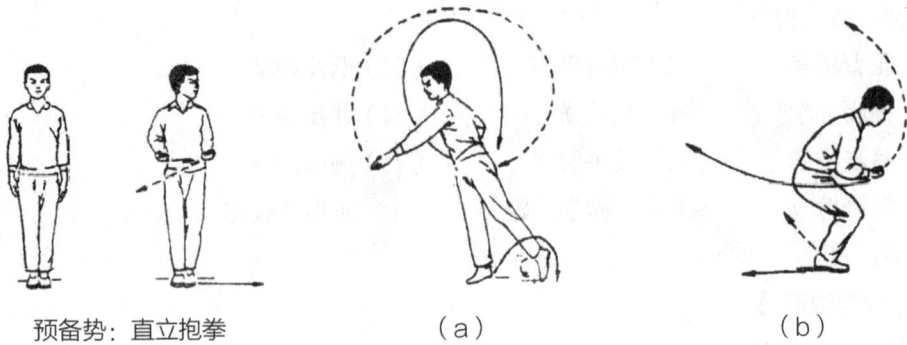

预备势：直立抱拳　　　　　　（a）　　　　　　　　（b）

图10-1　抡臂砸拳

望月平衡　　　　　（a）　　　　　（b）　　　　　（c）　　　　　（d）

图10-2　　　　　　　　　　图10-3　跃步冲拳

（四）弹踢冲拳

重心移至左腿，右腿屈膝提起，在膝盖接近水平时迅速屈膝、脚面绷平猛力向前弹踢；右拳收抱于腰侧，左拳向前冲出，拳心向下，眼向前平视（见图10-4）。

要点：弹踢时力点达于脚尖，支撑腿可微屈。

（五）马步横打

右脚向前落步，脚尖内扣，左拳收抱于腰侧，右拳内旋向右后伸直再向左转体90°成马步的同时，向前平摆横打，眼看右拳前方（见图10-5）。

要点：横打与转体动作要协调一致，并要借转体拧腰的力量发力。

（六）并步搂手

右脚向左脚并拢下蹲，右拳变掌直接向右小腿外侧下搂，至右小腿变勾手继续后摆停于体侧后方，勾尖朝上，眼看右方（见图10-6）。

要点：并步与搂手要同时进行，上体正直微前倾。

（七）弓步推掌

向左转体90°，左脚前上步成左弓步；同时右勾变拳收抱于腰侧，左拳变掌向前推出，掌心朝前，目视前方（见图10-7）。

要点：转体、上步与推掌的动作要协调。

（八）搂手勾踢

1. 右拳变掌经后下直臂向上、向前绕环落于左腕上交叉，同时重心移至左腿［见图10-8（a）］。

2. 上动不停，两臂迅速向下后摆掌搂手至饲手，勾尖向上；同时左脚外摆，身体稍向左转，右傍地面，向左斜前方踢出，眼看左前方［见图10-8（b）］。

要点：两腕交叉和分掌搂手的动作要连贯，勾踢时力点要达于脚踝。

图10-4 弹踢冲拳

图10-5 马步横打

图10-6 并步搂手

图10-7 弓步推掌

（a）

（b）

图10-8 搂手勾踢

（九）缠腕冲拳

1. 两勾手变掌前摆于腹前，左手抓握右手腕，右腿屈膝，小腿自然下垂［见图10-9（a）］。

2. 上动不停，右手翻掌缠腕，在向右转体的同时臂外旋用力屈肘后拉于右腰侧抱拳；右脚全掌跺地震脚下蹲，左腿屈膝提起［见图10-9（b）］。

3. 左脚向左侧跨一大步，右脚蹬地随之滑动，两脚下蹲成马步，同时左手变拳经左腰侧向左冲出，拳眼向上，眼看左拳前方［见图10-9（c）］。

要点：屈肘后拉转体、跨步与冲拳要同时，抓握、缠腕、屈肘后拉、转体、震脚要连贯。

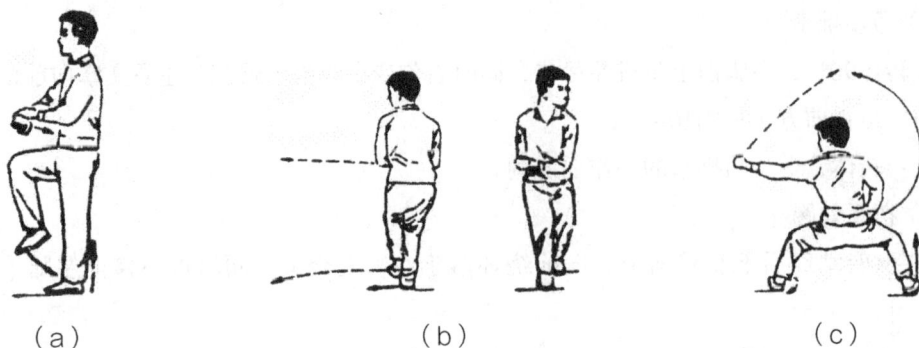

（a） （b） （c）

图10-9 缠腕冲拳

（十）转身劈掌

1. 右脚蹬地屈膝上提向右转体90°，随身体直立两拳变掌直接上举，在头前上方以右手背击左掌做响，眼看前方［见图10-10（a）］。

2. 上动不停，继续向右后转体180°，右脚向前落步成右弓步；同时左掌变拳收抱于腰侧，右掌下劈成侧立掌，小指一侧向前，眼看前方［见图10-10（b）］。

要点：转体以左脚掌为轴共转270°，动作要连贯、平稳，右脚落步要下踩并与劈掌动作一致。

（十一）砸拳侧踹

1. 右脚蹬地屈膝上提、重心移至左腿并向左转体90°成提膝直立姿势，同时左拳变掌置于腹前，掌心向上，右掌变拳上举至头前上方，在右脚下踩震脚并成并步下蹲同时，以拳背砸击左掌作响，眼看右拳前下方［见图10-11（a）］。

2. 右腿直立，左腿屈膝上提，脚尖上勾，以脚跟向左下方与膝盖同高，上体稍向右倾斜；同时左掌变拳收抱于腰侧，右拳上举横架于头前上方，拳心向上，眼看左方［见图10-11（b）］。

要点：砸拳与震脚要同时完成，侧踹要快速有力，身体要稳定。

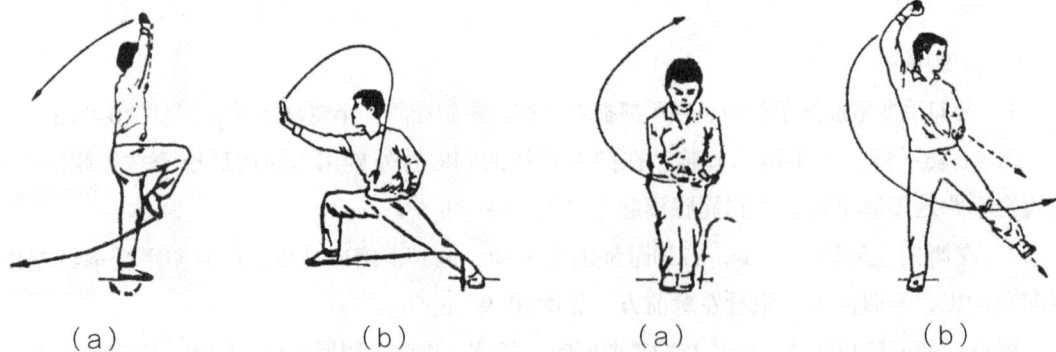

（a） （b） （a） （b）

图10-10 转身劈掌 图10-11 砸拳侧踹

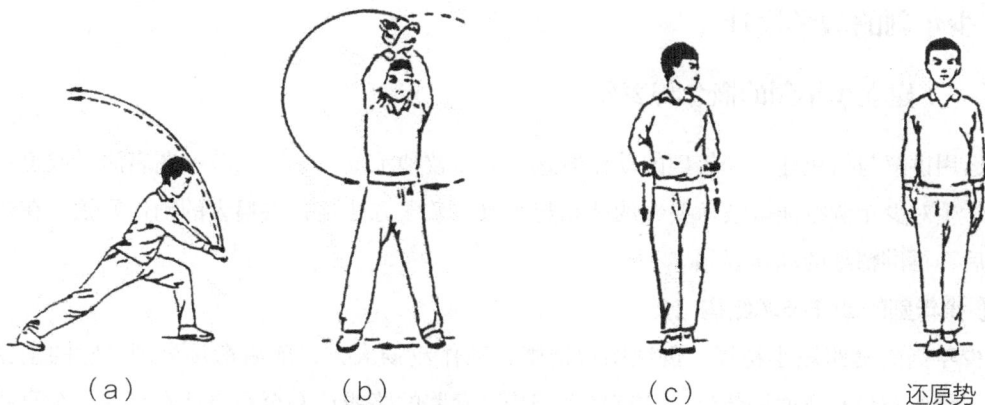

（a）　　　　　　（b）　　　　　　（c）　　　　　　还原势

图10-12　撩拳收抱

（十二）撩拳收抱

1. 左脚向左落地向左转体90°成弓步，右拳向后、向下，以拳面向前撩出停于左膝前上方；左拳变掌拍击抓握右拳背作响，眼看右拳［见图10-12（a）］。

2. 左脚蹬地起立向右转体90°，两臂上举，两手变掌于头前上方交叉，掌心向前，眼看前方［见图10-12（b）］。

3. 上动不停，左脚收回与右脚并拢，两掌变成拳左右分开屈肘收抱于腰侧；头向左转，眼看左前方［见图10-12（c）］。

要点：撩拳要有力，拍击要响亮，收抱动作连贯。

还原势：直立

两拳变掌，直臂下垂；头向右转，眼看前方。

第二节
少年剑的教学指导

少年剑是中学体育教学选学内容之一，深受学生喜爱且具有广泛的群众基础。该套剑术精选一些有代表性的动作，按照教学规律组编为套路形式，既保留了剑击的演练变化特点，又体现了增强体质与体能的本质功能。通过反复练习，不仅能发展学生的柔韧、灵敏、速度、协调等素质，还能培养学生自我攻防保护的意识，为今后终身体育锻炼或学习打下基础。

一、少年剑的教学设计

（一）建立少年剑的概念与表象

运用讲解与口诀建立少年剑的动作概念，运用教师示范、学生示范、图表演示或道具等促进学生对少年剑技能等技术要领的感知与表象。教学方法是先讲粗大的动作要领，在建立感知后，再讲精细的动作要领。

【少年剑的动作技术结构】

少年剑的套路短小精悍，剑法明快清晰，动作流畅大方，前后衔接合理。它的全套内容除了预备姿势和还原姿势外，共有12个姿势，套路的路线从左至右再从右至左一个直线来回，除含有弓步、虚步、歇步、叉步、丁步等步型外，还有上步、退步、跳（垫）步、插步等步法；有刺剑、挑剑、截剑、斩剑、挂剑、点剑等基本剑法，也还有提膝、翻身、内转和起伏等身法、剑法相互配合的动作。

（二）少年剑练习的教学设计

【教学任务】

1. 使学生领会少年剑正确的技术概念。

2. 使学生形成少年剑的正确技术。

3. 发展学生少年剑的运动能力与体能。

4. 使学生建立对少年剑的欣赏认知与习惯。

【教学方法】

同"少年拳的教学设计"部分。

【辅助性练习】

根据教材内容对剑术动作练习设计的要求，从少年剑基本动作技术结构区合理选择该课的动作练习设计。

【教学顺序】

1. 做拉网捕鱼的游戏。

2. 徒手操五节。

3. 教师讲解示范，学生观察领会少年剑的动作与要领。

4. 学习少年剑。

（1）做少年剑分解练习。

（2）学习少年剑组合一。

①分组与个人练习，教师巡回辅导，渲染鼓动。

②个人与分组的成果展示，互帮互学分享学习经验。

（3）学习少年剑组合二。

①分组与个人练习，教师巡回辅导，渲染鼓动。

②个人与分组的成果展示，互帮互学分享学习经验。

（4）根据学习反馈，深化再练习。

【 教学要求 】

1．教师循环指导，渲染鼓动，活跃课堂氛围。

2．课前安排对小组长的教学辅导。

3．对参加比赛有困难的同学，教师有针对性地安排学习内容。

4．启发提示同学们团结合作，总结经验，共同提高。

二、少年剑的教法提示与建议

◆ 第一步：剑的部位介绍

（一）剑的部位名称（见图10-13）

图10-13　剑的部位名称

（二）剑的规格标准

1．剑由金属材料制成，教学中用木剑或竹剑亦可。

2．剑的长度以直臂垂肘反手持剑的姿势为准，剑尖不得低于本人的耳上端。

3．剑的重量（包括剑穗）：成年男子用剑不得轻于0.6kg，成年女子用剑不得轻于0.5kg，少年、儿童不受限制。

（三）剑的基本握法和剑指

1．持剑掌心贴近护手，食指伸直附于剑柄；拇指为一侧，其余手指为另一侧，直腕扣握护手，剑脊贴近前臂后侧（见图10-14）。

2．握剑五指握拢剑柄，虎口靠近护手，剑刃必须与虎口相对。

3．剑指中指与食指伸直并拢，其余三指屈于手心，拇指压在无名指第一指节上。

4．立剑与平剑。立剑即剑刃朝上下方向。平剑即剑刃朝左右方向（见图10-15）。

图10-14

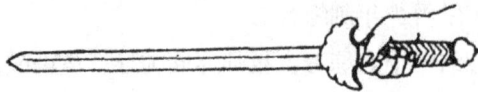

图10-15　平剑

◆ **第二步：学习该套路的基本剑法和重点动作**

（一）基本剑法

1. 刺剑。立剑或平剑向前刺为出刺，力达剑尖，臂与剑成一直线，平刺时剑尖高与肩平，下刺时剑尖高与膝平。

2. 挑剑。立剑，由下向上为挑，力达剑尖。

3. 截剑。剑身斜向上或斜向下为截，力达剑身前部，截剑时腕部用力，剑与臂成一直线。

4. 斩剑。平剑向左（右）横出，高度在头与肩之间为斩，力达剑身，臂伸直。

5. 挂剑。立剑，剑尖由前向上、向后或向下，向后为挂，力达剑身前部。上挂向上、向后贴身挂出；下挂向下、向后贴身挂出；抡挂时剑贴近身体，立圈挂一周。

6. 点剑。立剑，提腕，使剑尖猛向前下为点，力达剑尖，臂伸直。

（二）重点动作

1. 跳步直刺。① 上右脚。② 右脚蹬地单脚跳。③ 右脚落地上，左脚成左弓步。④ 原地上肢动作的运行路线。⑤ 上下肢配合做跳步直刺。

2. 翻身下刺。① 右手握剑赢腕臂内旋使剑尖向下。② 挂剑翻身。③ 歇步下刺。④ 连贯练习。

3. 交剑收势。① 下肢动作练习：并步半蹲一右脚后退；上体右转90°。成右弓步一左脚收回，脚尖点地成前点步。② 上肢动作练习：右手向右平拉，两臂屈时于胸前，剑交左手，左手持剑直臂绕环屈肘背于后腰际，右手剑指直臂绕环一周摆至左胸前。③ 定势成型练习。④ 连贯练习。

◆ **第三步：分节套路教学**

第一节，预备势，（一）、（二）、（三）、（四）、（五）。

第二节，（六）、（七）、（八）、（九）。

第三节，（十）、（十一）、（十二），还原势。

◆ **第四步：完整套路练习，巩固提高。**

【**教学注意事项**】

1. 剑术的运动特点是灵活轻快，飘洒优美，富于韵律感。因而，练习时要求刚柔相济，吞吐自如，身剑合一。

2. 教学时，教师应强调剑法规格，不仅要求单个剑法动作的出手、路线、部位、力点准确，而且要求在套路练习中，一招一式都端端正正，准确无误。

3. 要求注意左手剑指和右手握剑以及步型、步法、身法的协调配合，逐步做到身剑合一。

4. 加强组织纪律性的教育，爱护器械，注意安全。

【 动作教学名称 】

预备势：直立提肘

（一）弓步前指　　（二）回身穿剑　　（三）虚步交剑　　（四）歇步下刺

（五）跳步直刺　　（六）丁步截剑　　（七）弓步斩剑　　（八）插步平斩

（九）翻身下刺　　（十）提膝侧点　　（十一）并步直刺　　（十二）交剑收势

还原势

【 动作教学说明 】

预备势：直立提肘

1. 持剑直立［见图10–16（a）］。

2. 两肘上提（两手离体侧约20cm），右手成剑指，头向左转，眼向左看［见图10–16（b）］。

要点：收腰、挺胸、沉肩、下颌微收。

（一）弓步前指

1. 左脚侧出一步向右转体成右弓步，同时左手持剑臂内旋经体前向右弧形上摆，右手剑指收于腰侧，眼看左手［见图10–17（a）］。

2. 上动不停，向后转体成左弓步，同时左手持剑向上、向左、向下绕环成持剑提肘姿势，右剑指经耳侧前伸出，拇指一侧向上，眼向前平视［见图10–17（b）］。

要点：左手的动作要连贯构成一立圆，前指动作与弓步要同时完成。

（二）回身穿剑

右臂外旋使掌心向上，同时左臂屈肘上提经右掌心向前穿出拇指一侧向下；右剑指顺势左臂屈肘收于左肩前，左上体向后转成右弓步，拇指一侧向上，眼向前平视（见图10–18）。

要点：两臂前后平肩，剑脊紧贴左臂。

（三）虚步交剑

向左转体90°，左脚收半步成左虚步；同时两臂屈肘，右手握剑柄合抱于胸前，眼向前看（见图10–19）。

要点：两臂在胸前合抱的动作要与虚步同时完成。

（四）歇步下刺

向左转体90°下蹲成歇步，同时左臂后伸成剑指，拇指一侧向上；右手握剑臂外旋向前斜下平刺，掌心向上，眼看剑尖（见图10–20）。

要点：转体下蹲成歇步要稳定，剑指与下刺动作要一致，上体稍前倾。

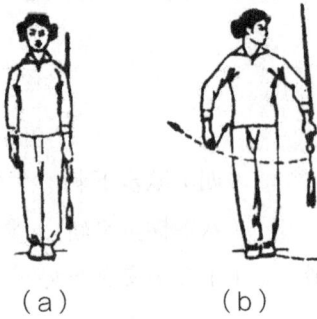

（a）　　　　　　（b）　　　　　　（a）　　　　　　（b）

图10-16　预备势：直立提肘　　　　　　图10-17　弓步前指

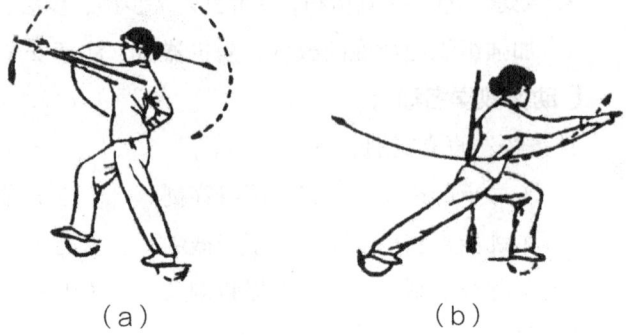

图10-18　回身穿剑　　　　图10-19　虚步交剑　　　　图10-20　歇步下刺

（五）跳步直刺

1．起立、右臂直臂由前向后斜上举，左剑指随上体右转屈臂下落停于右肩前，眼看左前方［见图10-21（a）］。

2．右脚向左前上一步随即蹬地向前纵跳（单脚跳），同时右手握剑向后下落内旋屈臂，使剑尖圆摆向前，左剑指前伸，眼向前看［见图10-21（b）］。

3．右脚落地，左脚随即上步成左弓步，右手握剑向前直刺，拇指一侧向上；左手剑指屈臂上举，停于头前左斜上方，掌心向上，眼向前看［见图10-21（c）］。

要点：右手绕环抡动与右脚上步向前纵跳的动作要协调，直刺与成左弓步的动作要一致。

（六）丁步截剑

右手握剑屈肘收于胸前，掌心向上；左手剑指下落附于右腕，随即向右转体90°，左脚收至右脚弓旁，脚尖点地成丁步；右手握剑翻腕向右下摆截剑，掌心向下；左剑指向左侧斜上方伸直，掌心向斜上，眼看剑尖（见图10-22）。

要点：截剑与丁步动作要一致，成丁步时要挺胸塌腰，上体稍向右倾。

（七）弓步斩剑

左脚跟落地，向左转体90°，右脚后退一步成左弓步，同时右手握剑臂外旋使掌心翻上向左回摆斩剑；左手剑指屈臂下落附于右腕，剑身斜平，眼看剑身前段（见图10-23）。

要点：回摆斩剑与收步动作要一致，左臂剑指挑起要与动作协调一致。

（八）插步平斩

左脚向脚后插步，同时右手握剑在上体右转的同时臂内旋，使掌心翻下向右后平摆斩剑，左手剑指向左前斜上方屈臂上举，掌心斜向上，眼向右后平视（见图10-24）。

要点：剑与右臂平直，挺胸、收腹、立腰，勿前倾。

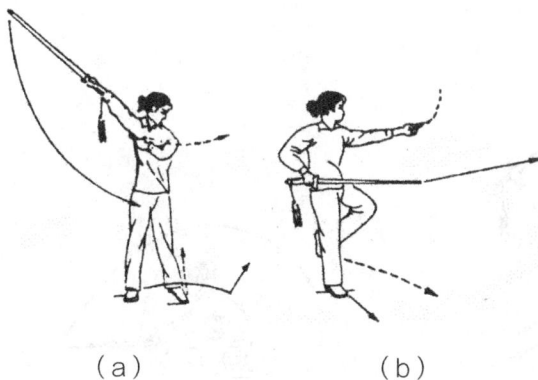

（a）　　　　　　　（b）　　　　　　（c）

图10-21　跳步直刺　　　　　　　　　　图10-22　丁步截剑

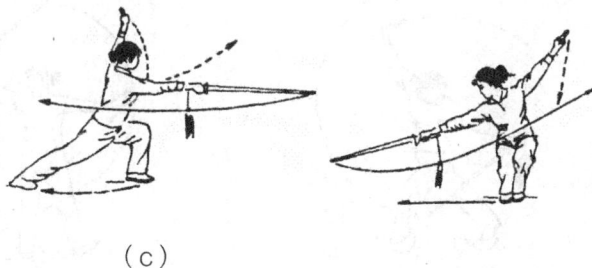

图10-23　弓步斩剑　　　　　图10-24　插步平斩

（九）翻身下刺

1. 右手握剑屈腕内旋使剑尖向上，眼看剑尖〔见图10-25（a）〕。

2. 上动不停，两腿直立向左后翻转180°，使剑身前段上刃上挂至头右上方，剑尖向左上，眼看剑尖〔见图10-25（b）〕。

3. 上动不停，上体继续向左翻转180°下蹲成歇步，同时右手心翻上向斜下平刺，左剑指附于右腕，眼看剑尖〔见图10-25（c）〕。

要点：剑动作要继续不停地成一立圆，翻身转体与挂剑下刺的动作要协调一致。

（十）提膝侧点

起立，右脚向右跨一步，左脚屈膝上提成独立平衡动作；同时右手握剑上举向右侧下方屈腕点剑，左手向左上方弧形摆起，抖腕亮指停于头前左斜上方，眼看剑尖（见图10-26）。

要点：跨步成提膝平衡动作要轻巧稳健，并与点剑、抖腕的动作一致。

（十一）并步直刺

1. 以右脚掌为轴向左转体90°，同时右手臂内旋使虎口向下，剑尖回摆，左剑指直接下落前伸［见图10-27（a）］。

2. 左脚向前落步，右脚随即并步半蹲；右手握剑向前直刺成立剑，拇指一侧向上，左剑指附于右腕，眼向前平视［见图10-27（b）］。

要点：右脚并步要快，上体直腰落臀稍前倾。

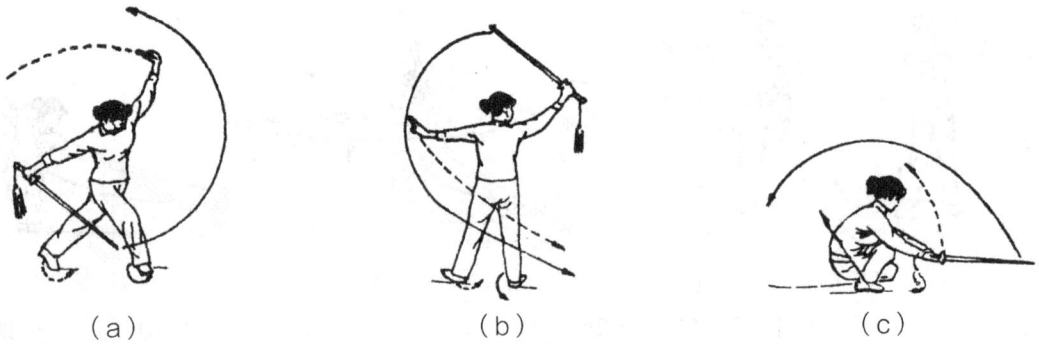

（a）　　　　　　　（b）　　　　　　　（c）

图10-25　翻身下刺

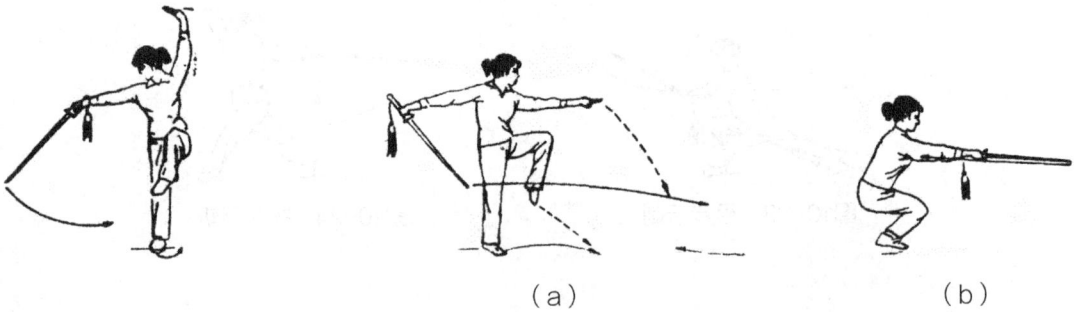

图10-26　提膝侧点

（a）　　　　　　　（b）

图10-27　并步直刺

（十二）交剑收势

1. 右脚向后退步，上体右转90°成右弓步，同时右手向右平拉，两臂屈肘于胸前（右手在外，左手在里），将剑交与左手，眼看两手［见图10-28（a）］。

2. 上体继续右转90°，右臂向前伸直，右剑指屈肘收于腰侧，眼看前方［见图10-28（b）］。

3. 上动不停，上体左转90°，右手持剑直臂绕环屈肘背于后腰际，右剑指向后，向上摆至头右上方随即下落经右腿前向上摆起至左胸前，同时左脚收回以脚尖点地成前点步，头向左转，眼看左前方［见图10-28（c）］。

要点：两臂绕环摆动与收左脚成前点步，右剑指停于左胸前与向左转头的动作要协调一致。

还原势

两臂收回于两侧自然下垂，右脚上步与左脚并拢直立，头向右转，眼看前方（见图10-29）。

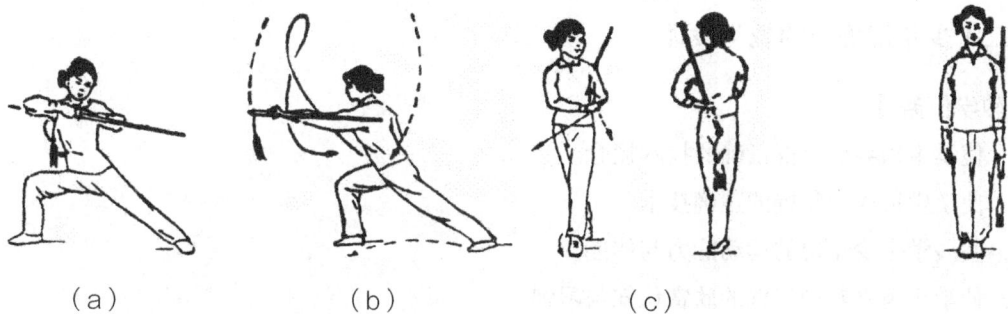

（a）　　　　　　（b）　　　　　　（c）

图10-28　交剑收势　　　　　　　　　　　图10-29　还原势

第三节
少年棍的教学指导

少年棍是中学体育教学选学内容之一，属于长拳类长器械的基础套路，其动作普适，结构合理，功防兼备，棍法粗犷，易教易学，深受学生喜爱，具有广泛的群众基础。该套棍术精选一些有代表性的动作，按照教学规律组编为套路形式，既保留了技击的演练变化特点，又体现了增强体质与体能的本质功能。通过反复练习，学生不仅能发展柔韧、灵敏、速度、协调等素质，还能培养学生自我攻防保护的意识，为今后终身体育锻炼或学习打下基础。

一、少年棍的教学设计

（一）建立少年棍的概念与表象

运用讲解与口诀建立少年棍的动作概念，运用教师示范、学生示范、图表演示或道具等促进学生对少年棍技能等技术要领的感知与表象。教学方法是先讲粗大的动作要领，在建立感知后，再讲精细的动作要领。

【少年棍的动作技术结构】

少年棍全套除预备势、还原势外，共有12个动作，有弓步、马步等基本步型；有上步、插步、震脚、盖步、跨跳等基本步法；有弹踢腿法和提膝平衡动作；还有拧腰、转体、翻身等身法变化；棍法有劈、拨、架、戳、挂、扫、舞花、横击、云拨等。练习时要求身棍合一，大劈、大抡、大扫、拨架挂戳、棍把兼用要快速勇猛，力达棍端，体现出棍术"棍打一大片"的风格特点。

（二）少年棍练习的教学设计

【教学任务】

1. 使学生领会少年棍正确的技术概念。

2. 使学生形成少年棍的正确技术。

3. 发展学生少年棍的运动能力与体能。

4. 使学生建立对少年棍的欣赏认知与习惯。

【教学方法】

同"少年拳的教学设计"部分。

【辅助性练习】

根据教材内容对棍术动作练习设计的要求，一是，从少年棍基本动作技术结构区合理选择该课的动作练习设计；二是，结合棍术动作做一些立棍、抛接棍、换握棍、扑步击棍、舞花辊等辅助性练习。

【教学设计】

1. 做拉网捕鱼的游戏。

2. 徒手操五节。

3. 教师讲解示范，学生观察领会少年棍的动作与要领。

4. 学习少年棍。

（1）做少年棍分解练习。

（2）学习少年棍组合一。

①分组与个人练习，教师巡回辅导，渲染鼓动。

②个人与分组的成果展示，互帮互学分享学习经验。

（3）学习少年棍组合二。

①分组与个人练习，教师巡回辅导，渲染鼓动。

②个人与分组的成果展示，互帮互学分享学习经验。

（4）根据学习反馈，深化再练习。

二、少年棍的教法提示与建议

【 教学要求 】

1．教师循环指导，渲染鼓动，活跃课堂氛围。

2．课前安排对小组长的教学辅导。

3．对参加比赛有困难的同学，教师有针对性地安排学习内容。

4．启发提示同学们团结合作，总结经验，共同提高。

【 教学安排建议 】

1．最好采用单元课的7课时教法，在一个学期中连续用4节课学完一套，再用2节课复习和1节课考核。

2．教师除采用简明的讲解、正确的示范外，更多的是要领做，学生模仿练习，以便学生更好、更快地建立起正确的动作概念。

3．每课要注意突破难点动作，以难带易，所有动作要力求正确，用力方法得当；手眼身步法协调，精气神贯注始终。

4．培训组长、学习骨干，先采用以点带面的方式引发学习氛围，再选用多种方法组织学生课内学习、课外复习，使学生的动作得到逐渐巩固和提高，进而达到形神兼备的要求。

【 教法步骤 】

◆ 第一步：基本棍法教学

（一）棍的部位名称（见图10-30）

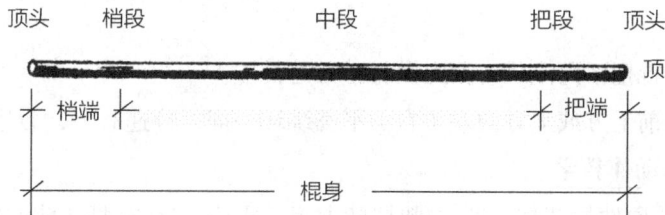

图10-30　棍的部位名称

（二）棍的规格标准

1．棍由白蜡木制成（教学时用其他木质或竹制的棍均可），无重量规定。棍把略粗于棍梢。

2．棍长最短必须等于本人身高。

3. 棍中线以下任何部位的直径，不得少于如下的规格。

成年男子：18周岁以上（含18周岁），2.3cm。

成年女子：18周岁以上（含18周岁），2.15cm。

少年男子：不满18周岁，2.15cm。

少年女子：不满18周岁，2cm。

4. 棍中线以上任何部位的直径不得少于如下规定。

成年组男子：1.8cm；成年组女子：1cm。

少年组男子：1.6cm；少年组女子：1cm。

儿童组不受限制。

（三）棍的基本握法

1. 单手握：单手握住棍的任何一段。

2. 顺把握：虎口顺向握棍。

3. 对把握：虎口相对握棍。

（四）棍术的基本棍法

1. 劈棍：棍由上向下劈出，迅猛有力，力达棍前端。

2. 拨棍：棍梢斜向前上方左右拨动，用力轻快平稳，幅度不要太大。

3. 架棍：棍身横平或倾斜，由下向头上举起。

4. 戳棍：棍梢或棍把直线向前、向侧或向后戳击，力达棍顶前段。

5. 挂棍：用棍梢或棍把由前向侧后上方或侧后下方拨摆，棍要贴近身体，快速有力。

6. 扫棍：棍梢在腰部以下平摆或以棍梢贴地，棍身倾斜花摆，要求迅速有力，力达棍前端。

7. 舞花棍：双手握棍中段，使棍身靠体侧依次在两侧做两个立圆动作，速度要快，动作要连续。

8. 击棍：棍梢或棍把平向左或右用力横打，力达棍端。

9. 云棍：棍在头前上方或上方向左（右）平圆绕环一周，快速有力，力达棍前端。

◆ 第二步：难点动作教学

1. 舞花戳棍：① 原地舞花棍。② 左腿屈膝上提，震脚。③ 右脚向前或成右弓戳棍。④ 完整动作练习。

2. 转身云拨：① 上肢云、拨棍。② 盖步一向左（右）转体180° 或左弓步。③ 云棍、转体成左弓步、拨棍。

◆ 第三步：套路教学

第一节：预备势，（一）、（二）、（三）。

第二节：（四）、（五）、（六）。

第三节：（七）、（八）、（九）。

第四节：（十）、（十一）、（十二），还原势。

◆ **第四步，反复连贯全套练习，巩固提高。**

【 教学注意事项 】

1. 基本功、基本棍法要结合每次课的进度穿插进行，既提高专项技术，又为套路教学服务。

2. 采取节节教、节节清、节节连的方法，要求学生准确、规范地掌握动作，做到甩力顺达、身械配合协调。

3. 结合攻防含义进行教学，使学生理解和掌握动作。

4. 加强安全教育，防止伤害事故。

【 动作教学名称 】

预备势：直立举棍

（一）弓步劈棍　　　（二）弓步拨架　　　（三）插步下劈

（四）弓步戳棍　　　（五）弓步劈棍　　　（六）跳步劈棍

（七）转身扫踢　　　（八）弓步劈棍　　　（九）舞花戳棍

（十）马步横击　　　（十一）盖步下拨　　　（十二）转身云拨

还原势：并步收棍

【 动作说明 】

预备势：直立举棍

1. 两脚并步站立，右手持棍，虎口向前，使棍垂直地面并贴紧身体右侧，左手自然下垂，眼看前方［见图10-31（a）］。

2. 右手提棍上举伸直，左手随即握棍把段，使棍直立于身右侧，头向左转，眼看左前方［见图10-31（b）］。

要点：右手持棍上举要轻快，直立时两脚并拢，挺胸、直背。

（一）弓步劈棍

左脚向左跨一步向左转体90°成左弓步，同时两手持棍随转体由上向前下劈，棍梢略高于肩，左手握棍把紧贴左腰侧，眼看棍梢（见图10-32）。

要点：上步与转体要连贯，转体与劈棍须协调，劈棍时左手要用力后拉，右手要用力下压。

（二）弓步拨架

1. 左手前下推，右手屈肘后拉，使棍梢向右上方拨棍，眼看棍梢［见图10-33（a）］。

2. 上动不停，右脚上步成右弓步，同时两臂向前上举架棍，眼向前看［见图10-33（b）］。

要点：拨棍时要用左推右拉的合力，上步与架棍的动作要一致。

（三）插步下劈

右腿伸直起立向右转体90°，右手屈臂后拉，使棍梢向下，经右膝外侧向后、向下、向前下劈；同时左手向右、向下屈臂握棍把段置于右腋后眼看棍梢（见图10-34）。

要点：臂棍动作要连贯，并与转体动作协调一致。

（a）　　　　　　　（b）

图10-31　预备式：直立举棍　　　　图10-32　弓步劈棍

（a）　　　　　　　（b）

图10-33　弓步拨架　　　　图10-34　插步下劈

（四）弓步戳棍

右手使棍梢向上、向后绕环，并向棍梢段滑握置于体后下方，右手向下压把屈臂前移；左脚随即向左前跨出一步成左弓步，同时左手伸直使棍把向左前上方戳出，右手屈臂抱棍于腰侧，眼看棍把（见图10-35）。

要点：戳把动作要与弓步同时完成。

图10-35　弓步戳棍　　　　图10-36　弓步劈棍

（五）弓步劈棍

上体向左转体90°，同时左手活把前滑屈臂向后下收回，使棍前把由左前方下落至左腰侧，右手活把略向左手方向滑握，使棍梢由右下向上、向前劈出，眼看棍梢（见图10-36）。

要点：转体与滑把劈棍的动作要协调一致。

（六）跳步劈棍

1. 重心前移，左脚蹬地跳起，右脚向前跨一步，两手使棍梢向右上挂，眼看前方［见图10-37（a）］。

2. 上动不停，左脚上前一步成左弓步，同时两手向前下劈，眼看棍梢［见图10-37（b）］。

要点：前跳动作要轻巧，挂劈动作要连贯。

（a）　　　　　　　　　　　　　（b）

图10-37　跳步劈棍

（七）转身扫踢

1. 左脚伸直，左脚尖内扣，右脚尖外展向后转体180°。同时，两手使棍梢段顶头着地向右后扫棍一周，眼看棍梢［见图10-38（a）］。

2. 棍梢段顶头在体后触地，左腿向前弹踢，眼看前方［图10-38（b）］。

要点：转身扫棍动作要自然连贯，转身的角度要准确。

（八）弓步劈棍

左脚向前落步成左弓步，两手使棍梢略高于肩，眼看棍梢（见图10-39）。

（九）舞花戳棍

1. 左脚伸直起立，向右拧身转体90°，同时右手向右上推，使棍向上，棍梢向下直立于体前，眼看左手［见图10-40（a）］。

2. 上动不停，左手使棍把由上向下经右膝前向后绕环并收至右腋后，右手使棍梢由下向后、向上、向前左下绕环至左膝外侧，同时左腿屈膝上提，并随棍梢的转动向左后拧身转体，眼随棍梢转动［见图10-40（b）］。

（a）　　　　　　　　　　（b）

图10-38　转身扫踢　　　　　　　　图10-39　弓步劈棍

3. 上动不停，右手使棍梢由左下沿身体左侧向后、向上、向前下方绕环，左手顺势与右手向左后平拉，同时左脚跺地震脚，右腿屈膝上提，眼看棍梢［见图10-40（c）和图10-40（d）］。

要点：舞花的动作要连贯不停地在身体两侧各划一立圆，舞花时眼和上体要随棍转动，舞花结束后两手后拉与震脚、戳棍与落步要同时完成。

（十）马步横击

左手向后平拉棍把，右手活把滑握棍的梢段，左脚随即上一步向右转体90°成马步，同时左手随转体动作活把向中段滑握并以把段横击，眼看左方（见图10-41）。

要点：左手滑把与转体横击的动作要同时进行。

（十一）盖步下拨

两腿伸直，右手向后平拉，左手活把滑握把段，右脚向左脚的左前方横跨一步，右腿稍屈，脚尖外展，上体前倾向右后拧转。右脚跟提起，左膝自然挺直，两脚交叉贴着成盖步，同时右手活把握棍中段，并使棍梢由后向上、向前、向右后下方拨棍，左手收至右腋，使棍把段斜贴于背后，随即脱握向头左前上方举起，掌心向前，指尖向右，头向右后转，眼看棍梢（见图10-42）。

要点：拨棍动作要沿身体右侧连续进行，并与盖步及左手上举的动作协调。

（十二）转身云拨

1. 右手使棍梢由右后下经右膝前向左上摆起，同时左手落在右腋前下方接握棍的把段，眼看棍梢［见图10-43（a）］。

2. 上动不停，两手使棍梢由左下方经头上向右摆动，眼向前看［见图10-43（b）］。

3. 上动不停，右脚尖内扣，左脚尖外展，上体向左后转180°成左弓步，两手随转体动作向左斜上方拨棍，眼看棍梢［见图10-43（c）］。

要点：云棍至拨棍动作要连贯不停，并与转体动作协调一致，转体角度要准确，动作要协调平稳。

还原势：并步收棍

1. 向右转体90°，左脚蹬地向右脚并拢，两手随转体并步的动作向右肩上方举棍，使

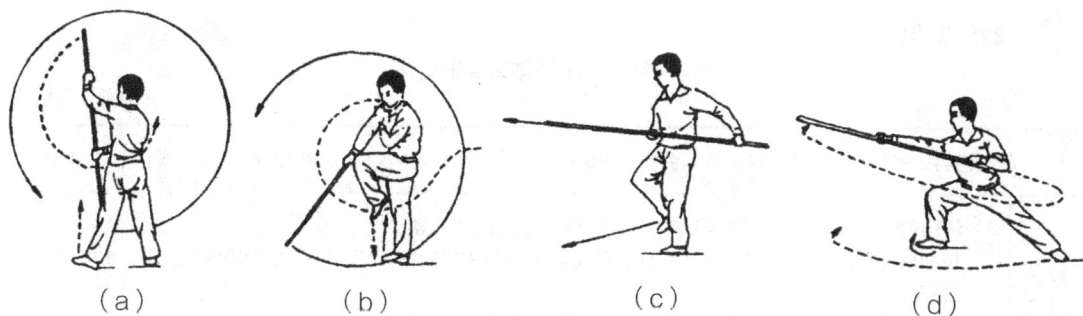

图10-40　舞花戳棍

图10-41　马步横击　　图10-42　盖步下拨

棍直立于身体之右侧上方，头向左转，眼看左前方［见图10-44（a）］。

2. 两手将棍放下，右手持棍于右侧使棍垂直地面，左手脱握自然下垂于左侧，头向右转，眼看前方［见图10-44（b）］。

图10-43　转身云拨　　　　　　图10-44　还原势：并步收棍

🔍 教学案例

×× 中学少年拳体育课时计划

授课教师：张振华

教材内容	学习少年拳组合1-1-3动作	课型	新授课	时间	45min

教学目标	1. 认知目标：学习少年拳动作组合1-1-3，建立正确动作表象。 2. 技能目标：80%的学生能基本完成少年拳操组合的教学内容，10%的学生能较好地完成，10%的学生完成有困难。 3. 以少年拳动作的练习发展学生身体素质，增强体能。 4. 培养学生的审美能力，提高学生的学习动机与合作精神。

重点	上下肢动作的协调配合。	难点	音乐与动作练习的连贯。

课部分	课的内容	组织教法和学练法		练习时间	练习次数
		教师活动	学生活动		
准备部分 10 min	一、课堂常规 1. 集合、整理队形、师生问候。 2. 宣布课的任务，安排见习同学。 3. 值日生借体育器材。	一、课堂常规 1. 课前认真检查场地，消除不安全的隐患。 2. 安排见习同学，指导值日生借领体育器材。 3. 精神饱满地带领学生做好准备活动。	一、课堂常规 1. 认真检查服装，以精神饱满的状态进入课堂。 2. 四列横队站好，上课队形图见图A。 ⊙⊙⊙⊙⊙⊙⊙⊙ ⊙⊙⊙⊙⊙⊙⊙⊙ ⊙⊙⊙⊙⊙⊙⊙⊙ ⊙⊙⊙⊙⊙⊙⊙⊙ ● 图A		
	二、准备活动 1. 游戏：两蛇相争。 2. 徒手操五节： （1）双臂绕环运动。 （2）扩胸运动。 （3）体转运动。 （4）弓步压腿。 （5）头颈膝踝运动。	二、准备活动 1. 讲解规则，组织游戏。 2. 参与学生游戏活动。 3. 男女生分开，各自围成圆圈，做喊数接球的游戏练习。	二、练习要求 1. 按照要求进行游戏活动。 2. 做操时要认真，动作规范。 3. 徒手操组织方法及要求：略。 4. 两蛇相争游戏的组织图：略。		
基本部分 30 min	一、讲解示范少年拳的动作特点和学习目标与方法	一、组织教法 1. 利用图板讲解教材动作要领并提出学习目标与方法。	一、学练法 1. 认真听讲解看示范，按要领进行各种练习。		

（五）弓步劈棍

上体向左转体90°，同时左手活把前滑屈臂向后下收回，使棍前把由左前方下落至左腰侧，右手活把略向左手方向滑握，使棍梢由右下向上、向前劈出，眼看棍梢（见图10-36）。

要点：转体与滑把劈棍的动作要协调一致。

（六）跳步劈棍

1. 重心前移，左脚蹬地跳起，右脚向前跨一步，两手使棍梢向右上挂，眼看前方［见图10-37（a）］。

2. 上动不停，左脚上前一步成左弓步，同时两手向前下劈，眼看棍梢［见图10-37（b）］。

要点：前跳动作要轻巧，挂劈动作要连贯。

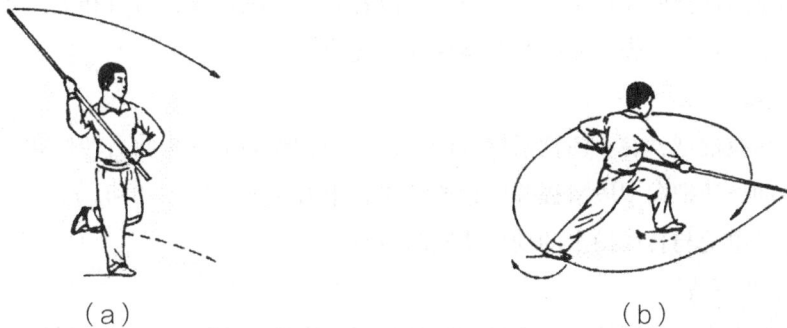

（a）　　　　　　　　　　　　（b）

图10-37　跳步劈棍

（七）转身扫踢

1. 左脚伸直，左脚尖内扣，右脚尖外展向后转体180°。同时，两手使棍梢段顶头着地向右后扫棍一周，眼看棍梢［见图10-38（a）］。

2. 棍梢段顶头在体后触地，左腿向前弹踢，眼看前方［图10-38（b）］。

要点：转身扫棍动作要自然连贯，转身的角度要准确。

（八）弓步劈棍

左脚向前落步成左弓步，两手使棍梢略高于肩，眼看棍梢（见图10-39）。

（九）舞花戳棍

1. 左脚伸直起立，向右拧身转体90°，同时右手向右上推，使棍向上，棍梢向下直立于体前，眼看左手［见图10-40（a）］。

2. 上动不停，左手使棍把由上向下经右膝前向后绕环并收至右腋后，右手使棍梢由下向后、向上、向前左下绕环至左膝外侧，同时左腿屈膝上提，并随棍梢的转动向左后拧身转体，眼随棍梢转动［见图10-40（b）］。

（a）　　　　　　　　　　（b）

图10-38　转身扫踢　　　　　　　　图10-39　弓步劈棍

3．上动不停，右手使棍梢由左下沿身体左侧向后、向上、向前下方绕环，左手顺势与右手向左后平拉，同时左脚跺地震脚，右腿屈膝上提，眼看棍梢［见图10-40（c）和图10-40（d）］。

要点：舞花的动作要连贯不停地在身体两侧各划一立圆，舞花时眼和上体要随棍转动，舞花结束后两手后拉与震脚、戳棍与落步要同时完成。

（十）马步横击

左手向后平拉棍把，右手活把滑握棍的梢段，左脚随即上一步向右转体90°成马步，同时左手随转体动作活把向中段滑握并以把段横击，眼看左方（见图10-41）。

要点：左手滑把与转体横击的动作要同时进行。

（十一）盖步下拨

两腿伸直，右手向后平拉，左手活把滑握把段，右脚向左脚的左前方横跨一步，右腿稍屈，脚尖外展，上体前倾向右后拧转。右脚跟提起，左膝自然挺直，两脚交叉贴着成盖步，同时右手活把握棍中段，并使棍梢由后向上、向前、向右后下方拨棍，左手收至右腋，使棍把段斜贴于背后，随即脱握向头左前上方举起，掌心向前，指尖向右，头向右后转，眼看棍梢（见图10-42）。

要点：拨棍动作要沿身体右侧连续进行，并与盖步及左手上举的动作协调。

（十二）转身云拨

1．右手使棍梢由右后下经右膝前向左上摆起，同时左手落在右腋前下方接握棍的把段，眼看棍梢［见图10-43（a）］。

2．上动不停，两手使棍梢由左下方经头上向右摆动，眼向前看［见图10-43（b）］。

3．上动不停，右脚尖内扣，左脚尖外展，上体向左后转180°成左弓步，两手随转体动作向左斜上方拨棍，眼看棍梢［见图10-43（c）］。

要点：云棍至拨棍动作要连贯不停，并与转体动作协调一致，转体角度要准确，动作要协调平稳。

还原势：并步收棍

1．向右转体90°，左脚蹬地向右脚并拢，两手随转体并步的动作向右肩上方举棍，使

（续表）

课部分	课的内容	组织教法和学练法		练习时间	练习次数
		教师活动	学生活动		
基本部分30min	二、学习少年拳组合1-1-3动作 1. 让学生观看挂图建立概念和动作表象。 2. 学生跟随教师做组合1-1-3的分解练习。 （1）教师讲解、示范领做； （2）学生按要求进行模仿练习，教师指导并纠正错误动作。 （3）学生自我练习与相互观摩学习。 3. 分组练习与合作学习。 4. 学生个人成果展示、分组成果展示，深化动作质量。 5. 强化练习，体会动作与音乐的连贯性、节奏性。	2. 常速与慢速相结合进行动作技术结构的示范。 3. 指导学生进行练习，纠正学生练习过程中出现的错误动作。 4. 为学习有困难的同学提供有针对性的辅导。 5. 教师巡回辅导、渲染鼓动，活跃课堂学习气氛。 6. 教师巡回辅导纠正错误，精讲动作要领。 7. 教师点评，成果展示，纠正错误，提高动作质量，对不同学习程度的同学分别提出学习要求。 二、全课教法提示 1. 教师全课渲染鼓动，活跃课堂学习氛围。 2. 注意因材施教，个别对待，帮助学生学会学习。	2. 在同伴帮助下合作学习，互帮、互助共同提高。 3. 各组小组长带领本组同学进行练习。 4. 分组练习的组织设计为：口字型分四个小组进行练习。 二、学练法 1. 学生观看图示，提高理解。 2. 在小组长带领下，按要求认真进行练习，合作配合、交流分享、共同提高。 3. 让动作掌握好的同学进行成果展示，分享学习经验，共同提高。 4. 小组长关注学习有困难的同学，开展互帮互助、交流分享、共同提高。		
结束部分5min	一、放松活动 1. 游戏：鬼脸笑。 2. 身体放松活动。 二、课堂小结，点评学习情况，表扬先进，鼓励后进 三、宣布下课，值日生收还器材，布置课外作业	二、组织教法： 1. 组织同学做放松活动。 2. 进行课堂小结，总结问题，提出希望，布置课后练习。 3. 对技术动作掌握较差的同学与好的同学结合配对，在课后相互的帮助，共同提高。 4. 督促值日生还器材。	学练法： 1. 学生在教师的带领下认真做放松活动。 2. 体育委员督促值日生还器材。		

	预计生理负荷与练习密度		场地器材	注意事项
脉搏曲线		全课平均心率	135次/min左右	动作图解1个、教学标志6个	
		全课练习密度	65%左右		
课后小结					

（备注：武术与健美操教学的学习层级设计、教学方法和手段基本相同，可相互借鉴与运用。）

参考文献

[1]《体操》教材编写组.体操 [M]. 北京：人民体育出版社，1978.

[2]《武术》教材编写组.武术 [M]. 北京：人民体育出版社，1985.

[3]《田径》教材编写组.田径 [M]. 北京：人民体育出版社，1978.

[4]《篮球》教材编写组.篮球 [M]. 北京：人民体育出版社，1979.

[5]《排球》教材编写组.排球 [M]. 北京：人民体育出版社，1983.

[6]《足球》教材编写组.足球 [M]. 北京：人民体育出版社，1979.

[7] 王洪.健美操教程 [M]. 北京：人民体育出版社，2001.

[8] 张振华.体育教学设计与策略 [M]. 北京：北京师范大学出版社，2012.